U0720156

国家出版基金项目
NATIONAL PUBLICATION FOUNDATION

顧頡剛全集

顧頡剛古史論文集

卷　九

中　華　書　局

卷九目録

尚書盤庚中篇今譯[*]

　　三年前，在家中讀書，曾將尚書譯出數篇。那時没有發表，就隨手擱置了。現在把盤庚中篇鈔出，付與語絲，聊塞我一期文字之責。

　　盤庚三篇，是商王盤庚要遷都而臣民不願意，他對于臣民公開的三次演説。這三篇演説稿從現在看來實是非常奇怪：他説了許多的話，竟没有把他們爲什麽應該遷都的一個主要意思説出來，——雖是後世的學者有了河患的成見已經替他加上了些理由。實際上，他只有把甘言好語來騙他們遷徙，把嚴刑峻法來逼他們遷徙，把先王先祖的神靈來嚇他們遷徙。

　　適之先生曾懷疑盤庚篇是假古董。我以爲這篇究竟是真的商代文字，或是周代人擬作的文字，現在固然没有考定，但無論如何，我們可以説，這是戰國以前的作品，不是秦漢人的手筆，如堯典、皋陶謨之類。這不必搜求別的證據，只要看思想的徑路已可明白。原來西周以前，君主即教主，可以爲所欲爲，不受什麽政治道德的拘束；若是逢到臣民不聽話的時候，只要擡出上帝和先祖來，自然一切解決。這一種主義，我們可以替牠起個名兒，喚做"鬼治主義"。西周以後，因疆域的開拓，交通的便利，富力的增加，文化大開；自孔子以至荀卿、韓非，他們的政治學説都建築在"人性"上面。尤其是儒家，把人性擴張得極大，他們覺得

　　* 原載語絲第十一期，1925 年 1 月 26 日；又載古史辨第二册。

政治的良好只在誠信的感應；只要君主的道德好，臣民自然風從，用不到威力和鬼神的逼迫。所以那時有很多的堯、舜、禹、文、武、周公的"德化"的故事出來。這類的思想，可以定名爲"德治主義"。戰國以後，儒家的思想——德治主義——成了正統的思想，再不容鬼治主義者張目，故盤庚篇已不會得假造出來，即使假造了也不容收入尚書了。

這也可以舉一個例。西漢時僞造的泰誓，上面有"火復于上，至于王屋，流爲鳥"的話；東漢的經師便不信任牠，馬融更斥其"在子所不語中"（尚書正義卷十一泰誓序疏引），這篇文字到底不久失傳。東晉時僞造的古文尚書，連篇累牘都是仁義道德的格言，歷代奉爲大經大法。當閻若璩做尚書古文疏證揭穿牠的作僞的真相的時候，萬斯同就說："古文尚書……其言明白正大，如日月昭垂。……使尚書而無古文，不當列于五經矣"（群書疑辨卷一）。可見只要人性充足，便是僞書也就有了牠的存在的理由了。我們更看漢代時讖緯的勢力何等盛，但其勢力究竟不能侵入經中，也可明白這個趨勢。所以在此我們可以知道，鬼治主義自經失勢之後，牠再也不能回復到原來的地位了。

鬼治主義的歷史材料，自經秦代焚書，漢代尊儒家之後，所存的已絶少。盤庚這篇文字，即使不真是盤庚的話，但我們也可以借此窺見德治主義未起之前的政治狀況，終究是一種極可寶貴的材料。

盤庚三篇中，以中篇的鬼氣爲最重，故現在選鈔了中篇。

（一）原文：

盤庚作，惟涉河以民遷，乃話民之弗率，誕告用亶。其有衆咸造，勿褻在王庭。盤庚乃登進厥民，曰：

"明聽朕言，無荒失朕命！嗚呼，古我前后罔不惟民之承，保后胥慼：鮮以不浮于天時。

"殷降大虐，先王不懷厥攸作，視民利用遷。汝曷弗念我古后之聞？承汝俾汝，惟喜康共；非汝有咎，比于罰。予若籲懷茲新邑，亦惟汝故以，丕從厥志。

"今予將試以汝遷，安定厥邦，汝不憂朕心之攸困，乃咸大不宣，乃心欽，念以忱動予一人：爾惟自鞠自苦！若乘舟，汝弗濟，臭厥載。爾忱不屬，惟胥以沈。不其或稽，自怒曷瘳！

"汝不謀長，以思乃災，汝誕勸憂。今其有今罔後，汝何生在上！

"今予命汝，一無起穢以自臭：恐人倚乃身，迂乃心。予迓續乃命于天。予豈汝威！用奉畜汝衆。

"予念我先神后之勞爾先，予丕克羞爾，用懷爾然。失于政，陳于茲，高后丕乃崇降罪疾，曰：'曷虐朕民！'汝萬民乃不生生，暨予一人猷同心，先后丕降與汝罪疾，曰：'曷不暨朕幼孫有比！'故有爽德，自上其罰汝；汝罔能迪。

"古我先后既勞乃祖乃父，汝共作我畜民。汝有戕則在乃心，我先后綏乃祖乃父；乃祖乃父乃斷棄汝，不救乃死！茲予有亂政同位，具乃貝玉，乃祖乃父丕乃告我高后曰：'作丕刑于朕孫！'迪高后，丕乃崇降弗祥！

"嗚呼，今予告汝不易！永敬大恤，無胥絶遠！汝分猷念以相從，各設中于乃心！乃有不吉不迪，顛越不恭，暫遇姦宄，我乃劓殄滅之，無遺育，無俾易種于茲新邑！

"往哉，生生！今予將試以汝遷；永建乃家！"

篇中句讀與普通讀本很有不同。如"先王不懷厥攸作"用孔廣森説（經學卮言卷二）。"亦惟汝故以"用江聲説（尚書集注音疏卷四）。"我乃劓殄滅之"用王引之説（經義述聞卷三）。"乃咸大不宣乃心欽念以忧動予一人”，“今予命汝一”及“汝有戕則在乃心”用俞樾説（群經平議卷四）。

（二）譯文：

　　盤庚決定渡過黃河，把人民遷徙過去，于是聚集了許多主張反對的人民，預備盡心地講出一番話。許多人民都來到王庭之內，很恭敬地候着。盤庚喚他們到面前，説道：

　　“你們留心聽我的話，不要輕忽了！我們的先王沒有一個不是顧全人民的；人民對於君上也都能體貼他的心：因爲君臣這等和好，所以很能順着天時生活，不犯什麼凶災。

　　“現在上天降下大災來了，我們的先王碰到這種事情，爲了人民的利益，也不肯戀了他們手造的宗廟宮室而不遷徙的。你們爲什麼不去想想先王的故事呢？我現在效法先王，要使得你們的生活安固；並不是爲了你們有罪，要罰你們這般。你們要知道，我所以喚你們到這個新邑中去，正爲了你們自己的利益，這個利益原是你們大家一樣地要求的。

　　“現在我要把你們遷徙過去，希望安定我們的國家，但是你們不惟不能體會我心的苦處，反而大大地胡塗起來，發生無謂的驚慌，想來變動我的主意：這真是你們自取困窮，自尋苦惱！譬如趁船，你們上去了只是不解纜，豈不是坐待其朽敗呢。若是這般，不但你們自己要沈溺，連我們也都要隨着沈溺了。你們沒有審察情形，一味憤怒，試想這能有什麼益處！

　　“你們不做長久的計劃，不想不遷的災害，那是你們對于自己大大地過不去了。你們只想苟且地過得今天就算，不管後來怎樣，可憐上天還哪裏能穀容許你們活着！

　　“現在我囑咐你們：人家來搖惑你們的時候，你們應當把他們的話看作穢惡的東西一樣，不要去接觸牠。我所以這般勸告你們，正是要把你們的生命從上天迎接下來，使得你們可以繼續地生存。我那裏是用威勢來壓迫你們呢！我原爲的要養育你們許多人民。

"我想起我們先王的任用你們的先人，就記掛你們，要養育得你們好好的。現在此地既經不能住了，若是我還勉強住着，先王一定要重重地責罰我，說道：'你爲什麼要這樣地虐待我的人民呢！'若是你們無數人民不肯去求安樂的生活，和我同心遷去，先王便要重重地責罰你們，說道：'你們爲什麼不與我的幼小的孫兒和好呢！'所以你們做了不好的事情，上天決不饒恕你們；你們也決沒有法子可以避免這個責罰。

"我們的先王既經任用了你們的先祖先父，你們當然都是我所畜養的臣民。倘使你們心中存了毒害的念頭，我們的先王一定會知道，他便要撤除你們的先祖先父在上天侍奉先王的職役；你們的先祖先父受了你們的牽累，就要棄絕你們，不救你們的死罪了！如果你們在位的官吏之中有了亂政的人，貪着財貨，不顧大局，你們的先祖先父就要竭力去請求我們的先王，說道：'快些定了嚴厲的刑罰給與我們的子孫罷！'于是先王便大大地降下不祥來了！

"唉，現在我的計畫決定了！你們對于我所憂慮的事情，應當體會，不可漠視了！你們應當各各把自己的心放得中正，跟了我一同打算！倘有不道德的人亂作胡爲，不肯恭奉上命，以及作歹爲非，刼奪行路的，我就要把他們殺戮了，絕滅了，不使得他們惡劣的種子遺留一個在這個新邑之內！

"去罷，去尋安樂的生活罷！現在我要把你們遷過去了，在那邊，希望永久安定你們的家！"

這篇中除因句讀的改變而易其解釋之外，如"爾忱不屬"，忱作沈解，屬作獨解，從俞樾說。"我先后綏乃祖乃父"，綏作斥退解，亦從俞樾說。（均見群經平議卷四。）又"今予命汝一無起穢以自臭恐人倚乃身迂乃心"，因爲照了原文次序譯不成句，故文氣略有變動。

我鈔完了這一篇譯文，拿來與原文一對，覺得我加入的字和加入的話太多了。但不加入這些，原文的意義又難以達出。其餘遷就了今語，把原文語氣改動的也有好幾處。要改得銖錙悉稱，愜心貴當，一時又無此功夫。好在這篇文字登在此地，只是使大家看看鬼治主義的政治的大概，並不是正式翻譯尚書，就是這樣算了罷。至于意義的錯誤，這是極希望讀者指正的。

翻譯古書真不容易，因爲原義太難弄清楚而解釋又太紛歧了。即如"殷降大虐先王不懷厥攸作視民利用遷"一語，照了孔廣森的解法，應該譯作：

　　　現在上天降下大災來了，先王的神靈卻不來保護我們，是他們已經不願安居在他們手造的宗廟宮室之中了；他們所以要這樣，原爲從人民的利益上着想是應該遷徙的。

照這樣說，乃是商的先王對於這一次的災難表示出應該遷徙的態度，理由亦甚充足。但因下句爲"汝曷弗念我古后之聞"，似是叫他們回想以前遷都的故事的，那麼，在文勢上只得譯作"先王碰到這種事情，爲了人民的利益，也要遷都的"了。但這樣，又與上段"鮮以不浮于天時"衝突。這真是沒有法子！

我翻譯了尚書的經驗，知道古書是翻譯不好的。但是翻譯不好就應該不翻了嗎？我以爲正當多翻。其一，古代的歷史和傳說爲了古書的難讀，不知埋没了多少材料不得看見；若能翻譯出來，古代的情形就容易知道，我們的歷史慾也可以多滿足一點。

其二，舊道德的權威即伏在古書的神秘之中，越難讀就越神秘，使得攻擊牠的人眼花撩亂，不得要領；若是翻譯出來，大家知道原是這麽一回事，牠就要站不住了。至于意義多歧，索解不得，這只有各人隨着自己的見解多翻幾部出來，讓讀者自己選擇好了。

十四，一，十六。

尚書盤庚上篇今譯[*]

　　我前在語絲第十一期上讀了顧先生的盤庚中篇今譯，非常喜歡！平日視爲畏途而難解的尚書，現在有了顧先生這樣平易的譯筆，不啻走在荆棘中找到康莊大道似的了。後來我就把這篇鈔給我們的學生讀。結果很好，他們讀了很有興趣；並有讀盤庚全篇的要求。

　　有一天，我訪顧先生，提起這件事，當時承顧先生有把盤庚全篇譯出給我們的學生讀的好意。

　　現在我們發行半月刊，徵求顧先生的著作，我以爲想讀盤庚全篇的今譯的，決不止我們的學生，所以我要求他把盤庚全篇的今譯在半月刊上發表。他在百忙之中，允許我們的請求，這是我們很感謝的！

陳彬龢

　　盤庚上篇很難譯。其所以難譯之故，不關文字的艱深，而在意義的含糊。含糊的地方就是第一段。其文云：

　　　　盤庚遷于殷，民不適有居，率籲眾戚，出矢言，曰：

---

[*] 原載北京平民中學半月刊第一—二期，1925 年 5 月 5—15 日；又載中山大學語言歷史學研究所週刊第一卷第八—九期，1927 年 12 月 20—27 日；又載古史辨第二冊。

"我王來，既爰宅于茲，重我民，無盡劉。不能胥匡以生，卜稽曰其如台。先王有服，恪謹天命，茲猶不常寧；不常厥邑，于今五邦。今不承于古，罔知天之斷命，矧曰其克從先王之烈！若顛木之有由蘗，天其永我命于茲新邑，紹復先王之大業，底綏四方。"

這一段話有兩個疑難的問題：

第一，說這段話的時候是在遷都以前呢？還是在遷都以後呢？如在遷都前，何以說"盤庚遷于殷"，"天其永我命于茲新邑"？如在遷都後，何以這篇列爲盤庚上篇，而把敘述未遷時事的列爲中篇，敘述剛遷時事的列爲下篇？

第二，說這段話的人是盤庚呢？還是他的臣民呢？如是盤庚，何以說"我王來"？如是他的臣民，他們是不願遷徙的，何以又說"天其永我命茲新邑"？

因爲說話的時候與說話的人都不能知道，所以竟不能寫出一段確當的翻譯。

但這兩個問題都是清代的學者提出來的，在清代以前，只有派定這段話是在未遷時說的，說這段話的人是盤庚。現在依據了最通行的尚書注疏，爲譯文如下：

盤庚要遷都到殷，但他的百姓不願意到這個新邑中去過活，他們都憂愁（戚）得很。于是盤庚領（率）了他們，用切直（矢）的話去安慰道："從前我們的先王祖乙（我王）來到這地方（指耿）住下，原爲看重人民的生命，不要他們在舊都中死（劉）完了。他那時看見人民不能把他們的生命互相救濟（胥匡），所以要遷到這兒；但又不敢專斷，所以在占卜上查看。及至得到了吉兆，于是說道：'照我的計畫做去罷'（其如台）。我們先王的行事敬順天命如此，還不能得到永久的安

寧，不能住定在一處地方，所以到今遷了五次。現在若不依
照他們的先例，那是你們還没有明白上天已經斷絶了這個舊
邑的生命，怎說得到繼續先王的功業呢！像倒仆的樹木一
般，生出新芽來，這是上天要把我們的生命盛長在那個新邑
中的一個意思。我希望從此我們可以繼續先王的偉大的功
業，把四方都平定了！”

到了清代的姚鼐，他以爲這段話不是盤庚説的，乃是一班不
願遷都的人民説的。他的話引在孔廣森的經學卮言（卷二）裏，今
節録如下：

　　桐城姚大夫説：“自‘我王來’迄‘厎綏四方’，皆述民不
願遷之言，‘盤庚斅于民’以下乃述盤庚之誥”，誠有特
見。……蔡氏（蔡沈書集傳）惟誤以篇首即爲盤庚之詞，故解
云：“稽之于卜，亦曰此地無如我何”，與經義正相反。此乃
諸不欲遷者謂我先王來宅此河北，重我民生，嘗稽之于卜，
言河水無能如我何也。……姚大夫曰：“次篇‘新邑’，殷也，
盤庚之辭也。首篇‘新邑’，祖乙之所遷也，民之辭也。言王
若能胥匡民，居此新邑不遷，今雖有災，且將安定；若顛
木，厥根不移，卒生由蘖：天將永我命于兹。”廣森謂……大
抵此邑遷來亦未久，故尚有“新邑”之稱。盤庚承甫遷之後而
又謀遷，所由咨胥怨也。

照了他們的話去解釋，語氣就全變了。先王是得着久居的吉卜
的，天是要他們常住在原地方的：凡是注疏上所説的盤庚要遷的
理由，都變成了人民要求不遷的理由了！
　　姚鼐雖只説了一個大意，没有逐句訓釋，但他的學派的繼承
者吳汝綸所做的尚書故（原書未見，今依吳氏點勘本尚書所摘録

者)即是引申他的説話的，訓釋便較詳了。今拼合兩家之説，翻譯如下：

　　盤庚要遷到殷，人民不肯去，他們約了許多親友(衆戚)放出流言(矢言)道：“我們的先王祖乙始在這裏定居的時候，他因爲尊重人民的意思，不把他們一齊遷來(劉作遷流解)。但没有遷來的人民不能互相救護而生存，他看了心中覺得不忍，所以又在占卜上求解決。占卜上説：‘你們遷到了新邑中，河水便不能來傷害了。’所以他就把他們都遷了過來。先王做事情，敬順天命如此，因此不敢安居，要尋到一個適宜的都邑，直至遷了五次而始尋到了這個地方。現在我們雖受了一些禍患，但上天的定(斷)命原没有改變，我們只要遵守先王的遺業就够了。像倒仆的樹木一般，只要樹根不移動，就可發生出新芽來，上天原要我們永久住在耿地(新邑)，繼續先王而做成平定四方的功績呢！

　　我們把這兩篇譯文一對看，就覺得注疏説和桐城派説真成了諺語所謂“公説公有理，婆説婆有理”了！而我們做翻譯的這樣寫了又那樣寫，豈不是也成了諺語所謂“一張嘴，兩爿皮，説出説進盡是伊”了嗎？讀者諸君，你們揀取了那一個呢？

　　到了清末，俞樾在他的群經平議(卷四)中主張這篇是遷後所作的。他道：

　　“遷于殷”，是既遷矣。“民不適有居”，是既遷之後民有所不便，非未遷以前民不樂遷也。

　　嘗取盤庚三篇反復推求，竊謂盤庚之作當從史記殷本紀説。紀云：“帝盤庚崩，弟小辛立，……殷復衰。百姓思盤庚，乃作盤庚三篇。”是盤庚之作在小辛時，作盤庚所以諷小辛也。……呂氏春秋曰："武王……進遺老而問殷之亡故，又問衆之所説，民之所欲。遺老對曰：'欲復盤庚之政。'……"然則史記謂"百姓思盤庚"信有徵矣。

　　盤庚之作因百姓思盤庚而作，則所重者盤庚之政也。其首篇述盤庚遷殷之後"以常舊服正法度"，即所謂"盤庚之政"也。此作書之本旨也。其中下兩篇，則取盤庚未遷與始遷之時告戒其民之語附益之。……（上篇）曰，"自今至于後日"，則爲既遷後所作可知。……又自"王若曰格汝衆"至"罰及爾身弗可悔"凡數百言，無一語及遷。至中篇則屢言之：曰"視民利用遷"，又曰"今予將試以汝遷，安定厥邦"，又曰"今予將試以汝遷，永建乃家"。豈非中篇述未遷時語，故屢及之，上篇乃盤庚遷殷後正法度之言，與遷無涉乎！

　　故以當時事實而言，盤庚中宜爲上篇，盤庚下宜爲中篇，盤庚上宜爲下篇。曰"盤庚作，惟涉河以民遷"者，未遷時也。曰"盤庚既遷，奠厥攸居"者，始遷時也。曰"盤庚遷于殷，民不適有居"者，則又在後矣。惟"奠厥攸居"而"民不適有居"，此盤庚所以必"正法度"也。

　　然則作書者何以顛倒其序乎？曰，作書之序如此也。盤庚之作，百姓追思之而作也。思盤庚，思其政也。故始所作者蓋止今之上篇，載盤庚遷殷正法度之言而已，無中篇，無下篇也。然而盤庚未遷與始遷時再三致告其民者，民猶熟而能詳也，于是亦附其後也。此中下兩篇所以作也。

他的解釋很近情理。我們雖不能相信呂氏春秋及史記的話是真實的（因爲戰國、秦、漢間書所言的古事都不可靠），但盤庚上篇既説"盤庚遷于殷"，明明是遷後之詞，又所載的盤庚的誥詞也沒有對于遷徙的事情表示一點意思，很不像在遷徙之前説的。所以我們即不能相信俞樾的話的根據，卻可以承認他所建立的假設。

孔廣森在經學卮言中説：

> 中篇方云"盤庚作，唯涉河以民遷"，下篇方云"盤庚既
> 遷"，則上篇作于未遷之前甚明。既遷于殷可云"兹新邑"；
> 未遷，但可云"彼新邑"，不宜云"兹新邑"，更不宜云"既爰
> 宅于兹"。故知上篇"新邑"決非亳殷。

這一段話在讀了俞樾之説之後，反覺得可以做俞説的佐證。上篇
若放在未遷時，則"兹新邑"必非殷，若放在遷後，則"兹新邑"便
必是殷了。

如此，對于時間的問題總算得到一個解決。

至于人的問題的解決，還是不容易下手。注疏與桐城派指出
的人雖不同，但都以"我王"解作"我先王祖乙"：這真是曲解。要
稱先王何不徑稱"先王"，而乃用了稱生人的"我王"，使生人和死
人的稱謂沒有分別呢！清代學者釋"衆戚"爲衆貴戚，説盤庚唤了
許多貴戚之臣到面前，先同他們講一番。這樣講法，雖是講話的
對手方不同（從臣民變爲貴戚），但發言的仍是盤庚，"我王"二字
仍講不通。俞樾又本此而改解道：

> 盤庚因遷殷之後，民不適有居，用是呼衆戚近之臣，使
> 之出而矢言于民也。……自"我王來，既爰宅于兹"至"厎綏
> 四方"，凡九十四字，皆盤庚使人依己意爲此言。……下乃
> 盤庚進其臣而親誥之，與上文不相蒙。故各以"盤庚"發
> 端焉。

這是他的第二個假設。他以説話的人爲秉命的戚近之臣，故可以
稱盤庚爲"我王"，亦可以導民以遷徙之義，不像以説話的人爲盤
庚或他的臣民的各有阻礙。如此講去，把人的問題又勉强解

決了。

我們依了他的兩個假設，更加入些<u>清代</u>學者的解詁，來翻譯這一段：

> <u>盤庚</u>遷到了<u>殷</u>，他的臣民住不慣這個新地方。他于是喚了許多親近的臣子，教他們把誓言來曉喻一班臣民道："我們的王所以換了一個居住的地方在這裏，原爲看重你們的生命，不讓你們在舊邑中死盡了。你們反對他没有占卜，其實你們若不能有遵守法度的生活，即使占卜了也没有什麽用處！先王的規矩，總是敬順天命，因此他們不敢老住在一個地方，從立國到現在已經遷徙了五次了。現在若不依照先王的例，那是你們還没有知道上天的命令要棄去（斷）這個舊邑，怎説得到繼續先王的功業呢！倒仆的樹木可以發生新芽。上天要我們遷到這個新邑中來，原是要把我們的生命盛長在這裏，從此繼續先王的偉大的功業，把四方都安定呢！"

在這段譯文中應當聲明的，便是説<u>盤庚</u>在遷時没有占卜的一事，<u>俞樾</u>道：

> 蓋<u>盤庚</u>遷<u>殷</u>，實不用卜，觀中篇無一語及卜可知矣。不然，<u>盤庚</u>方假鬼神禍福之説以聳動其民，使得吉卜，亦雖如<u>周公大誥</u>屢及之矣，何以不言乎？……當時臣民必有以此爲口實者，故<u>盤庚</u>言苟不能以法度相正以生，雖卜亦無如何耳。

這一段話也講得通，所以現在採用了。

下面的文字，歧説不多，我們可以一氣譯下了。

（一）原文：

　　盤庚敩于民由乃在位，以常舊服正法度，曰："無或敢伏小人之攸箴！"王命眾悉至于庭。

　　王若曰："格汝眾，予告汝訓汝：猷黜乃心；無傲從康。

　　"古我先王亦惟圖任舊人共政。王播告之修，不匿厥指，王用丕欽。罔有逸言，民用丕變。今汝聒聒，起信險膚，予弗知乃所訟！

　　"非予自荒厥德，惟汝含德不惕予一人。予若觀火，予亦拙謀作乃逸。

　　"若網在綱，有條而不紊。若農服田力穡，乃亦有秋。汝克黜乃心，施實德于民，至于婚友，丕乃敢大言，汝有積德。乃不畏戎毒于遠邇，惰農自安，不昏作勞，不服田畝，越其罔有黍稷。

　　"汝不和吉言于百姓，惟汝自生毒，乃敗禍姦宄以自災于厥身。乃既先惡于民，乃奉其恫；汝悔身何及！相時憸民，猶胥顧于箴言，其發有逸口，矧予制乃短長之命！汝曷弗告朕而胥動以浮言，恐沈于眾？若火之燎于原，不可嚮邇，其猶可撲滅。則惟爾眾自作弗靖，非予有咎！

　　"遲任有言曰：'人惟求舊；器非求舊，惟新。'

　　"古我先王暨乃祖乃父胥及逸勤，予敢動用非罰。世選爾勞，予不掩爾善。茲予大享于先王，爾祖其從與享之。作福作災，予亦不敢動用非德。

　　"予告汝于難，若射之有志。汝無老侮成人，無弱孤有幼；各長于厥居，勉出乃力，聽予一人之作猷。

　　"無有遠邇，用罪伐厥死，用德彰厥善。邦之臧，惟汝眾；邦之不臧，惟予一人有佚罰。

　　"凡爾眾，其惟致告：自今至于後日，各恭爾事，齊乃位，度乃口。罰及爾身，弗可悔！"

(二)譯文：

盤庚覺得人民的鬧着住不慣都是由于職官煽動，要用舊典去飭正他們的法紀，對他們說："我的規誡小民的話，你們無論是誰都不要隱匿起來呵！"他吩咐許多人都到朝廷上來。

他說："你們來，我要告導你們，教訓你們：你們應當斥去自己的私心；不要傲慢我的命令，單顧自己的安樂。

"從前我們的先王也是專用舊家的人，和他們共理政事。先王發出布告時，他們決不敢隱匿他的旨意，所以先王很看重他們。他們又從不說出惑亂衆聽的話，所以人民也很能改從政府的教導。現在你們只管任意妄談，造出許多不公平不確實的話來再三申說，我真不懂得你們所爭鬧的究竟是些什麼！

"這不是我願意丟了對待你們的好意，只因你們匿去了好意而不給與我，所以使我如此。我的威嚴本來像火一般地旺盛，可是沒有用出來，那裏知道就因此釀成了你們的放縱！

"要像網一般地結在繩上，方可順了條理而不亂。要像農夫的盡力耕田，方可得到一個好收成。你們若能斥去自己的私心，把真實的好意給與人民，以至于你們的親戚朋友，那麼，你們纔可以說一句滿意的話，說你們是一向積德的。倘使你們不怕遠近的人民爲了你們而受着大害，貪一時的安樂，不去耕種田畝，不肯勉力做勞苦的事，那就當然沒有收獲黍稷的希望了！

"你們不能把我的好話宣佈給百姓，這是你們自取禍根，終至引得他們做出了許多壞事情，自害了自身。你們既引導人民做壞事，這些痛苦當然應由你們自己承受；到了那時，你們懊悔也來不及了！你們看，這些小民還知道聽從規誡的話，惟恐説錯了話而得到禍患，何況我是操着你們的生殺之權的，你們爲什麼倒不畏懼呢！你們有話，何以不先來告我，竟擅用浮言來搖動人心，用罪惡來陷溺這班人民？你們須知道，你們即使像野火一般地在大地上焚燒，使人近前不得，但是我終究有力量來撲滅你們的。如果到了這個地步，那是你們許多人自己惹出的禍患，不要怪我錯待了你們了！

"遲任曾經説過一句話：'用人是應該專選舊的，不像器具的單要新的。'

"從前我們的先王和你們的祖，你們的父，都曾同過安樂和勤勞的生活，我怎敢對于你們用出非分的刑罰。你們若能世世繼續你們的祖和父的勤勞，我也決不肯遮掩你們的好處。現在我大祭先王，你們的祖先也一起受祭。你們的作善而得福，和作惡而得災，都有先王和你們的祖和父來處置你們，我也不敢擅用非分的罰賞。

"我告導你們：作事是不容易的，應當像射箭一般，認清一個標準。你們不要欺侮老年人，也不要藐視少年人；大家安心住在這個地方，勤奮地用出你們的氣力，聽我一個人的打算。

"不論遠近的人，我總一例的對待：用刑罰來除去他們的惡，用爵賞來表章他們的善。一國的好，是你們許多人的功勞；一國的不好，只是我一個人的刑罰的疏忽。

"你們許多人應該把我的話各相告誡：從今天以至于將來，各自供承你們的職事，整飭你們的階位，謹慎你們的説話。若是不然，到罰上你們的身體的時候可不要懊悔呵！"

(三)説明：

本文頗爲明順易解，所以歷代的學者没有什麽大衝突的解釋。今將標點及翻譯所依據的詁訓略爲説明如下：

(1)"盤庚斆于民由乃在位"，舊在"民"字斷句，解爲"盤庚教民，從在位起"。今依俞樾説，併作一句，而以斆字訓覺。

(2)"無或敢伏小人之攸箴"，舊解皆謂盤庚禁在位者伏匿小民的箴規之言。今依方宗誠説，解爲伏匿盤庚箴規小民之言。(姚永樸尚書誼略卷六引方宗誠語云："此倒文，言不可匿我箴民之言耳；與下經'不匿厥旨'……'不和吉言于百姓'意同。")

(3)"予告汝訓汝猷黜乃心"，舊于"訓"字絕句。今依俞樾説，改以"予告汝訓汝"爲句。(群經平議云："'告汝訓汝'，與中篇'承汝俾汝'文法正同。")

(4)"王播告之修"，舊以"所修之政"訓修字。今依俞樾説，以"修"讀"迪"而訓爲"道"。(群經平議云："修字本從攸音。多方篇'不克終日勸于帝之迪'，釋文云，'迪，馬本作攸'。然則以修爲迪猶以攸爲迪也。吕刑篇'惟時伯夷播刑之迪'，與此經'播告之迪'文義正同。迪者，道也。")

(5)"惟汝含德不惕予一人"，舊解以爲"不宣布德意，不畏懼我"。今依俞樾説，以"惕"讀爲"施"。(群經平議云："白虎通引尚書曰'不施予一人'，即盤庚此文。施本字，惕叚字，言汝懷藏其德，不施及予一人也。含與施正相應成義。下文曰，'汝克黜乃心，施實德于民'，……上用叚字，下用本字。")

(6)"予若觀火，予亦炪謀作乃逸"，舊以洞明人情釋觀火，"炪"作"拙"。今依江聲、王鳴盛説，以熱火釋觀火，依説文引商書文改"炪"。(炪，火不光也。)

(7)"世選爾勞"，舊以"數"及"簡"釋"選"。今依俞樾説，讀"選"爲"纂"而訓爲"繼"。(群經平議云："禮記祭統篇'纂乃祖服'，襄十四年左傳'纂乃祖考'，國語'纂修其緒'，其義竝同。")

(8)"汝無老侮成人"，舊誤作"汝無侮老成人"。今依鄭玄尚書注及唐石經改正。("老侮"與"弱孤"相對成文。)

(9)"用罪伐厥死"，舊解以爲"罪以懲之，使勿犯，伐去其死道"。今依俞樾説，以"死"訓"惡"。(達齋書説云："此死字對下善字成文，即作惡字用。禮記檀弓篇曰：'人死，斯惡之矣。'昭二十五年左傳，'死，惡物也'。古無上去聲之別，好惡之惡與美惡之惡即一義之引申。死爲可惡之物，即爲極惡之物，故言死猶言惡也。")

以上改點改解的九條之中，引俞樾的共有六條之多。我幼時翻書目答問，見經部中把群經平議低下一格寫，所以在我的觀念裏總以爲這一部書是不重要的。那知近來把牠和別種經解細細對勘，竟發見牠是一部極好的説經書：著者能用歸納的研究，從文法上去求解決，和古代學者的循文敷義，支離割裂，大不同了。古文法的研究始于清中葉以下，雖是有王引之、俞樾幾位先生的努力，但還沒有大成功。現在既有西洋文法的輸入，又新發見的古文字(甲骨刻辭和鐘鼎欵識)也很多，要繼續了王俞諸先生之業而更去發揮光大，實在是一個很好的機會。希望有志研究文法學的人不要把這機會錯過纔是！

前半成于十四，四，十八；後半成于十四，五，十。

尚書金縢篇今譯

金縢篇是周書中第三篇。説的是周武王生病，他的弟周公求他的祖宗，要替他死；但祖宗很仁慈，不但不要周公替死，連武王的病也讓他好了。後來武王死了之後，有一班人造謠言，説周公要奪成王的天下。周公在朝廷上站不住，就避在外面。成王雖不捉他，卻也不信他的忠心。有一年的秋天，忽然大雷電和大風把禾黍都吹壞了，成王等驚慌得很，打開櫃子來看書（這書當是説天變的，這櫃子當是放占卜的重要文件的），看到周公請求替死的祝册，不覺恍然大悟，知道這次的天變乃是要表白周公的忠心的，就親自出去迎接他回來。在那時，雷電止了，風倒吹了，已倒的禾黍都重新豎了起來了。

這篇東西，著作的年代雖未能確定（也許是東周史官所補述，因爲文體很明順，和大誥等篇不類），但確是鬼治主義的歷史時期中的一件重要材料。上半篇説的是祖宗的魂靈對于子孫的權力，下半篇説的是上天對于人事的警告。

金縢的篇名是由篇中"金縢之匱"一語而來。縢，是緘封的意思。金縢之匱，是用金質緘封的櫃子。這櫃子是用來放重要的文件的，彷彿現在的鐵箱。（所以袁世凱在没有做皇帝之前，聽了樊增祥的話，于公府中設置了"石室金匱"，做着禪讓制，將可以繼任總統的人寫出三名，每名一紙，每紙一屜格，鎖在裏面，豫

* 原載語絲第四〇期，1925 年 8 月 17 日；又載古史辨第二册。

備自己死後的推選，這個“金匱”即是新式的鐵箱。）

現在把本篇原文鈔錄如下：

既克商二年，王有疾，弗豫。二公曰：“我其爲王穆卜?”周公曰：“未可以戚我先王。”

公乃自以爲功：爲三壇，同墠；爲壇于南方，北面，周公立焉，植璧秉珪乃告太王、王季、文王。

史乃册祝曰：“惟爾元孫某遘厲虐疾。若爾三王是有丕子之責于天，以旦代某之身。予仁若考能多才多藝，能事鬼神。乃元孫，不若旦多才多藝，不能事鬼神。

“乃命于帝庭，敷佑四方，用能定爾子孫于下地，四方之民罔不祗畏。嗚呼，無墜天之降寶命，我先王亦永有依歸！

“今我即命于元龜。爾之許我，我其以璧與珪，歸俟爾命。爾不許我，我乃屏璧與珪。”

乃卜三龜，一習吉。啟籥見書，乃并是吉。公曰：“體，王其罔害！予小子新命于三王，惟永終是圖。兹攸俟，能念予一人。”

公歸，乃納册于金縢之匱中。王翼日乃瘳。

＊　　　　　　＊　　　　　　＊

武王既喪，管叔及其群弟乃流言于國曰：“公將不利于孺子!”

周公乃告二公曰：“我之弗辟，我無以告我先王。”周公居東二年，則罪人斯得。于後，公乃爲詩以貽王，命之曰鴟鸮。王亦未敢誚公。

＊　　　　　　＊　　　　　　＊

秋大熟，未獲，天大雷電以風，禾盡偃，大木斯拔。邦人大恐。王與大夫盡弁，以啟金縢之書，乃得周公所自以爲功代武王之説。

二公及王乃問諸史與百執事。對曰："信。噫公命，我勿敢言！"王執書以泣曰："其勿穆卜！昔公勤勞王家，惟予衝人弗及知。今天動威以彰周公之德，惟朕小子其新迎；我國家禮亦宜之。"

王出郊，天乃雨，反風，禾則盡起。二公命邦人，凡大木所偃，盡起而築之。歲則大熟。

這一篇東西，意思很明白，用不着什麼爭論。但在頭腦很迂謬，門户之見又很深的經學大師中，還免不了生出有意的曲説。現在略舉如下：

（1）釋"居東"爲東征。這是因爲有"周公誅管、蔡"的傳説，所以勾合此篇爲一物。其實就本篇文看，完全没有此意。他們要強釋爲東征，于是把"我之弗辟"之辟不讀爲"避"而釋爲"行法"（王肅注及僞孔傳）。他們不想想，周公既能行法而誅流言者，何以"罪人斯得"之後，老是逗留不歸，有待于天變以促成王的親迎呢？

（2）釋"新（親）迎"爲改葬。尚書大傳説："周公死，成王欲葬之于成周，天乃雷雨以風，禾盡偃，大木斯拔。國人大恐。王乃葬周公于畢，示不敢臣也"（漢書儒林傳注引；史記周公世家語略同）。這真是那裏説起！這種話未嘗不可備一種傳説，但如何可以用來釋金縢篇呢！

（3）釋"罪人"爲周公之屬黨。鄭玄尚書注云："罪人，周公之屬黨，與知居攝者。周公出，皆奔。今二年，盡爲成王所得。謂之罪人，史書成王意也"（毛詩正義鴟鴞篇引）。這種解説確是由於鴟鴞篇的"既取我子，無毁我室"而來。但既書成王意而名周公之屬黨爲罪人，何以又書周公意而名管叔之言爲"流言"呢？

這些解釋，真所謂"道在邇而求諸遠，事在易而求諸難"。他們所以如此，都因爲要把許多不同的紀載整齊成爲一種相同的紀載。他們看着同是叙述一件事情，這本這樣説，那本那樣説，覺得聽牠參差是不大好的，所以要在參差之中修飾得一律，使得我的解釋在這本和那本上都講得通。他們不知道傳説原是不同的：甲可以説周公誅管蔡，乙未始不可説成王誅管蔡，丙又未始不可説周公承成王命而誅管蔡（史記及尚書大傳）；甲可以説成王因風雷之變而親迎周公，乙也未始不可説成王因風雷之變而改葬周公。正似周公請代死這一件事，史記上又説道：

> 初，成王少時，病，周公乃自揃其蚤沈之河，以祝于神曰：“王少未有識；奸神命者乃旦也。”亦藏其策于府。成王病有瘳。及成王用事，人或譖周公；周公奔楚。成王發府見周公禱書，乃泣，反周公。（魯周公世家）

這原是他請求代死的另一種傳説，無妨與金縢所記並行。但司馬遷便以爲周公是兩度玩這把戲了，所以既載金縢篇于前，復載此説于後，加上一個“亦”字，以見其與上説並没有衝突牴牾。他不知道説周公請代武王死的人必不再説他請代成王死，而説周公請代成王死的人也必不再説他請代武王死，根本上用不着他出來調和。他們不出來調和，各種傳説的本來面目還存在，我們要認識各個的真相還容易；經他們一調和，反而弄糊塗了，甲説中既攙雜了乙説，乙説中又攙雜了丙説，使得我們要認清牠們時也苦於無從鑒别了。

現在我們的態度與他們大不同了。他們對于古代的事情只會承認牠的歷史的地位而不肯承認牠的傳説的地位，就是歷史的地位也是任意輕信，毫無標準。我們現在是明白承認牠的傳説的地位，而不肯輕易承認牠的歷史的地位。即如金縢篇所記，在我們的眼光中只許牠爲一種傳説，我們知道這一種傳説與揃蚤沈河的傳說不同，與周公誅管蔡的傳說也不同，與風雷改葬的傳說也不同。我們又知道這一種傳說與那幾種傳說的地位是平等的，我們絕不能因這一個在經文裏而尊牠，也絕不能因那幾個在百家雜說裏而貶牠。至于那時真的事實怎樣，我們因爲沒有確實的史料，不能彀知道；我們只能從許多記載裏歸納出來，知道那時的時勢是一個鬼治主義極盛的時勢。

因爲這個緣故，我們翻譯這篇文字，只能從牠的本文上着眼，本文怎麼說我們就怎麼講，我們絕不能理會歷代經師的曲解。

譯文如下：

滅商之後二年，王得了病，很不舒服。二公說道："我們替王敬謹地卜筮吧？"周公道："這還是不能感動我們的先王的。"

于是他拼了自己的身子做了抵押：在一個場上築成了三座壇；再在南面起了一座壇，朝着北方，周公站在上邊，頂了璧，捧了珪，告給太王、王季、文王。

史官便取了册子，開讀祝文道："你們的長孫某人犯了很厲害的病。倘是你們三王在天，因爲有了疾病，要使他擔當扶持的責任的，那麼，就可把旦來替代了他。我又是會說話，又是有心計，又是多材多藝，能彀服事鬼神。你們的長孫，他並不是多材多藝的，他哪裏能彀服事鬼神呢。

"你們在上帝的宮裏受了命，把四方完全保護了，所以能彀安定你們的子孫在下面，四方的人民沒有敢不敬畏的。唉，只要上天降下的大命不致失掉，我們先王的神靈也就永遠有了着落的地方（指宗廟）了！

"現在我在大龜上面接受你們的命令。你們如果許我，我就把璧和珪獻與你們，回去等候你們的命令。若是你們不許我，我就要把璧和珪拿開了。”

於是他分配了三人卜了三個龜，結果是一致地得到了吉兆。開了鎖鑰，把卜兆的書翻出一看，乃是王和周公一併得到了吉兆。周公道：“好了，王的病是不要緊的了！我小子新受了三王的命令，也可以永久替國家謀畫。現在我等候着罷，三王是一定肯關心我的。”

他回去，把這篇祝文的冊子安放在金質封固的櫃子裏。明天，王就好了。

＊　　　　　＊　　　　　＊

後來武王死了，管叔和他的幾個弟弟在國內放出謠言道：“周公對于這個小主人要不懷好意了！”周公聽得了，對二公說道：“我現在若不避去，我怎能對得住我們的先王呢！”他避到東方住了二年，幾個造謠言的罪人終於破獲。過了幾時，他做了一首詩送給王，題目是鴟鴞。王也奈何他不得。

＊　　　　　＊　　　　　＊

那一年的秋天，禾黍生長得很好；還沒有收獲，忽然地起了大雷電，又是大風，把許多禾黍盡吹倒了，很大的樹木也拔了起來。國內人民驚慌得很。王和大夫都戴了皮弁（祭天的禮帽），來打開金質封固的櫃子，取看裏面藏着的書，于是得到了周公把自己做抵押請替代武王的記載。

二公和王把這件事詢問許多史官和各種執事之官。他們回答道：“是的。但這是周公的命令，我們那裏敢直說呢！”王把住了書，滴着淚說道：“我們用不着敬謹地占卜了！以前周公替王室出了許多力，我這個幼年人全然沒有知道。現在上天發動了威嚴，來表明周公的德行，我小子應當親自去迎接；這在我們國家的禮制上也是相宜的。”

他出了郊，天下雨了，風也倒吹了，禾黍都豎了起來了。二公吩咐國內人民，凡是被吹倒的大木所壓着的禾黍，都扶了起來，把穗子拾取了。這一年的收成依然是個大熟。

這篇譯文的解詁有幾點應該聲明的，依次陳述于下：

(1)"二公"，向來均解作太公望、召公奭（史記已然）。但没有確據，所以在譯文中仍書二公。

(2)"未可以戚我先王"的戚字，鄭玄釋爲憂，僞孔傳釋爲近，均覺未似。尚書誼略引戴鈞衡説云："孟子趙注，'戚戚然，心有動也'。僅卜未足以動先王，故特爲壇墠。"今從之。

(3)"公乃自以爲功"，功，舊釋爲"事"。史記功字作"質"。段玉裁古文尚書撰異云："質，讀'周鄭交質'之質。"故今釋爲抵押。

(4)"墠"，舊説爲"除地"，則是動詞。江聲尚書集注音疏引鄭玄注禮記祭法"除地曰墠"，除地作"餘地"，則是名詞。以金縢與祭法兩文核之，以作名詞解爲長。江云："餘地者，謂去草萊，辟餘空地爲廣平之場。墠，即場也，于其中聚土而築之爲壇。"今譯文從之。

(5)"植璧秉珪"的植字，舊釋作置。史記植字作"戴"。今從之。

(6)"丕子"，舊釋作"大子"。俞樾群經平議云："丕字，史記作負。負子者，諸侯疾病之名。禮記曲禮篇正義引白虎通云：'天子病曰不豫，言不復豫政也。諸侯曰負子，子，民也，言優民不復子之也。'是負子之義本爲不子，故此經作丕。丕與不，古通用也。……凡人有病，則須子孫扶持之。周公事死如生，故仍以人事言。"今從之。

(7)"予仁若考"，史記作"旦巧"。考，巧，古字通。俞樾群經平議云："仁，當讀爲佞。……佞從仁聲，故得叚仁爲之。予仁若考者，予佞而巧也。周本紀'爲人佞巧'，亦以佞巧連文，是其證也。古人謂才爲佞，故自謙曰‘不佞’。佞而巧，故多材多藝，能事鬼神也。”

（8）“予仁若考能多材多藝”舊于考字絕句。群經平議云：“古‘能’‘而’二字通用。……‘予仁若考能多材多藝’者，若，而也，能，亦而也，猶曰‘予佞而巧多材多藝’也。此能字與‘能事鬼神’之能不同。故下文曰‘乃元孫不若旦多材多藝，不能事鬼神’，多材多藝上不更著能字，可知兩能字不同也。”

（9）“乃命于帝庭”的乃字，舊解皆謂指武王。我覺得不對。乃字爲第二身代名詞，册祝之既對三王説，則乃字應即指三王，與上文“乃元孫”同例。故今譯爲“你們”。

（10）“公曰體”的體字，舊解作卜兆之體。群經平議云：“體乃發語之辭，慶幸之意也。詩岷篇曰，‘爾卜爾筮，體無咎言’，釋文曰，‘體，韓詩作履，幸也’，然則體亦猶幸也。”故今譯爲“好了”。

（11）“噫公命”之噫，舊解皆爲歎聲。王鳴盛尚書後案釋爲“抑”。故今譯爲“但”。

應説明的大約如此，不知有誤否？希望讀者諸君指正。

用我們的頭腦來看這篇記載，真要發笑起來。三王在天之靈是要生病的。生了病沒有人服事，就要向人間取了他們的長孫來，全不計較這位長孫在這個時候能來與否。他們又是貪着玉器，只要周公把珪和璧獻與他們，就可騙得他們回心轉意；而周公遂可借此威嚇他們，説：“你們若不聽我話，我就要不給你們了！”彷彿用了糖果來哄小孩似的。這是何等的有趣呵！

我們通常從綱鑑易知録等書中得來的周公的印象，總以爲是一位極漂亮，極重實際的政治家。那知讀了此篇，竟是一個裝神作怪的道士！他築起了幾座臺，招了先靈，自己頭頂了圓玉，手捧了長方的玉，旁邊站着了通表疏的法師，占卜吉凶的起課先生：試一設想，真不禁啞然失笑了。孟子説：“周公思兼三王以施四事：其有不合者，仰而思之，夜以繼日；幸而得之，坐以待旦。"這明明是一個思想極精密的人，和這篇記載那裏能合攏來呢！

于是我們要問：爲什麼周公請代死的故事在戰國諸子的學説中竟毫没有力量？爲什麼戰國諸子的學説中周公會得專傾向到人治和德化的方面？

我們在此可以知道：一個人在那樣的時勢中，在那樣的社會裏，自然會得做出那樣的事來。周公在商周之際鬼治主義極盛的政治社會裏，他那種鬼畫符式的舉動正是他的多材多藝的表現。但時勢變了而他的偶像還没有倒，于是他的這類舉動就漸漸地消滅而換出新時代的別種舉動來了。因爲戰國時重士，游士極多，所以周公之門會得"進善百人，教士千人，宮朝者萬人"，弄得周公"一沐三握髮，一飯三吐哺"。因爲戰國時舊制度悉已倒壞，急于創造新制度，所以周公要"思兼三王以施四事：其有不合者，仰而思之，夜以繼日，幸而得之，坐以待旦"，而儀禮、周禮、周頌、月令遂莫不出于他的大筆。假使周公的偶像至今還不曾倒，現在還是和戰國時人一樣地没有歷史觀念，恐怕在將來的史書上又要寫他主張德謨克拉西，建設全民政治了！

用了這一種眼光去看古史，纔可不給古人瞞過。

老實説來，像周公一般的人並不是很難得的，只因他的時代生得好巧在文武之後，孔子之前，而又爲孔子所稱道，所以會得在道統中占了一個重要的地位。我今試舉出一個生于蠻荒，不甚給人知道的周公來，作一比較：

> 兔兒年，斡歌歹皇帝征金國，命者別爲頭哨，遂敗金兵。過居庸關，斡歌歹駐軍龍虎臺，分命諸將攻取各處城池。
>
> 斡歌歹忽得疾，昏憒失音。命師巫卜之，言乃金國山川

之神，爲軍馬擄掠人民，毀壞城郭，以此爲祟。許以人民財寶等物禳之，卜之不從。其病愈重。惟以親人代之則可。

　　疾少間，忽開眼索水飲，言説："我怎生來?"其巫説："此是金國山川之神爲祟；許以諸物禳之皆不從，只要親人代之。"

　　斡歌歹説："如今我根前有誰?"當有大王拖雷説："洪福的父親將咱兄弟內選着，教你做了皇帝。令我在哥哥根前行，忘了的提醒，睡着時喚醒。如今若失了皇帝哥哥呵，我誰行提説着，喚醒着，多達達百姓教誰管着；且快金人之意。如今我代哥哥，有的罪孽都是我造來！我又生的好，可以事神。師巫，你呪説着！"

　　其師巫取水呪説了。拖雷飲畢，略坐間，覺醉，説："比及我醒時，將我孤兒寡婦抬舉教成立者！皇帝哥知者！"説罷，出去，遂死了。其緣故是這般。

　　（上見元秘史卷十五。斡歌歹即元太宗窩闊臺，元太祖第三子；拖雷，太祖第四子。）

這件事和金縢篇的故事真是像極了。斡歌歹與武王正在創業之際而不能死，這個時勢是一樣的。親人可以替代，這種見解也是一樣的。弟願代兄，這件事實也是一樣的。拖雷説，"如今我代哥哥，有的罪孽都是我造來"，與史記所載"奸神命者皆旦也"何等相像！拖雷説，"我又生得好，可以事神"，更是活靈活現的"予仁若考能多材多藝，能事鬼神"的一句話了！所可惜的，這是敵國的山川之神而不是他們的祖宗，所以他是真的死了。更可惜的，蒙古族中沒有像孔子一般的聖人來替他表章，所以他終於湮沒了。

　　　　　　　　　　　　　　　　　　十四，八，十。

尚書酒誥校釋譯論

一　本文

王若曰："明大命于妹邦！①乃穆考文王肇國在西土，②厥誥毖庶邦、庶士越少正、御事，③朝夕曰：'〔祀〕已茲酒！④惟天降命，肇我民惟元祀！'⑤

"'天降威，我民用大亂喪德，亦罔非酒惟〔行〕衍（愆）；⑥越小大邦用喪，亦罔非酒惟辜。'

"文王誥教小子，有正有事，⑦無彝酒。越庶國飲，惟〔祀〕已（以）德將，⑧無醉。

"惟曰：'我民迪小子，惟土物愛，⑨厥心臧，聰聽祖考之彝訓。越小大德，小子惟一。'

"妹土！嗣爾股肱，⑩純其藝黍稷，⑪奔走事厥考厥長。肇牽車牛遠服賈，⑫用孝養厥父母。厥父母慶，自洗腆致用酒。⑬

"庶士、有正越庶伯、君子，⑭其爾典聽朕教！爾大克羞耇惟君，⑮爾乃飲食醉飽。丕惟曰：爾克永觀省，作稽中德。⑰爾尚克羞饋祀，爾乃自介用逸。⑱茲乃允惟王正事之臣，茲亦惟天若元

＊　原載文史第三十三輯，1990年。附文同。

德，⑲永不忘在王家！"

王曰："封！我西土〔棐〕彼徂邦君御事小子〔尚〕常克用文王教，⑳不腆于酒，故我至于今克受殷之命。"

王曰："封！我聞惟曰：在昔殷先哲王迪畏天顯小民，㉑經德秉哲。㉒自成湯、〔咸〕戊至于帝乙，㉓成王畏相。㉔惟御事厥棐有〔恭〕共（供），㉕不敢自暇自逸，矧曰其敢崇飲。越在外服，侯、甸、男、衛邦伯，越在内服，百僚、庶尹、惟亞、惟服、宗工，㉖越百姓、里〔居〕君，㉗罔敢湎于酒。不惟不敢，亦不暇。惟助成王德顯，越尹人，祗辟。㉘

"我聞亦惟曰：在今後嗣王〔酗身〕剛申厥命，㉙罔顯于民〔祗〕哉，㉚保越怨不易。㉛誕惟厥縱淫泆于非彝，用燕喪威儀，民罔不盡傷心。㉜惟荒腆于酒，不惟自息乃逸。厥心疾很，不克畏死。〔辜〕故在商邑越殷國滅無罹。㉝弗惟德馨香〔祀〕已（以）登聞于天，㉞誕惟民怨、庶群自酒，腥聞在上，故天降喪于殷，罔愛于殷，惟逸。㉟天非虐，惟民自速辜！"

王曰："封！予不惟若茲多誥。古人有言曰：'人無於水監，當於民監。'㊱今惟殷墜厥命，我其可不大監撫于時！㊲

"予惟曰：汝〔劼〕誥毖殷獻臣、侯、甸、男、衛，㊳矧太史友、内史友㊴越獻臣百宗工；㊵矧惟爾事，服休、服采；㊶矧惟若〔疇〕壽：圻父薄違，農父若保，宏父定辟；㊷矧汝——剛制于酒。

"厥或誥曰'群飲'，汝勿佚，盡執拘以歸于周，㊸予其殺。㊹又惟殷之迪諸臣惟工乃湎于酒，勿庸殺之，姑惟教之。有斯明享，㊺乃不用我教，辭惟我一人弗恤、弗蠲乃事，㊻時同于殺。"㊼

王曰："封！汝典聽朕毖。勿辯乃司民湎于酒！"㊽

二　校釋

①孫星衍注疏："馬融曰：'妹邦，即牧養（野）之地。'鄭玄

曰：'妹邦，紂之都所處也。于詩國屬鄘，故其風言有"沬之鄉"，則沬之北、沬之東，朝歌也。其民尤化紂嗜酒。'……水經注：'淇水又南合泉源水，水有二源，一水出朝歌城西北，東南流；其水南流東屈，逕朝歌城南。'晉書地道記曰：'本沬邑也，殷王武丁始居之爲殷都也。紂都……即此矣，有糟丘、酒池之事焉，有新聲靡樂，號邑朝歌是也。'"段玉裁撰異："'妹'、'牧'，雙聲。"

　　②孫星衍疏："穆考者，周語太子晉曰：'后稷始基靖民，十五王而文始平之。'……案自始祖后稷計之，文王次當穆。詩載見云'率見昭考'，傳云'昭考，武王也'。武王爲昭，是文王爲穆考也。"

　　③王引之述聞："廣韻：'愍，告也。'……'誥愍'，猶誥告也。多方曰'誥告爾多方'，是也。廣韻'愍，告也'之訓殆尚書舊注與？"

　　④俞樾平議："此'祀'字乃'已'之假借字。周易損初九'已事遄往'，釋文曰'已，虞作"祀"'，此假'祀'爲'已'之證。已茲酒者，止此酒也。"

　　⑤俞樾平議："'惟天降命'即承'已茲酒'而言，謂止酒非一人之私言，惟天降命也。……'肇我民惟元祀'，言與我民更始惟此元祀也。元祀者，文王之元年。上文曰'肇國在西土'，肇國者，始建國之謂，故知是文王元年也。曰'元祀'者，猶用殷法也。蓋文王元年即有此命，故云然耳。"

　　⑥俞樾平議："'行'，當作'衍'，字之誤也。淮南子泰族篇'不下廟堂而行四海'，今本'行'誤作'衍'，是其例矣。'衍'讀爲'愆'。昭二十一年左傳'豐愆'，釋文曰'"愆"，本或作"衍"'，是'愆'與'衍'古字通。'亦罔非酒惟愆'正與下文'亦罔非酒惟辜'語意一律。"

　　⑦于省吾新證："'事'，猶'士'也。毛公鼎'卿事寮'即'卿士

寮’。頴叔多父盤‘卿事’即‘卿士’。”

⑧俞樾平議：“此‘祀’字亦‘已’之假字，與上文‘祀茲酒’同。古‘已’、‘以’通用。……‘已’讀爲‘以’，枚傳所謂‘惟當……以德自將，無令至醉’也。”

⑨孫星衍疏：“土物者，土所生之物，謂黍稷。……謂酒以糜穀，當愛惜也。”

⑩朱駿聲便讀：“嗣，習也。……習汝手足之勤。”

⑪孫星衍疏：“純，專也。藝，當爲‘埶’，見説文。黍者，説文云‘禾屬而黏者也。以大暑而種，故謂之黍’。稷者，説文云‘齋也，五穀之長。齋，或作䄲’。‘秫，稷之黏者，或作朮’。案：漢人謂稷爲粟米，今俗謂之小米。……古者貴黍稷。喪大記疏云：‘案公食大夫禮“黍稷爲正饌，稻粱爲加”，是稻粱卑於黍稷，故舉五穀以黍稷言之也。’”

⑫孫星衍疏：“廣雅釋詁云：‘肇，𠖇也。’……服者，釋詁云‘事也’。”

⑬孫星衍疏：“説文：‘洗，滌也。’腆者，説文云‘設膳腆腆多也’。……父母善慶，自滌器設膳，致用此酒。”

⑭顧剛案：“庶伯”當指各氏族之長，“君子”當指各氏族的賢者。“庶士、有正”爲政治組織，“庶伯、君子”爲社會組織。説詳本篇⑩。

⑮俞樾平議：“此與上文‘奔走事厥考厥長’義同，耆即考也，君即長也。因‘耆’‘君’連文則不辭，故加‘惟’字以成句，猶禹貢曰‘齒革羽毛惟木’也。下文曰‘又惟殷之迪諸臣惟工’，與此正同。臣惟工者，臣與工也。耆惟君者，耆與君也。説文丑部：‘羞，進獻也。’……‘大’乃語詞，無實義。”

⑯孫星衍疏：“丕，辭也。”

⑰俞樾平議：“稽字從禾。説文禾部‘禾，木之曲頭止不能上也’，故稽亦有止義。説文稽部‘稽，留止也’。……作稽中德

者，……言爾克永觀省則所作所止無不中德也。中，讀如‘從容中道’之中。”

⑱孫詒讓駢枝：“案‘自介’，介當爲詩‘介福’、‘介壽’之介，詩疏引孫炎云‘介者相助之義’是也。言既能祭祀，則惟自介福于神，乃可以自逸，即受胙之意。”于省吾新證：“介，應讀匄；匄，乞也。詩七月‘以介眉壽’，楚茨‘以介景福’，不嬰敦‘用匄多福’，召叔山父簠‘用匄眉壽’，‘介’‘匄’同聲相假。舊訓介爲助，非也。”

⑲朱駿聲便讀：“總言若此之飲酒乃信爲周家任政事之臣，若此之飲酒亦天所順其大德者。”

⑳孫詒讓駢枝：“‘棐’亦當讀爲‘匪’，‘徂’當讀爲‘且’，並同聲假借字。詩周頌載芟云‘匪且有且，匪今斯今’，毛傳云‘且，此也’。此‘棐徂’即‘非且’，其義亦爲‘非此’，言我周西土非自此始，君臣皆尚能用文王教命，不敢厚用酒，猶云‘自昔已然’，故下文即繼之曰‘故我至于今克受殷之命’。曰‘棐徂’，又曰‘至于今’，猶詩‘匪且’‘匪今’，兩語正相聯貫。”于省吾新證：“孫讀‘我西土棐徂’句，言我周西土非自此始，是於經旨固無當也。此‘棐’字不應讀‘非’。按：‘匪’、‘彼’古同聲。詩‘彼交匪敖’，左傳引作‘匪交匪敖’，詳經傳釋詞。徂即叡，語詞。尚，讀常。……言我西土，彼邦君御事小子常能用文王教也。”

㉑孫詒讓駢枝：“迪，用也。天顯，猶大誥云‘天明’，言殷先哲王用畏慎天之顯德及小民，猶多士云‘罔顧于天顯民祇’，‘小民’即爲‘民祇’。無逸云‘天命自度，治民祇懼’，即此畏小民之意也。”

㉒王先謙參正：“孟子盡心篇：‘經德不回。’經德，其德有常，易所謂‘恒其德’也。釋詁：‘秉，執也。’哲，當作悊，説文‘敬也’，言所執持在敬。”

㉓朱駿聲便讀：“咸，疑當作戊，太戊也。帝乙，按謂祖乙，

非紂父也。湯至祖乙十三王，爲世則七也。易乾鑿度云：‘易之
“帝乙”爲成湯，書之“帝乙”六世王。’”

㉔周語：“叔向曰：‘詩曰“成王不敢康”……’”，韋解曰“謂
修己自勸以成其王功”。于省吾新證：“説文：‘相，省視也。’
‘相’、‘省’二字，義同古通。廣雅：‘畏，敬也。’畏相，言畏敬
省察，謂克己之功。”

㉕孫詒讓駢枝：“‘棐’，亦當讀爲‘匪’。‘恭’，當爲‘共給’
之‘共’。詩小雅巧言云‘匪其止共，維王之邛’，鄭箋釋爲‘不共
其職事’。此‘棐有恭’與‘匪共’意異而義正同，言御事之臣即在
休假之時，非有當共之職事，亦不敢自暇逸也。”周禮羊人注：
“共，猶給也。”

㉖頡剛案：僚，即寮。毛公鼎：“及兹卿事寮、太史寮于父
即尹。”番生設：“王令籍司公族卿士、太史寮。”以卿士與太史人
數較多，故稱之爲寮，亦見此二職地位之高，故於此首舉之。

㉗朱駿聲便讀：“百僚、庶尹，即上文‘有正’也。惟亞、惟
服，即上文‘有事’也。宗工，宗人之官也。”頡剛案：史頌設有
“里君百生（姓）”之語，近年令彝發現，其銘文曰“舍三事令：眔
卿事寮，眔諸尹，眔里君，眔百工”，與本章適可證明，乃知“里
居”爲“里君”之誤。

㉘于省吾新證：“越，金文作雩。廣雅‘越，與也’。尹人，
猶多方之言‘尹民’。説文：‘尹，治也。’言助成王者三事，明德
與治民、敬法也。”

㉙于省吾新證：“僞傳以‘厥命’屬下讀，訓‘酣身’爲酣樂其
身。……按‘酣’字尚書只一見。汗簡引古尚書作‘怌’。怌乃‘侚’
之譌。侚，清人釋‘侃’。叔氏鐘作伈。敦煌唐寫本舜典釋文‘剛而
無虐’，‘剛’作‘侚’，云‘古剛字，古文作信’。是‘剛’、‘侃’聲
同字通。説文古文‘剛’作‘信’，譌作‘怌’，後人又改‘怌’作‘酣’，
以與醉酒之義相傅會，而經義湮矣。廣雅釋詁：‘剛，强也。’”

'身'、'申'，古通。曹叔孫申字子我，王引之讀'申'爲'身'。然則'酣身'即'剛申'。剛申厥命者，强申其命令也，意謂好以威權鞁鞿人民，故下接以'罔顯于民祇'。多士'予惟是命有申'，是'申命'乃周人語例。"

⑳于省吾新證："祇，本作'甾'，詳康誥'不敢侮鰥寡'條。'甾'、'災'同聲通用。此應讀作'哉'。康誥'乃惟眚哉'，王符作'乃惟省哉'。'哉'、'載'、'菑'、'災'，古亦通。詩大田'俶載南畝'，鄭箋'載，讀菑'。管子內業'不逢天菑'，魯語'天災流行'。按'天顯'及'顯民'乃古人成言。（上文'廸畏天顯小民'，康誥'庸祇威顯民'，'于弟弗念天顯'，多士'誕罔顯于天'，可互證。）保，安也。越，金文作雪。盂鼎'在雪御事'即'在于御事'。罔顯于民祇保越怨不易者，言罔顯于民哉，安于怨而不易也。"

㉛孫詒讓駢枝："越怨不易，言與民怨之不可易也。（左僖二十二年傳：'臧文仲曰"國雖小，不可易也"'，引詩周頌曰：'敬之敬之！天維顯思，命不易哉！'此義與彼同。）君奭云'不知天命不易'，義亦與此同。"

㉜說文："盡，傷痛也。"

㉝俞樾平議："爾雅釋詁曰'在，察也'。越，與'與'同。'在商邑越殷國'，……商邑以紂所都言，殷國蓋指通王畿千里之內。紂察見商邑與殷國將滅亡而無憂。"孫詒讓駢枝："'滅無罹'，承上邑、國二者言之。罹，僞傳訓爲憂懼，言邑與國有罪，不自知憂懼也。"于省吾新證："辜，周初作故。盟盨'有皋有故'，周鎼讀'故'爲'辜'，證以詩十月之交'無皋無辜'，謂文例與此同，是也。盂鼎'古天異臨子'，'古'即'故'。……是'古'、'故'、'辜'互通之證。……'罹'與'離'、'麗'古通。禮記王制'郵罰麗於事'，注：'麗，附也。'……上言'厥心疾很，不克畏死'，下遂接以'故在商之國都與其全國滅亡而無所坿麗'，猶今人言'死無立足之地'也。"

㉞俞樾平議：“‘祀’乃‘已’之假借字。‘已’、‘以’，古通用。……弗惟德馨香以登聞于天也。……文選東京賦‘卜惟洛食’，薛綜注曰：‘惟，有也。’是‘惟’可訓‘有’。‘弗惟德馨香’，猶言弗有德馨香也。‘誕惟民怨’，猶言誕有民怨也。蓋無德以聞于天，則所有者民之怨咨而已。”

㉟蔡沈集傳：“故天降喪于殷，無有眷愛之意者，亦惟受縱逸故也。”

㊱段玉裁撰異：“唐石經及版本皆作‘於’。”郭沫若晉邦盦韻讀：“此文兩用‘於’字不類古語，當是周末儒者所增竄。”又云：“鑑之爲用殆如今人之冰櫃。……然古人亦以鑑正容，在未以銅爲鑑之前，乃鑑之以水。”

㊲孫星衍疏：“撫者，鄭注曲禮云‘猶據也’。時者，釋詁云‘是也’。……告以今惟殷隕喪其大命，我其可不據此以大爲監戒乎！”

㊳王國維與友人論詩書中成語書二（觀堂集林二）：“酒誥云‘汝劼毖殷獻臣’，‘劼毖’義不可通。案上文‘厥誥毖庶邦庶士’，‘劼毖’殆‘誥毖’之譌。又云‘汝典聽朕毖’，亦與上‘其爾典聽朕教’文例正同，則‘毖’與‘誥’、‘教’同義。”

㊴顧頡剛案：友，猶言寮。令彝云：“奭左右于乃寮目乃友事。”目，郭沫若釋“與”，謂乃寮與乃友也。太史在毛公鼎、番生殷中稱“寮”，此篇稱“友”，知“寮”與“友”可互稱。太史、内史，人數甚多，故稱曰“友”。

㊵顧頡剛案：此章既有“殷獻臣”，又有“獻臣百宗工”，疑此“宗工”與第八章的“惟亞、惟服、宗工”的“宗工”不同。第八章的“宗工”承“惟服”來，爲天子近臣，當爲掌王之宗族者。這裏當是殷獻臣之宗工，以世家大族之多，故稱爲“百宗工”。按左定四年傳云：“分魯公以……殷民六族：條氏、徐氏、蕭氏、索氏、長勺氏、尾勺氏，使帥其宗氏，輯其分族，將其類醜，以法則周

公，用即命于周，是使之職事于魯，以昭周公之明德。”是此等殷之大族，人數甚衆，支派甚繁，必須有“帥其宗氏，輯其分族，將其類醜”的領袖人物，然後可使其“即命于周，職事于魯”，爲新政權所控制。第六章所謂“庶伯”，疑即指此。康叔封衛，左傳說把“殷民七族：陶氏、施氏、繁氏、錡氏、樊氏、饑氏、終葵氏”分給他，所以衛國裏也該有殷獻臣的百宗工。獻即鬲，謂俘獲者。逸周書作雒篇“俘殷獻民，遷於九畢”，可證。

　　㊶書疏引鄭玄注：“服休，燕息之近臣。服采，朝祭之近臣。”孫星衍疏：“説文：‘休，息止也。’魯語云‘天子大采朝日，少采夕月’，注云‘虞説曰“大采，衮職也。少采，黼衣也”’，蓋掌朝祭之服。”

　　㊷于省吾新證：“僞傳以‘圻父’爲司馬，‘農父’爲司徒，‘宏父’爲司空；王荆公讀爲‘刞惟若疇：圻父薄違，農父若保，宏父定辟’，是也。按以官言則曰‘三卿’、‘三公’、‘三正’；以年歲言則曰‘三壽’。詩閟宮：‘三壽作朋。’宗周鐘‘參壽唯利’，晉姜鼎‘三壽是利’，言利於三公也。𣪘叔多父盤‘使利于辟王卿事’，語有倒正耳。者瀘鐘‘若召公壽，若參壽’，參壽即三公，言壽如召公之高，位如三公之尊也，特句法有長短耳。‘若疇’之‘疇’，釋文本作‘壽’。若壽者，‘若’猶‘乃’也，‘壽’即‘三壽’之簡稱。刞惟若壽者，亦惟汝之三壽也。‘圻父’之圻應作‘斷’或‘旂’。金文‘用祈眉壽’之‘祈’作‘斷’或‘旂’，蓋假軍旂以爲‘祈’也。羅振玉謂旂從單，蓋戰時禱于軍旂之下也。詩：‘龍旂十乘’、‘旂旐央央’、‘龍旂陽陽’、‘淑旂綏章’。古者軍旅必以旂爲標識，故旅字金文作‘𣂤’，象建旂于車而二人在旂之下，車之上，蓋軍旅以旂爲耳目也。是司馬之稱‘圻父’以旂代稱，與邦圻之圻無涉。詩‘祈父，予王之爪牙’，毛傳亦訓‘祈父’爲司馬，職掌封圻之兵甲。此或誤自左傳叔孫豹賦圻父，而不知‘圻’之本義應作‘斷’、作‘旂’也。嗣土而曰‘農父’，洪範‘土爰稼穡’之義也。嗣工而曰

‘宏父’，‘工’、‘宏’，古同音也。……薄，本應作虢季盤‘猼伐’之‘猼’，不嬰殷作‘載’。‘薄違’，猶言討伐叛逆。……詩小雅‘天保定爾’，左襄二十一年傳‘明徵定保’。‘保定’即‘定保’，猶‘保明’之作‘明保’也。此曰‘若保’，又曰‘定辟’，間文爲句矣。”
頡剛案：宏父爲司工，何以言定辟？按揚殷曰：“王若曰：‘揚，作司工，官司量田甸，眔司居，眔司芻，眔司寇，眔司工司’”，知司工一職，凡田土、住宅、飼料、防盜、工程諸端，皆爲其事，蓋合公安、建設、農業、畜牧爲一官者，故可以定辟也。

㊸于省吾新證：“拘，疑即虢季盤、兮甲盤之𫍯字，左從口，似拘而譌也。近人釋爲詩‘執訊’之‘訊’，義則是而形未盡符。孫詒讓説爲‘絢’，亦以其形似也。按其字應寫作‘嚩’，當爲‘訊’之正字。”

㊹朱駿聲便讀：“言有告群飲者，爾毋縱之，皆執縛以歸于周，其當殺者殺之也。愚按：此指周之衆臣中有此者，康叔不得專殺，故執以歸周也。觀下文言‘殷之諸臣’，言‘勿辯乃司民湎于酒’，可見。”

㊺孫詒讓駢枝：“享，當讀爲‘饗’。‘饗’、‘享’，聲近字通。凡此經云‘饗’者並有賞勸之意。洪範云：‘饗用五福，威用六極’，孔傳釋‘饗’爲‘勸饗’，蓋‘饗’爲嘉惠賞勸，‘威’爲咎罰畏懲，二義正相對。威福箸明則曰‘明饗’、‘明威’。皋陶謨云‘天明畏自我民明威’，大誥云：‘天明畏’，‘明畏’即‘明威’，與此‘明饗’文亦相對。雒誥云：‘伻饗即有僚’，謂使勸就官也。多士云‘則惟帝降格，饗于時夏’，謂嘉勸於是夏國也。此‘享’與彼‘饗’義並同。多方云：‘惟夏之恭多士大不克明保享于民’，亦謂夏之多士不能昭明保勸於民。彼‘明保享’猶此云‘明享’，‘享’亦‘饗’之假借字也。……此蒙上殷諸臣衆工湎於酒者勿殺而姑惟教之，較之上罰群飲之不教而殺者獨爲寬恕，故云‘有斯明享’，明此乃姑勸勉之，不欲遽加以罪。”

㊻于省吾新證："'教辭'連讀不詞。上既言'姑惟教之',下言'乃不用我教'足矣;綴以'辭'字,豈經語乎!……'辭'、'嗣'、'司',金文通用,應讀如毛公鼎'司余小子弗及'之司,語詞。"

㊼于省吾新證："爾雅釋言:'釗,明也。''事',讀'士',詳'有正有事'條。'時',讀'是'。言……惟我一人弗憂汝士,弗明汝士,是同於殺。蓋教而不從,在我為弗憂弗明,在汝為同於見殺也。"朱駿聲便讀："言殷臣之湎酒者,則皆紂之所導,染惡既深,未能驟革,雖歸于周,弗殺姑教,蓋寬恕此而明欲其遷善也。若不率教而不悛,……則同於'群飲'之周臣,殺無赦者也。"

㊽偽孔傳："辯,使也,勿使汝主民之吏湎于酒。"王引之述聞："'辯'之言'俾'也。……書序'王俾榮伯作賄肅慎之命',馬融本'俾'作'辯'。'辯'、'俾'聲近而義同,'俾'亦'使'也。"

三　譯文

周王這樣説："拿我的命令去宣佈給沫邑的人民呵!你的排在穆位的父親文王開始君臨西方的時候,就告誡許多屬國和許多官吏以及一切副長官和辦事的人員,他早早晚晚不斷地講道:'禁止喝酒呀!上天降的命令,從我的元年起,我們人民該過新生活了!'

"他又説:'上天降下威嚴,我們的人民因大亂而失掉了他們的德行,這無非是喝酒造成的過愆;再有大大小小的國家的喪亡,也無非是喝酒造成的罪惡。'

"文王告誡一班年輕人,無論是各部門的首長或是辦事的幹部,都不許他們把喝酒當作正常的生活。他和許多國君聚會,雖然爲了禮節不得不喝，可是也要大家用德行來自己管制，不落到沉醉的地步。

"他說：'我們的人民應當訓導他們的子孫，讓他們知道土地上生出來的東西是可愛的，不該浪費掉，這樣就可以改善他們的心，使他們聰敏地聽從祖父們的訓言。不管是小德或大德，年輕人都該一例地看待。'

"所以，沬邑地方的人民呵！你們應當練習手足的勤勞，專力在種植黍稷上，奔走着爲你們的父親和兄長們服務。或者辛勤地牽了車子和牛遠遠出去經商，用賺來的東西孝養你們的父母。那時你們的父母必然歡慶得很，做兒子的就好趁着這機會，自己洗淨了盃盤，備上豐盛的筵席，闔家喝一回酒了。

"許多官吏和首長以及各氏族的領袖和高級的人們，你們應當常聽我的教訓！你們必須先能進獻於你們的父老和兄長，你們自己方可以大喫大喝。只要你們能作長期的觀察和檢討，你們的行止就不會不合於道德的。你們如果再能在祭祀裏供上許多祭品，你們就可以求福於神明，好好地享受一番。惟有這樣才配做擔當周家政事的臣子，也惟有這樣才配做天所承認的大德，而周家也永遠忘不掉你們了！"

王又說："封呀！因爲我們西方的那些國君和管事的年輕人一向都能接受文王的教令，不貪着喝酒，所以我們到現在就能轂繼承了殷家的天命。"

王說："封呀！我聽說：從前的殷家先聖王爲了懼怕上天和小民的偉大的力量，所以經久保持他們的德行，執守他們的恭敬。從成湯、太戊一直到帝乙，沒有不達成王功又嚴肅地省察的。那時管事的臣子就是在休假的時候沒有該供的職事，也不敢趁着空閒去尋樂，何況說敢放縱地喝酒。那時的官吏，在地方的有侯、甸、男、衛各個國君，在朝廷的有稱爲僚的許多大官，稱爲尹的許多首長、次級的亞官、任事的服官、管理王族的宗工，以及無數氏族和街里的領袖，一概沒有敢沉湎於酒的。不但不敢，也沒有這空工夫。他們只是幫助殷王去成就王德，以及治理人民和謹守法度。

"我又聽説：到了後來，他們的末代嗣王就盡喜歡用威權去壓迫人民，他沒有什麽行爲可以使人民欣快的，他得到的只是不該輕易激起的人民的怨恨。他又縱肆種種不合法度的淫亂，在宴會裏喪盡了威儀，使得人民沒有不爲他痛傷於心的。然而他還是狂妄地貪着酒，無休無歇地享樂。他的心是怎樣地急躁和兇狠，不知道怕死。那時在商的國都裏和殷的全國裏都充滿了滅亡的預兆，可是他還不覺得快要沒有立足之地的危險。他沒有明德的馨香味兒上達於天，單只有人民的怨恨和集體的酗酒這些腥穢的氣氛湧騰到高空，所以天就斷然地把喪亡的苦果降給他們，不再留一點愛護，這就是他享樂的終局！唉，天哪會有心虐待他們呢，只是人們自己招來的罪過呀！"

王説："封呀！我不想這樣地向你多説話了。古人説得好：'要看自己的臉，不必到盛水的鑑裏去照，只該向人民的心裏去照。'現在殷家已經爲了這種原因失掉了天命，我們哪可不看他們的榜樣，作一回深刻的鑒戒！

"我説：你應當去告教殷的遺臣和侯、甸、男、衛諸國君；以及太史們、内史們、管理遺臣氏族的宗官；以及你的隨從官員，像侍候燕息的近臣和陪伴朝祭的從臣；以及你們三位尊官，那就是討伐叛逆的圻父、安保君民的農父、執行法律的宏父；以及你自身，——都該在酒上作堅決的克服呀！

"如果有人來報告你，説'正有一群周朝派來的人一塊兒在喝酒'，你就該一個都不遺漏地抓住了送到周都裏來，我可以給他們定成死罪。再説，如有殷家所登用的舊臣和百官，爲了一時改不過舊習慣，還在喝酒，那就不必殺他們，姑且去教育他們。他們受了這般顯明的恩惠，倘使還不肯聽從我的教訓，那就逼得我不去顧惜他們，開導他們，這班人正同於聚衆狂飲的周臣，也該一例領受死罪。"

王説："封呀！你應當常常聽我的教訓。你的第一件任務就是切不要讓治民的官吏沉湎在酒裏呀！"

四　評論

一、商代末葉，飲酒的風氣極盛，故傳世青銅器中屬於酒器的特多。周人繼起，雖有意遏抑酒風，但禮節不可廢，酒器繼續製造。其大的爲尊、壺、罍、彝，有如現今的酒甕；小的爲爵、觚、角、斝、觥、卮，有如現今的酒盃；其有提梁的叫卣，有如現今的酒壺。據王國維宋代金文著録表所記，全部銅器六四三件，酒器二四四件，佔百分之三八弱；又據他的清代金文著録表所記，全部四二〇五件，酒器一五五二件，佔百分之三七弱。即此可知在彼時人的生活中，喝酒是何等一件大事。

二、商書微子篇説："我用沈酗于酒，用亂敗厥德于下。"又説："天毒降災荒殷邦，方興沈酗于酒，乃罔畏畏，咈其耇長、舊有位人。"大盂鼎説："我聞殷墜命，惟殷邊侯甸越殷正百辟率肆于酒，故喪師。"這可見商末君臣酣嬉之狀。沬邑爲商代末葉建都之地，此風尤甚。

三、史記殷本紀正義引竹書紀年云："自盤庚徙殷至紂之滅，七（誤，當作'二'）百七十三年，更不徙都。"自安陽甲骨出土，人多信之。然卜辭的時代止於文丁，那麼帝乙和紂兩代固有徙都的可能。漢書地理志河内郡朝歌下云："紂所都，周武王弟康叔所封，更名衞。"拿此篇來證，可知妹邦確是商末的政治中心，漢書的話是不錯的。妹邦因沬水而得名，其正字應爲沬。牧野的"牧"

也即是“沫”的音轉。朝歌今爲平原省淇縣，將來如在那裏發掘，可能得到商末周初的重要史料。

四、周人崛興西土，文化不如殷人高，但刻苦的精神則遠比殷人强，所以文王初年就決心禁酒，正同我們現代史上的禁煙一樣。其禁酒的文獻，除此篇外，如大盂鼎説：“丕顯文王受天有大命，在武王嗣文作邦，闢厥慝，……在珷（于）御事，敼（祖）酒無敢酖。”又毛公鼎説：“善效乃友正，毋敢湎（酗）于酒。”大盂鼎作于西周初期，毛公鼎作于西周後期，相去近三百年，而目標不變，足知其爲周人固定的一貫的政策。再看儀禮，一獻之禮，賓主百拜，這哪裏是尋快樂，簡直受桎梏了。

五、在此篇中可見周公的政治方案。第一，他要繼承文王的教訓，又要摹仿商的先哲王，因爲當時是不貪飲酒的。第二，要切實以商王紂爲鑒戒，不要再爲了酒弄到亡國。第三，要寬猛相濟，先教後誅。要勸人努力生產，並知道稼穡的艱難，不該浪費食料作刺激品，更要從孝父、敬兄、事神之中飲酒，即把飲酒和倫理相配合。第四，禁酒要從官吏作起，官吏中又要分別殷、周人，對殷人尚可寬，對周人必須嚴。

六、牧誓斥紂惡，不過聽用婦言、廢棄祭祀、不用親族而用逋逃等數事。到了這篇，又添了壓迫人民、縱肆淫亂、喪失威儀等罪狀。後世所説的以酒爲池、懸肉爲林、爲長夜之飲、使男女倮相逐其間等故事，即是從這段話裏發揮出來的。

七、此篇因禁止官吏喝酒，所以列舉了外内的官名。周初的官制頗可賴此看見一些。大約内官中最尊貴的是所謂“疇”（壽），即後世所謂三公。其次是“尹”和“正”，即各部門的主管長官及史官們。其次是“亞”，即“少正”，今所謂副長官。其次是王的隨從，所謂“服”，分開來説有“休”和“采”。又次則爲管理氏族的“宗工”，疑即“百姓”和“庶伯”，有如今族長；以及“里君”，有如今市長或區長。又其次則爲“百工”，即“庶士”，是一切公務人員的通稱。至"僚"與"友"皆以不止一人而稱，可通用。二十年前，有令彝在洛陽出土，這是極重要的一篇金文。上云："明公朝至于成周出令，舍三事令：眾（及）卿事寮，眾諸尹，眾里君，眾百工；眾諸侯：侯、甸、男，舍四方令。"這以"四方令"包侯、甸、男，即酒誥的"外服"；以"三事令"包卿士、諸尹、里君、百工，即酒誥的"內服"。殷代已有侯、甸、男、衛的制度，足證封建制爲殷代所立而周人承用它的。

八、本篇有對康叔說的話，有對沫邑人說的話，說話的對象不一致，似乎是兩篇文字合起來的。所以宋吳棫的書裨傳說："自'王若曰"明大命于妹邦"'以下，武王告受故都之書也。自'王曰："封！我西土棐徂邦君"'以下，武王告康叔之書也。……酒誥爲妹邦而作，故首言'明大命于妹邦'，其自爲一書無疑。"（蔡傳引）這說法似乎也對，但爲什麼"明大命于妹邦"之下就接以"乃穆考文王"呢？"乃穆考"只可對康叔說而不可對妹邦說是無疑的。所以蔡沈說："意酒誥專爲妹邦而作，而妹邦在康叔封圻之內，則明大命之責，康叔實任之，故篇首專以妹邦爲稱，至中篇始名康叔以致誥；其曰'尚克用文王教'者亦申言首章'文王誥毖'之意。其事則主於妹邦，其書則付之康叔，雖若二篇而實爲一書，雖若二事而實相首尾。反復參究，蓋自爲書之一體。"在沒有發見最古的本子之前，也只得這樣講。

九、本篇較大誥、康誥爲易解，且喜用"越"字，多至十二次，又不用"爽"字。我們可以猜想，這篇和大誥、康誥不出於一個史官所記。

十、漢書藝文志云："劉向以中古文校歐陽、大小夏侯三家經文，酒誥脫簡一。"可見本篇之有脫簡。"人無於水監，當於民監"句，作"於"不作"于"，與尚書全文異，郭沫若疑爲周末儒者所增竄，那麼本篇又容或有竄亂。篇首"王若曰"，釋文曰："馬本作'成王若曰'。"正義曰："馬、鄭、王本因文涉三家而有'成'

字。"然則漢代今古文的各個本子都作"成王若曰"。馬本雖有"成"字，而其注曰："言'成王'者未聞也，……吾以爲後録書者加之。"若如其說，則又出後人改竄。這就是古書的不能完全信任之處。

附

王煦華後記

1950 年下半年和 1951 年上半年，顧頡剛師在上海誠明文學院擔任"尚書研究"課。他重擬了"尚書學"計劃（見 1950 年 11 月 8 日日記）。自 1951 年 3 月起，他又一邊講授，一邊翻譯，至 8 月作成周誥八篇的校釋譯論。

這八篇周誥，其中大誥一篇，六十年代又重作了。洛誥爲八篇中最難解的一篇，也只有較零亂的原稿。康誥一篇，從日記的記載來看，是作完的，但存稿佚去本文和解釋兩部分。其他酒誥、梓材、召誥、多士、無逸等五篇存稿，則都完整。這些五十年代初的作品，當然不及他後來發表各篇的詳盡完備，但已爲整理這幾篇尚書打好堅實的基礎，並有他自己的見解，對尚書和古史的研究，仍有重要的參考價值。爲此先把這五篇繕清陸續發表。

王煦華　1988，7，22。

尚書梓材校釋譯論*

一　本文

王曰："封，① 以厥庶民暨厥臣達大家，以厥臣達王，惟邦君。②

"汝若恒越曰③：'我有師師④：司〔徒〕土、司馬、司〔空〕工、尹、旅！'曰：'予罔厲殺人！亦厥君先敬勞，肆徂厥敬勞。肆往姦宄、殺人、歷人宥，肆亦見厥君事戕敗人宥。'"⑤

"王啟監厥亂爲民，⑥ 曰：'無胥戕！無胥虐！至于〔敬〕矜（鰥）寡，⑦ 至于屬婦，⑧ 合由以容。'⑨ 王其效邦君越御事，厥命曷以？⑩ 引養、引恬。⑪ 自古王若兹監，罔攸辟。"

"惟曰：若稽田，⑫ 既勤敷菑，⑬ 惟其陳修，⑭ 爲厥疆畎。⑮ 若作室家，既勤垣墉，惟其塗既茨。⑯ 若作梓材，⑰ 既勤樸斲，⑱ 惟其塗丹雘。"⑲

"今王惟曰：先王既勤用明德懷，⑳ 爲夾庶邦享作。㉑ 兄弟方㉒來，亦既用明德，后司式典集，㉓ 庶邦丕享。㉔

"皇天既付中國民越厥疆土于先王，肆王惟德用和懌先後迷

---

* 原載文史第四十二輯，1997 年。

民，[25]用懌先王受命。

　　“巳，若茲監！[26]惟曰：欲至于萬年，惟王子子孫孫永保民。”

二　校釋

　　①俞樾平議：“梓材一篇並無誥康叔之文，直以篇首一‘封’字，故不得不屬之康叔耳。……康誥之首有‘惟三月載生魄’至‘乃洪大誥治’四十八字，……竊疑當在梓材之首。‘王曰封’者，涉康誥、酒誥之文而誤衍‘封’字也。‘王曰：“以厥庶民暨厥臣達大家，以厥臣達王，惟邦君”’，正合‘侯甸男邦采衛百工播民和，見士于周’之文，蓋因五服之臣民咸在，進而誥之，故以此發端也。篇中文義雖不盡可解，然曰‘庶邦享作，兄弟方來’，又曰‘庶邦丕享’，又曰‘和懌先後迷民’，皆與篇首四十八字相應。……”

　　②蔡傳：“大家，巨室也。……孔氏曰：‘卿大夫及都家也’。‘以厥庶民暨厥臣達大家’，則下之情無不通矣。‘以厥臣達王’，則上之情無不通矣。王言‘臣’而不言‘民’者，率土之濱莫非王臣也。邦君上有天子，下有大家。能通上下之情而使之無間者，惟邦君也。”

　　③孫疏：“若者，釋言云：‘順也’。恒者，釋詁云：‘常也’。‘越’同‘粵’，釋詁云：‘於也’。”

　　④孫疏：“師師者，上‘師’，釋詁云：‘衆也’；下‘師’，鄭注周禮云：‘猶長也’。……言汝當順常於以告其衆長。”

　　⑤孫詒讓駢枝：“案此段大意，謂君敬勞則諸臣亦敬勞，君宥有罪則諸臣亦宥有罪，以戒康叔之謹身率下也。‘徂’亦當讀爲‘且’，此也。‘往’當訓爲‘彼’，與‘徂’對文，皆主臣言。謂其君

能敬慎勤勞民事，則此諸臣亦法之而敬慎勤勞民事（此疑亦據治獄而言，康誥云：'敬明乃罰'）；即彼諸臣以姦宄殺人歷人之罪而枉法宥之，亦因見君任戕敗人之罪或寬宥不治，故效之而曲宥有罪也。'徂，此；往，彼'，文取相變。'歷人'謂搏執平民而歷其手（說文木部云：'櫪，撕枅指也。''歷'即'櫪'之省）。莊子天地篇云：'罪人交臂歷指'。呂氏春秋順民篇云'劇其手'，'劇'亦'歷'之借字也（當從'歷'，傳寫誤從'磨'）。'事'當訓爲任（周禮大司馬鄭注云'任，猶事也'，二字互相訓）。上二句說敬勞，先云'厥君'，後云'肆徂'；下二句說宥罪人，先云'肆往'，後云'厥君'：皆謂上行下效，語意並略同，惟文有偵倒耳。"

⑥于省吾新證："'亂'乃'治'之譌。金文'治'皆作'嗣'或'嗣'，舊訓'亂'爲'治'非是。詩節南山'何用不監'傳：'監，視也。'周語'使監謗者'注：'監，察也。''王啟監厥嗣爲民'應作一句讀。'爲'，語助，詳經傳釋詞。言王啟監察其所治人民。宗周鐘：'王肇遹省文武勤疆土'，'啟'與'肇'，'監'與'省'，均同訓。凡言'啟'言'肇'皆古人語例，金文習見。"

⑦段玉裁撰異："蓋古文尚書作'敬'；今文尚書作'矜'，而'矜'亦作'鰥'。呂刑古文'哀敬折獄'，尚書大傳作'哀矜'，漢書于定國傳作'哀鰥'，正其比例。"

⑧小爾雅："妾婦之賤者謂之屬婦。屬，逮也。逮婦之名，言其微也。"

⑨孫詒讓駢枝："案此與微子'用以容'同，即承上'敬寡''屬婦'，言合衆窮阸之人，用相容受。"

⑩王先謙參正："廣雅釋言：'效，考也。'言王者之考察邦君及于治事之臣，其命令用何者爲先乎？"

⑪釋詁云："引，長也。"說文云："恬，安也。"

⑫王先謙參正："（周禮）宮正鄭注：'稽，猶計也。'稽田者，計度其地而規畫之。"

⑬見大誥"厥父菑"下。

⑭孫疏："陳者，詩信南山：'維禹甸之'，周禮稍人注引作'敶'，云'甸治'，是'陳'亦'治'也。"

⑮孫疏："疆者，説文云'界也'。畎，説文作〈，以此爲篆文，云：'六畎爲一畝。〈，水小流也。'"周禮考工記："匠人爲溝洫，耜廣五寸，二耜爲耦。一耦之伐，廣尺深尺，謂之𤰝。田首倍之，廣二尺，深二尺，謂之遂。九夫爲井，井間廣四尺，深四尺，謂之溝。方十里爲成，成間廣八尺，深八尺，謂之洫。方百里爲同，同間廣二尋，深二仞，謂之澮。"

⑯釋文引馬融注："墍，塈色。"説文："塈，白涂也。"又："茨，以茅葦蓋屋也。""塗"字釋見⑲。

⑰釋文引馬融注："治木器曰梓。"國語楚語韋解："杞、梓，良材也。"

⑱于省吾新證："案'樸斲'與'垣墉'爲對文，二字義皆相仿。'樸'當作'𣂏'或'戕'。宗周鐘'戕伐厥都'，兮伯盤'則即刑𣂏伐'，戕伐連用，戕亦伐也。……是'既勤樸斲'言'既勤伐斲'也。"

⑲俞樾平議："經文'塗'字，據正義是'斁'字。……按漢書張衡傳：'惟盤逸之無斁'，注曰：'斁，古度字'，是斁、度通。説文丹部'䂪'下引周書'惟其敾丹䂪'，蓋壁中古文假'敾'爲'度'，孔安國因漢時'斁'、'度'通用，故以'斁'字易之耳。爾雅釋詁曰：'度，謀也。'言既勤垣墉則惟謀墍茨之事，既勤樸斲則惟謀丹䂪之事。……'墍茨'爲二事，墍者以土塗之，茨者以草蓋之也。'丹䂪'亦爲二事，丹者朱色，䂪者青色也。"

⑳孫詒讓駢枝："當讀'懷'屬上句。雒誥云：'其永觀朕子懷德。'此'德懷'連文，猶彼云'懷德'，言先王勤用明德懷來邦國也。"

㉑孫詒讓駢枝："夾，莊葆琛讀爲詩'使不挾四方'之挾。挾，

達也。……此言周達庶國皆來享獻而任役也。作，謂興作任勞役之事。‘享’與‘作’二事平列。下文云‘庶邦丕享’，即來享也。雒誥云‘庶殷丕作’，謂來共役，即來作也。”

㉒王國維與友人論詩書中成語書二：“‘兄弟方’與易之‘不寧方’、詩之‘不庭方’皆三字爲句，方猶國也。”

㉓于省吾新證：“按‘后’乃‘司’之反文。堯典‘汝后稷’即‘女司稷’。爾雅釋言：‘式，用也。’釋詁：‘典，常也。’詩小旻‘是用不集’傳：‘集，就也。’司，語詞。（毛公鼎：‘司余小子弗及’，‘司’亦語詞。）‘是用不集’與‘司式典集’，意有倒正，而文例一也。此篇自‘今王惟曰’至末三稱‘先王’，稱今王則曰‘王’，不應忽用‘后’字也。”

㉔于省吾新證：“尚書‘丕’每訓爲‘斯’。”（召誥“庶殷丕作”。）

㉕朱駿聲便讀：“‘先’之‘迷民’，謂化紂之惡，酗酒酖身者也。‘後’之‘迷民’，謂助武庚爲亂者也。”

㉖孫疏：“監者，説文曰：‘臨下也’。言如此臨民，惟子孫長保斯民矣。”

三　譯文

王說：“封呀！把衆多的人民和低級的官吏的心意傳達到各個大家族，把一切臣民的心意傳達到王朝，這是國君的責任。

“你該常常喚着：‘我的許多長官：司土、司馬、司工，以及各部門的主管人員和許多士大夫呀！’對他們說道：‘我不敢暴虐殺人！我知道，只要國君能先謹慎而勤勞於民事，諸臣就都效法了他而謹慎勤勞了。如果諸臣對於間諜、惡霸、殺人犯、私刑犯有枉法縱放的，那就因爲國君先已任用了傷壞他人的犯罪者，寬宥了他們，所以臣下也效法咧。'"……

　　"做王的察視他所治的人民，該説：'不要互相傷殘呀！不要互相壓迫呀！直到鰥寡，直到賤妾，都要把他們聯絡起來，讓他們有個安頓處。'"

　　"做王的督導諸國君和管事的人，他發出的命令該以哪一項居先呢？那無非是關於長期的養育人民和安定人民的問題。這是從古以來的國王都這般地察視他的國家的，他們的最高的目標原是期望没有地方可以用着他的刑法呀！"

　　"治國的道理該是一步逼進一步的。好像着手種田，先已在除草鬆土上盡了勞力，就該計劃如何去修治田岸和水溝。又像建築房屋，先已辛苦打好了牆頭，就該想怎樣塗上白堊和蓋上茅草。又像製造木器，先已費勁鋸削好了白胚，就該設計如何去刷上各種彩色。"

　　"我王呀，您應當知道：先王已經勤勞地發揮了他的偉大的德行來收服人心，實現了無數邦國貢獻祭品，他們的人民又都來勞力工作。許多兄弟之國的君主來了，他們爲這偉大的德行所感召，所以無論做什麽事情都能成功，而無數邦國也就自動地歸附了。

　　"皇天已把中國人民和這一大片土地付與我們的先王，所以我王呀，您也惟有用了德行來和悦那些前前後後受了迷惑的殷民，用來安慰那受天大命的先王的神靈。

　　"唉，我王就這樣地察視人民吧！我希望我們的國祚延長到萬年，我王的子子孫孫永遠保安着人民呀！"

四　評論

一、此篇爲斷篇殘簡所湊成的一篇文字，除漢人强解成一人的話外，宋朝的吴棫就説中多誤簡，自"王啟監"以下即另爲一篇（見蔡傳）。蔡沈把吴棫的話修正一下，説自"今王惟曰"以下纔另是一篇。清王鳴盛尚書後案亦承蔡説，謂"今王惟曰"以下乃周公因誥康叔而并戒成王之詞。現在把這篇翻譯了看來，覺得吴棫的話最對，因爲"王啟監"之監即是"若兹監"的監，説不定"王啟監"到篇末倒是半篇比較完整的文字，而"以厥庶民"和"汝若恒越曰"兩節則真是殘簡。

二、按蔡傳所以不從吴棫説，爲的是他胸中横梗着康叔做的官也是監，"三監叛誅，康叔封殷"的事實，以爲康叔繼管、蔡而作監，所以他把"王啟監"説爲"王開置監國"，而把"無胥戕"以下説爲"命監之辭"。其實，監不必爲名詞而儘可作動詞，如高宗肜日的"惟天監下民典厥義"，微子的"降監殷民用乂讎斂"，吕刑的"上帝監民罔有馨香德"，都是以上臨下之詞。本篇三"監"字，均王監下之詞，有如洛誥的"監我士師工"也。

三、本篇意義與大誥、康誥頗有相似處。"若稽田"一節即是大誥的"若考作室"一節的正面文字，都是要求全始全終，不可半途而廢的意義。"予罔厲殺人"即康誥的"敬明乃罰"。"肆往姦宄殺人歷人宥"數語即康誥的"亦惟君惟長不能厥家人，越厥小臣外正惟威惟虐，大放王命"，亦即論語所謂"上帥以正，孰敢不正"也。"無胥戕，無胥虐，至于鰥寡"即康誥的"不敢侮鰥寡"。"合由以容"和"引養引恬"亦即康誥的"保乂民"和"康保民"。"皇天既付中國民越厥疆土于先王"更即是康誥的"天乃大命文王殪戎殷，誕受厥命越厥邦厥民"。思想和文字這般相同，所以這篇雖是些零斷的簡編，而編次于康誥、酒誥之後是合適的。

四、看"以厥庶民暨厥臣達大家"的話，可見當時大家族的力量之大，庶民和衆臣都須透過了大家族，方能和國君與王發生關係。（正似今日的必須透過各級組織。）中國家族制度根深柢固，宗法思想瀰漫一切，三千年來大體未變。孟子上有一段話可以作證，離婁上云："爲政不難，不得罪於巨室。巨室之所慕，一國慕之；一國之所慕，天下慕之：故沛然德教溢乎四海。"趙岐注："巨室，大家也，謂賢卿大夫之家。"這實要使國君向巨室投降。殷、周爲氏族社會的末期，此亦一證。

五、此篇說"至於敬寡，至於屬婦"，這是真正注意到平民階級和奴隸階級的明證。說"無胥戕，無胥虐"，明明這些是被壓迫的階級。這篇裏主張王應對這被壓迫階級要"容"，要"養"，要"恬"，可見作誥者確能顧到全部民衆。所謂"罔攸辟"，即是"刑期于無刑"的意思。孟子梁惠王下："老而無妻曰鰥，老而無夫曰寡，老而無子曰獨，幼而無父曰孤：此四者天下之窮民而無告者。文王發政施仁，必先斯四者"，當即由此來。

六、這篇著作者相傳爲周公，但無確證。開頭作"王曰：'封'"，則與康誥篇同，但俞樾疑這"封"字是衍文。至於"王啟監"以下可能是周公對成王說的。

尚書召誥校釋譯論[*]

一　本文

惟二月既望，越六日乙未，王朝步自周，則至于豐^①。

惟太保先周公相宅^②。越若來三月^③，惟丙午朏^④，越三日戊申，太保朝至于洛，卜宅；厥既得卜，則經營^⑤。越三日庚戌，太保乃以庶殷攻位^⑥于洛汭。越五日甲寅，位成。

若翼日乙卯，周公朝至于洛，則達觀^⑦于新邑營。越三日丁巳，用牲于郊，牛二。越翼日戊午，乃社于新邑，牛一，羊一，豕一。越七日甲子，周公乃朝用書，命庶殷侯、甸、男邦伯^⑧。厥既命殷庶，庶殷丕作^⑨。

太保乃以^⑩庶邦冢君出取幣，乃復入錫周公。周公曰^⑪：

"拜手稽首，旅^⑫王若公，誥告庶殷，越自乃御事：嗚呼，皇天上帝改厥元子，茲^⑬大國殷之命，惟王受命，無疆惟休，亦無疆惟恤。嗚呼，曷其奈何弗敬！

"天既遐終^⑭大邦殷之命，茲殷多先哲王在天。越厥後王後民，茲服厥命厥終，智藏，瘝〔在〕哉^⑮！夫知^⑯保抱携持厥婦子

---

* 原載文史第四十六輯，1999 年。

以哀籲天：'徂，厥亡出執⑰！'嗚呼，天亦哀于四方民，其眷命用懋⑱！王其疾敬德！

　　"相古先民有夏，天迪從子保⑲；〔面〕偪稽天若⑳，今時既墜厥命。今相有殷，天迪格保㉑；〔面〕偪稽天若，今時既墜厥命。今沖子嗣則無遺壽耇，曰：'其稽我古人之德，矧曰其有能稽謀自天。'㉒

　　"嗚呼，有王雖小，元子哉！其丕能諴㉓于小民！今休王不敢後㉔。用顧畏于民〔嵒〕喦㉕。

　　"王來紹上帝㉖，自服于土中㉗。旦曰：'其作大邑，其自時配皇天。毖祀于上下，其自時中乂㉘。'王厥有成命治民㉙，今休。

　　"王先服殷御事㉚，比〔介〕邇于我有周御事㉛，〔節性〕人生惟日其邁㉜。王敬作〔所〕匹㉝，不可不敬德！

　　"我不可不監于有夏，亦不可不監于有殷。我不敢知曰㉞有夏服天命惟有歷年㉟，我不敢知曰不其延，惟不敬厥德乃早墜厥命。我不敢知曰有殷受天命惟有歷年，我不敢知曰不其延，惟不敬厥德乃早墜厥命。今王嗣受厥命，我亦惟茲二國命，嗣若功。

　　"王乃初服㊱！嗚呼，若生子，罔不在厥初生㊲，自貽哲命！今天其命哲？命吉，凶？命歷年㊳？知㊴今我初服。宅新邑，肆惟王其疾敬德！王其〔德〕省之㊵，用祈天永命！

　　"其惟王勿以小民淫用非彝；亦敢殄戮；用乂民若有功㊶。其惟王〔位〕立在德元，小民乃惟刑用于天下㊷，越王顯。上下勤恤，其曰：'我受天命，丕若有夏歷年，式勿替有殷歷年㊸！欲王以小民受天永命！'"

　　拜手稽首曰："予小臣敢以王之讎民㊹、百君子越友民㊺保受王威命明德！王末有成命，王亦顯。我非敢勤㊻，惟恭奉幣㊼，用供王能祈天永命！"

二 校釋

①馬融尚書傳：“周，鎬京也。豐，文王廟所在。……將即土中易都大事，故告文王、武王廟。”鄭玄尚書注：“步，行也。……於此從鎬京行至於豐，就告文王廟。告文王則武王可知。”（均史記魯世家集解引。鄭注末句見禮記曲禮正義引。）

②史記魯周公世家：“使太保召公先之雒相土。”鄭玄尚書注：“相，視也”（史記魯世家集解引）。皮錫瑞考證：“宅，疑作‘度’。史記、漢石經及漢人引三家尚書、三家詩，‘宅’皆爲‘度’。今文如此。逸周書有度邑篇，言營洛之事。大傳云：‘營成周’，其義當爲‘度’。此云‘宅’，疑後人改之。”按度，計量也，謀也。

③王引之述聞：“‘越若來三月’五字當作一句讀。越若，語辭。來，至也。言越若至三月也。書言‘惟某月’，‘惟’字皆在月上，此獨在月下屬‘丙午朏’字讀之，以‘越若來三月’已自爲句故也。”按“越若”即漢書律曆志引武成“粵若來二月”之“粵若”，亦即堯典“曰若稽古”之“曰若”。

④説文月部：“朏，月未盛之明也。”按謂月之三日也。

⑤王逸楚辭九歎注：“南北爲經，東西爲營。”朱駿聲便讀：“經營，疊韻連語，猶量度也。”

⑥朱駿聲便讀：“攻，猶治理也。位，城郭、宮廟、朝市之位。”按逸周書作雒：“乃位五宮、太廟、宗宮、考宮、路寢、明堂”，此當爲建都時主要之建築。

⑦段玉裁撰異：“達觀，若今俗語云‘通看一遍’。達，通也。”

⑧孫星衍疏：“朝用書者，春秋左氏昭三十三年傳云：‘士彌牟營成周，計丈數，揣高卑，度厚薄，仞溝洫，物土方，議遠

邇，量事期，計徒庸，慮材用，書餱糧，以令役于諸侯’，蓋周公以此等書于册，以命于侯甸男之邦伯也。”

⑨于省吾新證：“尚書‘丕’每訓爲‘斯’，‘作’當讀論語‘舍瑟而作’之‘作’，謂興起也。言周公既命之，庶殷斯興起也。”

⑩孫星衍疏：“以，同與。鄉飲酒禮云：‘主人與賓三揖’，鄉射禮作‘主人以賓三揖’，是也。”

⑪于省吾新證：“昔人以召誥爲召公之詞，今審其語義，察其文理，亦周公誥庶殷，戒成王之詞，史官綴叙其事以成篇也。特條列所見於下：

“一，‘乃復入錫周公曰’，按‘周公’二字應有重文，後人誤捝。應作‘乃復入錫周₌公₌曰’，應讀作‘乃復入錫周公，周公曰’。（凡金文定例，重文決不復書。上下二句相毘連處有重複字，必以₌代之。井仁妄鐘：‘用追孝侃前₌文₌人₌其嚴在上。’毛公鼎：‘毋非先告父₌厝₌舍命。’……此例不可勝舉。）左昭二十七年傳：‘夫鄢將師矯子之命以滅三族，三族，國之良也’，左傳會箋依日本古鈔卷子本録之如是。今我國各本不重‘三族’字則不詞矣。……逸周書殷祝解：‘湯以此讓三千諸侯，莫敢即位’，藝文類聚、太平御覽並引作‘湯以此三讓三千諸侯，諸侯莫敢即位’。凡此可爲古書每有重文爲後人傳鈔誤捝之證。敦煌隸古定本盤庚：‘我先后綏乃₌祖₌乃₌父₌乃詔弃女’，可證尚書重文寫法與金文合。

“一，自‘周公曰’以下至末均係周公誥戒庶殷御事及成王之詞。舊説謂以下皆召公之言，朱子乃强爲之言曰：‘此蓋因周公以告于王耳。’夫召公代王錫周公，而反因周公以告王，自有文字以來無此例也。……

“一，凡金文及經傳上言君王有所錫，下之‘拜手稽首’皆指被錫者言。是篇兩言‘拜手稽首’，舊皆以爲召公，豈有錫之者言拜稽而被錫者反無拜稽之禮乎！‘旅王若公’，言周公受錫嘉王及召公也。邢侯彝：‘王命燹衆内史曰：“舍邢侯服，錫臣三品：州人、秉人、郭人”。“拜𩠐首，魯天子！”’是‘拜𩠐首，魯天子’指邢侯已受錫而言，非謂燹及内史也。（魯、旅均訓嘉者，書序嘉禾篇：‘旅天子之命’，‘旅’，周本紀作‘魯’，魯世家作‘嘉’，可證。）若謂召公代王致錫而曰‘嘉王及公’，必無是理矣。

“一，如謂‘旅王若公’之公爲周公，下之‘旦曰其作大邑’何以又稱周公之名耶？周書金縢、洛誥、君奭、立政及此篇‘旦’字凡七見，皆周公自謂。凡成王稱周公多曰‘公’，無直稱其名者。安有召公代王致錫而反稱周公之名者乎！……

“一，末言‘惟恭奉幣用供王能祈天永命’，……説文：‘奉，承也’。厚子壺：‘承受屯德’，是承受同訓。此必周公受錫，故言‘敬受幣用奉王能祈天永命’也。”

⑫旅訓嘉，見上條。

⑬王引之釋詞八：“兹者，承上起下之詞。昭元年左傳曰：‘勿使有所壅閉湫底以露其體，兹心不爽而昏亂百度。’二十六年傳曰：‘單旗、劉狄帥群不弔之人以行亂于王室，晉爲不道，是攝是贊，思肆其罔極，兹不穀震盪播越，竄在荆蠻。’此兩‘兹’字皆承上起下之詞，猶今人言‘致令如此’也。”按王氏雖未引書，而此篇“兹大國殷之命，惟王受命”及“兹殷多先哲王在天”兩“兹”字均可以此釋之。

⑭朱駿聲便讀：“遐終，猶永終，長久也。”按觀下文“殷多先哲王在天”，即知此“遐終”是天的美意，非終訖之謂。

⑮于省吾新證：“應讀‘兹服厥命厥終，智藏瘝在’。……‘厥命’之‘厥’，厥‘其’也；‘厥終’之‘厥’，……厥猶‘之’也，詳經傳釋詞。凡書‘瘝’字，段玉裁謂本作‘鰥’。爾雅釋詁：‘鰥，病也。’‘在’應讀‘哉’。才、在、哉，古通。（班彝：‘唯民亡徣才’‘允才顯’，二‘才’字均讀作‘哉’。牧殷：‘王才周’，矢令殷：‘才炎’，‘才’即‘在’。此例金文習見，不勝條列。……）”按服，

受也，謂後王後民受其命之終也，説見本篇㉟。

⑯俞樾平議："孫氏星衍曰：'"知"或語辭'，此説是也。説文矢部：'知，詞也'，次'𥎦'（矤）、'矣'兩義之間，然則古人固用'知'爲語助。召誥篇所用'知'字皆是也。"

⑰于省吾新證："尚書'罔'字，隸古定作'㞒'，即'亡'字。……'亡'應讀'無'。……'徂'，僞傳訓'往'，是也。徂厥亡出執者，言有所往，其無出而見執也。"

⑱僞孔傳："民哀呼天，天亦哀之，其顧視天下有德者，命用勉敬者爲民主。"

⑲王引之釋詞："'迪'，用也。'子'當讀爲'慈'，古字'子'與'慈'通。（……文王世子：'庶子之正於公族者，教之以孝弟睦友子愛'，謂教之以孝弟睦友慈愛也'。緇衣：'……故長民者章志貞教尊仁以子愛百姓'，謂慈愛百姓也。）天迪從子保者，言天用順從而慈保之也。周語曰：'慈保庶民，親也。'"

⑳俞樾平議："若，順也，順即道也。論衡本性篇引陸賈曰：'人能察己所以受命則順，順之爲道。'國語楚語以'違而道'、'從而逆'相對。是古人謂順爲道。'天若'即天順，天順即天道也。"于省吾新證："按'面'即'偭'，應訓'背'。（禮記少儀：'尊壺者面其鼻'，'面'，説文引作'偭'。離騷：'偭規矩而改錯'，王注：'偭，背也。'史記項羽本紀：'馬童面之'，張晏訓'面'爲'背'。是'面'、'偭'古通之證。）……易繫辭注：'稽，考也。'……廣雅釋詁：'稽，問也。'"

㉑于省吾新證："'格'、'假'古通。假，嘉也。……言天用嘉保。"

㉒于省吾新證："'稽謀'，猶言'詢謀'。……詢謀之'謀'不訓謀畫，謂咨訪。𥎦，猶'亦'也。'有能'之'有'讀'又'。言……今沖子嗣位則無遺耆老，曰其考我古人之德，亦曰其又能詢謀自天。意謂不但能考古人之德，又能詢謀天之德也。天德猶言天

道。蓋上句言‘德’，下句加‘又’則省卻‘德’字。”

㉓説文言部：“諴，和也。”

㉔于省吾新證：“按‘今休王不敢後’者，以王之不敢後爲休美也。……效父彝：‘休王錫效父貝三’，言效父以王之錫貝爲休美也。”

㉕俞樾平議：“説文石部：‘碞，磛碞也，从石品。周書曰：“畏于民碞”，讀與“巖”同。’又品部：‘嵒，多言也，从品相連。春秋傳曰：“次于嵒北”，讀與“聶”同。’是説文引此經作‘碞’，不作‘嵒’。而王厚齋困學紀聞、藝文志考二書皆云：‘説文“顧畏于民嵒”，多言也，尼輒切’，與説文不合。……疑王氏所見説文與今不同，其‘碞’篆下引春秋傳‘次于嵒北’而云‘讀與聶同’，其‘嵒’篆下引周書‘畏于民嵒’而云‘讀與巖同’，此蓋許君之真本也。嵒字與喦字相似。説文山部：‘喦，山巖也，從山品，讀若吟’。尚書‘嵒’字傳寫誤作‘喦’，則與磛碞之‘碞’其義相近，因又誤爲‘碞’。枚傳不得其解，妄生僭差之訓，而古字古義俱失矣。……後人日習枚傳，遂據以改易説文，而尚書與春秋傳遂皆失其本字。夫‘碞’爲磛碞，則春秋之‘碞北’蓋以地在山巖之北而得名也；今移置‘嵒’篆下則又失其義矣。‘嵒’爲多言，則尚書之‘畏于民嵒’即詩所謂‘畏人之多言’也；今移置‘碞’篆下則又失其義矣。當從王厚齋所引訂正。”

㉖孫詒讓騈枝：“按‘紹’當訓爲‘助’。孟子梁惠王篇引書云：‘天降下民，作之君，作之師，惟曰其助上帝。’‘紹上帝’即‘助上帝’也。文侯之命云：‘用會紹乃辟’，王助上帝與諸侯助王義同。”

㉗孝經援神契：“八方之廣，周洛爲中，謂之洛邑”（水經河水注引）。按“服”有“從”義，謂王於土地之中央聽從上帝之指示也。

㉘按兩“自時”皆“自是”義，謂自是可配皇天，自是可致治于

中土也。

㉙按成，定也，見國語周、晉、吳語注。成命，謂上帝之定命。王受上帝之定命以治民，故爲可嘉。

㉚按荀子王制："服賢良"，楊注："服，謂爲之任使。"王先服殷御事者，王先任使殷御事之臣也。

㉛僞孔傳："言當先服治殷家御事之臣，使比近於我有國治事之臣。"段玉裁撰異："僞傳凡'介'皆訓'大'，不應此獨訓'近'，疑本'邇'而誤'介'。"于省吾新證："僞傳訓'比介'爲比近，是也。……論語里仁：'義之與比'，皇疏：'比，親也'。'介'，足利本作'迩'，即'邇'，……近也。"按"邇"作"迩"，簡作"尒"，形似"介"，故誤爲"介"。

㉜于省吾新證："'節'，……疑爲'人'之譌。'性'、'姓'，金文並作'生'。辰盉：'曹百生豚'，沈兒鐘：'穌逳百生'，'百生'即'百姓'。蔡姞彝：'彌乎生'，劉心源謂即詩之'俾爾彌爾性'。然則'節性惟日其邁'者，人生惟日其邁也。西伯戡黎：'我生不有命在天'，是'人生''我生'之語例由來尚矣。"

㉝于省吾新證："按'所'乃'匹'之譌。弓鎛'所'作'𠂤'，彔白㲃'匹'作'⺪'，二字形最易渾，故漢人𠛚'匹'爲'所'，遺誤至今。……'王敬作所'者，王敬作匹也。……'匹''配'古同訓，'匹天'即'配天'。"

㉞俞樾平議："'知'乃語辭。……'我不敢知曰'者，我不敢曰也。"

㉟孫星衍疏："歷者，釋詁云：'艾，歷也'，詩傳云：'艾，久也'，是'歷'亦爲'久'也。"頡剛按："服"，受也。此云"有夏服天命"，而下云"有殷受天命"，又云"嗣受厥命"，則服天命爲受天命可知，僞孔傳："夏言'服'，殷言'受'，明受而服行之，互相兼也"，已見此義，特未達一間耳。

㊱頡剛按："初服"之服，即上文"有夏服天命"之服，受也。

㊲孫星衍疏："生者，鄭注周禮云：'猶養也。'説文云：'育，養子使作善也。'論衡率性篇云：'……"生子"，謂十五子。初生意于善，終以善；初生意于惡，終以惡。……'案十五爲太子入學之年，故王氏以釋經'若生子'，謂若養子教之。"

㊳于省吾新證："舊讀'命'如字，非是。命謂賜予。周禮小宗伯'賜卿大夫士爵則儐'注：'賜，猶命也。'説文：'賜，予也。'考毀：'王命考赤市縊✿'，獻彝：'楩伯命氒臣獻金車'，命均謂賜也。'今天其命哲，命吉凶，命歷年'者，今天其予以明哲，予以吉凶，予歷年也。"

㊴孫星衍疏："'知'，或語詞。説文云：'知，詞也。'案説文，'矤'亦詞也。俗'矧'字與'知'字形相近，或當爲'矧今我初服'。"

㊵于省吾新證："按'王其德之'四字句，'德'乃'省'之譌。廣韻有'惝'字，訓省悟，當即'省'字，蓋晚周繁畫字多从心也。金文'省'作'✿'。陳侯因資錞：'合揚氒德'，'德'作'✿'。隸古定尚書'德'字作'悳'，亦與'惝'字易相溷也。上句言'惟王其疾敬德'，下言'王其德之'，則不詞矣。言王其省察之，斯固敬德之事也。"

㊶江聲疏："聘禮：'辭曰："非禮也，敢！"……對曰："非禮也，敢？"'鄭注：二者皆並曰'敢，言不敢'，是'敢'有'不敢'意也。此'敢'該同彼義。亦者，承上之詞：上言'勿'，下言'亦'，則'亦'是蒙上'勿'字而言。亦勿敢殄戮以治民，戒毋虐也。"王引之述聞："不以小民非彝而殄戮之者，先教化而後刑罰也。用此治民乃能有功，故曰'用乂民若有功'，'若'猶'乃'也。（小爾雅：'若，乃也。'……）"王先謙參正："釋詁：'彝，法常也。'言勿以小民可用而過用非法，戒毋擾。禮王制：'用民之力歲不過三日。'"三家説有異同，今參用之。

㊷王引之述聞："家大人曰：'……爾雅：'刑，常也。'言王

在德元則小民常用王德於天下也。"于省吾新證："'位'、'立',
古通。金文'位'不从'人'。頌鼎、克鼎'即立',即位也。……
'德元'即'元德',亦稱'首德'。師旬殷:'首德不克斐'。上文之
'元子',鄭康成稱爲'首子'。堯典:'惇德允元'。酒誥:'茲亦
惟天若元德'。曆鼎:'曆肇對元德'。'刑用'即'用刑'之倒文。
'其惟王位在德元,小民乃惟刑用于天下'者,其惟王立於德之
首,小民乃惟用法於天下也。"

　　㊸朱駿聲便讀:"式,用也。替,廢也。言君臣與勤勞憂恤,
共期受命如夏歷年之久,勿如殷歷年之久而忽廢之,欲王以小民
受天長命也。……'丕若'與'勿替'異辭者,周受殷命,不可云
'丕若有殷歷年'也。"

　　㊹朱駿聲便讀:"讎,雔也,猶相當、相對也,……謂殷頑
民也。"

　　㊺鄭玄注:"'百君子',王之諸臣與群吏。"朱駿聲便讀:
"'百君子',兼殷御事、周御事而言也。'友民',同志之民,謂
周民也。"王先謙參正:"續漢律歷志:'冀百君子越有民同心敬
授',蓋今文作'有民',如牧誓'友邦',史記作'有國',不作朋
友解。有者,詞也。"今以"有民"或"友民"係與"讎民"對舉,故從
朱説。

　　㊻王先謙參正:"釋詁:'勤,勞也。'勞於身爲勤,勞於口者
亦爲勤。詩采薇序:'杕杜,以勤歸也。'疏云:'勤者,陳其勞
苦,陳人之勞苦爲勤,陳己之勞憂亦爲勤也。'召公所以誥王者,
頻煩反復,所謂勞於口者,是勤之義也。"

　　㊼奉,受也。見注⑪。

三　譯文

　　二月十六日後的第六天，是乙未日，周王爲了要在洛陽營建東都，早晨從鎬京出發，到豐邑去祭告文王。

　　太保召公動身在周公的前頭，他先去察看和計劃。到了三月，月亮初出的一天是丙午日，隔了三天是戊申日，太保早上到了洛陽，占卜營建的所在；他得了吉兆，就丈量起來。又隔了三天到庚戌日，太保便用許多殷民在洛水的隈曲處劃定了牆垣和宮室的基址。又隔了五天，到甲寅日，這工作完成了。

　　明天乙卯日，周公早上到了洛陽，把這新城的界綫通看了一遍。隔了三天，到丁巳日，他用兩頭牛祭祀了上天。過一天是戊午，又用牛、羊、豕各一頭祭祀了土地神。隔了七天，甲子日的早晨，周公把工程計劃用書面交付與殷家的侯、甸、男諸國君主，令他們所管的殷民照着做。他的命令一下來，就全體動工了。

　　太保於是偕同許多國家的君主到外面取了幣物，回進來代表周王賜給周公。周公説：

　　“我受到了賞賜，敬鞠躬叩頭來讚美我王和召公，並且告給許多殷民和自己的管事官員們：唉，皇天上帝改換了他的大兒子，所以把原來給予大國殷的統治權給我們的王接受了，這固然是我們的無窮的歡慶，可也是我們的無窮的憂慮。唉，我們怎樣可以不加警惕呢！

　　“上天延長大國殷的統治，所以把許多殷家先聖王的神靈都升到天上。可是到了他們末代的王和末代的人民的手裏，竟面臨這統治的崩潰，所有賢智的人都隱藏起來了，這是多麼苦痛呀！

那時丈夫們提抱了孩子，攙扶了妻子，用哀號來懇求上天，説：
'我們只有逃走了，但不要出去之後被捉回來呀！'唉，上天爲了
憐惜這四方的窮民，所以要尋覓一位極端勉勵的人把這統治權交
給他！王呀，您該怎樣加緊地警惕着德行，纔好報答上天眷命的
美意呵！

　　"我們看：古代的人民所建立的夏國，他們怎樣受到天的順
從和慈護；可是到後來他們不去理會天道，結果就失掉了他們的
統治。再看殷國，他們本來也是受到天的讚美和保佑的；結果一
例地違背了天道，所以他們的統治到今天又失掉了。現在我們的
王年輕嗣位，切不要遺棄老年人，應當説：'他們不但能認識我
們古人的德行，而且還能尋求天道呢。'

　　"唉，我王的年齡雖幼小，可是他的地位是天的大兒子呀！
他該和人民搞得非常的和諧。我王不敢把這事撇在後面，這是該
讚美的。須知道，人民的説話是多麽可以顧慮和懼怕呀！

　　"我王爲了助成上帝的旨意，到這土地的中心來接受他的命
令。旦曾經説過：'該造一個大城，好從這裏配合着皇天。再妥
慎地祭祀上下的神靈，好從這裏安撫着中土。'我王得着上天的決
定的命令來治理人民，這又是我們該讚美的。

　　"現在我王先任用了殷家的官吏，使他們對我周家的官吏常
常親近，就可互相勸勉，一生在天天進步之中。我王領導了他
們，好好地配合着上帝，哪可以不警惕着德行呢！

　　"我們不可不把夏國看作榜樣，也不可不把殷國看作榜樣。
我不敢説夏王受天命的年數長久，我也不敢説他們不長久，可以
確定的是他們不能注意德行所以早掉了天命。我不敢説殷王受天
命的年數長久，我也不敢説他們不長久，可以確定的是他們不能
注意德行所以早掉了天命。現在我王繼承這天命，我們也該記得
這夏、殷兩國的受命和被革命的歷史，纔好繼續他們的治國的
功勳。

　　"我王現在是初受這天命呀！唉，像生養孩子一般，他的善或不善沒有不從他幼年決定的；只要他自己肯努力向善，上天必然賜給他一個聖智的性格。現在上天對於我王，已把聖智賜給了嗎？已把吉或凶賜給了嗎？已把年數的長或短賜給了嗎？這是在我王初受這天命的時候必該去好好爭取的。這個新都現在規劃定了，須得我王趕快警惕着德行纔是呀！只要我王能時時省察，就好去祈求上天，得着永久的天命，把這統治權長期延展下去！

　　"我王不要爲了小民可用，就非法地儘量使用他們；就是他們犯了些過失，也不要用過度的刑法去處罰他們；只有這樣治理人民纔能發生功效。進一步説：我王的地位立於全國人民瞻仰的頂點，要使小民們都能拿了王的德行作模範，推廣到整個天下，這對於王必然是增加了偉大的。所以，我們君臣上下應該互相勤勞和憂慮，説道：'我們受了天命，期望像夏國年數的長久，不要像殷國年數雖長而突然廢掉了！我們要求我王用了廣大的小民的力量來接受上天的長命！'"

　　周公再鞠躬叩頭道："我小臣希望用了過去敵對的殷民和殷、周的許多官吏以及我們周家的人民來共同接受我王的威嚴的命令和光明的德行！我王的德行終於會得着上天的決定的命令，把這偉大發揚到很遠。説到這裏，我不敢再作勤勞的勸告，惟有敬謹地收受了這幣物，來幫助我王去祈求上天把長命賜給我們！"

四　評論

　　一，本篇向説爲召公之誥，自漢以來無異説。于省吾氏作尚書新證，乃以金文銘辭的成例，凡受錫者皆當拜稽首以嘉善錫之之人，斷爲"錫周公"下脱兩重文，原文應作"太保乃以庶邦冢君出取幣，乃復入錫周公，周公曰"。得此一解，此篇乃開一新面目；而下文的"旅王若公"，"旦曰其作大邑"，"惟恭奉幣"等語亦俱怡然理順，不煩曲解。比較材料之有益於研究工作如此。此篇之作，乃洛邑工事既興，殷、周兩方面的人物並在，故召公奉王命錫幣於周公，而周公就借這機會，向殷、周的高級人員説一番話。題名召誥者，當因召公錫周公之故；否則"周公"二字重文久脱，周末人已都承認這是召公的話了。

二，此篇爲建築新都而作。這新都所以建於洛陽，逸周書度邑篇述武王之言曰："自雒汭延（及）于伊汭，居易（平）無固，其有夏之居。我南望過于三塗，北望過于嶽鄙，顧瞻過于有河，宛瞻延于伊、雒，無遠天（太）室"。這因爲伊、洛一帶是夏的舊都，又因那邊的山有三塗、嶽、太室，水有河、伊、洛，佔有形勝的緣故。史記周本紀云："成王在豐，使召公復營洛邑，如武王之意。周公復卜申視，卒營築，居九鼎焉，曰：'此天下之中，四方入貢道里均。'"這是因爲洛邑恰當於彼時全國的中央，和四方往來便利的緣故。其實，這都是表面的理由，實際則自周公東征之後，深知要鞏固周家的政權，非擴張統治的力量到東方不可，所以封伯禽于魯，太公于齊，康叔于衛，召公于燕，以鎮壓殷民，正如清人入關，在重要地點一一設置駐防軍一樣。至于伊、洛之地畫在王畿之中，既近殷的舊都，又爲入宗周的門户，更該加強政治工作，方可把頑梗的殷民潛移默化，消失其反抗的心理。洛邑的建爲陪都，當時自有其必要，不必定是武王的遺囑。

三，召誥和洛誥爲一時所作，洛誥末有"惟周公誕保文、武受命惟七年"之文，召誥記七年二三月間事本無問題。所以史記魯世家説："成王七年二月乙未，王朝步自周至豐，使太保召公先之雒相土。其三月，周公往營成周雒邑，卜居焉，曰'吉'，遂國之。"惟向稱爲伏生所作的尚書大傳卻説："五年營成周，六年制禮作樂，七年致政成王"，定爲五年事，比洛誥早了兩年。鄭玄相信大傳，又懂得曆法，因洛誥有"十二月戊辰"一語，推出五年的二月不當有乙未，三月不當有丙午朏，所以他注道："是時周公居攝五年。'二月'、'三月'當爲一月、二月"（詩文王疏引），直斷召誥的紀月有誤。這是信傳而改經的一例。後人爲此紛紛，如王鳴盛後案則從鄭以駁史，孫星衍疏又從史以駁伏。其實大傳把周公的事實分配在七年之中，只是隨便説説，遠不如尚書的可據也。

四，本篇説"越三日庚戌，太保乃以庶殷攻位于洛汭。越五日甲寅，位成"。洛邑甚大，據逸周書作雒篇，城方千七百二十丈，郛方七十里，哪有這樣快就位成的道理。江聲説："作邑大事，豈能五日而成。且下言'庶殷丕作'，則此言'成'，但規畫就緒耳。"此言可信。

五，在這篇裏，周公很注意歷史。"相古先民"一段，他説明了夏、殷的如何受命，又如何墜命。"我不可不監"一段，又説明了夏、殷的歷年和墜命的關係。這種歷史哲學，後來的歷史循環論（如三統、五德）頗似導源於此。"三代"一名的由來，或即由於此。孟子説："周公思兼三王以施四事"，看此篇文辭，亦頗可能。

六，在這篇裏，可見周公處處注重小民。一則曰"夫知保抱携持厥婦子以哀籲天，'徂厥亡出執'。嗚呼，天亦哀于四方民，其眷命用懋"，見得紂的亡國是由於把不住小民。再則曰"有王雖小，元子哉，其丕能諴于小民，……用顧畏于民碞"，要成王能順從民意，和平相處。三則曰"其惟王勿以小民淫用非彝；亦敢殄戮；用乂民若有功"，要成王不要多役使小民，且不用刑法作惟一的治理方法。四則曰"其惟王位在德元，小民乃惟刑用于天下，越王顯"，要成王以身作則，用德行來做小民的模範，小民的德行提高時自然更顯得王的偉大。五則曰"欲王以小民受天永命"，這就是他看出了周家的統治權是建築在小民的基礎上，要鞏固其統治權就非把小民弄得伏貼不可。這是所謂"王道"的中心思想，而周公所以成爲古代的大政治家也就在這裏。孟子的思想頗受周公的影響，但孟子卻又是戰國時代的反應，周公在戰國之先七八百年，何以能有此思想，殊爲可怪。

七，從"夫知保抱攜持厥婦子以哀籲天，徂厥亡出執"上，可見人民在殷末逃亡之盛。（再則逃亡的是不是奴隸呢？這種現象是不是表示奴隸制到這時候已不容易維持呢？這也是可以研究的一個問題。）按左氏昭七年傳，楚芊尹無宇述周文王之法曰："有亡，荒閱。"杜注："荒，大也。閱，蒐也。有亡人當大蒐其衆。"那麼在周文王的政治下，也很有逃亡的人，所以纔定出這種加強戶口管制的法律來。無宇又述周武王的事道："昔武王數紂之罪以告諸侯曰：'紂爲天下逋逃主，萃淵藪'，故夫致死焉。"杜注："萃，集也。天下逋逃悉以紂爲淵藪而歸之。人欲致死討紂。"照這樣説，當時各國都有人民逃亡，而爲紂所容留的獨多，因此各國的統治者用死力來把紂打倒。拿尚書與左傳合看，可見商末人民大量逃亡是一件確定的事實。但尚書説紂的人民逃亡，而左傳則説別國的人民逃亡到紂處，其事恰恰相反。這是一個不易解決的問題。

八，周公誥教成王，要他居安思危，要他以夏、殷爲鑒戒而永遠敬德，語重心長，可見當時這個新國家的統治者的不腐化。篇末又説"予小臣敢以王之讎民，百君子越友民保受王威命明德"。蔡沈謂讎民爲殷之頑民，與三監叛者；百君子爲殷之御事庶士；友民爲周之友順民。朱駿聲説略同。按文中以"讎民"與"友民"並舉，足見殷、周兩族的敵對；但周公要使讎民也能保受周王的威命和明德，成立統一戰綫，其政治理想可謂偉大。古代的政治能如此開明，確實不易。

九，"若生子，罔不在厥初生自貽哲命"一語，是我國人性論的最早文獻。蔡傳云："初生習爲善則善矣"，可見周公的意思，善是要自己習出來的。這是性無善無不善論，和孟、荀説都異而與告子、世碩卻同。告子之言曰："性猶湍水也，決諸東方則東流，決諸西方則西流"（孟子告子上）。世碩之言曰："舉人之善性養而致之則善長，惡性養而致之則惡長"（論衡本性篇）。這都是"自貽哲命"的説法。

十，康誥篇首云"惟三月哉生魄，周公初基（其）作新大邑于東國洛"，即本篇的"惟太保先周公相宅，越若來三月惟丙午朏，越三日戊申，太保朝至于洛，卜宅……"的事。惟那篇是將太保的事歸諸周公，見得這事是周公主動的。又云"四方民大和會，侯甸男邦采衛百工播民和，見士于周"，亦即本篇的"周公乃朝用書，命庶殷侯甸男邦伯，厥既命殷庶，庶殷丕作"。又云"周公咸勤，乃洪大誥治"，也即本篇的"周公曰：'拜手稽首，旅王若公，誥告庶殷，越自乃御事'"。兩文相校，足見召誥是記洛邑築城原由及周公到彼處分配工作時説的一番話，而康誥篇首也是記的這一件事；然而叙事有繁簡同異之別，足見這是兩位史官所記，那位史官記的全文已失，只賸了開頭幾句話，而被人誤編在康誥的頭上了。

十一，本篇前段易解，後段難譯，這是記事與記言的不同處。記事簡單直率，故自甲骨文以來無大變化；記言則不但意思複雜，辭氣曲折，且有方言在内，有説話的人的方言，有筆記的人的方言。我們研究古代的雅言尚不易，何況古代的方言。即如本篇的"知"字是語詞，這是別處所没有見過的，要從它的本義講就窒礙不通了。

尚書多士校釋譯論[*]

一　本文

惟三月，周公初于新邑洛用告商王士。①

王若曰："爾殷遺多士！弗弔旻天大降喪于殷；②我有周佑命，③將天明威致王罰勅，殷命終于帝。④肆爾多士，非我小國敢〔弋〕翼殷命，⑤惟天不畀，允罔，固〔亂〕嗣弼我；⑥我其敢求位！惟帝不畀，惟我下民秉爲，惟天明畏。⑦

"我聞曰：上帝引逸，⑧有夏不適逸則，⑨惟帝降格嚮于時。⑩夏弗克庸帝，大淫泆有辭。⑪惟是天罔念聞，厥惟廢元命，⑫降至罰。乃命爾先祖成湯革夏；俊民甸四方。⑬自成湯至于帝乙，罔不明德恤祀，⑭亦惟天丕建，保乂有殷；殷王亦罔敢失帝，罔不配天，其〔澤〕繹。⑮在今後嗣王誕罔顯于天，矧曰其有聽念于先王勤家；⑯誕淫厥泆，⑰罔顧于天顯民祇。⑱惟時上帝不保，降若兹大喪。惟天不畀，不明厥德。凡四方小大邦喪，罔非有辭于罰。"

王若曰："爾殷多士！今惟我周王丕靈承帝事，⑲有命曰'割殷'，⑳告勅于帝。惟我事不貳適；惟爾王家我適。㉑予其曰：惟爾

---

* 原載文史第四十輯，1994 年。

洪無度，我不爾動，自乃邑。㉒予亦念天即于殷大戾，肆不正。"㉓

王曰："〔猷告〕告猷爾多士！㉔予惟時其遷居西爾，㉕非我一人奉德不康寧，時惟天命，無違！朕不敢〔有〕後，㉖無我怨！

"惟爾知：惟殷先人有册有典，殷革夏命。今爾又曰：'夏迪簡在王庭，有服在百僚。'㉗予一人惟聽用德，肆予敢求爾于天邑商，㉘予惟率肆矜爾。㉙非予罪，時惟天命！"

王曰："多士！昔朕來自奄，予大降爾四國民命。㉚我乃明致天罰，移爾遐逖，比事臣我宗，多遜。㉛"

王曰："告爾殷多士！今予惟不爾殺，予惟時命有申。㉜今朕作大邑于兹洛，予惟四方罔攸賓；㉝亦惟爾多士攸服，奔走臣我，多遜。㉞

"爾乃尚有爾土，爾乃尚寧幹止。㉟爾克敬，天惟畀矜爾。爾不克敬，爾不啻不有爾土，予亦致天之罰于爾躬！今爾惟時宅爾邑，繼爾居，㊱爾厥有幹有年于兹洛。㊲爾小子乃興，從爾遷。"

王曰："〔又〕有曰時予，乃或言爾攸居。"㊳

二　校釋

①俞樾平議："此當以'王士'二字連文。王士之稱，猶周易言'王臣'，春秋書'王人'，傳稱'王官'，其義一也。周書世俘篇：'癸丑，薦殷俘王士百人'，此王士二字連文之證。"

②江聲注疏："以言'降喪'，故有取殺誼而儷'旻天'也。案詩大小疋凡三言'旻天疾威'，是儷旻天者恒有取威罰之誼。于雨無正則云'降喪饑饉'，召旻則云'天篤降喪'，二詩儷'旻天'，亦皆言'降喪'。"

③王先謙參正："釋詁：'右，勴也。'右，佑同。勴即助也。

言天有命而我有周助天行之。”

　　④于省吾新證：“勑，金文作諫、諫或敕，今作勑。王筠謂‘集韻“諫，飾也”’，飾，飭之譌，飭同敕’，是也。説文：‘敕，誡也。’宣十二年傳‘軍政不戒而備’注：‘戒，勑令。’史記樂書：‘余每讀虞書，至於君臣相敕’，謂相戒也。弓鎛：‘諫罰朕庶民左右毋諱’，盂鼎：‘敏諫罰訟’（金文‘諫’同‘諫’，以臣諫君之‘諫’作‘讕’），‘諫罰’即‘罰諫’，周人語例，猶‘明保’之作‘保明’也。易噬嗑：‘先王以明罰勑法’，則又互文爲句矣。……邢侯彝：‘克奔走上下，帝無終命于有周’，……與此篇‘殷命終于帝’，召誥‘天既遐終大邦殷之命’，語例同，特意有反正，文有倒正耳。”

　　⑤段玉裁撰異：“釋文曰：‘弋，馬本作“翼”，義同。’正義曰：‘鄭玄、王肅本“弋”作“翼”，王亦云：“翼，取也。”鄭云：“翼，猶驅也。”’玉裁按：弋、翼古音同在第一部，訓‘取’者讀‘翼’爲‘弋’也。孔本作‘弋’者，因馬、王之説而改經字也。”于省吾新證：“翼，‘晉’之譌，詳大誥。晉即‘友’，通‘有’，史頌殷之‘友里君’即‘有里君’可證。‘敢有殷命’，與君奭之‘受有殷命’句例同。”

　　⑥于省吾新證：“凡尚書‘罔’字，隸古定作‘宀’，即‘亡’字。‘固’通‘故’，詳經傳釋詞。‘亂’乃‘嗣’之譌，金文‘嗣’通‘嗣’續也。諫殷：‘今余唯或嗣命女’，‘嗣命女’即‘續命女’，可證。言惟天不與（下言‘惟帝不畀’，句法同），信乎喪亡（班彝：‘彝尽天命故亡’，文例略同），故繼續輔弼于我也。”

　　⑦江聲注疏：“帝亦天也。秉，執也。畏讀曰威。惟天之不與殷，于何驗之？驗之于民而已。惟我下民所秉執，所作爲，即天之明威也。”

　　⑧俞樾平議：“素問五常政大論：‘是謂收引’，王注曰：‘引，斂也。’又異法方宜論：‘天地之所收引也’，注曰：‘引，謂

牽引使收斂也。’然則‘上帝引逸’者，言上帝不縱人逸樂，有逸樂者則收引之，勿使大過也。……人知‘引’有引申之義，不知‘引’亦有收引之義，蓋古訓反覆相通類如此。”

⑨俞樾平議：“有夏不適逸者，適之言節也。呂氏春秋重己篇：‘故聖人必先適欲’，高注曰：‘適，猶節也。’管子禁藏篇：‘故聖人之制事也，能節宮室、適車輿、以實藏’，是‘適’與‘節’同義，言夏桀不自節其逸樂也。”江聲注疏：“‘佚則’，引佚之則也。”王先謙參正：“古帝則天無爲，故能引逸；有夏桀不悟引逸則天之道，勞擾衆民，不安其生。”

⑩江聲注疏：“假（格），升也。鄉（嚮），讀爲胖釁之釁。帝升降釁于是，言下災異以譴告桀也。……晉大夫羊舌胖，字叔釁，今左傳、國語皆作叔向，而經典‘向’字又通作‘鄉’，則鄉、向、釁三字皆通也。司馬相如上林賦云：‘胖釁布寫。’説文十部云：‘胖釁，布也。’左思蜀都賦云：‘天帝運期而會昌，衆福胖釁而興作’，劉淵林云：‘言天帝于此會慶建福也。’然則胖釁是天神來至，降布威福之意：德則天帝降之以福，不德則示之以威。故讀‘鄉’爲‘胖釁’，言下災異以譴告桀也。”

⑪江聲注疏：“泆，釋文云：‘馬本作“屑”。’説文尸部：‘屑，動作切切也。’切切者，煩瑣之意也。説文辛部云：‘辭，辭訟也，从㕛辛’，㕛辛猶理辜也。鄭注周禮鄉士云：‘要之爲其辜法之要辭，如今劾矣’，然則‘辭’爲辜狀之詞也。左傳襄二十三年，‘臧孫紇出奔邾，其人曰：“其盟我乎？”臧孫曰：“無辭”’，謂己罪無可指摘之狀以爲盟也。則此‘有辭’是謂有辜狀可指説也。”

⑫江聲注疏：“元，始也。惟是天無所念聞，廢其始時之命，下致滅亡之罰。”

⑬蔡沈集傳：“甸，治也。伊尹稱湯旁求俊彥，孟子稱湯立賢無方，蓋明揚俊民，分布遠邇，……成湯立政之大經也。”

⑭孫星衍疏：“明，勉也。”述聞三“惟刑之卹哉”説與此同。

嚴元照娛親雅言："恤，當訓慎。爾雅：'毖、神、溢，慎也'（釋詁）。'溢'與'恤'通。詩：'假以溢我'（周頌維天之命），左傳引作'何以恤我'（襄二十七年），是其證也。召誥曰：'毖祀于上下'，傳以爲'慎祀'，'恤祀'猶'毖祀'也。又召誥'上下勤恤'亦勤慎之意。"

⑮頡剛案：堯典"舜讓于德，弗嗣"。弗嗣，史記五帝本紀作"不懌"，集解引徐廣云："今文尚書作'不怡'，怡，懌也"；司馬貞索隱云："史記一作'不澤'"：是"嗣"、"怡"、"懌"與"澤"並通。嗣，續也。詩頍弁："庶幾説懌"，釋文："懌，本作繹"；板："辭之懌矣"，説苑作"辭之繹矣"：是"懌"與"繹"又通。説文："繹，抽絲也。"文選劇秦美新"神歇靈繹"注："繹，猶緒也。"緒，亦續也。是"殷王亦罔敢失帝，罔不配天，其澤"者，謂殷列王兢兢惕厲，故能得上帝之心，繩繼其緒業也。

⑯于省吾新證："金文'聖''聽'爲一字。邾公華鐘：'脅爲之聽'，'聽'作'耺'，即'聖'省。無逸'此厥不聽'，漢石經'聽'作'聖'。吳語'王曰聖'注：'聖，通也。'師望鼎：'王用弗諼（忘）聖人之後。'蓋西周時言聖人非如晚周以後語意之重也。荀子儒效'明之爲聖人'注'通明于事則爲聖人'。'劼曰其有聽念先王勤家'者，劼曰其有明念于先王勤家乎？'予一人惟聽用德'者，予一人惟明用德也。"

⑰于省吾新證："'誕淫厥泆'之泆，史記魯世家作'佚'，魏石經作'逸'。然則'誕淫厥佚'者，大淫縱於安逸也。'厥'，語助，詳經傳釋詞。"

⑱于省吾新證："衹，本作'甾'，詳康誥'不敢侮鰥寡'條。'甾'，'災'同聲通用。此應讀作'哉'。……'天顯'及'顯民'乃古人成言（酒誥：'迪畏天顯小民'，康誥'庸衹威顯民'，'于弟弗念天顯'，多士'誕罔顯于天'，可互證）……'罔顧于天顯民衹'，即罔顧于天顯民哉。"

⑲蔡沈集傳："靈，善也。大善承天之所爲也。"

⑳于省吾新證："金文'割''害'二字同用。……魏三體石經'割'字古文作'𢦏'，即'創'字。皋陶謨'蒼生'蒼字，魏三體石經古文作'𡉎'，説文古文蒼作'𡉎'，者減鐘倉作'𢦏'，古貨幣倉作'𡉎'。然則'割殷'本應作'創殷'。漢書馮奉世傳'羌虜破散創艾'注：'謂懲懼也。'閟宮：'荊、舒是懲。'懲、創，古同訓。有命曰割殷者，有命謂懲創於殷也。"

㉑江聲注疏："'適'讀當皆爲'敵'。禮記雜記云：'大夫赴于同國適者，曰"某不禄"；赴于他國適者，曰"吾子之外私寡大夫某不禄"'，鄭注云：'適，讀爲匹敵之"敵"，謂爵同者也。'又論語里仁篇：'無適也'，釋文云：'適，鄭本作"敵"。'是古者'適''敵'同字通用，故輒以'適'爲'敵'。……此經兩'適'字，俗解作'之適'之誼，于語意殊覺不詞。若作'敵'解，則'不貳適'謂無貳無敵，'爾王家我適'正指武庚之叛。參觀上下文，此解爲允協。"

㉒江聲注疏："洪，大也。我其曰：惟爾武庚大無法度，我本不女動也。難發自女邑，自取滅亡爾。"

㉓孫詒讓駢枝："案此承上文'我不爾動'而言（動，即謂征伐。多方：'大動以威'）。正，征之叚字。謂我亦念天已降殷大戾，故不復征伐汝。'肆不正'，猶湯誓云'不敢不正'，大誥云'不可征'也。"

㉔王引之釋詞："爾雅曰：'繇，於也。'繇、由、猷，古字通。……大誥猷爾多邦者，大誥於爾多邦也。……多士曰：'王曰：猷告爾多士'，多方曰：'王曰：烏呼，猷告爾有多方士'，……蓋俱是'告猷'而晚出古文改爲'猷告'矣。"

㉕江聲注疏："説文云：'西，鳥在巢上也，象形。'日在西而鳥棲，故因以爲東西之西。俗作棲，從木、妻。然則西本爲止息之誼，假借以爲東西字爾。必知此經'西'字不作東西誼者，殷民本在紂城朝歌之地，今遷之于成周，是從東北遷于西南，非正向

西，以‘西’爲西方，不若以爲西息于誼尤允協也。”

㉖于省吾新證：“王靜安謂三體石經作‘朕不敢後’，是也。按召誥‘今休王不敢後’可證。”

㉗王先謙參正：“釋詁：‘迪，進也。服，事也。寮，官也。’僚同寮。詩箋：‘簡，擇也。’言殷革夏命時，夏之人有進擇在王庭而大用者，有服事在百官而小用者；舉前事以形周之不用殷士。”于省吾新證：“迪，應依王引之訓用。‘簡在王庭’與論語堯曰引湯誓‘簡在帝心’同一語例。周禮遂大夫‘簡稼器’注：‘簡，閱也。’呂氏春秋期賢篇高注：‘於，猶在也’，是‘於’‘在’同訓。言用簡閱於王庭也。”

㉘于省吾新證：“王靜安謂‘大邑商’誤爲‘天邑商’，龜板中多有‘大邑’字。按……甲骨文‘大邑商’與‘天邑商’互見（殷虛書契前編卷三·二七有‘大邑商’，龜甲獸骨文字卷一·二七有‘天邑商’）。‘天’、‘大’古通。大豐殷：‘王祀于天室’，‘天室’即‘大室’。‘大邑商’與孟子滕文公篇引佚書之‘大邑周’，禮記引尹告佚文之‘西邑夏’，語例同。”

㉙段玉裁撰異：“論衡雷虛篇：‘人君罪惡初聞之時，怒以非之；及其誅之，哀以憐之。故論語曰：“如得其情，則哀憐而勿喜。”紂至惡也，武王將誅，哀而憐之，故尚書曰：“予惟率夷憐爾”’。玉裁案：此今文尚書也。‘夷’、‘肆’古音同第十五部，‘憐’、‘矜’古音同第十二部。矜從令聲，讀如鄰；自誤從今聲而古音亡矣。”俞樾平議：“今文尚書‘肆’作‘夷’，‘矜’作‘憐’。……周官行夫職注曰：‘夷，發聲’，然則‘夷’乃語辭。予惟率夷憐爾者，予惟率憐爾也。率者，用也。詩思文篇：‘帝命率育’，毛傳曰：‘率，用也’，是其義也。今文古文其字雖異，其義則同。‘肆’亦語辭。予惟率肆矜爾者，予惟率矜爾也。”

㉚于省吾新證：“詩民勞‘惠此中國’傳：‘中國，京師也。’馬其昶謂‘中國’猶‘國中’。周禮司士‘掌國中之治’，注：‘國中，

城中也。'孟子離婁：'遍國中無與立談者'，國中亦謂城中也。西周言'四國'即王國，亦曰'周邦'，亦曰'有周'，非謂東國、南國、西國、北國之四國也。蓋京師既稱'國中'，則王畿之內，京師之四外自應稱'四國'，莊子所稱'闔四境之內'者是也。"

㉛孫詒讓駢枝："案召誥云：'王先服殷御事，比介于我有周御事'，此'比事'即爲'比介御事'，大意謂我所以移汝于遠者，使亞副我御事之職，以臣我宗官而多教訓之。'比事'言處賤位。'臣我宗'猶多方云'奔走臣我監'，彼'監'謂有地治之吏，此'宗'則謂王官，猶酒誥云'宗工'，傳釋爲尊官。'監'與'宗'名異而實同，言小臣不得專達于王，猶梓材云：'以厥庶民暨厥臣達大家'也。'遜'、'訓'字通（詳康誥）。'多遜'謂多訓，猶酒誥、君奭、多方云'多誥'，與後文'奔走臣我多遜'正相對。此爲初克奄後事，彼爲作雒邑後事，寬嚴絕異。兩文互勘，其義甚明。"

㉜江聲注疏："申，重也（釋詁文）。今我惟不忍女殺，恐女陷于罪戾，惟是故有重申之命。前歸自郼，大降民命，故爲此重命也。"

㉝江聲注疏："馬融曰：'賓，卻也'（見釋文）。聲謂如馬誼，則'賓'讀爲'擯'也。今我作大邑于此土中洛汭之地以待四方，我于四方無所擯卻，豈獨擯外爾多士乎！……戰國策蘇秦説趙王曰：'六國從親以擯秦，秦必不敢出兵于函谷關以害山東矣'，則'擯'謂拒卻之也。史記蘇秦傳則云'六國從親以賓秦'，則古字'賓'與'擯'通也。"

㉞孫詒讓駢枝："案此與上文相對。上文移徙疏遠之，故言'比事'。此就雒邑而用之，謂我作雒邑，亦惟汝多士爲任使，俾爲我共奔走之任。上云'比事'雖亦即'奔走'，而云'臣我宗'，乃爲官之僚屬。此直云'臣我'，不云'宗'，前升于王廷矣。多方亦云'今爾奔走臣我監'，此云'奔走臣我'，文例正與彼同。但彼云'臣我監'，則又與上文'臣我宗'爲一事；此不云'監'及'宗'，明

得自達於王，即梓材所謂'以厥臣達王惟邦君'。'多遜'，亦言多教訓之。"

㉟于省吾新證："二'尚'字應讀作'常'。'止'即'之'，金文'之'多作'屮'。'榦'即'幹'，與'翰'通用。爾雅釋詁：'翰，幹也'；又：'榦楨，儀幹也。'釋文：'幹，本作翰。'又釋鳥，'翰'作'鷐'，金文作'鶾'，从隹从鳥一也。晉邦盫：'晉邦唯鶾。'詩桑扈'之屏之翰'，板'大宗維翰'、崧高'維周之翰'傳：'翰，幹也。'後漢書張衡傳：'申伯樊仲實榦周邦'，尤可爲'榦''翰'古通之證。'爾乃尚有爾土，爾乃尚寧幹止'者，爾乃常有爾土，爾乃常安寧有以屏翰之也。"

㊱江聲注疏："今女惟是宅居于女邑，繼爾所居之業。……繼爾所居之業者，謂所執以謀生之常業，若班固西都賦所云'家承百年之業，士食舊德之名氏，農服先民之畎畝，商循族世之所傭，工用高曾之規矩'也。'宅爾邑'既謂安其居處，則'繼爾居'不得復爲居處，故以爲所居之業。易文言、彖云：'修詞立其誠，所以居業也'，是業可言'居'也。蟋蟀詩云：'職思其居'，亦謂所爲之事爲'居'也。"俞樾平議："'繼'當作'綏'。説苑指武篇：'損其有餘而繼其不足'，淮南子道應篇'繼'作'綏'，是其例也。綏爾居者，安爾居也。"

㊲于省吾新證："爾厥有幹有年于茲洛者，'有翰'謂保衛，'有年'謂永久，言爾其有所屏翰有所歷年于此洛邑也。"

㊳孫詒讓駢枝："案'王曰'之下忽更云'又曰'，文殊難通。……竊疑'又'當讀爲'有'，'有曰'謂有是言曰，猶云'有言曰'，與君奭'言曰在時二人'義亦相近。'時予'亦當與君奭云'君已曰時我'同義。'時'當訓爲'承'（詳王氏述聞）。'言'謂言問，廣雅釋詁云：'言，問也。'大意言我本不欲誥汝，因汝衆民有言曰，能順承我，故我乃或言問爾所安居之事。（多方云：'有夏誕厥逸，不肯慼言于民'，'慼言'亦謂憂勤慰問之，與此'言'義

同。)'攸居'，與禹貢'陽鳥攸居'義同。……此篇詞意頗傷峻厲，末乃慰藉之，故更綴此數語。凡此經云'又曰'者甚多，參合衆校，'又'皆當讀爲'有'。……如……'今爾又曰：夏迪簡在王庭，有服在百僚'，謂今爾殷多士有曰夏人簡在殷之王庭，有職事例于百僚也，此與'又曰時予'並據殷多士有言語氣略同。'又曰時予'上不與'今爾'者，文省耳。康誥云：'非汝封又曰劓刵人，無或劓刵人'，言非汝封有命曰劓刵人，則無他人敢劓刵人也。又云：'王曰：外事，汝陳時臬司師，茲殷罰有倫。又曰要囚，服念五六日，至于旬時，丕蔽要囚'，言有告曰當要囚者，則服念之五六日，至旬時乃蔽之。君奭云：'又曰天不可信，我道惟寧王德延（王引之從馬融本作'迪惟'，是也，當據校正），天不庸釋于文王受命'，言有人曰天命無常，不可信，則我亦惟文王德之延長爲可信也。又云：'又曰無能往來，茲迪彝教，文王蔑德'，言有曰無能而但往來奔走者，此以常教，告文王以小德也。多方云：'又曰時惟爾初，不克敬于和，則無我怨'，言如有曰是仍如爾之初，不能敬和，則我必罰之，無怨我也。以上諸文並與'有曰'文義相協，足以互證。"

三　譯文

三月裏，周公第一次在新都洛邑裏召集了商王方面的貴族階級，説一番話。

周王這樣説："殷商遺留下來的人員們聽着！那個可怕的肅殺的上天給你們大大地降下了喪亡；我們周國幫助執行了天的命令，把天的顯赫的威嚴在周王的刑罰和儆戒裏表達出來，殷的天命就在上帝那邊告了終訖。所以你們該得知道，這不是我們小國敢於佔有殷家的天命，只是上天不願意再給你們，決心要你們喪亡，因此他就連續地扶助我們；我們哪裏敢妄求這個天位呢！上帝不願意再給你們，這只須看天下的人民所信守奉行的，就可見出天的顯赫的威嚴來。

　　"我聽説：上帝是不讓人們放縱地享受的，然而夏王桀卻不領會這節制享受的法則，（恣意尋樂，）那時上帝就在他的地區裏佈下了災異的譴告。夏桀還不能接受上帝的意思，反而更加狂蕩起來，處處表現了他的罪狀。到了這時候，天就不再考慮，毅然廢掉了開頭的命令，降下滅亡的責罰。於是他就命令你們的先祖成湯，革掉夏的統治；（成湯知道這是桀個人的罪行，與人民無干，）便把夏的賢人安置到四方，叫他們治理民事。從成湯直到帝乙，没有不是勉勵德行和謹慎祭祀的，天也就建立了商的天下，平安保佑了他們；商王也没有敢失去天心，没有不能配合上帝的，所以他們會一代代傳下去。可是到了最後的一位嗣王紂，他完全不明天道，還哪裏説得到明白想念先王爲國勤勞的故事；所以他就大大地狂蕩起來，絶對不顧那天在人民身上的顯明的表現。這時上帝就不再去保護他，降下了這樣絶大的喪亡。（從這裏可以知道，）天所不幫助的，就是行爲不良的人。所有四方大大小小的國家的喪亡，没有一個不是依照了他們的罪狀而受罰的。"

　　王説："你們殷家的人員呀！現在，爲了我們周家的先王能彀好好地順承上帝的作爲，所以上帝降下命令，説'你們去懲罰殷家'，我們就把致罰的結果祭告給上帝。我們的作爲是不疑惑的，不和你們敵對的；可是你們的王家卻和我們敵對起來了。我再清楚地講：是你們的君主太没有智謀，我們本不來震動你們，卻從你們的國都裏發動了叛變了。我爲了想到上天已經處置了殷家的罪魁，所以也就不再來征伐你們了。"

　　王説："我告給你們！我把你們遷到這裏來棲息，這不是我一個人的心意不要你們安定，須知這是天命，違背不得的！我對於這件事情不敢有第二個命令，你們不要怨我！

　　“如你們所週知：殷家的先人傳下來的典册，上面記載着殷革夏命的故事。現在你們中間有人根據了這些歷史，説道：‘（在夏亡之後，）有許多夏人是被召而選擇於商王的朝廷的，商朝的百官之中少不了他們的職位；（但爲什麼現在不這樣呢?）’（你們須知道，）我用人是把德行做標準的，（如果你們中間有賢人，）我一定要在商都裏尋找出來；（如其没有合這標準的），那我只有哀憐你們而已。這不是我的罪過，實在是天的命令！”

　　王説：“多少貴族們！前些時我征伐了奄國回來，我就下了一道命令給你們住在我們四境的人民。我爲了明顯地達出天的責罰，所以把你們移到遥遠的地方，讓你們接近我們的管事官吏，做我們尊官的臣子，多多接受他們的教訓。”

　　接着，王又説：“告給你們殷家的人員！現在我不殺你們，但我還要把以前的命令重申一下。我們在洛水旁邊造起這座大城，爲的是四方的人們到來時没有一個是被拒絶的；我們不但不會拒絶你們，而且正要你們做事，替我們奔走服勞，做我們的臣子，多多接受我們的教訓咧。

　　“你們在這裏，是永遠可以佔有你們所分得的土地，永遠可以安寧地保護着它。你們對我們恭敬，天就給你們哀憐。如其不然，那麼你們不但不能保有你們的土地，我也要把上天的責罰加到你們的身上。現在你們已經定居於你們自己的都邑，安然從事於你們自己的職業，你們可以好好地在洛水旁邊享受那安穩的保衛和綿長的歲月。你們的子子孫孫無窮的發展，就從你們今天的遷居種了根了。”

　　末了，王説：“（我本來没準備對你們説話，）只爲你們中間有人表示，説是可以順承我的，所以我就乘便來問問你們在這兒居住的情形。”

四　評論

一，這篇文字是周公東征，滅了武庚，遷殷頑民於洛邑後的第二次訓話（理由見下條）。篇中處處用天命來壓制殷人：滅殷是天命，遷殷亦天命，不任殷人官職亦天命，而武庚反周是違抗天命，遷洛的殷人如其不安於新邑也是違抗天命。這就見得周公怎樣利用天來統治殷遺民的政治手段。一方面，他還諄諄地勸誘他們，應該怎樣在新邑裏安居樂業，怎樣接受周王和周方官吏的教訓，使將來仍有興盛的希望。這是周公恩威並用的態度。

二，這篇文字與多方爲姊妹篇。多方説"惟五月丁亥，王來自奄"，這一篇説"惟三月，周公初于新邑洛用告商王士"，又説"昔朕來自奄"，都説由奄來，而一爲五月而方來，一爲三月而昔來，可見這兩篇決非一年内的事。多方説"我惟大降爾四國民命"，這篇説"昔朕來自奄，予大降爾四國民命"，又説"予惟時命有申"，可見多方是初命，這篇是申命，申者重也，明是第二度的訓話。多方又説："爾乃自時洛邑，尚永力畋爾田"，可見遷殷民於洛邑的事是緊接着東征的，東征勝利，即將反周的殷人悉數遷到洛邑，因爲遷去的人多了，所以就在那裏造起一座大城，作爲周的東都，來對殷人作進一步的鎮壓。這篇的話是東都既成後説的。

三，這篇名爲"多士"，開首又説"用告商王士"，又説"爾殷遺多士"，可見遷洛的殷人主要是商的王族。這輩人是從前的統治階級，所以在抗周失敗之後還希望做官，他們説，在他們的歷史裏，夏朝亡了之後，商朝還是把夏人"簡在王庭，有服在百僚"的。這是一件真實的事情，有記載可依據，周公也奈何他們不得；所以他也説"爾先祖成湯革夏，俊民甸四方"。但那時恰在討平叛亂後不久，周公實在對他們放心不下，所以他就提出一個"德"字來應付他們，説：我用人的標準是德，只要是有德的人，我自會尋覓了登用；至於一班無德的呢，那我除了哀憐之外就別無辦法。這樣一搪塞，那些商王士只好忍氣吞聲了。好在他們的生活所需，周朝已經分配給他們田地，是不成問題的。待將來受周王和周史的"多遜"（遜即訓，等於學習）之後，當然還可以作奔走之臣。這是"作新民"的道理。詩大雅文王篇云："商之孫子，其麗不億，上帝既命，侯于周服。……殷士膚敏，祼將于京，厥作祼將，常服黼冔"，可見殷士在受訓之後即已大量地分配了工作，但似乎偏重在祭祀方面，依然脱離了現實的政治。當時商的王族播遷，各有其氏族的集團，其中當有不少的庶民與奴隸，召誥説周公"既命殷庶，庶殷丕作"，所謂"庶殷"當即此輩人。

四，本篇首言"周公初于新邑洛用告商王士"，明本篇悉爲周公之言；而即繼之以"王若曰"，自此到底都稱"王曰"，這是周公代表成王來致辭的確據，大誥等篇的"王曰"即是周公之言也，由此可得間接的證明。書序説："成周既成，遷殷頑民，周公以王命誥，作多士"，説的大致不錯，只是上半句有倒果爲因的小誤，實在是先遷了殷的頑民，然後造成成周的都城的。

五，本篇説"惟殷先人有册有典，殷革夏命"，這可見商的史官寫在竹簡上的史書必然不少，如其保存，恐怕比了紀載占卜的甲骨的數量還要多。可惜當時不善於處理，武庚既滅，或即銷毀，所以東周時人引用的已極少，到孔子時而有"殷禮……文獻無徵"之歎了。甲骨可再現，竹簡便不能，讀此嘅歎。

六，本篇篇首云："惟三月，周公初于新邑洛用告商王士。"這"三月"不知道是否即召誥的"三月"，那時周公至洛亦曾用書"命庶殷"。只是召誥三月正當作洛，未必即會扳下臉來，對商士説出這一番話。揣度情勢，恐是作洛後的翌年三月所爲。

　　七，多士應在多方後是無疑的事，今多方反後於多士三篇，足見尚書篇次實有重定的需要。惟因比較材料不多，有些篇無法確定，故且依其舊次。

尚書無逸①校釋譯論*

一　本文

　　周公曰：“嗚呼！君子②〔所〕敢③其無逸！先知稼穡之艱難乃逸，則知小人之依。④相小人，厥父母勤勞稼穡，厥子乃不知稼穡之艱難，乃逸，乃諺，⑤既〔誕〕延，⑥否則⑦侮厥父母曰：‘昔之人無聞知！’”

　　周公曰：“嗚呼！我聞曰：昔在殷王⑧太宗，不義惟王，⑨舊爲小人；作其即位，爰知小人之依，能保惠于庶民，不敢侮鰥寡：肆太宗之享國三十有三年。其在中宗，嚴恭寅畏，⑩天命自度，⑪治民祗懼，不敢荒寧：⑫肆中宗之享國七十有五年。其在高宗，時⑬舊勞于外，爰暨小人；作其即位，乃或亮陰，⑭三年不言，其惟不言，言乃〔雍〕讙（讙）；⑮不敢荒寧，嘉靖⑯殷邦，至于小大，無時或怨：肆高宗之享國五十有九年。⑰〔其在祖甲，不義惟王，舊爲小人；作其即位，爰知小人之依，能保惠于庶民，不敢侮鰥寡：肆祖甲之享國三十有三年。〕自時厥後立王，生則逸，〔生則逸〕⑱不知稼穡之艱難，不聞小人之勞，惟耽樂之從。自時厥後亦罔或克壽，或十年，或

＊　原載文史第四十四輯，1998 年。

七、八年，或五、六年，或四、三年。”

周公曰：“嗚呼！厥亦惟我周，太王、王季克自抑畏。文王卑服，[19] 即康功田功；[20] 徽柔懿恭，懷保小民，惠〔鮮〕于鰥寡；[21] 自朝至于日中昃，不遑暇食，[22] 用咸和萬民。[23] 文王不敢盤于游田，以庶邦惟正之供。[24] 文王受命惟中身，厥享國五十年。”

周公曰：“嗚呼！繼自今嗣王〔則其無淫于觀，于逸，于遊，于田〕其毋淫于酒，毋劮于遊田，以萬民惟正之供。[25] 無皇曰：[26] ‘今日耽樂’乃非民攸訓，非天攸若，[27] 時人丕則有愆。[28] 無若殷王受之迷亂酗于酒德哉！”

周公曰：“嗚呼！我聞曰：古之人猶胥訓告，胥保惠，胥教誨，[29] 民無或〔胥〕譸張爲幻。[30] 此厥不〔聽〕聖，[31] 人乃訓之，[32] 乃變亂先王之正刑，至於小大，民否則厥心違怨，[33] 否則厥口詛祝。”

周公曰：“嗚呼！自殷王太宗及中宗及高宗〔及祖甲〕及我周文王，[34] 茲四人迪哲。[35] 厥或告之曰：‘小人怨汝詈汝’，則皇自敬德。[36] 厥愆，曰‘朕之愆！’允若時，不啻不敢含怒。此厥不〔聽〕聖，[37] 人乃或譸張爲幻，曰：‘小人怨汝詈汝’，則信之。則若時，不永念厥辟，[38] 不寬綽厥心，亂罰無罪，殺無辜，怨有同，是叢于厥身！”

周公曰：“嗚呼！嗣王其監于茲！”[39]

二　校釋

①段玉裁撰異：“‘無’，今文尚書作‘毋’。‘逸’，今文尚書作‘劮’，亦作‘佚’。漢石經殘碑本篇‘毋劮于遊田’、‘毋兄曰’可證。史記周本紀作‘無佚’，魯世家作‘毋逸’，其字參錯不一，以世家作‘毋’爲不誤。王伯厚困學紀聞云：“‘無逸’，尚書大傳作

"毋佚"。毋者，禁止之辭，其義尤切。'"

②朱駿聲便讀："'君子'，猶洛誥之'子明辟'，謂成王也。今已即辟，故先言'君'，後言'子'也"。顧剛案：篇末言"嗣王其監于兹"，知此"君子"即指"嗣王"。

③于省吾新證："金文'啟'或不從'口'，與'所'形似而譌。逐鼎：'逐戍諆作廟叔寶隩彝'，'戍諆'即'啟其'。白戎殷：'白戎肇其作西宮寶'，'啟''肇'二字同用，'肇其'即'啟其'，金文習見，乃周人語例。君子所其無逸者，君子啟其無逸也"。

④王引之述聞："依，隱也。（古音'微'與'殷'通，故'依''隱'同聲。說文：'衣，依也。'白虎通義：'衣者，隱也。'）謂知小人之隱也。周語：'勤恤民隱'，韋注曰：'隱，痛也'。小人之隱，即上文'稼穡之艱難'，下文所謂'小人之勞'也。云'隱'者，猶今人言苦衷也。……下文曰：'舊爲小人，爰知小人之依'，以其爲小人之隱衷，故身爲小人，備嘗艱苦，乃得知之。"

⑤段玉裁撰異："今本作'諺'，非也。僞孔傳曰：'叛諺不恭'，正義曰：'論語："由也諺"，諺則叛諺'。玉裁按：論語'由也喭'，字本從'口'。……王弼論語注云：'喭，剛猛也'，'剛猛'與'不恭'義略同。"

⑥俞樾平議："誕字，漢石經作'延'，……當從之。爾雅釋詁：'延，長也'，'長'與'久'同義。此承'乃逸，乃諺'而言，其始逸豫遊戲、叛諺不恭而已，及既長久，則且輕侮其父母也。……漢書古今人表，'赧王延'，史記索隱作'誕'。"

⑦王引之釋詞："漢石經'否'作'不'。不則，猶於是也。言既已妄誕，於是輕侮其父母也。"

⑧段玉裁撰異："漢石經：'高宗之饗國百年，自時厥後'，隸釋所載殘碑緊接，不隔一字。洪氏云：'此碑獨闕祖甲，計其字當在中宗之上，以傳序爲次也。'（云'計其字'者，謂以每行若干字計之，洪於殘石得辜較每行字數也。）是今文尚書與古文尚書

大異。考殷本紀，太甲稱太宗，太戊稱中宗，武丁廟爲高宗。漢書，王舜、劉歆曰：'於殷大甲曰大宗，大戊曰中宗，武丁曰高宗；周公爲毋逸之戒，舉殷三宗以勸戒成王。'倘非尚書有'太宗'二字，司馬、王、劉不能臆造。……據此，則今文尚書'祖甲'二字作'太宗'二字，其文之次當云'昔在殷王太宗——其在中宗——其在高宗'，不則今文家末由倒易其次第也。今本史記同古文尚書者，蓋或淺人用古文尚書改之。殷本紀曰：'帝甲淫亂，殷復衰'，與國語'帝甲亂之，七世而殞'相合。太史公既依無逸篇云'太甲稱太宗'，則其所謂'淫亂，殷復衰'者必非古文尚書之祖甲可知也。王肅注古文尚書，而云'祖甲，湯孫大甲也。先中宗，後祖甲：先盛德後有過'，此用今文家説注古文；而不知從今文之次，則太宗爲湯孫太甲，從古文之次，則祖甲爲祖庚之弟帝甲，各不相謀也。……此條今文實勝古文。古文祖甲在高宗之後，則必以帝甲當之。帝甲非賢主，雖鄭君之注亦不得不失之誣矣。"

⑨皮錫瑞考證："義，古儀字，擬也。不義維王，謂不擬居王位。孟子曰：'湯崩，太丁未立，外丙二年，仲壬四年。'殷法：兄終弟及，立子不立孫，使外丙、仲壬或有一人永年，則太甲無次立之勢，故太甲不自擬維王。殷時王子多在民間，太甲未立之時或亦在外，故云'久爲小人于外，知小人之依'也。"

⑩于省吾新證："恭，本應作龔。秦公鐘：'嚴龔夤天命'，較此少一'畏'字。"

⑪漢石經："中宗嚴恭寅畏天命自亮。"段玉裁撰異："'度'與'亮'音不相涉，'亮'與'量'音同，'自量'猶'自度'也。"皮錫瑞考證："釋詁：'亮，右也。'天命自亮，言天命佑助也。此今文義。"

⑫于省吾新證："彝器有亢伯毀，'亢'即'荒'。敦煌隸古定尚書禹貢'荒服'之'荒'作'亢'。但'荒寧'，金文皆作'妄寧'。毛公鼎：'女毋敢妄寧。'晉姜鼎：'不叚妄寧。'是'荒''妄'同聲相

段也。”

⑬段玉裁撰異：“‘其在高宗’句絶。‘時’，中論作‘寔’。釋
詁，‘時’、‘寔’同訓‘是’。”

⑭“亮陰”，一作“諒陰”。論語憲問篇：“子張曰：‘書云：
“高宗諒陰，三年不言”，何謂也？’子曰：‘何必高宗，古之人皆
然。君薨，百官總己以聽於冢宰三年’。”一作“諒闇”。吕氏春秋
重言篇：“人主之言不可不慎。高宗，天子也，即位，諒闇三年
不言。卿大夫恐懼患之。高宗乃言曰：‘以余一人正四方，余惟
恐言之不類也，兹故不言’。”一作“涼陰”。漢書五行志：“高宗承
敝而起，盡涼陰之哀。”一作“亮闇”。史記魯世家：“乃有亮闇，
三年不言。”一作“梁闇”。尚書大傳周傳：“書曰：‘高宗梁闇，三
年不言。’何謂梁闇也？”段玉裁撰異：“‘諒’、‘涼’、‘亮’、‘梁’，
古四字同音，不分平仄也。‘闇’、‘陰’，古二字同音，在侵韻，
不分侵覃也。”郭沫若駁説儒：“‘諒陰’或‘亮陰’這兩個古怪字眼，
怎麼便可以解爲守制呢？一個人要‘三年不言’，不問在尋常的健
康狀態下是否可能，即使説用堅强的意志力可以控制得來，然而
如在‘古之人’或古之爲人君者在父母死時都有‘三年不言’的‘亮
陰’期，那麼無逸篇裏所舉的殷王有中宗、高宗、祖甲，應該是
這三位殷王所同樣經歷過的通制，何以獨把這件事情繫在了高宗
項下呢？子張不解所謂，發出疑問，正是那位‘堂堂乎張也’的識
見過人的地方。可惜孔子的答案只是一種獨斷式，對於問題實在
並没有解決到。而所謂‘古之人皆然’的話尤其是大有問題的。真
真是‘古之人皆然’嗎？這兒卻要感謝時間的經過大有深惠於我
們，我們三千年下的後人卻得見了爲孔子所未見的由地底發出的
殷代文獻：

一、“癸未，王卜貞：酒肜日自上甲至于多后，衣。亡
它自尤。在四月，惟王二祀”。（殷虚書契前編三卷，二十七
葉，七片）

　　二、"□□，王卜貞：今由巫九咎，其酒肜日自上甲至于多后，衣。亡它在尤。在十月又二。王稽，曰大吉。惟王二祀"。（同三卷，二十八葉，一片）

　　三、"癸巳，王卜貞：旬亡尤。王稽，曰吉。在六月，甲午，肜亏甲。惟王三祀。"（同續編卷二，五葉，十片）

　　四、"癸酉，王卜貞：旬亡尤。王稽，曰吉。在十月又一，甲戌，妹工典，其莧，惟王三祀。"（同一卷，五葉，一片）

這些是由安陽小屯所出土的殷虛卜辭，由字體及辭例看來，是帝乙時代的記錄。這裏面還有少數的字不認識，但大體是明白的。請看這兒有什麼三年之喪的痕跡呢？第一、第二兩例的'衣'是'五年而再殷祭'之'殷'，古人讀'殷'聲如'衣'，這是已成定論的，是一種合祭。兩例都同在'王二祀'即王即位後的第二年，一在四月，一在十二月，僅隔七八月便行了兩次殷祭，已經和禮家所說的殷祭年限大有不同；而在王即位後的第二年，爲王者已經自行貞卜，自行稽疑，自行主祭，古者祭祀侑神必有酒肉樂舞，王不用説是親預其事了，這何嘗是'三年不言'，'三年不爲禮'，'三年不爲樂'，何嘗是'百官總己以聽于冢宰'，做個三年的木偶呢？第三、第四兩例也是同樣。那是在王的即位後的第三年，一在六月，一在十一月，而王也在自行貞卜，自行稽疑，自行主祭。……根據上舉鐵證，我們可以斷言：殷代，就連王室都是沒有行三年之喪的。……問題倒應該回頭去跟着二千年前的子張再來問一遍：'書云："高宗諒陰，三年不言"，何謂也？'健康的人要'三年不言'那實在是辦不到的事體。但在某種病態上是有這個現象的，這種病態，在近代的醫學上稱之爲'不言症'（Aphasie），爲例並不稀罕。據我看來，殷高宗實在是害了這種毛病的。所謂'諒陰'或'諒闇'大約便是這種病症的古名。'陰'同'闇'是假借爲'瘖'，口不能言謂之瘖，'闇'與'瘖'同從'音'聲，'陰'與'瘖'同在侵部。文選思玄賦‘經重痡乎寂寞兮’，舊注：‘痡，古陰字’，可見兩字後人都還通用。這幾個字的古音，如用羅馬字來音出，通是 am，當然是可以通用的。‘亮’和‘諒’雖然不好強解，大約也就是明確、真正的意思吧，那是說高宗的啞並不是假裝的。……我要再來申說一下那‘不言症’的病理。那種病症說是有兩種型，一種是‘運動性不言症’（Motorische Aphasie），一種是‘感覺性不言症’（Sensorische Aphasie）。前者的腦中語識沒有失掉，只是末梢的器官不能發言，有時甚至於連寫也不能寫；不過你同他講話，他是明白的。後者是連腦中語識都失掉了，聽親人說話儼如聽外國話。……其病源呢，據說是大腦皮質上的左側的言語中樞受了障礙。有時是有實質上的變化，如像腫傷，外傷等；有時卻也沒有。沒有的自然是容易望好的。殷高宗的不言症，大約是沒有實質變化的一種，因爲他是沒有受手術而自然痊癒了的，由這兒我們可以推想得到。”

⑮段玉裁撰異：“史記魯世家，‘雍’作‘讙’。檀弓：‘子張問曰：“書云：‘高宗三年不言，言乃讙。’”’……坊記：‘子曰：“高宗云：‘三年其惟不言，言乃讙。’”’……玉裁案：史記作‘讙’，今文尚書也，記與今文尚書合。”于省吾新證：“‘讙’當讀‘觀’，莊子天運：‘名譽之觀’，釋文：‘觀，司馬本作讙’，周書太子晉篇：‘遠人來驩’，下文作‘遠人來觀’，可證。嘉量銘：‘以觀四國’，釋文：‘觀，示也’。其惟不言言乃讙者，其惟不言，言乃有所觀示，謂其動靜語嘿之不苟也。”

⑯段玉裁撰異：“魯世家，‘嘉’作‘密’。玉裁按：太平御覽九十一東觀漢紀序曰：‘……密靜天下，容於小大，高宗之極至也……’，櫽括無逸篇文也，與史記‘密靖殷國’正合。是可證今文尚書作‘密’，古文尚書作‘嘉’，司馬子長、劉珍等皆用今文尚書原文，非以‘密’訓‘嘉’也。……密之訓安也。詩公劉：‘止旅乃密’，毛傳：‘密，安也。’說文‘宓’訓安。以‘密’爲‘宓’，假借

之法也。’”

⑰段玉裁撰異：“‘五十有九年’，漢石經作‘百年’。漢書五行志説‘高宗攘木鳥之妖，致百年之壽’。楚元王傳，劉向説‘高宗有百年之福’。杜周傳，杜欽説‘高宗享百年之壽’。論衡氣壽篇：‘高宗享國百年，周穆王享國百年，並未享國之時皆出百三十、四十歲矣。’又無形篇：‘高宗有桑穀之異，悔過反政，享福百年。’又異虛篇：‘高宗改政修行，享百年之福。’此皆用今文尚書也。按魯世家作‘五十五年’，既不同今文，復與古文不合。”

⑱皮錫瑞考證：“中論夭壽篇曰：‘自時厥後立王，生則逸，不知稼穡之艱難，不知小人之勞苦，唯耽樂是從……’，據此則今文尚書不重‘生則逸’三字。”

⑲陸德明釋文：“卑，如字。馬本作‘俾’，使也。”孫詒讓駢枝：“案‘卑’當從馬本作‘俾’，其訓爲‘使’則是而未盡也。此當訓爲‘從’。爾雅釋詁云：‘俾、使，從也’，是‘俾’‘使’皆有‘從’義。‘服’當訓爲奉行，猶康誥云：‘明乃服命’，召誥云：‘越厥後王復民，茲服厥命。’此承上‘大王王季克自抑畏’之文，謂文王從先王之德而奉行之，即就康功田功也。”

⑳章炳麟拾遺：“功，古文作𢀜。康，釋宮云：‘五達謂之康’。字亦作‘庚’，詩有‘由庚’，春秋傳有‘夷庚’，以爲道路大名。康功者，謂平易道路之事。田功者，謂服田力穡之事。前者職在司空，後者職在農官，文王皆親涖之。”頡剛案：詩大雅緜曰：“柞棫拔矣，行道兑矣，混夷駾矣，維其喙矣”，周頌天作曰：“天作高山，大王荒之。彼作矣，文王康之。彼徂矣岐，有夷之行”，均足爲章説佐證。彼時國力之增高，開拓道路爲一要政，“文王康之”之“康”固即“康功”之“康”也。

㉑皮錫瑞考證：“漢書景十三王傳曰：‘惠于鰥寡’。谷永傳引經曰：‘懷保小人，惠于鰥寡’，……後漢書明帝紀，中元二年詔引‘惠於鰥寡’，皆不作‘惠鮮’。”

㉒段玉裁撰異："皇，今本作遑，俗字，疑衛包所改也。下文'則皇自敬德'，鄭注：'皇謂暇，謂寬暇自敬'，可以證此之不從'辵'矣。'皇''暇'疊文同義。爾雅釋言：'偟，暇也。'凡詩、書'遑'字皆後人所改，如'不遑啟處'，'不遑假寐'之類。'不皇假寐'與'不皇暇食'句法正同，古'假''暇'通用，如'假日'即'暇日'，非趙盾假寐之云也。"

㉓俞樾平議："咸，亦和也。詩常棣篇箋曰：'周公弔二叔之不咸'，正義曰：'咸，和也'。蓋'咸'即'諴'字之省。説文言部：'諴，和也。'用咸和萬民者，用諴和萬民也。"

㉔王引之述聞："'以庶邦惟正之共'（唐石經以下俱作'供'，茲依後漢書郅惲傳注所引改正）：'以'，猶'與'也（見釋詞）。'正'，當讀爲'政'。'共'，奉也（見甘誓傳……）。言耽樂是從則怠于政事，文王不敢盤于遊田，惟與庶邦奉行政事。"

㉕段玉裁撰異："隸釋載漢石經尚書殘碑：'酒毋劮于遊田維□□共'，與古文大異。考漢書谷永傳對災異，引經曰：'繼自今嗣王，其毋淫于酒，毋逸于遊田，惟正之共'，正與石經合。石經'維'下'共'上所闕必'正之'二字。漢時民間所習，章奏所用皆今文尚書。'其毋淫于酒，毋逸于遊田，維正之共'，此今文尚書也。'則其毋淫于觀，于逸，于遊，于田，以萬民惟正之共'，此古文尚書也。"王引之述聞："'以萬民惟正之共'，亦謂與萬民奉行政事也。……後漢書郅惲傳注引尚書無逸曰：'以萬人唯政之共'（'政'字與東晉古文不同，蓋出馬、鄭本；'人'字則唐人避諱也），是其明證。"

㉖段玉裁撰異："漢石經殘碑：'共毋兄曰今日'，今文尚書作'毋兄'，古文尚書作'無皇'也。下文'則皇自敬德'，石經殘碑作'則兄曰敬德'，鄭注：'皇，暇也，言寬暇自敬。'王肅本'皇'作'況'，注曰：'況滋益用敬德'，王蓋據今文以改古文也。此'皇'字，鄭亦當訓暇，王亦當作'況'，訓滋益。詩小雅常棣：

‘況也永嘆’，‘況’或作‘兄’，‘兄’是古字，‘況’是今字。大雅桑柔：‘倉兄填兮’，召旻：‘職兄斯引’，三毛傳皆云：‘兄，滋也。’韋昭國語注云：‘況，益也。’毋兄曰者，毋益曰云云也。”

㉗俞樾平議：“若，順也。訓，亦順也。廣雅釋詁曰：‘訓，順也。’‘非民攸訓’，言非民所順也，‘非天攸若’，言非天所順也，文異而義實不異。”

㉘王引之釋詞：“‘時人丕則有愆’，言是人於是有過也。”

㉙王引之述聞：“家大人曰：‘猶，與由通。（莊十四年左傳：“猶有妖乎”，正義曰：“古者‘猶’‘由’二字義得通用。”）由，用也。……言古之人用相道告、相安順、相教誨也。’”

㉚段玉裁撰異：“説文解字第三篇言部‘譸’字下、第四篇予部‘幻’字下皆引‘無或譸張爲幻’，無‘胥’字。爾雅釋訓：‘侜張，誑也。’郭注：‘書曰：“無或侜張爲幻”’，亦無‘胥’字，而作‘侜’爲異。玉裁按：此句無‘胥’字爲是。上文三‘胥’字皆君臣相與之詞，此‘胥’字不倫。下文‘人乃或譸張爲幻’，亦無‘胥’字。蓋因僞孔傳有‘相’字而增之也。譸，釋文曰：‘馬本作輈’。考揚雄三老箴作‘侜張’，詩陳風傳箋作‘侜張’，後漢書皇后紀作‘輈張’，皆同音通用。”

㉛段玉裁撰異：“漢石經，……‘聽’作‘聖’……此今文尚書也。‘聽’、‘聖’字古音同部；而古文尚書作‘聽’當是襲衞、賈、馬、鄭之本。……又按秦泰山碑：‘皇帝躬聽’，史記作‘躬聖’，見廣川書跋。”皮錫瑞考證：“今文作‘不聖’，其義當爲不容。洪範五行傳曰：‘思心之不容，是謂不聖’，然則‘不聖’即‘不容’之義。東觀漢記序曰：‘密靜天下，容於小大’，乃櫽括經文‘密靖殷國至于小大無怨’二句文義，蓋能容則小大無怨，不能容則至于小大，民丕則厥心違怨，丕則厥口詛祝也。……以經文前後合而觀之，能容之效與不能容之弊乃正相反。”

㉜俞樾平議：“‘此厥不聽，人乃訓之，乃變亂先王之政刑’，

言人乃順從其意以變亂舊法也。”

㉝段玉裁撰異：“兩‘否則’字恐皆‘丕則’之誤。上文‘丕則有愆’；康誥篇：‘丕則敏德’。此處文理蒙上直下，恐不似今人俗語云‘否則’也。”王引之釋詞：“經傳所用，或作‘丕’，或作‘否’，其實一也。……‘民否則厥心違怨，否則厥口詛祝，言民於是厥心違怨，於是厥口詛祝也。”王引之述聞：“家大人曰：‘違，亦怨也。……廣雅曰：“怨、懀、很，恨也”，“懀”與“違”同。班固幽通賦：“違世業之可懷”，曹大家注曰：“違，恨也”。邶風谷風篇：“中心有違”，韓詩曰：“違，很也”，“很”亦“恨”也。“厥心違怨”，“違”與“怨”同義，猶“厥口詛祝”，“詛”與“祝”同義耳。’”

㉞段玉裁撰異：“‘自殷王中宗及高宗及祖甲’，今文尚書必云‘自殷王太宗及中宗及高宗’，此無可疑者。”餘見⑧。

㉟王引之釋詞：“廸，詞之用也。……‘兹四人廸哲’，言惟兹四人用哲也。”

㊱見本篇㉒。

㊲皮錫瑞考證：“石經於上文作‘不聖’，此亦當同。不聖者，不容也。下云：‘不寬綽厥心，亂罰無罪，殺無辜’，正不容之義。”

㊳顧剛案：辟，法也。法，型也。即指廸哲之四王言，謂其所垂之典型也。

㊴于省吾新證：“梓材：‘自古王若兹監’，‘已，若兹監’。君奭：‘肆其監于兹’。呂刑：‘監于兹詳刑’。周頌敬之：‘日監在兹’。史頤彝：‘其于之朝夕監’，‘之’讀‘兹’。‘兹監’，‘監兹’，周人成語。古人之惕厲自省蓋如此。”

三　譯文

周公説："呵！做君主的自始就不該貪安逸呀！如果他在知道了耕種和收獲的艱難之後再去享受安逸的生活，那就可以明白小民們的疾苦。我們試看小民，爹娘在田地上用盡了勞力，（掙得一份產業，）可是他們的兒子（爲了慣於不勞而獲），不理會務農的辛苦，於是就偷安了，就任性了，爲日既久，又侮辱他的爹娘道：'老一輩的人懂得些什麼！'（即此可知小民們的痛苦就是一家人也不容易理會呢。）"

周公説："呵！我聽説：從前殷王太宗，他本没有準備做王，在小民群裹經歷了好久；等到他登了王位，識得小民們的苦衷，就能安養許多老百姓，連鰥夫寡婦都不被輕慢：所以他享有國祚三十三年。到了中宗，他莊重嚴肅，用了自助得着天助，治理民事十分小心，不敢有一些懈怠：所以他的國祚有七十五年。到了高宗，他先前也是在外面受辛喫苦的，常和小民們一塊生活；後來做了王，忽然犯了瘖啞病，三年不能説話，他不説話也罷，一説話時可就成了四方的法則了；他不敢懈怠，安靖殷國，大大小小的人物都爲他所感動，没有一個有怨言的：所以他的國祚也有五十九年。從此以後立的王，生下來就習慣安逸，不知道種田的艱難，不聽得小民的勞苦，只是貪歡尋樂。所以從此以後他們的王也没有一個高壽的，在位的時間或十年，或七八年，或五六年，或三四年而已。"

周公説："呵！這也只有我們周家，太王和王季都能自己謙抑畏懼。文王從了這兩位先王的德行而奉行着，親身管理平治道路和開展農業的兩種工事；他的性格又仁愛敬恭，永在想念怎樣安保小民，怎樣把恩惠達給鰥寡；從早晨到日中更到日斜，常常得不到空閒工夫喫飯，所以他能和睦萬民。<u>文王</u>不敢在遊玩和打獵裏尋樂，只忙於和許多國君共同推行政事。因此，他即位的時候雖已到了中年，但還能在位五十年之久。”

　　<u>周公</u>說：“啊！從今以後，繼位的王可不要在酒裏沈湎，不要在遊玩和打獵裏開懷，該盡力和萬民共同推行政事呀！不要姑且自寬，說：‘只在今天玩一下’，須知這不是人民所允許，也不是上天所允許的，（如果這樣，）這個人就有了過失了。（再叮嚀一句話，）千萬不要像<u>殷王紂</u>的糊塗和貪杯呀！”

　　<u>周公</u>說：“呵！我聽說：古時的君主和臣民為了互相告道，互相安順，互相教誨，所以人們也就沒有造謠生事的。如果此心不能容物，（不接受別人的勸導，）於是人們只有順從自己的私意，變亂先王的正法，延及大大小小的一切，結果只有激起了人民心裏的怨恨和嘴裏的咒罵。”

　　<u>周公</u>說：“呵！自從<u>殷王太宗</u>到<u>中宗</u>到<u>高宗</u>到我們<u>周</u>家的<u>文王</u>，這四個人是最聖明的。如果有人告訴他們說：‘有些小民在怨你罵你呀！’他們就更加自己警惕着德行。某些事情發現了過錯，連忙自己承認，說：‘這是我的過錯！’他們實在真心這樣幹，豈但是不敢含怒而已。倘使此心不能容物，人們就會來造謠生事，說道：‘小民在怨你罵你咧！’你一聽就信了。如果這樣，不能好好地想念着典型，開展着心胸，一定弄得對於無罪的人，輕則亂罰，重則亂殺，那麼沸騰的怨氣必有所歸，自然叢集於你一個人的身上了！”

　　最後，<u>周公</u>說：“呵！繼位的王，該把我的這些話做個鑒戒吧！”

四　評論

一，這篇文字是記周公對成王説的一番話，主要的意思是要他不耽於君王的享受致忘了小民的痛苦。凡分七段，皆以"周公曰：嗚呼"發端。第一段説小民耕稼太勞，痛苦最深，不但王者不易知，即小康之家的子弟們也不易知，故必須深澈注意。第二段説殷三宗在未即位時如何接近小民，已即位後如何惠愛小民，所以他們的國祚長久；此外的王因爲不能這樣，就壽命短促了。（以君主的賢不賢定他壽命的長不長是古代人的一種信仰，中庸説"故大德必得其位，……必得其壽，……故大德者必受命"，就是這個意思。）第三段説周文王的安保小民及其享國之久，與殷三宗同。第四段戒嗣王不可逸樂和自怨，尤當以殷紂爲鑒戒。第五段説君與民應當相保相教，纔可打通隔閡，不爲浮言所惑，不爲小民所怨。第六段説殷、周四哲王都能因人言而修德，闇主則因人言而加罪於人，結果就大不相同。第七段總結，有"語有盡而意無盡"之意。周公吁嗟歎息，要把階級社會裏最高級的王和最低級的小民打成一片，沒有一些扞格，真是中國政治哲學的最高成就，無疑地該使後世的帝王當作教科書讀。

二，然而這篇文字卻可以斷定是僞作的。這有數證：第一，當西周初年，分割土地，封建諸侯及貴族，那時的農民非奴隸即農奴，無法自由掙得產業。這篇説："相小人，厥父母勤勞稼穡，厥子乃不知稼穡之艱難，乃逸，乃諺"，這一定是土地到了可以自由買賣的時候，由於自耕農的勤勞，得以蓄積增置田產，所以下一代就可不勞而獲，離開農村，發生了賤視勞動和注意享受的意識，以致"侮厥父母曰：昔之人無聞知"，十分地表現出都市少

年的口吻。這恐怕必須到了戰國纔會有這種現象；若在西周，則
農民附着於土地，如何會説出這般輕鬆的話來！第二，周公在酒誥
裏説"自成湯咸至于帝乙，成王畏相，……不敢自暇自逸"，多士裏
又説"自成湯至于帝乙，罔不明德恤祀"，多方裏又説"成湯……以
至于帝乙，罔不明德慎罰"，把商代列王説得好到這樣，分明不
賢的只有一個紂。何以這篇同樣是周公的話，而殷的賢王只縮成
了太宗、中宗、高宗三位，其餘的連同帝乙在內，竟都成了"生
則逸，不知稼穡之艱難，不聞小人之勞，惟耽樂之從"的人呢？
這可見本篇作者對於周公是不忠實的。（孟子公孫丑篇尚説"由湯
至於武丁，賢聖之君六七作"，可見商的賢王決不止此三宗。）第
三，商的年代雖不盡可知，但據史記正義引汲冢紀年云："自盤
庚徙殷至紂之滅，七百七十三年，更不徙都。""七百"，朱右曾輯
本紀年改作"二百"，近來研究甲骨文諸家表示接受。自盤庚至紂
爲十二傳，去高宗五十七年，平均每代爲十九年强；即使如漢今
文家經本爲高宗享國百年，平均每代仍有十六年弱。何至像本篇
裏説的"或五、六年，或四、三年"呢？所以從這點看，也見作者
對於商代歷史的不忠實。第四，"朕"這代名詞，是用於第一身的
領位（Possessive case）的，就是"我的"。可是本篇裏不説"朕愆"，
也不説"予之愆"，而説"朕之愆"，這是古人無此用法的。第五，
"無罪"與"無辜"義同，而本篇中説"罰無罪，殺無辜"。又"若"訓
"順"，"訓"也假借爲"順"，本篇中説"非民攸訓，非天攸若"。這
都是後人作文章時避免複字的方法，絕不是古人説話的態度。除
了上述五點之外，本篇文辭平易近人，在周公的十二篇裏，它和
金縢最相近，最易解，無疑地同是僞古董。可是此篇雖是僞作，
時代卻不太遲。國語楚語記左史倚相引周書曰："文王至於日中
昃不皇暇食，惠于小民，唯政之恭"，即摘録本篇語，可見本篇
時代當在國語之前。

　　三，殷代三宗，看史記殷本紀及漢書所引劉歆説，太宗爲太

甲，中宗爲大戊，高宗爲武丁，絕無疑問。但自甲骨文出土後，忽然發現中宗是祖乙的廟號。戩壽堂所藏殷虛文字(第三葉)云："中宗祖乙牛告。"王國維考釋曰："此辭稱祖乙爲中宗，全與古來尚書家之説違異。惟太平御覽(八十三)引竹書紀年曰：'祖乙滕即位，是爲中宗，居庇'。今由此斷片，知紀年是而古今尚書家説皆非也。史記殷本紀以大甲爲大宗，大戊爲中宗，武丁爲高宗，此本尚書今文家説。今徵之卜辭，則大甲祖乙往往並祭而大戊不與焉。卜辭曰：'□亥貞：三示御大乙、大甲、祖乙，五牢'(羅氏拓本)；又曰：'癸丑卜，□貞：羍年于大甲，十牢；祖乙，十牢'(後上二七葉)；又曰：'丁亥卜，□貞：昔乙酉籩□御□大丁、大甲、祖乙，百邕，百羊，卯三百牛□'(同上二八葉)。大乙大甲之後，獨舉祖乙而不及大戊，亦中宗是祖乙非大戊之一證。晏子春秋内篇諫上云：'夫湯、大甲、武丁、祖乙，天下之盛王也'，亦以祖乙與大甲、武丁並稱。"得甲骨文與紀年、晏子春秋互證，可成定讞。按商的代次，自湯起，三傳爲大甲，十二傳爲祖乙，二十一傳爲武丁。此事自司馬遷已不能明，可見古史材料的存留，漢代已遠不及戰國。如無甲骨文的發見，我們哪裏能確定這個史實。

　　四，宋代漢石經出土，本篇殘字獨多，其時適值金石學大興之際，洪邁隸釋、黃伯思東觀餘論並加考論，知文字和行次並與流行本大異："高宗之饗國百年"下直接"自時厥後"，更插不下祖甲，可見不是祖甲。既不是祖甲，則依西漢今文當爲太甲，祖甲一段文字應移前。關於這點，段玉裁已説得極明白。其他如"既誕"作"既延"，"惠鮮"作"惠于"，"無皇"作"無兄"(況)，"無淫于觀，于逸，于遊，于田"作"毋淫于酒，毋勃于遊田"，並比僞孔本爲佳勝。即此可知古本的可貴，也可知古文尚書即從今文尚書脫出而加以變易，可是甚多變壞了的。僞孔本承劉、杜、衛、賈、馬、鄭的古文尚書來，劉歆在西漢末，古文由其手立，杜、衛、賈在東漢初，其時古文出現不久，馬、鄭在東漢末，其時古文已成定本，所以改易今文的事實，劉歆、杜林、衛宏、賈逵可能的都該負責任。

五，祖甲一稱帝甲。國語周語下云："玄王勤商，十有四世而興；帝甲亂之，七世而隕。"史記殷本紀云："帝祖庚崩，弟祖甲立，是爲帝甲。帝甲淫亂，殷復衰。"可見祖甲決不是一個賢王。班固説司馬遷從孔安國問故，所以遷書多古文説，其實，如果司馬遷真讀過古文尚書，則無逸篇説祖甲那麼好，他就決不會在殷本紀裏寫上這一筆。至於古文家爲什麼要爲祖甲捧場，則是他們把年齡爲次序的結果。在他們的腦筋裏，總覺得時代愈早的君主應該道德愈好，年壽愈長。中宗七十五年，該列於首；高宗五十九年（這五十九年當是把"百年"改的，但百年確不合情理，不知五十九年有根據否），該列於次。太宗只有三十三年，分該移於末；然而太宗的時代在前，決不該放在最後，無可奈何，只得不管國語、史記之文，把祖甲來頂替太甲了。

六，高宗"亮陰"，解釋爲居喪，因爲出在孔子口裏，記在論語書裏，所以歷代無人敢疑。到了清末，廖平、康有爲十分大膽，也不過説孔子要人實行三年之喪，託高宗以改制，故子張有此問難而已，於亮陰兩字的解釋仍不能改變。其實楚語説他"三年默以思道"，呂氏春秋説他"恐言之不類"，不關居喪已很明白。可是究竟是什麼意思呢？還是摸索不出來。郭沫若氏習醫，而又深通古籍，他説"陰"亦作"闇"，假借爲"瘖"，高宗犯的是不言症；至于三年之喪，商代無此制度，甲骨文中有最親切的證據。這樣一講，舊説就根本倒墜了。整理古籍須有各種科學的知識，觀此益明。

尚書顧命節譯[*]

　　尚書顧命篇，描寫康王(公元前一千年左右)即位的儀式，耀人眼目。當時宮殿的巍峨，陳設的富麗，服飾的精美，歷歷如繪。現摘録原文，並附顧頡剛先生譯文，以供參閲。

　　"兹既受命，還，出綴衣于庭。越翼(翌)日乙丑，(成)王崩。太保命仲桓、南宮毛俾爰齊侯吕伋，以二干戈、虎賁百人，逆子釗于南門之外，延入翼(翌)室，恤宅宗。丁卯，命作册度(宅)。越七日癸酉，伯相命士須材，狄設黼扆、綴衣。牖間南嚮(鄉)，敷重篾(蔑)席，黼純；華玉仍几。西序東嚮(鄉)，敷重底席，綴純；文貝仍几。東序西嚮(鄉)，敷重豐席，畫純；雕玉仍几。西夾南嚮(鄉)，敷重筍席，玄紛純；漆仍几。越玉五重：陳寶、赤刀，大訓、弘璧，琬、琰，在西序；大玉、夷玉，天球、河圖，在東序。胤之舞衣、大貝、鼖鼓，在西房；兑之戈、和之弓、垂之竹矢，在東房。大輅(路)在賓階面；綴輅(路)在阼階面。先輅(路)在左塾之前；次輅(路)在右塾之前。二人雀弁、執惠，立于畢門之内。四人綦弁，執戈，上刃，夾兩階戺。一人冕，執劉，立于東堂。一人冕，執鉞，立于西堂。一人冕，執戣，立于東垂。一人冕，執瞿，立于西垂。一人冕，執鋭(銃)，立于側階。王麻冕、黼裳，由賓階隮。卿士、邦君麻冕蟻裳，入即位。太

---

[*] 1952 年 1 月 13 日作。原載李亞農欣然齋史論集中國的奴隸制與封建制第十三章注一，上海人民出版社，1962 年 9 月。

保、太史、太宗皆麻冕、彤裳。太保承介圭，上宗奉同瑁，由阼階隮。太史秉書，由賓階隮，御王册命。”

召公們已受了命，退下來，把剛才爲王安設的帷帳撤置在院子裏。

到明天乙丑日，成王就去世了。

太保召公派仲桓和南宫毛兩人，各自拿了干(盾)、戈，帶着虎賁(王的衛隊)一百人，跟齊侯呂伋到南門外去迎接太子釗，請他進入靈堂，作居憂的喪主。

丁卯那天，命令作册宅寫出成王的遺命。

又過了七天是癸酉日，這位首相召公叫管事的士準備各種陳設的物品，又叫狄官安放先王座位的屏風和帷帳。

在宗廟裏正中兩牖之間，朝南鋪了兩重細蒻席子，配着白和黑相間的邊；上面放着鑲嵌五采玉的單色的几子(這是太王的位)。西序裏朝東，鋪着兩重細蒲席子，邊是彩繪的；上面放着鑲嵌文貝(有文的貝殼)的單色几子(這是王季的位)。東序裏朝西，鋪了兩重莞製的席子，邊上畫的是雲氣；上面放着鑲嵌雕玉的單色几子(這是文王的位)。西夾室裏朝南，鋪了兩重青皮的竹席，黑綫條的席邊，上面放着黑漆的單色几子(這是武王的位)。

還陳設了五雙的玉：陳寶和赤刀爲一雙，大訓和弘璧爲一雙，琬和琰又是一雙，排列在西序裏；大玉和夷玉爲一雙，天球(青色的玉磬)和河圖(黃河裏出來的天然有圖紋的玉)又是一雙，排列在東序裏。

胤所製的舞衣，巨大的貝殼，鼖鼓(大鼓)，陳列在西房裏。兌所製的戈，和所製的弓，垂所製的竹箭，陳列在東房裏。

王的大路(大車)放在賓階(西階)下面；綴路(大路的副

車)放在阼階(東階)下面。王的先路(先行車)放在左塾的前面；次路(先路的副車)放在右塾的前面。

站崗的侍衛：兩個人戴了雀弁(赤黑色的帽)，握着惠(三鋒矛)，立在畢門(祖廟門)裏面；四個人戴了綦弁(青黑色的帽)，握着戈，刀鋒向前，夾峙在賓階和阼階的兩邊；一個人戴了冕(有玉旒的帽)，握着劉(圓斧)，立在東堂；一個人戴了冕，握着鉞(大斧)，立在西堂；一個人戴了冕，握着戣(句兵)，立在東垂(東下階)；一個人戴了冕，握着瞿(句兵)，立在西垂(西下階)；還有一個人戴了冕，握着銳(盾)，立在側階(東房後面的階)。

康王戴着細麻布的冕，穿着黑白相間的裳，從賓階走上去(表示他沒有受册命，不敢作主人)。卿士(高級的官員)和邦君(諸侯)都戴了細麻布的冕，穿了黑色的裳，進入廟門，照着他們的班次站了。太保(代表成王行册命的)、太史(讀册命的)、太宗(相太保的)都戴了細麻布的冕，穿了紅色的裳(因爲他們代表神道，所以完全吉服)。太保捧了介圭(大圭，天子的瑞信)，太宗捧了同瑁(圭瓚，可以灌酒也可以套諸侯的圭的)，從阼階(主人走的階)走上去。太史捧了載着命詞的册子，從賓階走上去，向康王宣讀成王的册命。

尚書禹貢注釋[*]

　　中國現存的古代史書，最古的算是尚書，而禹貢是尚書裏重要的一篇，向來列於虞夏書中，見得它是虞、夏時代的著作，有人甚至説爲大禹的親筆，大家以爲它離開現在已經四千多年了。

　　禹貢，是中國古代最富於科學性的地理記載，它是以徵實爲目的而用了分區的方法來説明各區的地理情況的。它的分區的標準，是因於名山大川的自然界畫。這似乎和山經有些相像，因爲它倆都是打破了原有大邦、小邦的疆界而用統一的眼光把當時可以走到的地方作成一個總的分割的；只是山經用的是"五方"，禹貢用的是"九州"，有些不同而已。

　　在禹貢裏，每州只舉出兩三個名山大川作爲分界點，不像後世地方志的列"四至"、"八到"，所以不容易畫出精密的地圖，確定九州的疆界。大概説來，當時的黃河從今山西省的西境（西河），經河南省的北部（南河），沿着太行山轉到河北省的東北境（東河）周匝三面，好像一個口袋似的，那時人稱呼這塊地方爲"兩河之間"，這個區域唤做冀州。從冀州的東河一直往南到濟水（這條河的下游已爲黃河所奪，即今山東濟南市迤北至渤海的一段黃河河道），包有河南省的東北角、河北省的南部、山東省的西部，這個區域唤做兖州（濟水的上游叫沇水，"兖"是"沇"的字

　　* 注釋係 1958 年 2 月作，未畢，後由賀次君代作；叙論係 1959 年 1 月 16 日作。原載中國古代地理名著選讀第一輯，科學出版社，1959 年 9 月。

誤）。從兗州往東南，現在稱爲山東半島的，喚做青州。青州南面，從泰山起，南到淮水，現在是魯南、蘇北、皖北地方，喚做徐州。從淮水以南直到東海，跨今蘇、皖兩省的南部以及江西省的東部、河南和湖北兩省的東邊一角，喚做揚州。揚州以西，包有江、漢、洞庭湖等流域，北起今湖北南漳縣西的荆山，南到湖南衡山之南，即今湖北、湖南兩省的大部分和江西省的西部，喚做荆州。從荆山而北直到黃河，即今河南省的大部分和湖北省的北部，喚做豫州。從今陝西、甘肅兩省的秦嶺以南包括全部四川省，喚做梁州。從秦嶺而北，東邊到黃河，西邊約到今甘肅的西境，喚做雍州。這是禹貢九州的具體分割。在這九州的區域中，作者記述了那裏山、川的治理經過，以及土壤如何，草木如何，礦產如何，中央政府所規定的田畝和賦稅的等級如何，有哪些特產和手工業品，有哪些少數民族的特產，運輸這些農產物、特產和手工業品進貢到中央的路綫如何，都用了簡潔明瞭的文字寫出來，說是禹在平治水土之後所作。尚書已是"聖人"（孔子）編定的書，禹貢又是"聖人"（禹）作的，因此歷代的讀者就把它捧到絕對尊嚴的地位。

禹的治水，本是古代一個極盛行的傳說，在這傳說裏，極富於神話的成分，例如說上帝怎樣發怒降下洪水，禹怎樣在茫茫的洪水之中鋪起土地，禹怎麼變成動物來治水，禹和各處水神如何鬥爭獲得勝利等等。這些傳說雜見於詩經、山海經、楚辭、淮南子等書。但禹貢的作者則删去其神話性的成分，專就人類所可能做到的平治水土方面來講。這位作者暗示着洪水的来源是由於山洪暴發和河道不修，平治水土應該從山和川兩方面下手，因此，他在叙述九州之後便説到"導山"和"導水"，指出了把主要的山岳和主要的河流修好是治水的最重大的任務。

最後，作者又記下了一個"五服"的制度，這是把王都作爲中心而向四方擴展的。他説：在王都四面各五百里（即方五百里），這塊地方叫做"甸服"；那裏的人民應把農產品送到王都裏去，爲了遠處運輸困難，所以規定近處送的多，不但送穀子，連稭稈也要送去作牛馬的飼料，遠處送的少，只須把打出的精米送去就是。甸服以外四面各五百里，這塊地方叫做"侯服"，這是帝王分封給諸侯的領土，近處封的是小國，遠處封的是大國。侯服以外四面各五百里喚做"綏服"，這是介於中原和外族間的地區，應當給他安撫和羈縻，所以一方面要在那裏推廣中原文化，一方面又要整頓武備來保護甸服和侯服的安全。綏服以外四面各五百里喚做"要服"，要服以外四面各五百里喚做"荒服"，這些地方都是外族所居，同時也是中國流放罪人所在。照這般説來，那時的天下（甸、侯、綏、要、荒）共計方五千里，中央政府勢力所及的地方（甸、侯、綏）所謂"中國"也者，是方三千里，而直屬於中央的王畿（甸）則只有方一千里。

　　這個五服之説，我們一看就知道它只是假想的紙上文章，世界上哪有這樣方方正正的區劃！而且這個區劃跟界綫不規則的九州説比較，就顯出了很大的衝突。照九州説來講，作者所設想的王都在冀州，所以各州的貢道都直接簡接地達到黄河，然而冀州在九州裏卻是處於北部的一個州，和五服説把王都放在中心的絕對不同。兩種説法畫成了地圖套不上去，這就害得作解釋的經師們無法自圓其説。因此，書集傳的作者蔡沈只得老實地説道："堯都冀州，冀之北境並雲中、涿、易亦恐無二千五百里，藉使有之，亦皆沙漠不毛之地，而東南財賦所出則反棄於要、荒，以地勢考之殊未可曉。"到現在，我們可以更具體地説：五服説和九州説是兩種矛盾的地方制度，不該並容在一篇裏的；而且，這兩種説法不但在區劃上有矛盾，在政治意義上也有矛盾，九州説是在君主集權制下產生的，五服説卻是在最高領主和大小封建領主佔有土地的制度之下產生的。説到這裏，就知道五服説的時代比較九州説爲早。

　　五服説不是一個假想的制度，是古代實際存在的，在國語的周語裏説："先王之制：邦内甸服，邦外侯服，侯衛賓服，夷蠻要服，戎狄荒服。甸服者祭，侯服者祀，賓服者享，要服者貢，荒服者王。日祭，月祀，時享，歲貢，終王。"那時所謂"夷"、"蠻"、"戎"、"狄"諸少數民族都是和諸夏雜居的，而甸服裏也分封諸侯，所以這裏所謂"服"只是部份或類別的意思，不是分疆畫界的意思。當周朝得了天下之後，還有許多土著國家和商朝所封的國家存在，這種國家可以看作侯服的衛星國。周王也用了賓客之禮來對待他們的領主，所以稱爲"侯衛賓服"。可是周王的剥削是不放鬆的，列在甸服的要每天獻祭物，侯服要每月獻祭物，賓服要在每一季度裏獻享物，這些所謂祭、祀、享的禮品，無非借了祖宗的名義來對農奴和大大小小的封建領主施行掠奪而已。至於要服的"夷"、"蠻"，只須每年來進貢一次，荒服的"戎"、"狄"更只須每一世裏來朝見一次，像逸周書王會篇似的用了"萬國來朝"的盛儀來壯壯當時帝王的場面，剥削的意義並不重。禹貢的作者只把"賓服"改爲"綏服"，其他的名詞都没動；可是他卻把各服的里數確定了下來，反而成爲一種幻想的制度了。

　　反過來看，九州制固然根據實際的地形而劃分的，每州的土壤、産物等也都是科學性的記載，決不出於幻想，可是古代並不曾真有這個制度。夏、商兩代都遍在中國的東部（湯滅夏後，夏族西遷，所以西北有許多以夏爲名的地方，那是另外一件事），即黄河中游和濟水流域，直到周族起於西方，才擴大了西邊的部分。可是周朝的王畿還只限於渭水下游和黄河中游；那汾水、濟水、汝水、漢水等流域是周王分封諸侯的地方而不是他直接統治的地方；至於比較遠一點的黄河下游和江南一帶，連宗主權的名義也不普及或不存在了。直至春秋、戰國之世，齊國儘向東面開拓，晉、趙、燕諸國齊向北面開拓，秦國向西面開拓，楚國向南面、向東面和西面開拓，於是中原文化所被的地方就廣，中原人民移徙到的邊區就遠，而有方三千里的"中國"湧現。孟子上説：
"今海内之地方千里者九，齊集有其一。""方千里者九"，即是方
三千里，也即是九百萬方里。這個幅員是九州的幅員，也是甸、
侯、綏三服的幅員。所以在這一件事實上，可以知道九州説和五
服分内外兩部分説，必然要到了戰國的中期才有出現的可能。這
便是存在決定思惟的一個例子。因爲九州説是在戰國的情勢下産
生的，所以吕氏春秋有始覽説："河、漢之間爲豫州，周也。兩
河之間爲冀州，晉也。河、濟之間爲兗州，衛也。東方爲青州，
齊也。泗上爲徐州，魯也。東南爲揚州，越也。南方爲荆州，楚
也。北方爲幽州，燕也。"它並不託古而把這種設想的背景直揭出
來，這就使得禹貢的著作時代明晃晃地顯現在人們的面前。（這
裏的幽州是禹貢所没有的，因爲那時九州説出現不久，還没有到
凝固的時代，所以會有幾種異説。）可是九州的規模雖然具備了，
州名也已經叫開來了，卻没有得到政治家的採用。當秦始皇滅了
六國，囊括宇内，只立了三十六郡，没有想在郡上加州。漢初也
没有分州。到漢武帝時，尊重經學，才彙合禹貢和職方的記載再
加上自己的決定而分爲十三州，然而州只是監察區，實際上還是
由郡守來行政。漢以後，制度漸變，州刺史改爲州牧，才成了一
州的行政長官。到了東漢末年，曹操執政，才依了禹貢而實定九
州的制度。我們看了上面這些事情，可以説：五服制是在西周時
代實行過的，到戰國而消亡；九州制是由戰國時開始醞釀的，到
漢末而實現。又可以説：五服制似假而實真，由真而化幻；九州
制似真而實假，由假而化真。禹貢篇裏把落後的制度和先進的理
想一齊記下，雖然顯出了矛盾，可是它也就在這裏自己説明了著
作時代。

　　説禹貢爲戰國時書就靠在這一點上嗎？不，還有許多別的證
據，現在舉出幾椿。第一，在導山章裏，既有"内方"，又有"外
方"，這内和外是怎麼分别的呢？原來春秋時候楚國都郢，在今

湖北江陵縣北,他們把在今河南葉縣南的方城山作爲北方的屏蔽,在這山上築有長城,是一個重要的軍事據點。外方山即今河南登封縣的嵩山,是方城之外的一座大山;內方山即今湖北鍾祥縣的章山,是方城之內的一座大山。可見這所謂內、外完全是由楚國人就防地的距離遠近和節節設防的需要而定出的名詞。至於西周時代,楚是受封於河南西南部丹、淅二水之間的,不可能定出這些名詞來。第二,菏澤是在今山東定陶縣的一個湖,公元前四八三年,吳王夫差要和晉國爭霸權,爲了便利舟運,在宋、魯兩國之間開出一條運河,北頭連着沂水,西邊接着濟水,因爲經過菏澤,稱爲菏水。這條運河是把泗水(泗的下游與沂通流)和濟水溝通了的,而禹貢徐州章説到貢道,是:"浮于淮、泗,達于菏",意思是説由泗轉到菏,由菏轉到濟,由濟再轉到河。(這個"菏"字,今本已改作"河",改字的人不知道"浮于淮、泗"是不能直接到河的。幸而説文所引的禹貢還没有改。)從這個破綻裏,可以知道禹貢的著作後於夫差開河時代已很久,那時人們早忘記了它是人工河而不是天然河了。第三,"揚"和"越"不但是雙聲,而且意義也相同(見爾雅),所以揚州就是越地,和荆州就是楚地(見上所引吕氏春秋),都是把國名當作州名的。徐、揚二州把淮水作爲分界綫,徐州在春秋时,北部是魯,南部是徐和楚;揚州地方,北部還是徐和楚,南部是吳,吳的南面才是越。公元前五一二年吳滅徐,吳的北境才達到淮;到前四七三年越滅吳,越境也就達到淮。可是禹貢説:"淮、海惟揚州",不知道在前六世紀的後期和前五世紀的初期,越離淮還遠着呢!第四,春秋時中原諸國和西南方民族是没有什麼往來的,楚國亦僅和巴國有些外交,而且那時的巴還没有遷到今四川東部。至於蜀國,雖立國已久,但因山嶺重疊險峻,和外面是隔絶的;直到戰國初年,它才和秦國交通;到公元前三一六年秦惠文王滅蜀,那地開始成爲秦的郡縣,秦民大量移到那裏,那裏的實際情況才爲外面所知道。

禹貢裏的梁州正是蜀境，顯然是秦滅蜀後所得的地理知識。第五，中國之由銅器時代進於鐵器時代，始於春秋而盛於戰國，這是確定不移的事實。禹貢的梁州貢物有鐵和鏤，鏤是剛金，即鋼，這更不是虞、夏時代所可有，那個時代還是石器與陶器並用的呢！從這個地方看來，禹貢既不是虞、夏時書，也不是公元前四世紀後期秦滅蜀以前的書，因此有人說禹貢中的大一統的思想這般濃重，該是秦始皇統一後的作品，伏生爲秦博士所以就傳了下來。

對於這一說，我們也不贊成。當公元前二二〇年秦始皇完成統一之後，就在東南方廢了東越諸王，立了閩中郡；在南方，他又略定了揚越和西甌駱，置南海、桂林、象三郡；在北方，他派蒙恬擊胡，把河套以南的地方完全收了過來，置九原郡。這些新開闢的疆土，禹貢裏全未說及。不但始皇所拓新地沒有記載，當公元前三〇〇年，趙武靈王攘地西至雲中、九原，稍後燕國又開闢了上谷到遼東五郡，禹貢中也全沒有這些跡象。可見這篇文字的著作時代雖然不太早，也不會太遲。在禹貢裏，東南方只到震澤（即今太湖），南方只到衡山，北方只到恒山，可見作者的地理知識僅限於公元前二八〇年以前七國所達到的疆域。我們可以猜測，它是公元前第三世紀前期的作品，較秦始皇統一的時代約早六十年。據舊說，禹治河始於公元前二二八三年，我們雖已把禹貢拉下了兩千年，但還是一部很早的有實際價值的地理書，是我國地理學中的寶典。這位作者利用了禹平水土的古傳說，給以新的生命，從此以後，人們就公認禹是一位水利工程專家而不再是神話中的神靈了。

禹貢作者的籍貫同山海經作者一樣，可能是秦國人，因爲他對於陝西、甘肅、四川間地理最明白，其次是山西、河北、河南。因此，陝西的雍水、河南的潤水、瀍水雖都是三四等的河流，他都記得清楚；到了東邊，他就迷糊了。最顯著的錯誤，是長江的下游。他在導水章裏講：漢水自入長江以後，又從彭蠡

（今鄱陽湖）出來，"東爲北江，入于海"，而長江呢，和漢水一起流到彭蠡之後，又同漢水分家，"東爲中江，入于海"，漢和江平行入海，這真是一個千古奇聞！而且漢爲北江，江爲中江，那必然還有一條南江，這南江是現在的什麼水道呢？從前學者因爲經書作於"聖人"，認爲絕對地正確，所以想盡方法作解釋，而没有一個説法站得住，就因爲它脱離了實際的緣故。現在知道，禹貢的作者是西北人，他的地理知識自有其局限性，他那時決不可能對於東南地理弄清楚，以致出了這般的岔子。其他地方，像導山章，在今河南的桐柏山和湖北的大別山本相連貫，他卻分置在兩列；四川的岷山和湖南的衡山毫不相干，他卻合在一條綫上，這也是他不明白東南地理的一個證據。

　　如果問：爲什麼山經和禹貢的作者都可能是秦國人，難道別國就没有地理學家和地理書了嗎？關於這個問題，我們可以回答：秦國的文化在七國裏不算最高，像齊、楚、魏諸國必然還有比它更豐富的典籍，可是在秦滅六國之後來了一個大規模的摧殘，這些東西就一齊煙消火滅了。史記六国年表説："秦既得意，燒天下詩、書，諸侯史記尤甚，爲其有所刺譏也"，這是一個很明顯的事實。至於秦國自己的圖書，當然還好好地保存着；等到劉邦入關，蕭何"獨先入，收秦丞相、御史律令圖書藏之"，而傳尚書的伏生又是秦博士，所以這些書就倖而留傳了下來。

　　如果還問，禹貢作者既是西北人，他對西北地理就完全清楚了嗎？對這問題，我們也不能無條件地肯定下來。禹貢的著作時代正是山海經風行的時代，禹貢作者敢於突破了山海經的神秘觀念，一切從現實出發，這當然是他的科學精神的表現。但西北地方處處是高山峻嶺，交通十分不便，少數民族又習於自給自足，其統治者不和諸夏的統治者相往來，甚且相視爲仇敵，就是有志探險的人也進不去，因此禹貢作者仍不免從山海經中取材。山海經的作者（這是經過多少年的集體創作，不能看做某一個人所著）

設想：西方有一座最高大的山，名爲崑崙，那裏是許多大川的發源地，大川的名字是河水、赤水、洋水（漢水的上游）、黑水、弱水、青水、白水，這些水除了河水之外都從北往南，流入南海。禹貢作者不信真是這樣，然而他又不能到那裏去實地視察，所以他在導水章裏説“導河積石”，又説：“嶓冢導漾（即洋水）”，不説這些大川都發源於崑崙；赤水、青水、白水更一字不提，似乎他已不信有這些水。獨獨對於弱水和黑水是承認了的，但他説弱水“餘波入於流沙”就不見了，和淮南子地形篇所説的“絶流沙南至南海”不同（地形篇完全承襲山海經，所以我們可以説它保存了山海經的佚文）。至於黑水，不知爲了什麼原因，他竟完全接受了山海經的説法。他既在梁州章裏説“華陽、黑水惟梁州”，又在雍州章裏説“黑水、西河惟雍州”，見得這一條大川是雍、梁二州分界的標幟；又在導水章裏説“導黑水至于三危，入于南海”，決定這條水是由西北流至西南而入海的。試問從西北到西南，有祁連、西傾、積石、巴顔喀喇諸大山聳峙，重重疊疊地擋着，有哪一條水可以由北向南流着？但我們只須把山海經來比較就解決了這個問題。海内西經説：“黑水出（崑崙）西北隅以東，東行，又東北，南入海，羽民南”；海内經説：“南海之南，黑水、青水之間，……若水出焉”，就是禹貢作者的根據。這位作者雖是西北人，可是那時河西走廊和新疆、青海一帶都是氐、羌、月氏諸族所居地，他走不到，所以雖有澄清神話的志願，終究弄錯了！

到了今天，經書的權威已經打破，我們才可以指出禹貢篇的缺點。然而它的優點，我們必當承認。在兩千多年以前，交通不發達，巫風盛行，禹貢作者能在這樣一個環境裏，用徵實的態度聯系實際，作出全面性的地理記述，雖是假借了禹事作起訖，其實與禹無關，這是作者的科學精神的強烈表現，此其一。河出崑崙在那時已成定説，而他叙導河不説到積石以上；崑崙是世界上最高大的山，也已取得那時人的公認，而他在導山章裏不説到西傾以上，雍州章裏雖説到崑崙，只是和析支、渠搜並列的一個西方國家；當公元前三三五年左右楚威王滅越，東南方的事物必然間接流傳到秦國，可是他只説到彭蠡、衡山而止，這都是他老實承認不知道，不肯輕信傳説的闕疑態度，此其二。他對于山、川、土壤都有系統的叙述，使讀者們對于域内地理一個整體的看法，和概括明瞭的印象，此其三。掃除原有的國界痕跡，用自然界的山川作州的界綫，作大一統的前驅；又規劃了全國的交通網，希望加强統一的力量；又對於全國的田賦和貢物作出比較合理的規定，此其四。因爲有這些優點，所以這篇文字，無論從政治上看和從學術上看，都有它的一定的地位。

我們古代的地理學書——山海經開了幻想的一派，後來衍化爲穆天子傳、淮南子地形、神異經、十洲記、博物志等書，而極於西游記、三寶太監下西洋、鏡花緣等演義；因爲人們的實際知識繼長增高，所以這些東西只供閒暇談笑的資料。禹貢篇開了徵實的一派，後來班固作漢書地理志、酈道元作水經注，以及唐、宋以下的許多地理專著，没有不把禹貢作爲主要的引伸和發展的對象，人們都用了嚴肅和尊敬的態度對待它，因此禹貢的地位越高，山海经的地位就越低落。

解釋禹貢的書很多，爲着時代不同，思想有異，分爲漢學和宋學兩派。漢學注重師傳，容易墨守成説；宋學注重批評，敢於自出新解，但在考古學、古文字學等學科没有發達的時候，也容易流於武斷。就尚書學略舉數種，代表漢學的有唐朝孔穎達的尚書正義，清朝王鳴盛的尚書後案，孫星衍的尚書今古文注疏，王先謙的尚書孔傳參正；代表宋學的有宋朝林之奇的尚書全解，蔡沈的書集傳，黃倫的尚書精義，清康熙欽定的書經傳説彙纂。其專釋禹貢的有宋朝毛晃的禹貢指南、程大昌的禹貢論和禹貢山川地理圖、明朝茅瑞徵的禹貢匯疏、清朝胡渭的禹貢錐指、徐文靖的禹貢會箋、楊守敬的禹貢本義。其中以胡渭用力最深，他的禹

貢錐指可以説是一部具有總結性的書。不過現在離胡渭的時代已
經二百多年了，在這一段時間裏，地理學正式成爲一門科學，我
們應當對於禹貢再來一個總結，肯定它的正確地方，否定它的不
正確的地方，給它一個適當的評價。

禹敷土[一]，隨山刊木[二]，奠高山、大川[三]。
〔注釋〕
〔一〕敷，作分字講，又作布字講。禹敷土，是説當上古洪水
橫流以後，不辨區域，禹乃爲之分別區劃以爲九州。

〔二〕隨山，就是循行諸山。刊木，一解作斫木，謂禹治水時
斫木通道，斫下的木材也可以作治水的工具；又一解是作爲表
幟，是説某山某水須要治理，就插一木以爲標記。

〔三〕奠作定字解。奠高山、大川，有兩種説法：一是尚書吕
刑説"禹平水土，主名山川"，就是山川的名稱都是禹治理洪水以
後所取名的。二是鄭樵通志説"州縣有時而更，山川千古不易，
所以禹貢分州以山川定疆界"，就是禹既分別天下爲九州，並且
指定出名山、大川爲各州的疆界。如像兗州以濟水、黄河爲界；
青州以海和泰山爲界；雍州以黑水、西河爲界；荆州以荆山、衡
山为界；徐州以海及泰山、淮水为界；豫州以荆山及黄河爲界；
梁州以華山、黑水爲界。我們知道，山川名稱的來源是經過許多
年，許多史實造成的，決不是某一個人主觀的意見。這兩種説法
不同，應該是後一種解釋比較合理。

冀州[一]：既載壺口[二]，治梁及岐[三]。
〔注釋〕
〔一〕冀是春秋時國名，後爲晉所滅，今山西河津縣有冀亭，
即古冀國。冀州的名稱因古冀國而來。禹貢冀州的疆界，本文裏
没有説明，根據與冀州相連的雍、梁、豫、兗、青等州看来，它

的境界是西、南、東三面距河，古黃河自今河南焦作市不東北流而東流，經修武、輝縣、滑縣、濬縣折北流，入河北境，又東北流至天津入渤海。河西为冀州的東界，河東爲兗州的西界，據漢書地理志及水經注，這是禹河的故道，周定王五年河徙後，故道已湮廢了。北界不甚明確，冀州的範圍，大致有今山西全省，河北的西北境，及河南的北部，遼寧的西部。

〔二〕既載壺口，既作已字解。是说壺口一段的河道已經治理完畢。載字朱熹说是"已事之詞"。壺口，據漢書地理志说"河東郡北屈，禹貢壺口山在東南"。漢北屈縣，在今山西吉縣西北。壺口山在今吉縣西北，陝西宜川縣東北，南距龍門約七十公里。黃河至壺口山，河身由二百多公尺收束至二十多公尺，懸崖直瀉，成爲瀑布，上下水面高低相差到十五公尺，水勢奔放，頃注石槽，瀠洄旋轉，好像壺形，故山名壺口。

〔三〕梁是梁山，岐是岐山。陝西有梁山，在韓城、洽陽縣界，爲黃河西岸的大山。陝西有岐山，在陝西岐山縣東北六十里，一名箭括嶺，古名天柱山。這梁、岐兩山都在雍州的境内，自漢班固漢書地理志说梁在左馮翊，岐在右扶風，鄭玄從之，以爲雍州山見於冀州，是治水從下起，故於冀州言岐、梁。宋蔡沈、曾旼等都主張梁、岐是冀州山，蔡沈尚書集傳说："梁山，吕梁山也，在今石州離石縣東北。""岐山在今汾州介休縣，狐岐之山，勝水所出，東北流注於汾。"吕梁山，在黃河東岸，爲黃河與汾河的分水嶺。狐岐山，據清一統志说是在山西孝義縣西，一名薛頡山。一主雍州山，一主冀州山，這樣就成爲歷代注说禹貢爭論的焦點。清崔述唐虞考信録也主張梁、岐兩山在冀州，不過他修正了蔡沈的説法，認爲詩經大雅"奕奕梁山，維禹甸之"的梁山，即是冀州梁山，水經河水注謂之龍門，在古韓國地，屬河東，自後人以陝西韓城縣誤指爲古韓國，梁山遂在河西，與爾雅釋山"梁山晉望也"不合。他说："岐無可考，蓋此兩山皆當跨河，在雍、冀之界上，故能阻塞河流，而岐、梁又當在壺口之下，因其利害在冀而不在雍，故記之於冀，猶九河之記於兗也。"龍門山在今山西河津縣西北，水經河水注引魏土地記説："梁山北有龍門山，大禹所鑿，通孟津河，口廣八十步，崖際鐫跡，遺功尚存。"今雖不能明確指出梁山所在，至少是與龍門連麓的，所以酈道元把龍門指爲禹疏河的梁山。壺口、梁、岐，都是因治河所施工而言，應當是黄河所經的山，若吕梁、狐岐都距河很遠，雍州的梁山非春秋晉地，岐山又在渭水流域，和導河無關，崔述的説法是比較合理的。

既修太原[一]，至于岳陽[二]。

〔注釋〕

〔一〕修作治字解。太原，孔安國説："高平曰原"。舊説太原即古的平原，即今山西太原盆地。太原本是通名，後以爲郡名，秦、漢有太原郡，即今山西太原市。胡渭説："太原在平陽東北，左傳'臺駘能業其官，以處太原'即經所謂太原矣。亦謂之大鹵，春秋昭公元年'晉荀吴帥師敗狄於'大鹵'，三傳皆作'太原'，穀梁云：'中國曰太原；夷狄曰大鹵'。又謂之大夏，左傳'遷實沈于大夏'，史記'禹鑿龍門通大夏'，'齊桓公西伐大夏'是也。又謂之夏虚，左傳'命唐叔以唐誥，而封之于夏虚'是也。又謂之晉陽，春秋定公十三年'晉趙鞅入于晉陽以叛'是也。蓋皆太原之異名。"清平陽府即今山西臨汾縣，平陽東北的太原，亦指今太原市。這是根據歷來相承的説法，以爲太原是汾水所出，岳陽是汾水所經，"既修太原，至于岳陽"，是導汾水，所以太原即今太原市。今按史稱成王封弟叔虞於唐，傳至子燮父始徙居晉，後來都以太原説晉。晉地所在，其實不在太原。應劭漢書地理志臨晉縣下注説："以臨晉水，故名。"又臣瓚注説："晉水在河東"，是漢河東郡本有晉水。史記魏世家正義引括地志説："晉陽故城在蒲州虞鄉縣西三十五里”。虞鄉，漢河東郡解縣地，是河東又有晉陽。水經涑水注説：“涑水又西南逕張揚城，又西南屬於陂，陂分爲二，城西面兩陂，左右澤渚，東陂世謂之晉興澤”。晉興澤，在今山西永濟東虞鄉鎮西南。涑水或者就是古晉水的別名，所以其地有晉興澤，又有晉陽城，那麼叔虞所封，晉之所興，當即在此。左傳昭公元年子産説：“昔高辛氏有二子，伯曰閼伯，季曰實沈，日尋干戈，后帝不臧，遷實沈於大夏，唐人是因。金天氏有裔子曰昧，爲玄冥師，生允格、臺駘，臺駘能業其官，宣汾、洮，障大澤，以處大原，帝用嘉之，封諸汾川，今晉主汾而滅之矣。”從這段史料看來，臺駘爲汾、洮之神，而處太原，太原當在河東，不是秦漢的太原郡，所以王國維觀堂集林周莽京考中明子産的説法，謂：“太原正漢河東郡地，與禹貢太原在壺口、梁、岐、岳陽間者，地望正合。大澤當即安邑鹽池，或蒲坂張揚池”。根據這些，我們可以説古太原實在河東，兼帶汾、洮，南障大澤，相當於今山西聞喜縣一帶。聞喜當涑水之陽，若涑水果然是古晉水，聞喜也就是晉陽了。唐叔虞所封即或不必就是聞喜縣，以晉興澤推考之，也應當如括地志所指的晉陽城，在今永濟縣虞鄉鎮西。永濟以上，汾水兩岸當中條山、霍山、呂梁山脈間，也是廣大的平原，故可稱爲太原。這是説把壺口山、岐山、梁山一帶的黃河治理好了，下流河東永濟到霍山一帶的平原就沒有水患，人民可以利用河水及汾水的灌溉耕種了。從前的人不明白晉陽所在，乃以太原市説之，又牽涉到治汾水上去，就使人迷惑難解，前後次序也雜亂了。

〔二〕岳是太岳，即今山西霍縣東三十里的霍山，山南曰陽，今山西安澤、洪趙、浮山、翼城、曲沃、絳縣、垣曲、沁水、陽城一帶直到黃河北岸，包括中條山在內，都是岳山南的範圍。和永濟的太原，正連接成一大平原。

覃懷底績〔一〕，至于衡漳〔二〕。

〔注釋〕

〔一〕覃懷，地名，舊説在今河南武涉、沁陽、温縣一帶。史記夏本紀作“覃懷致功”，“致功”就是“底績”的解釋。覃懷當太行山南，黄河北岸，平夷廣衍，水流甚多，這一地的水利也是很重要的。

〔二〕衡與横同，漳即漳水，漳水在覃懷北，其水東流，故稱横漳。古漳水上流合清漳河、濁漳河二水，東流注於河。覃懷和漳水下流都是平原，河道修整以後，水勢平復，漳水得東流入河，平原已無水患，這一帶地方都成了良田。以上是冀州境内黄河治理的情況，主要是使水不泛濫，平原地區又有水利得以耕種。

厥土惟白壤〔一〕，賦上上錯〔二〕，田中中〔三〕。

〔注釋〕

〔一〕厥作其字講，史記夏本紀直接寫作“其”字。舊説白壤是白色無塊柔頓的土壤。

〔二〕賦，是人民向國家繳納的税，鄭玄及孔安國皆主穀米，蔡沈説是“田所出穀米，兵車之類”。蓋以周代制度軍旅之徵亦稱爲賦的原故。上上是第一等。錯是錯雜，就是在第一等和第二等之間的意思。

〔三〕中中，是第五等。九州因地分上、中、下三級，而每級又分上、中、下共爲九等，冀州的田地在九州中屬於第五。田地的等級分類有兩種説法，一是從田地的肥瘠來説，始自王肅，胡渭等人多從之，以爲山西地勢高寒，農産最薄；河北地勢低下，向多水災，故自古農田不及東南。一是從自然地形的高卑來説，始自鄭玄、江聲、魏源等人從之，説九州在崑崙東南，水皆東流，西北高而東南低，所以雍州在西北，其田上上，揚州在東南，其田下下，是以高爲上，低爲下。田賦既是上上，爲什麽田的等級列在第五呢？蔡沈説是"賦高於田四等者，地廣而人稠也"，這是調和之説。

恒、衞既從〔一〕，大陸既作〔二〕。

〔注釋〕

〔一〕恒、衞是兩水名，從來有二説，一是漢書地理志説：常山郡上曲陽，恒山北谷在西北，禹貢恒水所出，東入滱。靈壽，禹貢衞水出東北，東入虖池。又漢志説："代郡靈邱，滱河東至文安入大河。鹵城，虖池河東至參合入虖池別。"恒、衞及滱水、虖池四水皆各有源流，不相通假。二是水經滱水注説："滱水東過上曲陽北，恒水自西來注之，自下滱水兼納恒川之通稱，此即禹貢所謂'恒、衞既從'也。"滹沱水注已迭，酈道元既以恒入滱得相通稱，那麽滹沱受衞之後，也可通稱衞水。王鳴盛尚書後案、成蓉鏡禹貢班義述等均主第一説。胡渭禹貢錐指根據水經注，證明河北曲陽以下的滱水（今唐河）即恒水，靈壽以下的滹沱即衞水。如這裏所説的"恒、衞既從"，是九河既導以後，恒、衞兩水從河以入海，那麽水經注合流通稱的説法還講得過去，所以齊召南尚書注疏考證、徐文靖禹貢會箋、錢坫地理志斠注皆從水經注。今衞河古稱白溝，源出河南輝縣蘇門山，合淇、漳諸水，東北至天津合白河入海，此爲隋煬帝所開，以發源地爲春秋衞國，故名衞河，唐、宋以來亦名永濟渠，非禹貢衞水。

〔二〕大陸，澤名，在今河北任縣東北，與鉅鹿、隆堯二縣接界，古有廣阿、鉅鹿、泰陸、大麓、沃川等名稱，又呼爲張家泊。舊時澤地甚廣，跨有今河北束鹿、隆堯、寧晉諸縣，後世淤斷，遂分爲二，一般叫寧晉泊爲北泊，大陸爲南泊，今皆淤成平地。據爾雅，廣平的地方叫陸，大陸是説很大的一片平原，大陸地平近河，河水已治，水患既除，河北平原可以耕種了。

島夷皮服〔一〕。

〔注釋〕

〔一〕史記夏本紀作“鳥夷皮服”。尚書釋文引馬融注：“鳥夷，國。”尚書疏引鄭玄注說“鳥夷，東方之民，搏食鳥獸者”。可見在漢朝時，禹貢本作“鳥夷”，後來因爲僞孔安國傳說“海曲爲之島，居島之夷”，此後遂改作“島夷”，胡渭並以今日本、朝鮮等地指說之，姚明輝禹貢注又指今千島群島即禹貢的島夷，皆遠超出了禹貢作者的地理知識以外，不可信。當時的所謂“島夷”，是泛指東方邊遠的一種民族，以狩獵爲主，衣皮食肉，還不知道耕種。皮服，就是那種民族沒有進化到利用絲、麻，還以鳥獸的毛皮作衣服。

夾右碣石入于河〔一〕。

〔注釋〕

〔一〕碣石，山名，所在傳說不一，漢書地理志說：“右北平驪成，大碣石山在西南”。胡渭禹貢錐指遂說：“今河北樂亭縣西南三十里有大城，疑即漢驪成縣城。”樂亭西南高上堡，在渤海邊上，與僞孔安國“碣石海畔山”的說法相合，不過漢驪成縣究竟是不是在今樂亭縣西南，還是問題。後魏書地形志、隋書地理志、魏王泰括地志、鄭樵通典，杜佑通考等說碣石在盧龍，有的地圖也把碣石畫在河北盧龍、撫寧縣的東南，但是盧龍縣並沒有名碣石的山。漢書武帝本紀“東巡海上至碣石”，文穎注說：“在遼西絫縣”，郭璞山海經注、酈道元水經注從之，漢絫縣故城在今河北昌黎縣南。又明一統志說碣石在昌黎縣西北五十里，今名書院山；永平府志說碣石在昌黎縣北十里，今名仙人台；與文穎都說在昌黎，但方面不同，所指各異。司馬貞史記索隱引太康地理志說“樂浪遂成縣有碣石，長城所起”，在今朝鮮民主主義人民共和國境。後漢書郡國志常山郡九門縣劉昭注說“碣石山在縣界”，與書疏引鄭玄説同，在今河北藁城縣境。其他還有很多解釋，大致不出渤海沿岸。今以禹貢著作年代在戰國時看來，文穎説比較可靠，水經濡水注説：“絫縣碣石山，漢武帝嘗登之以望巨海，而勒石於此；今枕海有石如甬道數十里，當山頂有大石如柱形，世謂之天橋也。”漢初相傳的碣石在絫縣（故城在今昌黎縣南），應該與禹貢作者的觀念一致。又説文：“碣，特立之石。”漢書竇憲傳説：“方者謂之碑，圓者謂之碣。”酈道元所説大石如柱形，正是碣石命名所由來，因爲這山石如圓柱，又突立在河口，可作航行的標幟。或説“夾碣石入於河”，是島夷入貢的貢道，以碣石在其右，故説“夾右碣石”。

濟、河惟兗州〔一〕：九河既道〔二〕；雷夏既澤〔三〕；灉、沮會同〔四〕。
　　〔注釋〕
　　〔一〕濟水爲古四瀆之一，周禮職方“兗州川曰河、濟”，僞孔安國尚書傳説“兗州東南據濟，蓋濟水流至古菏澤，今山東定陶縣；又東北至鉅野澤，今鉅野縣境；又東北至壽張安山湖納汶水，其入海處今名小清河。這就是古濟水故道，也是禹貢濟水與兗州和豫、徐、青三州分界處。兗州北距河，蓋黃河自河南延津縣北，東至濬縣大伾山西折而北，逕安陽縣界，又東北經河北廣平、新河、深縣、武强、河間、文安、靜海等縣境，又東至天津入海。這是古黃河故道，也是禹貢兗州和冀州的分界綫。
　　〔二〕九河，據爾雅釋水爲徒駭、太史、馬頰、覆釜、胡蘇、簡、絜、鉤盤、鬲津。據漢書地理志和後人解釋，徒駭河故道，在今河北交河縣境；今山東齊河縣有徒駭河，自縣東北經臨濟入海，非古徒駭。太史河故道在今河北南皮縣北。馬頰河，出今山東平原縣境，東北經陵縣、德平、商河、樂陵諸縣至無棣入海。覆釜河，出今河北阜城縣東，經東光、慶雲、海豐由老黃河入海。胡蘇河故道，在今河北東光縣東南。簡河故道，在今山東陽信、樂陵縣境。鬲津河故道，在今山東德縣界。但是九河所在，早在漢朝已不能確指。我們知道古人以河爲黃河的專名辭，他水不得稱河，所謂九河大概是黃河下流的分枝，九是指多數，不一定就是九條水，但這還是和黃河一體的，或者就是黃河下流的三角洲；今山東西部入海諸河有馬頰河、徒駭河、鉤盤河等，不一定與禹貢所説的九河有關。道與導同，既導，就是説禹把黃河下流平原地區的水分別開來，以減少河水入海處的衝激力。

〔三〕雷夏，澤名，漢書地理志説在濟陰郡成陽，在今山東菏澤縣與濮縣接界處。舊説雷夏本窪地，洪水橫流，遂以泛濫，禹疏九河，並瀹濟水，使低窪處的水潴而成澤，所以説"雷夏既澤"。或者最初雷夏本是那地區的地名，後澤亦取名。

〔四〕爾雅釋水説"河出爲灉"，則灉水是河水的支流。又説"濟爲濋"，濋與沮音近，或沮水即濋水，爲濟水的支流。據元和郡縣志，灉、沮二水俱出雷澤縣西北平地，又説灉、沮二水俱會同流入雷夏澤。唐雷澤縣在今山東濮縣東南，舊説宋代河決曹、濮間，雷夏、灉、沮皆爲河所填塞，連遺跡也沒有了。

桑土既蠶〔一〕，是降丘宅土。
〔注釋〕
〔一〕兗州範圍有春秋衛國及南燕地，兗州的命名，也因衛而來。胡渭説："衛之封域，東得桑土之野，楚丘、帝丘皆是也。"楚丘在今河南滑縣東六十里；帝丘在今河南濮陽東南，一爲衛所封，一爲衛所遷。詩經衛風氓篇説："桑之未落，其葉沃若，吁嗟鳩兮，無食桑葚。"又説："桑之落矣，其黃而隕，自我徂爾，三歲食貧。"禮記樂記説"桑間濮上"，也是指衛國而言，桑間即詩經鄘風桑中篇的"期我乎桑中"，其地在濮水之上，那地方桑樹很多，人民又十分珍愛桑樹，養蠶做絲的也多，所以屢見詩人的歌詠。這兩句是承"雷夏既澤，灉、沮會同"而言，雷夏、灉、沮皆與濮陽相接，在雷夏澤和灉水、沮水没有水患以後，人民更好更多地種桑養蠶。丘是高地。宅是定居。史記夏本紀作“桑土既蠶，於是民得下丘居土”，兖州在濟、河兩大水中間，没有大山，又地勢卑下，當洪水的時候人民都往高地逃避；這一帶的水患平復後，人民又相率定居在平地上了。

厥土黑墳[一]，厥草惟繇[二]，厥木惟條[三]。

〔注釋〕

〔一〕潤澤的土叫墳，尚書釋文引馬融説：“墳，有膏肥。”墳、肥兩字音近。

〔二〕繇，一作蘨，説文説“草盛貌”。

〔三〕條作長字解，又有暢的意思。是説兖州地卑下，水易爲患，自從治水以後，改變了自然情況，草木都長得茂盛而高大了。

厥田惟中下[一]，厥賦貞，作十有三載乃同[二]。

〔注釋〕

〔一〕中下是第六等。

〔二〕貞，鄭玄作正字解，謂賦下下，第九，以此爲正。貞又作一字解，“厥賦貞”，與下句“作十有三載乃同”連文，謂十二年中賦法始終如一。蓋因兖州受水患最深，墾闢不易，禹乃爲立一種最低的標準，歲以爲常，雖遇豐收之年也不多取，以示寬待，到了十三年以後才同他州的賦法，史記集解引鄭玄所説“十三年乃有賦與八州同，言功難也”的意思。又史記河渠書引夏書説：“禹抑洪水，十三年，過家門不入。”這裏説的“十三載”，乃是禹治水的年數了，不過注解禹貢的人大多數從鄭玄的説法。

厥貢漆絲[一]，厥篚織文[二]。

〔注釋〕

〔一〕兗州爲衛地，衛靈公遷於楚丘，詩經鄘風定之方中篇説："樹之榛栗，椅桐梓漆。"可見兗州某些地方自古以來就出産漆的。絲是兗州的特産，衛風氓篇既詠桑樹，又説："氓之蚩蚩，抱布貿絲。"一般的市場上，人民交易的貨物就是布匹和絲。

〔二〕篚，説文作"匪"，説"器似竹篋"。鄭玄儀禮注説"篚，竹器如笭者"，則笭是圓形的竹器，或説如今的竹筐，下文青州"厥篚檿絲"，徐州"厥篚纖縞，"揚州"厥篚纖纊"，都是把精美的製成品用篚盛起來貢入帝都，或者古時人民向統治階級納獻土特産品的一種制度。織文，蔡沈説："織而有文，綿綺之屬"。朱熹説是"綾羅之屬"。江聲尚書集注音疏説："織文，是五色相錯而有文采者，先染素色之絲，間錯而織成文也。"如此説來，所貢的絲是原料，這織文則是成品了，所以分別言之。

浮于濟、漯，達于河〔一〕。

〔注釋〕

〔一〕浮是船行水上的意思，與"沿"、"泝"一樣。達是從這條水轉入另一條水的意思。濟已解説在上。漯水是古河水的支流，説文作"濕水"，也説是大河的支津。相傳禹河自河南濬縣境東北流，別分一支東流即漯水，以今地來説，即古漯水自宿胥口東北流，至今山東濱縣、利津入海。古時濟、漯相通，由濟達漯，經無明文。楊大鈜禹貢地理今釋説："今考其地當在漢臨邑縣之四瀆津。"酈注云："河水東分濟，亦曰濟水受河也。"所謂河者蓋西漢以後遷徙之河，禹時未東移，而漯、濟本相附近，則漯或分濟，或濟受漯，當時濟、漯通彼處，即四瀆津。楊説與胡渭同。漢臨邑縣在今山東茌平縣東，所謂禹時漯水所經的地方，若此説可信，則禹貢兗州貢道是由漯達河自宿胥口始，由濟達漯則在茌平。

海、岱惟青州〔一〕：嵎夷既略〔二〕；濰、淄其道〔三〕。

〔注釋〕

〔一〕海，指今渤海，古稱東海。岱即泰山，又稱東嶽，又稱岱宗。青州是禹貢九州中最東的一州，五行家説東方色青，所以取名青州。青州東臨渤海，東北以何處爲界，今無可考，據孔穎達尚書疏説“越海而有遼東地”，杜佑通典更説“越海分遼東、樂浪、三韓地”，則今遼寧東部、朝鮮西部皆禹貢青州範圍。青州南界泰山，與徐州分界，西北以濟水與兗州分界。

〔二〕嵎夷，史記夏本紀作“郁夷”，今文尚書作“禺鐵”。嵎夷所在，大約在今山東蓬萊一帶濱海的地方，廣雅釋詁説“略，治也”，就是説嵎夷已經歸服，可以治理的意思。蔡沈説“略，爲之封畛”，後人多從之。封畛是界限，就是説給青州的嵎夷劃出一定的疆界，把他隔離開，這種説法嫌勉强，將使青州的土地不完整了。

〔三〕濰、淄兩水名。其道，謂復其故道。濰水俗名淮河，左襄十八年傳：“晉師伐齊，東侵及濰。”濰字或省作“維”，或省糸作“淮”，漢書地理志又作“惟”，皆即濰水。淄水，周禮職方氏作“菑”，漢書地理志作“甾”，即今淄水。

厥土白墳〔一〕，海濱廣斥〔二〕。

〔注釋〕

〔一〕白墳，謂灰壤。

〔二〕廣斥，謂廣大而鹵斥。孔穎達説：“海畔迴闊，地皆鹵斥，故云廣斥。”鹵斥是指含鹽沖積土，濱海地方多鹽，故土性也含鹽質。

厥田惟上下〔一〕，厥賦中上〔二〕。

〔注釋〕

〔一〕上下，第三等。

〔二〕中上，第四等。

厥貢鹽、絺、海物，維錯〔一〕，岱畎，絲、枲、鉛、松、怪石〔二〕；萊夷作牧〔三〕，其篚檿絲〔四〕。

〔注釋〕

〔一〕鹽指海鹽，管子地員篇及史記貨殖列傳都説齊地多鹽，今山東沿海有王官、永利、濤雒、金口、石島、青島等鹽場，出産都很豐富，膠州灣沿岸也是鹽田廣布。絺，説文説是"細葛"，即夏布之類，今山東泰安、新泰、萊蕪、萊陽等縣都出産大量的苧麻，可製夏布。海物，鄭玄説是"海魚"，因爲魚不止一種，所以説"海物維錯。"今山東沿海所産的魚很多，如大刀魚、大口魚、帶魚、鱉魚、雪魚等，都很有名，雖然渤海産不及黃海、南海的盛，禹貢時代南方尚未開發，只有青州沿海的海産物最豐富。

〔二〕畎，或作"呻"，呻即谷字，岱谷是泰山的谷，即青州沿泰山的丘陵地帶，那些地方盛産絲、枲、鉛、松、怪石五種物品。青州開發最早，地宜蠶桑，春秋、戰國時代絲已著名了，唐書地理志説"齊州貢絲"。明一統志説"章丘、鄒平二縣出絲"，清一統志説"濟南府境出絲"，可以説自古以來盛産不衰。枲，即大麻，今山東泰安、萊蕪一帶多産。鉛是鑛物，呈青白色，古稱青金，亦稱黑錫，用途很廣，古時胡粉、丹黄皆化鉛爲之，可供繪畫和塗飾用，今山東安丘縣担山，臨朐、安丘界白石嶺，以及臨沂縣多有鉛鑛。松是山東丘陵地帶普通的樹木，詩經魯頌"徂來之松"，早就著名的。怪石，指一些特殊的山石，唐書地理志説"齊州貢滑石、雲滑石"，元和郡縣志説"淄州貢理石"，名醫別録説"太山之谷有紫石英"，宋史地理志説"濟南貢陽起石"，明一統志説"歷城出白礜石、鵝管石"，都屬於怪石之類。

〔三〕萊夷，萊是國名，甲骨文作"來"，蓋殷時舊國。左傳襄公六年"齊侯滅萊"，定公十年"萊人以兵刼魯侯"，禹貢的萊夷即指殷時的來，春秋齊所侵滅的萊人。杜預左傳注説："萊，今東萊、黃縣是"，顧祖禹讀史方輿紀要説"登州府黃縣東南有萊子城"。今山東黃縣東南三十里有萊山，今萊陽、萊西、萊蕪、蓬萊等縣名，或因古萊人所居，或因萊山而得名，今山東半島大都是萊的故地。又據萊蕪縣志"齊靈公滅萊，萊人播遷於此，邑落荒蕪，故曰萊蕪"，則萊人是自山東半島向西遷徙的。作牧，作謂耕種，牧謂畜牧。

〔四〕檿絲，檿，古稱山桑，即柞樹，又名櫟樹，爲落葉喬木，葉可養蠶。柞蠶與普通蠶相似，而色概黃褐，長一寸多，吐出的絲呈褐色，取以織綢，俗稱繭綢，古人以檿絲作琴瑟的絃，因爲它堅而有彈性。今山東半島所產尤多，又以昌邑縣及濰坊市最盛，昌邑、濰坊，正是萊人的故居。

浮于汶，達于河〔一〕。
〔注釋〕
〔一〕漢書地理志："泰山郡萊蕪，原山，汶水出，西南入沛。沛即濟，據水經汶水篇，汶水入濟的故道，自萊蕪歷泰安、肥城、寧陽至東平入濟，也是禹貢汶水入濟的故道。後元憲宗七年築堰城壩，遏汶入泗；明永樂九年，又於東平州六十里築戴村壩，盡遏汶水，並引導出鵝湖口入南旺湖，分流南北以資運，汶水入濟的故道遂不存在了。今之汶水，正流曰大汶河。出萊蕪縣東北東泰山，西南流經泰安縣又西流至汶上縣，西南入運河。禹貢青州貢道蓋由汶水達濟水，再由濟水入漯以入黃河。

海、岱及淮惟徐州〔一〕：淮、沂其乂〔二〕；蒙、羽其藝〔三〕；大野既豬〔四〕；東原底平〔五〕。
〔注釋〕
〔一〕海，謂黃海。岱是泰山。淮水爲古四瀆之一，源出河南桐柏縣西北桐柏山，東流至江蘇入洪澤湖，又東流入黃海，即下文"導淮至桐柏，東會於泗、沂，東入於海"者。舊淮水本至江蘇連水縣入海，金、元以來黃河自淮陰縣西南清江入淮，淮水下流遂爲黃河所佔，清咸豐間黃河北徙，淮水下流亦淤，其幹流乃自淮陰合於運河。徐州北與青州以泰山分界，南以淮水與揚州分界。

〔二〕淮水源遠流長，禹貢把淮水叙在徐州，是因沂水本入泗，泗水又入淮的原故，自黃河南下奪淮，淮水故道已非禹貢時的經流了。沂水漢書地理志説："泰山郡蓋，沂水，南至下邳入泗。"漢蓋縣在今山東沂水縣西北。據水經沂水篇，沂水出今沂水縣，歷臨沂、郯城至江蘇邳縣合泗水，又東南至淮陰入淮水，自元至元中南、北運河成，泗水於濟寧縣南棗林閘入運河，通過獨山、昭陽兩湖，沂水於邳縣東南入運河，不再會泗水入淮了。又作治字解，謂淮、沂二水已經治理，就是決淮歸海，沂亦歸淮。

〔三〕蒙、羽兩山名。蒙山，在今山東蒙陰縣南，一名蒙陰山，屬泰山山脈。羽山，相傳舜殺禹的父親鯀的地方，山下有羽淵，左傳所説鯀死之後，"其神化爲黃龍，入于羽淵"，即此，今山在山東郯城縣東北。藝，孔穎達尚書疏説"詩云'藝之荏菽'，故藝爲種也"，藝作種字講，史記五帝本紀"藝五種"與此藝字的意義一樣，就是説淮水已治，蒙、羽兩山一帶的地方可以耕種了。

〔四〕大野，澤名，爲濟水故瀆所入，漢書地理志説"山陽郡鉅野，大野澤在北"。元和郡縣志説："大野澤在鉅野東五里，南北三百里，東西百里。"鉅野今爲山東鉅野縣，可見在唐朝大野澤還是很廣大的。自從漢武帝元光三年，河決濮陽瓠子注鉅野，下迄五代，晉開運，宋咸平、天禧、熙寧，金明昌，元至正，決入者凡六次，大野澤遂涸爲平地，今已不能見其遺跡了。水所停爲瀦，周禮稻人"以瀦畜水"，蓋大野澤曾泛濫成災，兹復畜之成澤。

〔五〕東原，鄭玄説"東原地名，今東平郡即東原"，史記索隱引張華博物志説同，今山東泰安西境及東平一帶即漢東平國，東平國在濟水之東，故漢景帝時又改稱濟東國。底平，是説水患已除，底於平定，人民可以耕種了，東原底平，是就治濟水而言。

厥土赤埴墳〔一〕，草木漸苞〔二〕。

〔注釋〕

〔一〕埴是黏土，土細密而性黏膩叫埴。赤埴墳，就是棕色土壤。

〔二〕漸，作進字解，苞是叢生的意思。草木漸苞，謂草木不斷的長成而且叢生。

厥田惟上中〔一〕，厥賦中中〔二〕。

〔注釋〕

〔一〕上中，田第二等。

〔二〕中中，賦第五等。

厥貢惟土五色〔一〕，羽畎夏翟〔二〕，嶧陽孤桐〔三〕，泗濱浮磬〔四〕，淮夷蠙珠暨魚〔五〕，厥篚玄纖縞〔六〕。

〔注釋〕

〔一〕五色土有青、赤、白、黑、黄五種不同顔色的土，古代帝王用來作封建的儀式，周書作雒解説："諸侯受命于周，乃建大社于國中，其壝東青土，南赤土，西白土，北驪土，中央釁以黄土，將建諸侯鑿取其一方面之土以爲土封。"史記正義引太康地記説："城陽姑幕有五色土，封諸侯錫之茅土，用爲社，此土即禹貢徐州土也。"姑幕，漢縣，在今山東諸城縣西南五十里，唐屬莒縣。又元和郡縣志説："徐州，開元貢五色土各一斗。"太平寰宇記説：“徐州貢五色土各一斗，出彭城縣北三十五里之赭土山。”彭城，今江蘇銅山縣。

〔二〕羽即上文“蒙、羽其入”的羽山，羽畎，即羽山之谷。翟是山雉，這種雉的羽毛可以用來作車服旌旄的裝飾，又可用爲舞飾。夏翟有三種解釋，一説夏作大字講，夏翟即大雉，一説夏是地名，在江、淮間，即爾雅釋鳥江、淮間所産的鷂雉；一説夏即周禮天官的“染夏”，夏翟就是染成五色的雉羽。從下文“孤桐浮磬”看，夏字應該也是形容辭。

〔三〕嶧，山名。漢書地理志説：“東海郡下邳，葛嶧山在西，古文以爲嶧陽”，在今江蘇下邳縣西南，一名邳嶧山，又名葛嶧山，又稱距山，解禹貢的人多指“嶧陽”在此。今考漢志魯國鄒縣有嶧山，秦始皇二十八年東行郡縣，上鄒嶧山，又即左傳文公十三年，“邾文公卜居於繹”的繹山，在今山東鄒縣南二十里，屬徐州西北界，史記正義引鄒山記説：“古之繹山，言絡繹相屬也，今猶多桐樹。按今獨生桐尚徵一偏似琴瑟。”從左傳的繹山繹字來看，與鄒山記“絡繹相連屬”的意義正合，禹貢這裏所舉的多是泗水流域的特産，嶧陽應該是指鄒嶧山之陽才對。桐是落葉喬木，桐木輕鬆、色白，老則密緻有文理，是古人做琴瑟的必需原料。孤是獨立的意思，山陽樹很少，孤生的桐樹尤爲難得，所以這是一種特産。

〔四〕泗水出今山東泗水縣東五十里陪尾山，四源并發，故名。禹貢錐指説“泗水自泗水縣歷曲阜、滋陽、濟寧、鄒縣、魚臺、滕縣、沛縣、徐州、邳縣、宿遷、桃源至清河縣入淮，此禹跡也，今其故道自徐州以南，悉爲黄河所占”。按泗水入淮之故道，舊稱南清河，金、元以來嘗爲黄河所佔，今山東滋陽、鄒縣、滕縣、江蘇徐州泗縣等地的舊漕河，及徐州、宿遷、清江、淮安等縣間的淤黄河，皆其故跡。今泗水乃古泗水的上游。磬是古代的樂器，有石製、銅製兩種，相傳石磬是遠古時母句氏所發明的。水經泗水注説："泗水東過呂縣南，水上有石梁，故曰'呂梁'，晉太康地記曰'水出磬石'，書所謂'泗濱浮磬'是也。"括地志亦説："泗水至彭城呂梁，出石磬。"呂梁洪，在今江蘇徐州市東南五十里。浮磬，孔穎達説："石在水旁，水中見石，似若中浮焉；此石可爲磬，故謂之浮磬。"磬聲必求清越，或者是一種比重較輕的石頭，故名浮磬。

〔五〕"淮夷"，淮水流域的一種民族。王應麟詩地理考説："淮夷之地不一，徐州在淮北，徐州之夷則淮夷之在北者也；揚州在淮南，揚州之夷則淮夷之在南者也。江漢、常武二篇，同爲宣王之詩，同言淮夷，其曰'江、漢之滸，王命召虎'，淮南之夷也；其曰'率彼淮浦，省此徐土'，淮北之夷也。""淮夷"散布很廣，尚書費誓有"淮夷徐戎"的話，那麼禹貢的"淮夷"，是指淮北的民族。蠙即蚌的別名，一名珠母，一名真珠貝。蠙珠即珍珠，又稱真珠，爲蚌殼內所生的球狀物，形圓如豆，色白如銀，清麗可愛，是很珍貴的裝飾品，又可作藥用。暨作及字解。鄭玄説："魚，美魚。"禮記禮器説"三牲魚臘，四海九州之美味"，美魚是用作祭祀的一種乾魚。蔡沈説是指淮、泗所產的白魚；胡渭根據詩經和左傳及陸璣詩疏説是水中有一種獸名魚，皮可以作車飾，兩種解釋都嫌牽強。

〔六〕玄是黑色。纖，今名綢。縞，今名絹。這兩種都是手工業產品，唐書地理志説："徐州貢雙絲綾、絹、綿、綢布"，宋史地理志説："襲慶府貢大花綾"。徐州今江蘇銅山縣；襲慶府今山東滋陽縣，在濟水南，於禹貢皆屬徐州。可見自禹貢時代以至唐、宋，徐州的絲綢就很有名。

浮于淮、泗，達于河〔一〕。

〔注釋〕

〔一〕河，説文及水經注均作"菏"，史記、漢書作"河"。據水經泗水篇，古泗水出今山東泗水縣北山，西南過今山東曲阜、滋陽、鄒縣、濟寧市，菏水自西來注之，又東南過江蘇沛縣、銅山、邳縣南入於淮，但是今泗水自銅山以上至濟寧市一段已没有遺跡可尋，銅山以下即淤黄河故道。菏水據水經泗水注，自菏澤分流，東南經今山東鉅野、金鄉、濟寧市入於泗水。其水今湮。是古時淮通泗，泗通菏，菏通濟，由濟通漯以達于河，徐州的貢道就是這樣，"達于河"的"河"字作"菏"是。

淮海惟揚州〔一〕：彭蠡既豬〔二〕，陽鳥攸居〔三〕，三江既入〔四〕，震澤底〔五〕定。

〔注釋〕

〔一〕淮水爲揚州北界。其東界的海，據尚書偽孔安國傳和杜佑通典，説自江蘇廢黄河口起南越長江口、閩江口至汕頭市。或説閩、越山水爲禹貢所不及，禹貢的海只有自江蘇濱海廢黄河口起至浙江寧波止。揚州西邊與荆州分界，但禹貢未説明疆界的山川。

〔二〕彭蠡澤名，舊説即今鄱陽湖。漢書地理志説今貢江、贛江、鄱陽水、餘水、修水、旴水、錦江、袁江、廬水等九水皆直接間接的入鄱陽湖；水經注引豫章記又增多出建昌東北入修水的僚水，共十水。豬即畜，彭蠡既豬，就是那九條或十條水皆匯入彭蠡，停而不流。今按禹貢導水説"漢水东匯澤爲彭蠡，又東爲北江"，那麼禹貢彭蠡應該在長江之北才對，後人既以鄱陽湖爲禹貢彭蠡，但鄱陽湖在長江南岸，於是以"橫截而南入於鄱陽，又橫截而北流爲北江"來解釋。考史記孝武本紀及封禪書説武帝"自尋陽出樅陽，過彭蠡"，樅陽在今安徽懷寧縣東，彭蠡豈得以今鄱陽湖説之？或説彭蠡乃水流湍急成大螺旋之稱，初非專門名辭；今自安徽宿松以東，懷寧、安慶、樅陽、無爲等長江北岸一帶地方，湖泊縣亘，或者就是禹貢彭蠡所在。今宿松縣有需水，亦名雷池，亦名大雷江，大雷與彭蠡的取義相同，或者和彭蠡有些關係。

〔三〕陽鳥，鄭玄説是：“鴻雁之屬，隨陽氣南北。”雁屬游禽類，體形像鵝，茶褐色，腹部白，嘴扁平，頸和翅膀都很長，群飛時成人字形。淮南子時則篇“季秋之月雁來”，高誘注“是月時候之雁從北漠中來，南之彭蠡”。以雁秋季南來，春季北去，所以又叫作候鳥。攸，史記夏本紀作“所”，“陽鳥攸居”，就是彭蠡是雁所居住的地方。

〔四〕禹貢三江，爲歷來爭論不休的懸案，舊説可分爲四類，一是以爲鄱陽湖下流分岐成北、中、南三道入海的長江三支流爲三江，漢書地理志説：“會稽郡吳，南江在南，東入海。毗陵，北江在北，東入海。丹陽郡蕪湖，中江在西南，東至陽羨入海。丹陽郡石城，分江水，首受江，東至餘姚入海。”吳即今江蘇蘇州；陽羨今江蘇宜興；石城今安徽貴池，其他與今地名同。這説的北江爲今長江的下流，中江自蕪湖經高淳、溧陽、宜興穿太湖入海，南江即指今吳淞江。又水經“沔水與江合流，至石城縣分爲二，其一爲北江，其一爲南江。”注：“地理志江水自石城東北逕吳國南爲南江。”這是説南江自今安徽貴池經宣城、廣德至浙江餘姚入海，其他與漢志同。又徐堅初學記引鄭玄説：“左合漢江爲北江，右會彭蠡爲南江，岷江居中，則爲中江。三江分於彭蠡爲三孔，東入海。”蘇軾書傳：“豫章江入彭蠡而東至海爲南江；岷江，江之經流，會彭蠡以入海爲中江；漢水自北入江，會彭蠡爲北江。”皆指今漢江、長江、贛江下流分三道入海爲三江。二是指長江的上流、中流、下流爲三江，徐鍇説文繫傳：“江出岷山，至楚都名南江；至潯陽爲九道，名中江，至南徐州名北江。”盛弘之荊州記説同。楚都今湖北武昌，潯陽今江西九江，南徐州今江蘇鎮江。三是指長江爲北江，吳淞江爲中江，錢塘江爲南江，水經注引郭璞説：“三江者，岷江、松江、浙江也。”四是以長江之中江入太湖，更分三道入海，庾闡揚都賦注“今太湖東注爲松江，下七十里有水口，分流東北入海爲婁江，東海入海爲東江，與松江爲三。"蔡沈書傳説同。這是指吳松江、婁江、東江爲三江。婁江即瀏河；東江在吳江縣東南，今湮。以上四種解説都很勉强，其實是江、湖分歧雜錯的意思，正如史記河渠書説"於吳則通渠三江、五湖"，貨殖列傳説"吳有三江、五湖之利"一樣，並不必確指其地。

〔五〕震澤，即太湖，亦名具區，又名笠澤。

篠簜既敷〔一〕，厥草惟夭〔二〕，厥木惟喬〔三〕，厥土惟塗泥〔四〕。

〔注釋〕

〔一〕史記夏本紀篠簜作"竹箭"，爾雅釋草亦説"篠，竹箭"。鄭玄、蔡沈分篠爲箭竹，簜爲大竹。敷作布字解，史記夏本紀即作布字。篠簜既敷，是説水患既除，那些地方滿生了各種竹子。今江蘇、浙江、江西等地都産竹，有毛竹、斑竹、荆竹多種，可以作竹箭的竹子大概就是指荆竹。因爲它細而有彈性。

〔二〕夭，如詩周南桃夭"桃之夭夭"，是花草盛美的形容辭。

〔三〕喬作高字解，所謂"喬木"，就是高大的樹木。

〔四〕塗泥，馬融解作"漸洳"，説文"澤，漸溼也"，蓋謂潤溼。蔡沈説："水泉溼也，下地多水，其土淖。"淖是泥淖，土與水分不開的意思。

厥田惟下下〔一〕，厥賦下上上錯〔二〕。

〔注釋〕

〔一〕下下，田第九等。揚州地勢低窪，土地潮溼，所以田的等第最次，不是就出産而言。

〔二〕下上上錯，賦第七等，雜出第六。揚州自唐以後出産最爲豐富，但禹貢時代則不算好，或説古代多種黍稷，田雜五種，潮溼多水的土地只宜種稻，不利其他作物，又往往有水潦；所以賦稅不高。

厥貢惟金三品〔一〕，瑤、琨、篠簜、齒、革、羽、毛、惟木〔二〕，島夷卉服〔三〕；厥篚織貝〔四〕；厥包橘、柚錫貢〔五〕。

〔注釋〕

〔一〕古人金即指銅。金三品，謂三色的銅。史記貨殖列傳"吳有章山之銅"，就是揚州著名的産品。梁州所貢有"鏐、銀"，鏐即黃金，銀即白金，與銅是有分別的，所以這裏説的金三品，只是指銅。後人説金、銀、錫爲金三品，又説黃金、白金、赤金，即金銀銅爲金三品，都不明禹貢的意義。

〔二〕瑤、琨，説文説："瑤，玉之美者。琨，石之美者。"尚書疏引王肅説"瑤琨美石次玉者"，則是以瑤琨爲一物。齒，或舊説即象牙。又説是指各種獸類的骨物，周禮地官司徒有角人的官"掌以時徵齒角"是。革，皮革，周禮天官冢宰有掌皮的官，"掌秋歛皮，冬歛革，春獻之"是。羽是鳥的羽毛，如孔雀翠鳥之類，用作裝飾的。毛，史記夏本紀作"旄"，張守節正義説是"旄牛尾，爲旌旗之節"。古人以之爲舞飾，又以爲旗節。惟木，史記夏本紀及漢書地理志引禹貢皆無此兩字，江聲尚書集注音疏説是衍文。王先謙尚書孔傳參正也説："木必具名，荆州'杶、干、栝、柏'，是其例，無渾舉之理。"

〔三〕島夷，胡渭指日本，楊守敬歷代地理沿革圖説"當以琉球、呂宋諸國當之"，即今沖繩島、菲律賓群島等地，恐禹貢時地理觀念尚不致于到此。定海廳志引元吳萊甫甬東山水古遺記，説："昌國即禹貢島夷，後屬越曰甬勾"。昌國即今舟山群島之定海，但少根據。卉服，孔穎達説即草服，南方居亞熱帶，島民以草編織成衣服，與北方皮服相對爲文。

〔四〕織貝，鄭玄説："貝，錦名，詩云'萋兮斐兮，成是貝錦'，凡爲織者，先染其絲，及織之則成文矣。"今江蘇的"錦緞"，即是由古織貝演進的。僞孔安國以爲織是細紵，貝是貝殼，與冀州"厥篚織文"不相合，貝殼既非加工精品，何用竹篚盛着一起？以織貝爲兩種物是錯的。

〔五〕橘是芸香科常緑喬木，高丈許，初夏開白花，花後結實，至冬成熟，吕氏春秋本味篇説："果之美者，江南之橘。"今江西、福建皆以産橘著名，皮薄而瓤多液，普通稱爲"蜜柑"是。柚是芸香科常緑喬木，和橘大致相同，秋天開白花，花後結實，實爲漿果，皮粗厚，多産福建、廣東，廣東的"沙田柚"最有名。包是包裹，橘柚易腐壞，所以要包裹起來，才能遠運。錫貢謂不是常貢的東西，有命乃貢。

沿于江、海，達于淮、泗〔一〕。

〔注釋〕

〔一〕順流而下叫沿。沿江入海，自海入淮，自淮入泗，則是自今江蘇常熟縣大江順流而下，至崇明入海；經啟東、如皋、東臺、鹽城、阜寧入淮，逆流而上，歷漣水、淮安至淮陰縣清口入泗，這就是禹貢揚州的貢道。禹貢時江、淮未通，故自江入淮，必由海道，直到隋文帝開皇七年開山陽瀆，煬帝大業元年開邗溝，自山陽至長江三百餘里然後淮始達江。

荆及衡陽爲荆州〔一〕：江、漢朝宗于海〔二〕；九江孔殷〔三〕；沱、潛既道〔四〕；雲土夢作乂〔五〕。

〔注釋〕

〔一〕荆，荆山，漢書地理志説："南郡臨沮，禹貢南條荆山在東北。"臨沮，今湖北南漳縣，荆山在縣西北十里。衡，衡山，漢書地理志説："長沙國湘南，禹貢衡山在東南。"湘南，今湖南衡山縣，衡山一名岣嶁山，即南岳，在衡山縣北。衡陽，謂衡山之南。荆州北以荆山與梁州、豫州分界，荆州南界，禹貢只説

“衡陽”，未知所届，並且衡山所在，歷來爭論也多，有主張九嶷山是禹貢衡山的，有以武陵山爲禹貢衡山的，漢書地理志則以衡山在今湖南衡山縣。

〔二〕禹貢所指的江，乃今四川的嘉陵江，蓋以汦江與漢江源流相距不遠，所以不分軒輊，而以江、漢並稱，如詩經“滔滔江、漢”，“江、漢浮浮”，“江、漢湯湯”，“江、漢之滸”，孟子“江、漢以濯”，周官職方“其川江、漢”，都是同一觀念，古人所稱江，不是今長江上流的金沙江。漢水即今漢水，亦即下文所説的漾水。從前諸侯見天子春見稱朝，夏見稱宗。這裏是把海比作天子，江、漢比作諸侯，説江、漢二水合流以後歸於大海。

〔三〕九江所在，論説紛紜，莫衷一是，且均至湖漢而言，晉太康地記説：“九江，劉歆以爲湖漢九水入彭蠡也。”據胡渭禹貢錐指所載，大致謂：“水入湖漢者八，鄱陽鄱水、餘干餘干水、艾修水、新淦淦水、南城盱水、建成蜀水、宜春南水、南壄彭水；入江者一，贛豫章水”。按漢書地理志“廬江郡尋陽，禹貢九江在南，皆東合爲大江。漢廬江郡無江以南地，今湖北黃梅北即古尋陽，九江在其南，殆即今廣濟、黃梅、宿松、望江諸縣境的江水，若以洞庭爲九江，則與大江的經流無涉，又與禹貢導江“過九江，至于東陵，東迆北會于匯”的文不合；若以洞庭爲九江，又何以禹貢先説：“江、漢朝宗于海”，後説“九江孔殷”呢？下文説“九江納錫大龜”，史記龜策列傳褚先生説“神龜出於江、灌之間”，通典也説廣濟縣出大龜，足證禹貢所説的九江，在大江以北廣濟、黃梅諸地。程大昌禹貢論所説“江本無九，九江即尋陽之大江，古人命物以數，不必以數相應”，是有部分道理的。孔殷，史記夏本紀作“甚中”。殷又作衆字解，孔殷，言衆水所會，其流其盛，朱熹所説：“正見其吐吞壯盛，浩無津涯之勢”，是形容辭。

〔四〕沱，沱水有二，一爲岷江之支流，即俗稱郫江者，而禹貢以嘉陵江爲江源，岷山導江不在今四川松潘境，則沱非江可知。一爲今湖北均縣之夏水，以其冬涸夏流，故稱“夏水”，上流爲大暉港，尚書疏謂此水即荆州之沱。禹貢所説的沱，即爾雅釋水“江爲沱”之義，説文亦説沱爲江的別流，乃指渠江諸水，如渠水、巴水、岩水而言，諸水與潛水皆近，故説“沱、潛既道”，蓋沱、潛皆不是專指某一水。潛，漢書地理志：“漢中郡安陽，潛谷水出西南，北入漢，左谷水出北，南入漢。”安陽，今陝西成固，左谷水即今湑水，漢即今沔水，潛即漢水之源。這與嘉陵江，即禹貢所謂的江者，又與南江岩水、巴水諸水皆近，故曰“沱、潛既道”。爾雅釋水説“漢爲潛”，凡水出於漢皆爲潛，不專指安陽一水，如堵水入漢，亦可得潛名，則所謂“浮于江、沱、潛、漢，逾于洛，至于南河”是。自江、沱之實已失，這幾句就難解索了，胡渭禹貢錐指謂出潛江縣的蘆洑河，流至沔陽縣，合東荆河入江的水爲潛水，近來解説禹貢潛水者皆從之，使人迷惑，且不是禹貢的原意。既道，謂水已治理，沱、潛得循其故道。

〔五〕史記夏本紀、始皇本紀、高祖本紀、河渠書、楚世家、貨殖列傳，漢書溝洫志均作“雲夢土”，唐太宗得古本尚書，乃“雲土夢”，因詔改從古本，由這三個字的次序不同，就成了古今注解禹貢爭論之點。史記索隱説：“雲土、夢，二澤名。”又引韋昭漢書音義説：“雲土爲縣，屬江夏。”孔穎達説：“此澤亦單稱雲，單稱夢。”蘇軾説：“雲與夢二土地名，雲土夢者，猶云玄纖縞。”沈括、羅泌、易袚、鄭樵諸人遂謂：“雲在江北，夢在江南。”其實當依史記、漢書“雲夢”二字相連，爾雅釋地“楚有雲夢”，周禮職方“荆州其澤藪曰雲夢”，漢書地理志“南郡華容，雲夢澤在南”，也是把“雲夢”兩字合在一起的。今按楚辭王逸注説：“夢，澤也”，蓋楚人名澤爲夢，左傳“田於江南之夢”，即是江南之澤，那麼雲夢就是雲澤了。張守節史記正義説：“雲夢澤，在安州安陸縣東南五十里。"蓋最先的雲夢是在今湖北安陸縣東南接雲夢縣界，雲夢縣的得名當因雲夢所在；漢書地理志説今荆門有雲夢宫，又蘄春、麻城間有雲夢宫，水經注説今沔陽西北有雲夢城，漢陽有雲夢藪，皆晚起的名稱；或以雲夢之地跨江南、北，又或指洞庭爲禹貢雲夢，都是傅會成説，非禹貢本意。作乂史記夏本紀作"爲治"，是説當洪水時，那一帶地方更是泛濫成災，現在已經治理好了。

厥土惟塗泥，厥田惟下中[一]，厥賦上下[二]。

〔注釋〕

〔一〕下中，田第八等。土與揚州同，田高揚州一等，是因爲地勢比揚州稍高的原因。

〔二〕上下，賦第三等。賦比揚州高三等，是因爲開發得早。

厥貢羽、毛、齒、革、惟金三品[一]，杶、榦、栝、柏[二]、礪、砥、砮、丹[三]，惟箘、簬、楛[四]，三邦底貢厥名[五]；包匭菁茅[六]；厥篚玄纁、璣組[七]；九江入錫大龜[八]。

〔注釋〕

〔一〕金三品，與揚州所貢一樣，是指青、白、赤三色的銅，左傳僖公十年："鄭伯始朝於楚，楚子賜之金，既而悔之，與之盟曰'無以鑄兵'。故以鑄三鐘。"杜預注："古者以銅爲兵。"這也是金乃指銅的證據。唐書地理志説："鄂州永興有銅，武昌有銅。"通志説："大冶縣白雉山舊有銅場。"這都是荆州區域内的出産。

〔二〕杶，説文説即椿樹。榦，考工記説"工人所榦之道七，以柘爲上"，榦即柘木，也就是青州"厥篚檿絲"的檿，柘木堅勁，可以作車轅。栝，鄭玄説"柏葉松身曰栝"，説文及爾雅釋木皆説檜也是柏葉松身，則栝即檜。檜葉似柏而圓，體榦類松，但無鱗，檜木很堅勁。柏即普通的柏樹。

〔三〕礪，漢書地理志作"厲"，説文謂"厲，旱石也"，旱石是一種堅强的石頭，鄭玄説是磨刀石。砥與礪同，史記集解韋昭説："礪，砥石也。"郭璞注山海經西山經也説礪砥都是磨刀石，但分粗的爲礪，精的爲砥。砮石可以爲矢鏃，王先謙尚書參證引石經説文："砮，石可爲矢鏃，從石奴聲。"丹，即朱砂，元和郡縣志説："辰州貢光明砂。"今湖南沅陵縣即古辰州，尚以産朱砂著名，稱爲辰砂。

〔四〕箘與簵皆竹類，説文謂："箘，箘簵也。"呂氏春秋本味篇"越駱之箘"，注説："箘，竹箭也。"廣雅釋草説："簵，箭也。"是箘簵皆竹類，可以做竹箭。湖南、湖北都産竹，古時以黄岡的竹爲最盛，資江流域益陽的竹子也是著名的。這箘簵大概都是荆竹之類的細竹子。楛，史記集解引馬融説："楛木名，也可爲箭。"又鄭玄説："肅慎氏貢楛矢，中矢幹。"詩大雅旱麓篇疏引陸璣説："楛形似荆而赤，莖似蓍"，因爲它細而堅勁，所以也是做箭幹的好材料。

〔五〕三邦，史記夏本紀作"三國"，究竟是指的那三國，今不可確説。底貢厥名，據呂祖謙書説"惟使貢其名，名者列其條目而貢之"，就是説只把要貢的東西開列名單，不必真以實物進貢。

〔六〕包是包裹，匭是匣。菁茅是供祭祀用的一種茅草。左傳僖公四年齊桓公責楚王説"爾貢包茅不入，王祭不供，無以縮酒"，就是指荆州的菁茅。鄭玄説："菁茅，茅有毛刺者，給家廟縮酒。"因爲古人祭祀，把這種菁茅捆上一束，立在祭前，把祭酒倒在上面，酒滲下去，就好像神飲了一樣，所以叫作"縮酒"。菁茅的産地，管子輕重篇説産"江、淮之間"，今湖北安陸以東，大悟、黄陂、紅安、麻城等縣皆在江、淮間。據括地志説："辰州盧溪縣西南三百五十里有包茅山，武陽記云：'山際出包茅，有刺而三脊，因以名包茅山。'"唐盧溪縣在今湖南盧溪縣西南，是荆州出産菁茅很多的地方。

〔七〕玄，赤黑色。纁，黄赤色。鄭玄説："纁者三入而成，又再染以黑則爲緅，又再染黑則爲緇，玄色在緅緇之間。"胡渭説"玄纁之質蓋纖也"，那就與上徐州所貢的"玄纖"一樣。組是頭飾。璣是珍珠之類的東西，可用以穿成頸圈等類的裝飾品。

〔八〕大龜即神龜，或稱元龜，史記龜策列傳説："神龜出於江、淮之間。"即出今湖北黄梅、廣濟等地，古九江地方。古人用龜以卜，這是荆州的特産。錫字與上揚州"厥包橘、柚錫貢"的錫一樣，大龜也不是常貢的。

浮于江、沱、潛、漢，逾于洛，至于南河〔一〕。

〔注釋〕

〔一〕江、沱、潛、漢四水，可以往復逕通。逾作越字解，水道不通必須由陸地始能到達，故説"逾于洛"，自洛以入豫州的河，故説"至于南河"。洛即今河南洛水。春秋時河曲以北，秦晉兩國分界處大率叫西河；河曲以南，折而東經周、鄭界則爲南河；更折而東北，穿入衛、齊界則東河。這南河是指河南洛陽、鞏縣一帶的河，也是由洛入河的地方。

荆、河惟豫州〔一〕：伊、洛、瀍、澗既入于河〔二〕；滎波既豬〔三〕；導菏澤〔四〕，被孟豬〔五〕。

〔注釋〕

〔一〕荆即荆州的荆山，在今湖北南漳縣西北。豫州的南界爲荆山，北邊濱河，豫州在九州的中央，接界的有七州，只有青州爲兖州和徐州所隔，不與豫州相接。

〔二〕伊水、瀍水、澗水入洛水，洛水入河，總的來説，四水皆入於河。伊水出今河南盧氏縣熊耳山悶頓嶺，東北流經嵩縣、伊陽、伊川、洛陽、偃師入於洛。瀍水出今河南洛陽市西北谷城山，至縣東入洛水。澗水亦名澗河，出河南澠池縣東北白石山，南流合穀水，澗水又有穀水之稱，東流經新安、洛陽入於洛。

〔三〕滎波，滎爲濟水的溢流，詩經竹竿疏引鄭玄説："自平帝以後，滎澤塞爲平地，滎陽民猶以其處爲滎播。"水經濟水注説同。據清一統志，滎澤故址在今河南滎陽縣境。波，史記夏本紀作"播"，司馬貞索隱説："播是水播溢之義。"播、潘、波音同字通，潘即迴流、水溢的意思，列子黃帝篇"鯢旋之潘爲淵"，注："潘，迴流也。"管子五輔篇"決潘渚"，注"溢也"，是水溢成淵渚叫潘，滎潘即滎澤。

〔四〕菏澤爲濟水所匯，菏水所出，漢書地理志："濟陰郡，禹貢菏澤在定陶東。"漢定陶縣，在今山東定陶縣西北七里。

〔五〕孟豬，左傳、爾雅作"孟諸"，史記夏本紀作"明都"，漢書地理志作"盟豬"，或古字相通，或聲近相假，皆是一地。孟豬，澤名，漢書地理志説在梁國睢陽東，漢睢陽縣在今河南商丘南二里。舊説故址在今河南商丘東北接虞城縣界，自宋以後屢遭河患，舊跡已分辨不出了。元和郡縣志説周回五十里，蓋唐朝此澤還很寬大。被與播同義，播字又作布字解，孟豬與菏澤中間相隔一百四十里，是説水大的時候菏澤水往往溢出流入孟豬，闞駰十三州記説"水盛乃被覆"，也是這意思。

厥土惟壤〔一〕，下土墳壚〔二〕。

〔注釋〕

〔一〕壤土，是由黏土與細砂和氧化鐵、雲母等所構成的，色黃或褐，土質不黏不燥，最宜農作物的生長。偽孔安國傳説"高者壤"，高是對下句"下土墳壚"而言，後來注解禹貢的也説不出壤土的究竟，只好以高下分別了。

〔二〕説文説："壚，黑剛土也。"鄭玄周禮草人注壚字作疏字解，疏即粗燥，漢書溝洫志説"地形下而土疏惡"，故説壚爲下土。

厥田惟中上〔一〕；厥賦錯上中〔二〕。
〔注釋〕
〔一〕中上，田第四等。
〔二〕錯上中，賦第二等，又雜出第一等。

厥貢漆、枲、絺、紵〔一〕；厥篚纖纊〔二〕；錫貢磬錯〔三〕。
〔注釋〕
〔一〕史記貨殖列傳説：“陳、夏千畝漆。”陳謂陳縣，即今河南淮陽縣；夏即夏陽，即今河南太康縣。李肇唐國史補説：“襄州人善爲漆器，天下取法。”襄州即今河南睢縣。太平寰宇記説：“宋州産漆。”宋州，今河南商丘。陳、夏、襄、宋皆屬豫州，自禹貢時代以迄宋朝，河南漆是有名的。枲，史記夏本紀作“絲”，但枲是牡麻，與絲不同。紵，今稱紵麻。詩陳風“東門之池，可以漚紵”。左傳襄公二十九年“吳公子札聘於鄭，見子產，與之縞帶，子產獻紵衣焉。”春秋陳、鄭在禹貢皆爲豫州地，豫州自古以來就産紵麻。
〔二〕纖是很細的綢，纖字本身即作細字講。唐書地理志“汝南郡貢雪花、龜甲、雙距、溪鷟等綾”，綾亦綢類，可見豫州自古出纖，經過勞動人民不斷的發展，到唐朝更進步了。今河南商丘、洛陽、南陽、鎮平、汝山等地盛産檿蠶絲，所織的綢稱汴綢，又稱南陽綢，也很名貴。纊或作絖，即細綿，楚辭招魂“鄭綿絡兮”，即指此。莊子逍遙遊篇“宋人有世世以洴澼絖爲事者”，注“絖，絮也”，絮也是細綿，史記夏本紀纊字即作“絮”。
〔三〕磬錯爲礪石的一種，詩鶴鳴“他山之石，可以攻錯”，毛傳説：“錯石也，可以琢玉。”這種石頭可以治玉磬，玉磬是古代帝王獨用的樂器。這“錫貢”也是不常貢，須待命而後納貢。

浮于洛，達于河〔一〕。

〔注釋〕

〔一〕豫州河自潼關流入，不須浮於洛而後入於河；洛水自河南盧氏東北流，入河。這裏說的浮於洛，是包括洛水流域諸水而言，然後豫州西部及中部貢道始全。

華陽、黑水惟梁州〔一〕：岷、嶓既藝〔二〕；沱、潛既道〔三〕；蔡、蒙旅平〔四〕；和夷底績〔五〕。

〔注釋〕

〔一〕華陽即華山之陽，華山在今陝西華陰縣南，爲雍、豫、梁三州共同的分界點，華山北是雍州，東是豫州，南即梁州。黑水最是歷來聚訟不休的名水，因爲它關係到梁州的疆界。由於僞孔安國傳說梁州“西距黑水東據河”，又說黑水自北而南，於是有以今張掖河爲黑水，有以今大通河爲黑水，有以今黨河爲黑水，有以今麗水及瀘水爲黑水，有以今瀾滄江爲黑水，也有以今怒江上源的哈喇烏蘇河爲黑水的，普通多說是麗水，麗水即今長江上游的金沙江。今按水經沔水注說：“黑水出北山，南流入漢，諸葛亮牋云：‘朝發南鄭，暮宿黑水。’”括地志說：“黑水源出梁州城固縣北大山。”今陝西城固縣北有黑水，即禹貢梁山的黑水。禹貢是說自華山南西迄黑水，其南則爲梁州，後人不明此義，依附孔傳或者非駁孔傳，都不可靠，梁州東界華山，西界無可考，南限於長江。梁州的名字不見爾雅釋地及呂氏春秋有始覽，或說古雍州兼有梁州的地方。其實梁州乃戰國時秦人語，秦始皇始開巴郡、蜀郡，秦人棧道四出，通於蜀、漢，梁即橋梁的意思，司馬相如所說“梁孫原”是，從這裏也可以看出禹貢產生的時代。

〔二〕岷，岷山，在今四川松潘縣北，岷江所出，漢書地理志說“蜀郡湔氐道，禹貢岷山在西徼外，江水所出，東南至江都入海”，也是指松潘岷山。禹貢時代既以嘉陵江爲江源，並不知道江水所出的岷山在松潘，漢志所説"隴西郡氐道，禹貢養水所出，至武都爲漢"，又説"西，禹貢嶓冢山，西漢所出，南入廣漢"，這才是禹貢的岷山與江源。漢氐道縣，在今甘肅清水縣西南；西縣，在今甘肅天水縣西南一百二十里。所謂"岷、嶓既藝"是就陝西寧强的嶓冢山，與岷山相近而言，江、漢發源，計其大小長短，亦略相當，故上文説："江、漢朝宗于海。"自漢朝的人以今岷江爲江源，以嘉陵江上游稱西漢水，於是將岷山移到今松潘，又將隴西西縣岷山改爲嶓冢，致使漢有東西兩岷山，嶓冢也有兩處。蜀郡湔氐道的名字也是從隴西氐道移來，因其地有湔水而增一"湔"字，這中間的關係是非常明顯的。漢以後，人們的地理知識更廣擴了，知江源益遠，即漢志的岷山已經不是江水所出，西漢水不過是大江的一支流，這樣，禹貢"江、漢朝宗"的意義大家都不明白了。嶓冢山，在今陝西寧强縣北九十里，漢書地理志漢中郡金牛縣有嶓冢山，東漢水所出，括地志説："潘冢山，在梁州金牛縣東二十八里。"金牛廢縣在寧强東北，禹貢嶓冢當是指此。漢志又説"隴西郡西，禹貢嶓冢山，西漢水所出"，山在今甘肅天水縣西六十里，漢以後説禹貢嶓冢的皆依漢志，獨通典説在寧强。西漢水即嘉陵江，古人以爲江源，那麼隴西嶓冢實即岷山；後人知江、漢並不在此，乃名嘉陵江爲西漢水，又改隴西岷山爲嶓冢，水經漾水注又以漢志的養水（即漾水）名亦歸西漢，説"漾水東源出武都氐道縣，西源出隴西西縣嶓冢山，會泉，逕葭明入漢"，這就更糊塗了。

〔三〕潛、沱説詳荆州，爾雅釋水"漢爲潛，江爲沱"，凡出於漢水的皆可名潛，出於江水的皆可名沱，江即嘉陵江，沱是指渠水、岩水、巴水等。

〔四〕蔡山不知在什麼地方，葉夢得尚書傳説是四川雅安縣南蔡家山，即太平寰宇記名周公山的；胡渭禹貢錐指疑今四川峨眉縣峨眉山爲蔡山，説"自周衰，蜀不通中國，蔡山不傳，後人但以山形名之曰峨眉，卒莫有知蔡山所在者”。都是以蒙山在今四川雅安縣，蒙山以東別無大山以當之，因而附會成説，皆不可信。蒙山，漢書地理志説：“蜀郡青衣，禹貢蒙山溪。”漢青衣縣在今雅安縣北；蒙山在今雅安、名山、蘆山三縣界。禹貢江、漢乃指嘉陵江，則蔡、蒙兩山不應當在雅安、峨眉一帶。旅平，王念孫禮記注説：“旅，道也”，是説道已平治，下文“既旅”、“刊旅”，皆同。

〔五〕水經沔水篇：“沔水又東過山都縣東北。”注説：“沔水北有和城，即郡國志所謂武當縣之和城聚，山都舊縣嘗治此。”考山都故城，在今湖北襄陽縣境；武當故城，在今湖北均縣北；皆梁州東界地方，此和夷當在今武當山一帶可知。

厥土青黎〔一〕，厥田惟下上〔二〕，厥賦下中三錯〔三〕。

〔注釋〕

〔一〕青黎，僞孔安國傳説：“色青黑而沃壤。”今四川盆地多赤色砂岩，因此土壤爲紫色。或説青黎是無石灰性沖積土；今成都附近即是沖積平原。

〔二〕下上，田第七等。

〔三〕下中三錯，下中賦第八等，三錯是雜出第七、第八、第九三等。四川自唐、宋以來就很富饒，但在禹貢時代田居第七等，賦居七、八、九等間，或因爲梁州開闢遲的原故，或者是禹貢作者没有詳細調查過，不明白實際情況所致。

厥貢璆、鐵、銀、鏤、砮、磬〔一〕，熊、羆、狐、狸、織皮〔二〕。

〔注釋〕

〔一〕璆，一作“鏐”，史記夏本紀集解引鄭玄説：“黃金之美者謂之鏐。”爾雅釋器説：“黃金謂之鏐。”郭璞爾雅注説：“鏐即紫磨金。”古人稱金是指銅，不是黃金，上文揚州、荆州的“金三品”

都是言銅，與這裏稱鏐不同。今字作"璆"，以其從玉旁，或誤解爲美玉。詩小雅瞻彼洛矣篇"韠琫有珌"，琫即鏐，亦即黃金，珌字也是從玉旁的。左思蜀都賦："金砂銀礫，暉麗灼爍"，全是梁州的特產。鐵也以梁州爲最，史記貨殖列傳說，在秦始皇時代有蜀郡卓氏以冶鐵富擬邦君。漢書地理志蜀郡臨邛，即今四川邛崍縣；犍爲郡武陽，在今四川彭山縣東十里，南安，在今四川夾江縣西北二十里，皆有鐵官。梁州既多鑛藏；又出黃金，當然也出白銀，漢書地理志"犍爲郡朱提山出銀"，朱提，在今四川宜賓縣西南，但禹貢梁州範圍，西邊是不是包有宜賓還不敢定。鏤，說文說"剛鐵，可以刻鏤"，鄭玄說同。鏤字本身就是雕刻的意思，說文和鄭玄的說法太含糊了。爾雅釋器說"金謂之鏤"，金字如當作一般有色金屬講，那麼鏤也是鑛物的一種。砮石可以做箭頭，華陽國志說："臺登縣山有砮石，火燒成鐵，剛利，禹貢厥賦砮是也。"臺登縣，在今四川冕寧縣東，恐不屬梁州範圍。

〔二〕熊屬哺乳類肉食類動物，長四、五尺，體肥滿，頭大、四肢短，毛密而硬，黑色，穴居樹洞土穴中，能上樹。羆似熊而大，長約六、七尺，毛色褐黑，壽命可達五十年，今稱爲人熊。狐，屬哺乳類肉食類動物，形似犬而瘦，體長四、五尺，口吻尖銳，耳殼爲三角形，四肢細，尾長，毛色黃赤，居山林中，捕食鼠鳥，也能食羊。狸即貍，形似狐而小，比狐肥，體被黑褐色疏毛，耳殼短闊，吻尖，四肢短而細，尾毛長而蓬鬆，穴居近村山野，夜出捕食人家的家畜，今呼爲野貓。織皮，蔡沈說："四獸之皮以爲裘，其氄毛織之可以爲罽。"蘇軾說："以罽者曰織，以裘者曰皮。"罽，說文作"繝"，說是"西胡氄布"，就是用獸毛織成的粗布，那麼織皮是經過加工的，並且是兩種物品。

西傾因桓是來[一]；浮于潛，逾于沔，入于渭，亂于河[二]。

〔注釋〕

〔一〕西傾山，漢書地理志説在隴西郡臨洮縣西。括地志説："西傾山，今强臺山，在洮州臨潭縣西南三百三十六里。"漢臨洮即今甘肅岷縣治，唐臨潭，在今甘肅臨潭縣西南，西傾山，在今青海同德縣東北，接甘肅夏河縣界，即魯察市拉山，一名强臺山，又名西强山。桓，舊説即桓水，漢書地理志稱爲白水，説："廣漢郡甸氐道，白水出徼外，東至葭萌入漢。"白水今名白龍江，後人以嘉陵江爲潛水，因以白龍江當禹貢桓水；現在我們知道嘉陵不是潛水，那麼從雍州西傾山來的，絶無紆回自隴抵蜀，再自蜀入漢的道理，"西傾因桓是來"一句，實在還值得研究。

〔二〕潛爲漢水所出，今湑水、褒水都可稱爲潛水。沔水一名沮水，出今陝西略陽縣，東南流至沔縣西南入漢水。或説沔即漢水的上游。渭水出今甘肅渭源縣西鳥鼠山，東流入于河。逾字作"進"字講；"浮于潛，逾于沔"，是説由湑水、褒水進入漢水。入字，依焦循禹貢鄭注釋説，入字有兩種意義，一是水之入水，一是人之入水。漢水與渭水不相通，此言"入于渭"，當是人之入水，就是説從雍州西傾山、桓水一帶到冀州的通道，是循湑、褒諸水入漢，再經舊褒斜道逾過秦嶺入渭，由渭入河。後人不明白潛水的意思，又不明白嘉陵江是禹貢的江源，乃依水經桓水注説："自西傾至葭萌，入於西漢，即鄭玄所謂潛水者也；自西漢遡流而届於晉壽界，阻漾支津，南歷岡穴，迤邐而接漢，書所謂浮潛而逾沔矣。"晉壽，今四川廣元，如注説，就是浮嘉陵江至廣元縣，舍舟登陸，越岡巒而北入陝西寧强界，又北至沔縣入漢水。嘉陵江的上游即西漢水，在陝西略陽西，與沔水甚近，何必又從略陽南下到四川廣元，舍舟登陸，穿過川、陝邊界再到沔縣入漢水？這是不可理解的。"亂于河"的亂字，孔穎達説"亂"字是釋水文。蔡沈説："絶河而渡曰亂。"

黑水、西河惟雍州〔一〕；弱水既西〔二〕；涇屬渭汭〔三〕；漆、沮既從〔四〕，灃水攸同〔五〕。

〔注釋〕

〔一〕這黑水與梁州的黑水同，蓋謂雍州東有西河以西，南至黑水以北的地方，黑水乃雍梁兩州的交界處。西河，戰國時魏文侯已有西河郡，但魏的西河自焦、虢、桃林之塞至關、洛，範圍很廣；禹貢所説的西河，乃指黃河自內蒙古托克托折而南流，至陝西華陰縣東折而東流一段。或説這一段河由北南流，正在冀州之西，故稱西河。雍州東以黃河與冀州分界。南以秦嶺山與梁州分界。

〔二〕弱水即漢書地理志張掖郡觻得縣的羌谷水，即今甘肅張掖河。水有二源，一名山丹河，出山丹縣西南祁連山，北流折西會洪水河；一名張掖河，出張掖縣西南，曲折北流會山丹河，其下通稱張掖河，又稱黑河，西北流經臨澤、高臺，至鼎新縣與白河會，仍稱黑河，北流入居延澤。徐松西域水道記説："弱水，今謂之黑河，又曰張掖河，漢儒不知本爲一河，分張掖河當禹貢之弱水，黑河當禹貢之黑水，誤矣。"

〔三〕涇水有二源，北源出甘肅固原縣南牛營，南流折東，經隆德平涼會南源；南源出涇源縣西南大關山，東北流會北源，東南流至涇川縣入陝西境，至高陵縣入於渭。孔穎達説："屬，謂相連屬"，涇水入渭，故説"屬渭"。渭汭，水北叫汭，此"涇屬渭汭"，指涇水流入渭水的地方，今陝西淳化、三原、高陵、涇陽都在渭水北岸，爲涇水入渭所經地。汭字又作水曲解，又有作水中洲解，皆非。

〔四〕漆水，源出今陝西銅川縣東北大神山，西南流至耀縣合沮水。沮水源出今陝西黃陵縣西北子午嶺，東南流經黃帝陵南，又東流會漆水名石川河，東流至富平縣南交口鎮入渭。水經沮水注説："沮水東注鄭渠，濁水與沮水合，俗謂之漆水，又謂之漆沮，水絶白渠，逕萬年縣故城北，其水又南屈，更名石川水，又西南與白渠支渠合，又南入於渭水。”今石川河即酈道元所説的漆沮水，那麼漆沮是一水了。偽孔安國尚書傳、闞駰十三州記，以至胡渭禹貢錐指，皆説漆沮即洛水，因爲周禮職方説“雍州其浸渭、洛”，洛水也是大水的原故。但據漢志，洛水一入渭，一入河，糾紛太多，迄無定説。此“漆、沮既從”，即是漆合於沮，沮合於渭，與冀州“恒、衞既從”的意義一樣，不必另爲異説。

〔五〕灃水，亦作“豐水”，又作“酆水”，出今陝西鄠縣東南終南山，西北流經長安納潏水，又西北分流並注渭水。灃水爲關中八水之一，渭南諸川，以灃爲大，自歷代建都渭南，鑿引諸川爲津渠，灃水故道已失，詩經説“灃水東注”，漢書地理志則説“北過上林苑入渭”，禹貢時代的灃水入渭，不知與漢志同不？攷，史記夏本紀作“所”，是説灃水與漆、沮皆同入於渭。

荆、岐既旅〔一〕，終南惇物〔二〕，至于鳥鼠〔三〕；原隰底績〔四〕，至于豬野〔五〕。

〔注釋〕

〔一〕荆、岐二山名，荆山在今陝西朝邑縣西南三十二里，這是北條荆山，與荆、豫兩州交界處，今湖北南漳的南條荆山不同。岐山在今陝西岐山縣東北六十里，以有兩山歧出，故名。旅作道字講，此“荆、岐既旅”與梁州“蔡、蒙旅平”的意義一樣。

〔二〕終南山即秦嶺山，普通所説的終南是指秦嶺的一峰太白山，在今陝西鄠縣東南四十里。惇物，漢書地理志：“右扶風武功，太壹山，古文以爲終南；垂山，古文以爲惇物，皆在縣東。”漢武功即今鄠縣，大壹即太白山，今鄠縣東南有武功山，一名敖山，與太白並屬秦嶺，故胡渭禹貢錐指説是太壹的北峰。程大昌雍録説：“惇物非山名；終南山高而廣，多物産，故禹貢曰‘終南惇物’。”既舉終南，又何必再舉惇物，當如雍録説，不能別有一山名惇物。尚書舜典“惇德允元”，惇字有廣大寬厚意，史記夏本紀作“敦物”，和“惇”的意義一樣，是形容終南高大寬廣，包藏萬物，漢書東方朔傳說“南山出玉石、金、銀、銅、鐵、良材，百工所取給，萬民所仰足也，又有杭、稻、梨、粟、桑、麻、竹箭之饒，土宜薑芋，水多𪛊魚，貧者得以人給家足，無飢寒憂”。南山即指終南。

〔三〕鳥鼠山，括地志說：“鳥鼠山，今名青雀山，在渭州渭源縣西七十里。”唐渭源縣在今甘肅渭源縣西，山在今渭源縣西南，隴西縣西，屬北嶺六盤山系，下文“導渭自鳥鼠同穴”，亦此鳥鼠山。姚永樸尚書誼略引汪烜說：“荆在漆、沮上，岐爲渭所經，終南灃所出，鳥鼠渭水源；今諸水治，故‘既旅’也。”是這裏所舉終南及鳥鼠，皆蒙上“既旅”二字而言。

〔四〕原隰，鄭玄說：“詩云‘廣其隰原’，即此原隰是也，原隰，豳地。”孔穎達說同。豳，指今陝西邠縣栒邑等地。張守節史記正義說：“原，高平地也；隰，低下地也。”不以原隰爲地名。楊大鈵禹貢地理今釋引一說，謂：“地勢高下相因，有原必有隰，其卑於原者隰也。秦中之原獨多，不止一邠地。蓋經叙涇、漆、沮、灃皆由渭入河，爲決川距海之事；又叙荆、岐、終南、惇物、鳥鼠諸山，主谿谷而言，至此原隰，則主田野而言，皆濬畎澮距川之事。”爾雅釋地說：“可食者曰原，下者曰隰”，陝西古有畢原、彊梁原、韓原、高門原、三畤原等皆高地，隰是原的對稱，原隰不應當專指一地。

〔五〕豬野，澤名，漢書地理志說：“武威郡武威，休屠澤在東北，古文以爲豬野澤。”漢武威縣在今甘肅民勤縣北，豬野澤，在今民勤縣東北長城外，接內蒙古巴彥浩特市界，今名魚海子，又名白亭海，即古休屠澤。或以爲原隰既不專指一地，豬野亦非獨謂一澤，今內蒙古巴彥浩特市以西到額濟納旗，廣袤八九百里，有白河、黑河、郭河、水磨川等，所豬有居延澤、昌寧湖、玉海、白亭海等，皆西河諸水所都，惟有"豬野"兩字足以形容它，不是一海所能盡。這種解釋也有道理，不過禹貢雍州北界是否有今內蒙古的西北部還很難説，今巴彥浩特市南有巴音克德池、頭道湖、巴音布魯克池、雙合山池、察汗池、伯爾克罕池，甘肅民勤縣又有白亭海、青土湖等，皆在雍州北邊，或即禹貢泛指的豬野。豬是水所聚，史記夏本紀作"都"，意義相象。

三危既宅〔一〕，三苗丕叙〔二〕。

〔注釋〕

〔一〕三危山，左傳昭公九年杜預注説："三危山在瓜州，今敦煌。"今甘肅敦煌縣南黨河旁有三危山，舊説乃禹貢的三危，但是漢書地理志和後漢書郡國志敦煌縣不説有三危。後漢書西羌傳説"舜流四凶，徙之三危，河關之西南羌也，濱於賜支，至於河首，綿地千里"，這包括很廣，也不能確指三危所在。史記索隱引河圖説："三危山在鳥鼠西南，與岷山相連。"孔穎達尚書疏引鄭玄説同。今按後漢書郡國志隴西郡首陽縣劉昭注説："地道記曰有三危，三苗所處。"後漢首陽縣，在今甘肅渭源縣東北，鳥鼠山，在今渭源縣西，岷山在今甘肅岷縣南，三危所在，可以從這幾處相關的地名找出來了。又漢書馮奉世傳説："永光二年隴西羌反，馮奉世奉命討伐"，"屯首陽西極上"。如淳注説："西極，山名。"郭琪注淮南子地形篇説："三危，西極之山。"那麼禹貢三危，即馮奉世所登的西極山，陸德明莊子音義説"三危今屬天水郡"，也是指西極山而言。不過西極山究竟今名什麽，已不可指。宅是安定的意思。

〔二〕三苗，舊説在今湖南岳陽、湖北武昌及江西九江一帶。相傳黃帝時候有叫縉雲氏的，他的兒子名饕餮，爲諸侯，生性很惡，又愛掠奪別人的財物，帝舜把他流放到三危山去，就是三苗，故尚書堯典説"竄三苗于三危"，這裏的三危、三苗也是相連帶的一回事。自史記吳起傳説"三苗氏，右洞庭，左彭蠡"，後來言三苗所在，皆以今湖南、江西的洞庭指之。按古彭蠡乃通稱，凡是水流湍急形成大螺旋形的都可稱爲彭蠡，江有彭蠡，河也有彭蠡，不必定在洞庭一帶。敘作順字解，是説三危地方已安定了，三苗也順服了。

厥土惟黃壤〔一〕，厥田惟上上〔二〕，厥賦中上〔三〕。

〔注釋〕

〔一〕黃壤，黃色土，是自蒙古沙漠吹來，亦有由河流沉澱而成，土質疏鬆，作黃褐色，有劈立性，如經灌溉即成沃壤，今六盤山脈左右及陝西中部、北部都是這種土。

〔二〕上上，田第一等。雍州田地在九州中爲第一，是同秦、漢都關中廣修水利有密切的關係。班孟堅西都賦説"鄭、白之沃，衣食之源，……決渠降雨，荷插成雲，五穀垂穎，桑麻鋪棻"，爲農事極盛時代。唐、宋以後至於解放前，注重東南農田，西北農田水利很少注意，田土也日漸瘠薄，今則有大規模的水利網，又根治黃河，不過幾年，已經遠遠超過秦、漢時的盛況了。

〔三〕中上，賦第六等。

厥貢惟球、琳、琅玕〔一〕。

〔注釋〕

〔一〕球，鄭玄以爲是美玉。禮記玉藻"笏，天子以球玉"，注"球，美玉也"，是古代帝王笏是用球做的。琳也是玉，司馬相如上林賦"玫瑰碧琳"，班孟堅西都賦"琳珉青熒"，則琳具青碧色，與今翡翠同。琅玕也是玉之類，説文説"琅玕似珠"。今不知爲何物。

浮于積石〔一〕，至于龍門西河，會于渭汭〔二〕。

〔注釋〕

〔一〕漢書地理志説："金城郡河關，積石山在西南羌中。"漢河關故城，在今甘肅臨夏市西，積石山在臨夏市西北，青海循化縣東，水經河水注稱爲唐述山。又青海同德縣西南有積石山，爲阿馬卿山的支峰，俗稱此爲大積石山，稱臨夏西北積石山爲小積石山，説禹貢的在大小積石間爭論不已。下文"導河積石，至于龍門"，與這裏"浮于積石，至于龍門西河"相同，漢以後指導河自大積石，但是大積石漢時並未入中國版圖，禹貢時代當然也不知道河源所在，今定積石爲小積石。

〔二〕龍門山，在今陝西韓城縣東北五十里，大河的西岸，東與壺口隔水相望。西河見上。渭汭，指渭水以北，陝西華陰縣以東，朝邑西南渭水入河處。雍州貢道有二：一自小積石山起，乘船沿河東行又北行，折而東行，再折而南行，爲經西河以至於龍門，那麽禹貢時代的黄河完全可以通舟楫了；又一道由灃、涇或由漆、沮順流而下，至於渭汭以入河。雍州水以河、渭最大，所以這裏並舉之，則雍州自西至東，兼及南北的交通，都因河、渭而貫串起來了。

織皮：崑崙、析支、渠搜，西戎即叙〔一〕。

〔注釋〕

〔一〕織皮見上梁州。梁州説"熊、羆、狐、狸、織皮"，這裏單説"織皮"，也是蒙上文"熊、羆、狐、狸"。蔡沈説"崑崙、析支、渠搜三國，皆貢皮毛，故以織皮冠之。皆西方戎落，故以西戎總之。即，就也，雍州水土既平，而叙功及於西戎，故附於末。"這樣説來，崑崙、析之、渠搜都在九州範圍以外了。崑崙，自古皆以爲山名。崑崙是我國最高大的山脈，西自帕米爾高原的葱嶺發脈，沿新疆、西藏的邊境向東延伸，稱爲崑崙山系，又分稱北支爲陰山山系，中支爲北嶺山系，南支爲南嶺山系。漢書地理志説：“金城郡臨羌，西北至塞外有弱水昆侖山祠。”漢臨羌縣即今西寧市，崑崙山在西寧市西。又説：“敦煌郡廣至，宜禾都尉治崑崙嶂。”漢廣至縣故城，在今甘肅安西縣西，崑崙山在安西縣南，也就是十六國春秋所謂：“酒泉南山，崑崙之體。”漢人所指的崑崙，皆不出崑崙山脈中支的上段。自後通西域，窮河源，乃以新疆于闐山爲崑崙，但河西四郡是漢武帝所開關的，戰國以來所謂崑崙還不在此，今按水經河水注説：“河水南出龍門口，又南逕梁山原，東有三累山，其山層密三成，故俗以三累名山。”爾雅釋丘説“三成爲崑崙丘”，三累山豈不是崑崙山麼？龍門既爲大禹所鑿，河出崑崙，猶言河出龍門，與河源無干，然則最先所指的崑崙即此三累山。又崑崙亦稱昆山，昆山以産玉著名，其先所指絶不很遠，或藍田山出玉，其地爲古“驪戎”所踞，或者“驪戎”即“犬戎”、“昆夷”，故其山亦名“昆山”，以産驪馬而稱驪山。如此説可信，那麼崑崙山最先是在今陝西東部“昆夷”地，其他指祁連山、阿木尼麻禪山、巴顏喀喇山、于闐崑崙，都是後來傅會的。析支，水經河水注引司馬彪説，謂“析支”是“西羌”的別種，“河曲羌”所居地，在今甘肅臨洮以西及青海西寧市西北大積石山一帶皆是。馬融、鄭玄及太平御覽地部、崔鴻十六國春秋，皆説“析支”爲山名，謂河關之西，西南羌之地。今從司馬彪説，蓋古“析支”還在臨洮之東，後迫於漢族統治者，乃漸漸遠徙。渠搜，鄭玄及水經河水注均以渠搜爲山名，漢書地理志顏師古注以爲國名。渠搜所在，或説漢朔方郡有渠搜縣，即古渠搜，在今內蒙古鄂托克旗南故朔方城。又涼州異物志説：“古渠搜國，在大宛北界。”隋書西域傳説：“鏺汗國，都蔥嶺之西五百餘里，古渠搜國也。”鏺汗即魏書的洛那，大唐西域記的鏺汗那，唐書的拔汗那，後名費爾干，在今蘇聯烏兹別克境内，説禹貢渠搜的多主在此，似亦太遠，但禹貢時代所指的渠搜確在何地，實在難於考詳了。崑崙、析支、渠搜三國皆稱“西戎”，所謂西，大致不出陝西、甘蕭境，皆當在雍州的疆界内。叙與上"三苗丕叙"的意義一樣，即是雍州水患既平，人民得安居樂業，這三國也服了。

以上是禹貢九州的疆域和九州山、水、原隰治理的情形，以及各州的貢道。據史記夏本紀，禹是堯、舜的臣子，堯遭洪水，那時舜已攝政，命禹平水土；水土既平，更制九州，列五服，定貢賦，則在舜時。堯都平陽，故城在今山西臨汾縣南；舜都蒲坂，故城在今山西永濟縣東南，皆屬冀州，冀州爲帝都，各州貢賦所凑。無論禹治水在堯時舜時，冀州是否因爲帝都關係列在第一，但山西河谷地帶確是中國文化、農業的發祥地，所以禹貢把冀州列在九州的開頭。禹治水則自冀州西邊的壺口始，又治汧、漆、汾水，使入黄河，冀州平地的水患已除，大陸澤一帶地方也能耕種了。兗州據黄河下游，若河水泛濫，受害最大，故禹疏爲九道以殺水勢，使雷夏瀦而爲澤，灉、沮兩水得以會同流入；由於水患既除，民得下丘陵而居平地，從事農作物的栽培，並以其他的土特產品和手工業品貢入冀州。徐州是淮水、沂水的經流地，今兩水已治，大野又豬爲澤，濟水流域的東原一帶也底於平定，蒙山、羽山地區也可以耕種了，並以海產、鑛產和手工業品貢入冀州。揚州據江、淮下游，水患嚴重，今因彭蠡、震澤已能停豬，江北懷寧、安慶、樅陽等地，以及太湖沿岸都成沃壤，人民生活改善了，把所出產的金、玉、竹、木、皮、毛、水菓等貢入冀州。荆州水患最大的是江、漢，今江、漢已能順流入海，江、漢所出沱、潛諸水也有一定的流道，尤其大江北岸雲夢澤的治理，起着蓄洪的作用，人民從事農耕和經營農業副產品以外，荆州最著名的三脊茅和神龜，也能遠運至冀州了。豫州是黄河經流地，小水很多，伊、雒、瀍、澗已入河，榮澤也不泛濫，菏澤水又入孟豬，豫州特產漆、絲和紵麻等均能入貢冀州。梁州是禹貢江、漢的發源地，江、漢所出的沱、潛不復爲患，岷山、嶓冢地區已可耕種，蔡山、蒙山又已平治，梁州出產大宗的黄金、鐵、銀、砮石和珍貴的皮毛皆可外運，甚至遠在雍州的西傾山、桓水一帶的人，也可以經梁州的貢道而入冀州。雍州地高，多水多山，涇、渭、漆、沮、灃水均已分別入河，荆、岐、終南、鳥鼠山既已平治，高原隰地又都經過治理，廣大的北邊水澤區至是皆可耕種了。三危地方的三苗久久不服，自此也順從了。終南山包有萬物，織皮則來自崑崙、析支、渠搜三國，各種美玉由於水陸交通的便利，均入貢冀州。我們知道禹貢不是大禹時代的真實記録，至少應相信是戰國時人的作品，他把冀州爲中心，使其他八州的交通，均殊途而同歸；再把下面的導山、導水兩章配合起來，就是中國最早的系統的地理書。

導岍及岐，至于荆山，逾于河[一]；壺口、雷首，至于太岳[二]；底柱、析城，至于王屋[三]；太行、常山，至于碣石入于海[四]。

〔注釋〕

〔一〕“導”字，史記夏本紀作“道”，導道字通，都是治理的意思。或説導是循行，就是史記所説“禹乃行相地宜”的行，也就是“隨山刊木”的事。岍山，漢書地理志及後漢書郡國志説是右扶風汧縣的吳山，在今陝西隴縣南七十里，東鄰岐山，西接隴岡。岐山，據漢書地理志説在右扶風美陽縣西北，漢美陽縣，在今陝西扶風縣北二十五里，岐山在今岐山縣東北。荆山，即雍州“荆、岐既旅”的北條荆山，漢書地理志説：“左馮翊懷德，禹貢北條荆山在南，下有彊梁原。”漢懷德縣即今陝西朝邑縣，荆山在朝邑縣西南三十二里。彊梁原即水經注所稱的朝坂，爲荆山的北麓，陝西同州府志説：“華原，在朝邑縣西，繞北而東，以絶於河，古河濡也，一名朝坂，亦謂之華原山。”蓋此導岍山、岐山至於荆山之麓，直抵河濡，所以説：“至于荆山逾于河。”導水必先導山，岍、岐、荆三山皆在雍州區域内，雍州地高，又岍是汧水所出，岐、荆爲漆沮與渭水所經，所以先自岍、岐説起。

〔二〕壺口、雷首、太岳三山，皆在冀州區域内。壺口山，在今山西吉縣西北。雷首山，在今山西永濟縣南，水經河水注説："雷首臨大河，北去蒲坂三十里，俗亦謂之堯山。"相傳此山有九名，但括地志和通典所説各不同，胡渭禹貢錐指説即中條山脈，中條山脈在今山西西南隅，介黄河與涑水間，主峰在山西芮城縣西北。太岳即冀州"既修太原，至于岳陽"的岳山，山脈長達一百五十里，主峰在今山西霍縣東南三十里。壺口是黄河險要處，治壺口以殺河勢；黄河繞雷首南麓東流，治雷首以暢河流；太岳爲汾水所經，治太岳以理汾水，保證太原盆地的豐産。

〔三〕底柱山即三門山，在今山西平陸縣東五十里大河中，南與河南陝縣接界，水經河水注説："昔禹治洪水，山陵當路者鑿之，故破山以通河，河水分流，包山而過，山在水中若柱然，故謂之底柱，亦謂之三門。"三門，南名鬼門，中名神門，北名人門，今稱三門峽。現在爲了根治黄河，正在進行着巨大的三門峽水庫建設工程。析城山，在今山西陽城縣西南七十里，黄河北岸，山峰四面如城，高大險峻，故名析城。王屋山，漢書地理志説："河東郡垣，禹貢王屋山在東北。"漢垣縣即今山西垣曲縣，王屋山在今垣曲縣東北一百里，與陽城析城山連麓，南跨河南濟源縣界，一名天壇山，山有三重，其狀如屋，故名王屋，括地志説"王屋山在懷州王屋縣北十里"蓋就河南濟源縣言，所指與漢志皆同。但這裏説"底柱、析城，至于王屋"，王屋山還在析城山的東面，與今兩山的次序不合。底柱、析城、王屋三山皆在冀州區域内，治底柱以決河障，治析城以通河壅，王屋臨河上，又是濟水所出，這都與南河的關係很大。

〔四〕太行山，首起河南濟源縣，北入山西青城縣，迆向東北，延袤千餘里，隨地易名，其主峰則在山西晉城縣南。恒山，漢朝避諱又稱常山，水經注稱爲玄嶽，起山西代縣，東北延伸至河北陽源縣境，主峰在山西渾源縣東南。碣石即冀州"夾右碣石入于河”的碣石山，在今河北昌黎縣南。太行在古黃河的西岸，向北至冀州北邊則有恒山，自恒山以東則是河入海處的碣石，諸山已治，故黃河得由兖州入海。崔述夏考信録説：“導山凡兩章，其山分四重，由近而遠，由北而南，河、渭以北爲第一重，岍、岐至太岳爲西幹；底柱至碣石爲東幹；壺口兩句與冀之壺口、太原四句相表裏，底柱四句與冀之覃懷、恒、衛四句相表裏。”禹貢作者的初意和他的地理知識就是這樣，九州所記的山水與導山導水是互相聯貫的，所以他列舉水所經過的重要山名和險要處，來說明當時的自然地理。漢朝學者於禹貢導山有三條四列的説法，宋朝又有地脈的説法，都不免附會，何況以今天的地理知識來看桐柏和大別，山勢顯然連貫的，在禹貢則分隸二州；岷山、衡山若風馬牛不相及，但禹貢則連在一起，這又怎樣解釋呢？我們認爲應該照着禹貢本身的次序，不拿後來的知識去範圍它，崔述的四重論是可取的。

西傾、朱圉、鳥鼠至于太華〔一〕；熊耳、外方、桐柏至于陪尾〔二〕。
　　〔注釋〕
　　〔一〕西傾即梁州“西傾因桓是來”的西傾山，在今青海同德縣東北，接甘肅夏河縣界，墊水出山南，洮水出山東，是黃河南部的大山。朱圉山漢書地理志説“天水郡冀，禹貢朱圉山在縣南梧中聚”，圉、圄形近，未知孰是。漢冀縣，在今甘肅甘谷縣北，朱圉山在今甘谷縣西南三十里。鳥鼠即雍州“終南惇物，至于鳥鼠”的鳥鼠山，在今甘肅渭源縣西。太華山，漢書地理志説：“京兆尹華陰，太華在南。”漢華陰縣，即今陝西華陰縣；太華今稱華山，在華陰縣南十里，又名西嶽，以西有少華山，故名太華。禹貢説“西傾、朱圉、鳥鼠，至于太華”，以地理而言則應先西傾，次鳥鼠，再爲朱圉，後爲太華，否則朱圉山不在甘谷縣境，應當在西傾、鳥鼠之間。西傾、鳥鼠、朱圉，皆在雍州之南，與太華首尾相接。桓水出西傾，朱圉桓水所經，鳥鼠爲渭水所經，華山爲黄河所過。治西傾、朱圉，使桓水入嘉陵江；治鳥鼠、太華，使渭水入河。

〔二〕熊耳山，在今河南盧氏縣南，漢書地理志謂“弘農郡盧氏，熊耳山在東，伊水出”，即此山。其山兩峰相競，狀如熊耳，故名。外方山，即嵩山，古名嵩高，又名崇高，或稱中嶽，在今河南登封縣北，山脈起自河南西峽縣，東北延伸，盡於鞏縣，今稱爲外方山脈。桐柏山，在今河南桐柏縣西北，在河南、湖北界上，南與湖北隨縣接，西與湖北襄陽縣接。陪尾山，漢書地理志説：“江夏郡安陸，横尾山在東北，古文以爲陪尾山。”安陸即今湖北安陸縣，禹貢説“導淮自桐柏，來會于沂、泗”，導山既爲了治水，但安陸的陪尾山非淮水所經，後來説禹貢的改從唐書地理志“泗水縣有陪尾山，泗水出焉”，謂“泗之與淮，猶伊之與洛”。泗水陪尾，在今山東泗水縣東五十里。熊耳、外方、桐柏、陪尾四山在豫州及徐州境。熊耳爲伊水所出，外方爲伊水所經；桐柏爲淮水所出；陪尾、泗水所出，古泗水入淮，治桐柏、陪尾則淮水可順流入海。崔述説：“河渭以南爲第二重，西傾以下爲西幹，熊耳以下爲東幹。”

導嶓冢至于荆山〔一〕，内方至于大别〔二〕。

〔注釋〕

〔一〕嶓冢即梁州“岷、嶓既藝”的嶓冢山，在今陝西寧强縣東北。荆山即荆州“荆及衡陽惟荆州”的荆山，漢書地理志説是“禹貢南條荆山”，在今湖北南漳縣西北十里，荆、豫交界的山。嶓冢爲漢水所出。荆山爲漢水所經，文選南都賦李善注説“漢水自荆山别流爲滄浪之水”，是治荆山也是因爲導漢水。

〔二〕内方漢書地理志説：“江夏郡竟陵，章山在東北，古文以爲内方山。”漢竟陵縣，在今湖北天門縣西北鍾祥縣境；章山在今鍾祥縣西南，一名馬良山，又名馬仙山，屬北嶺荆山山脈，這山非常卑小，或不是禹貢的內方。大別山，漢書地理志説：“六安國安豐，禹貢大別山在西南。”漢安豐縣，在今安徽霍邱縣西南；大別山在霍邱縣西南八十里，接河南固始縣界，但這大別非漢水所經，與禹貢説“導漾東流爲漢，又東爲滄浪之水，過三澨至于大別，南入于江”的文不合。元和郡縣志説魯山，一名大別山，在今湖北漢陽縣東北，也就是今長江大橋頭的龜山，但魯山水經謂之古翼際山，不名大別。又左傳定公四年“吳伐楚，濟漢而陳，自小別至於大別”，今翼際山尚在漢水西岸，與子常濟漢之文又不合，則後人説大別在漢陽者也不對。史記索隱説：“大別山，在六安國安豐，今土人謂之甑山。”括地志也説：“大別山，今沙州在山上，漢江經其左，今俗猶云甑山。”甑山在今湖北漢川縣東南，漢水東岸，較爲近情，但後人又説這是小別山。凡此皆推測之説，並非有精確的根據。王先謙漢書補注引沈堯説：“大別山，在光州西南，黃州西北，漢陽東北，霍邱西南，班志屬之安豐，但據山東而言，若論其西南，則直至漢水入江處，故商城西南黃陂、麻城之山，古人目爲大別。”又讀史方略謂“小別、大別既在漢東，當在柏舉之南”，柏舉在今湖北麻城縣，則在今湖北應山縣東南黃安縣界。二説與禹貢及左傳皆合，似可解釋安豐非漢水所經的疑惑。然循禹貢導山原文，熊耳、外方、桐柏至陪尾爲一條，嶓冢、荆山、內方、大別爲一條，岷山、衡山至敷淺原爲又一條，今之大別或即禹貢的敷淺原，而這裏的大別若如沈、胡説，則內方又不當爲安陸之章山，或疑古之內方，即今武昌的大洪山。內方、大別，皆在荆州，治此兩山，乃導漢水入江。崔述説：“淮、漢以南爲第三重，嶓冢爲西幹，內方爲東幹。”

岷山之陽，至于衡山[一]；過九江，至于敷淺原[二]。

〔注釋〕

〔一〕岷山，在今四川松潘縣北，岷江所出，但此不是禹貢岷山。古人以嘉陵江爲江源，漢書地理志“隴西郡西，禹貢嶓冢山，西漢水所出，南入廣漢”，這西縣的嶓冢山，才是禹貢的岷山，西漢水即禹貢的江源。漢人知江源不在此，乃以今岷江爲江源，以嘉陵江上游稱西漢水，遂將岷山移到今松潘，又將隴西岷山改稱潘冢，後人不明白這個淵源，乃以松潘岷山指導山導水的岷山，大錯。衡山，在今河南南召縣南，即山海經中山經所説的衡山。中山經又有雉衡山，澧水所出，與衡山相隔九十五里，馬融廣成頌“西據衡陰”，即指這山。自漢書地理志以今湖南衡山縣西北三十里岣嶁山爲禹貢衡山，遂相沿不易。治岷山是爲了導江，若爲湖南衡山縣衡山，則與禹貢導江“又東至于澧，過九江至于東陵”的形勢不合。後人以湖南衡山當此衡山，遂説九江爲洞庭，東陵爲湖南岳陽的巴陵，牽強附會，種種入歧了。

〔二〕九江與荆州“江漢朝宗于海，九江孔殷”，和下文導江“過九江，至于東陵”的“九江”均同，在大江以北，今湖北廣濟、黃梅一帶；後人以洞庭爲九江，與大江的經流無干，又與導江“過九江至于東陵，東迆北會于匯”的文不合。敷淺原，漢書地理志説：“豫章郡歷陵，傅陽山、傅陽川在南，古文以爲傅淺原。”歷陵，王莽改爲蒲亭，唐有蒲塘驛，即今江西安德縣城。杜佑通典説：“江州潯陽縣蒲塘驛，即漢歷陵也，驛前有敷淺原，原西數十里有敷陽山。”蔡沈書傳引晁以道説：“饒州鄱陽縣界中有歷陵故縣”，後人因疑漢歷陵在晉時與豫章郡餘汗、盧陵俱屬鄱陽郡，而豫章郡柴桑縣則屬武昌，漢志柴桑有九江亭，歷陵不應該轉在柴桑的西邊，認爲是杜佑因蒲亭、蒲塘所牽連附會，並且把山與原分爲兩處。但是晁以道所説的也没有什麼根據。或者是柴桑屬武昌，依長江的下游；歷陵屬鄱陽，跨彭蠡的兩岸，則杜佑的説法未必全屬子虚。朱熹九江彭蠡辨，以盧山爲敷淺原，也是以意推求，無可證信，反不如仍依舊説，以敷淺原在江西安德縣爲是。但漢書地理志往往錯誤，不足盡持。禹貢説"過九江至于敷淺原"，又説"過九江至于東陵"，九江和東陵都在江北，敷淺原不應該獨在江南。這裏上句説"岷山之陽，至于衡山"，衡山即南陽雉衡山，澧水所出，也在江北，敷淺原更不當越至江南。按漢書地理志九江郡有博鄉縣，王莽改名揚陸，故城在今安徽霍邱縣南。傅陽山一作博陽山，又即敷陽山，博、傅、敷聲轉字通，敷揚聲義皆近，則博鄉與博陽不無淵源。今霍邱縣西南八十里即大別山，以地形來看，自岷山、衡山至於大別爲一脈，那麽今之所謂大別，即古之所謂博陽，所以稱爲敷淺原的原因，殆指其山脈的邐迤就盡原阜未平而説，班固於六安國安豐縣説"禹貢大別山在西南"，蓋由博陽敷淺原而譌，後人因以譌傳譌，相沿目此爲大別，博陽遂移到豫章江南，遂至禹貢的衡山、九江諸地積疑塞晦不可復理了。又東陵在湖北黄梅縣北，敷淺原在安徽霍邱縣南，正爲今大別山脈迤東的南北兩極端；這裏説"過九江"者，乃大略之辭。又敷、傅、蒲、都皆一聲之轉，魏源書古微和禹貢説，論鄱陽在江北，實有見地，可供參考。導江所過的地方皆在大江北岸，崔述説："江南爲第四重，惟岷山一幹耳"，也是因爲衡山、九江、敷淺源在江南而誤。這是岷山、衡山爲東幹，傅淺原爲西幹。

　　以上是導山，凡四重：第一重自岍山至碣石十二山，在黄河的北岸；第二重自西傾至陪尾共八山，在黄河南岸；第三重自嶓冢至大別共四山，在漢水流域；第四重自岷至敷淺原共三山，在長江北岸。導山是爲了治水，崔述夏考信録説："洪水之患，山居者多，故先隨山而導之，使高田之害先除，然後循水而導之，使平地之害盡去；而不導山，亦無以察地勢之高卑而蓄洩之。"就是説導山是導水的準備工作。果然是這樣，那麽禹貢作者詳於河而略於江，詳於冀而昧於梁，所以黄河北岸的山勢首尾明確，長江北岸就馬虎得多了，並且他的地理知識還没有越過江南。這是我們分析禹貢本身所具備的山川地形來看的，後人把它擴大來說，那並不能代表禹貢的本意。

導弱水，至于合黎，餘波入于流沙〔一〕。

〔注釋〕

〔一〕導也是治的意思。孟子滕文公篇"禹疏九河，瀹濟而注之海，決汝、漢，排淮、泗而注於江"，後人相信大禹有治水的事業，把這導字又當作施功講。不相信大禹治水的人，認爲導是溯源。我們知道古代的洪水是一事，禹貢又是一事，這導水一章是禹貢作者根據他當時的地理知識記載下來的一篇古代水系表，至少是中國最早的水文地理。弱水即雍州"弱水既西"的弱水，説文作"溺水"，漢書地理志稱爲羌谷水，即今甘肅張掖河，出甘肅丹山縣西南祁連山，北流又西流，經張掖、臨澤、高臺西北流，至毛目折北流入内蒙古界，又北流經額濟納旗入居延海。合黎山即淮南子地形篇的窮石山，括地志説："蘭門山，一名窮石山，在删丹縣西南七十里，弱水所出也。"唐删丹縣故城，在今甘肅山丹縣西南，合黎山，在今山丹、張掖、高臺、酒泉四縣的北面，與東面的龍首山合稱北山，蓋與祁連之稱南山相對，弱水從山南麓繞東流過。禹貢於弱水西流經合黎山以後，已不知道它的流向，故説："餘波入于流沙"。據漢書地理志説："張掖郡居延，居延澤在東北，古文以爲流沙。"居延澤即今内蒙古額濟納旗居延海，有東西兩泊，東泊名索果諾爾，爲張掖河所匯，張掖河即古弱水。水經禹貢山水澤地篇也説流沙在居延東北，酈道元注説："澤在縣故城東北，尚書所謂流沙者也，形如月生五日；弱水入流沙，沙與水流行也。"這是指出流沙所在和解釋流沙一名的含義。禹貢流沙，亦是古今爭訟之點，山海經海内西經"流沙出鍾山，又南行昆侖墟，西南入海"；晉書"咸康元年，張駿使揚宣越

流沙伐龜茲”；又符堅建元十九年，“呂光討西域，自高昌進及流
沙，三百里無水”，魏書太平真君中，“沮渠無諱自敦煌及流沙，
西據鄯善”；此外周書及裴矩西域記、唐書西域傳、郭義恭廣志
所説流沙，或在鄯善，或在高昌，或在玉門，大都不出新疆一
帶，和漢書地理志所説不同。楚辭招魂説：“西方之害，流沙千
里。”最先所説的流沙，大概是關於西方的傳説，未必確有所指，
至漢以流沙在居延，後人又勉强求合，甚至給弱水下流去作考
證，都不是古人的意思。這是説最西的水，爲導水的第一節。

導黑水，至于三危，入于南海〔一〕。

〔注釋〕

〔一〕黑水和弱水一樣，也是古代傳説中的水，楚辭天問説：
“黑水、玄趾、三危安在？”可見禹貢導水的黑水是假定的水。古
時對於西邊的地理不明，見東邊有大海，江、河自西向東入海，
因而假想西部一定有幾條大水，由北而南流入南海。梁州説“華
陽黑水惟梁州”，雍州説“黑水、西河惟雍州”，這兩州分界的黑
水，在陝西城固縣北，與此黑水不同，後人有以張掖河或大通、
黨河、麗水、瀾滄江、怒江等説此黑水，又説即雍、梁界上的黑
水，都不可靠。三危，即雍州“三危既宅，三苗丕敘”的三危山，
在今甘肅渭源縣境，即漢隴西郡首陽縣的西極山。南海，當然不
會是現在福建、廣東之南，和臺灣海峽之西南的海。左傳僖公四
年齊侯伐楚，楚人説：“君處北海，寡人處南海，唯是風馬牛不
相及也，不虞君之涉吾地也。”當時楚界還未過漢水，而説南海
者，可見楚人亦假想南方有海，和齊有北海相同，禹貢的南海也
是假定的海。偽孔安國傳説：“黑水自北而南，經三危，過梁州，
入南海”。自後説禹貢的多從之，但孔傳是以雍州黑水爲説，舊
謂雍州黑水在甘肅，如像孔穎達尚書疏引水經注“黑水出張掖雞
山，南流至敦煌，過三危山，南流入於南海”，豈有甘肅北部的

水，能橫絕河源，越過横斷山脈而達於南海的道理，這是不通的。魏源禹貢說謂：“今玉門安西之黑河，至敦煌受三危之黨河，西南流注於黑海，即今大、小巴騰海，再伏流潛入於青海，青黑同色，又地當正南。”與甘肅肅州府志皆以今青海當禹貢的南海。明李元陽黑水辨，說：“瀾滄江由西北向東南，徘徊雲南郡縣間，至交趾入海。”以瀾滄江爲黑水，南海即今印度洋，楊大鈜禹貢地理今釋從之。胡渭禹貢錐指說：“南海者，漲海也，秦置南海郡，治番禺，其下縣曰揭陽，王莽改曰南海亭，即禹貢所謂南海也。”是以今廣東海爲南海。其他還有各種解釋，大都是先把黑水確定當今某水，某水所入的海爲南海，可以說與禹貢毫不相干。黑水既是古人假想的水，南海也是古人假想的海，認爲西北除弱水外，還有一條黑水，經過三危地方與南海相通；這是導水的第二節。

導河積石，至于龍門〔一〕；南至于華陰〔二〕；東至于底柱；又東至于孟津〔三〕；東過洛汭，至于大伾〔四〕；北過降水，至于大陸〔五〕；又北播爲九河，同爲逆河，入于海〔六〕。

〔注釋〕

〔一〕這裏的導也作治字解，是說大禹治河，從積石起。此積石與龍門，即雍州“浮于積石，至于龍門西河”的積石與龍門山。積石山即小積石山，在今甘肅臨夏市西北，青海循化縣東。後人以爲導水即溯源，遂指青海同德縣西南大積石山爲河源，爲大禹所導，但漢朝時候大積石還没有入中國版圖，禹貢時代當然更不知道了。我國古代傳說河出崑崙，而導河自積石起，實在不知道河源的正確所在。漢武帝遣張騫使西域，張騫從西域歸來向武帝說：“于闐之西，水皆西流注西海；其東，水皆東流注鹽澤，鹽澤潛行地下，其南則河源出焉。”（見史記大宛傳）西海，舊說即今鹹海；鹽澤即今新疆羅布泊，後人據此遂說黃河初源爲今塔里木河，瀦爲羅布泊，潛行地下，至巴顏喀喇山重出爲黃河，則是企圖把張騫的傳説證實起來，又説是禹貢導河的河源，不免牽强附會。龍門山，在今陝西韓城市東北五十里，黃河西岸，當壺口瀑布下，兩岸峭壁對峙，河身僅寬一百公尺，河經其中，水流極爲湍急，龍門以下則沖積驟廣，河身寬至兩三公里。自古相傳龍門是大禹所鑿，在未鑿龍門以前，河出孟門之上，龍門開鑿以後，乃使河水盤束在山峽間，但是龍門這樣險峻的山峽，在四千多年前的大禹能把它開掘出來，實在是不可想像的。

〔二〕華陰，指太華山以北，今陝西華陰縣一帶。黃河自龍門南流，與汾水合，又南經陝西韓城、郃陽、朝邑、華陰與渭水合，東岸則是山西的萬榮、臨猗、永濟等縣，又南經雷首山，折而東，名爲河曲，即河水自龍門南至華陰所經流地，也就是雍州所説的"龍門西河"。

〔三〕底柱即導山"底柱、析城，至于王屋"的底柱山，即今河南陝縣東北黃河中的三門峽。孟津一作盟津，一名富平津，在今河南孟縣南，黃河北岸。相傳周武王伐紂，與諸侯會師渡孟津，即此。後漢永初五年，羌人入河東，至河内，百姓驚潰，南渡河，後遂移孟津的名字於河南；晉杜預造橋於富平津；元魏、北齊時於河南、北及河中洲上築三城，所謂河陽三城；今黃河南岸有孟津縣，與河北岸孟縣相對，爲金所置，初治孟津渡，明朝徙今縣治。黃河自陝西潼關折而東，經河南靈寶、陝縣，北岸則是山西的芮城、平陸，又東過三門峽，即這裏説的"東至于底柱"；自三門峽經澠池、新安、洛陽以至孟津，北岸則是山西的夏縣、垣曲、河南的濟源、孟縣，乃河水"又東至于孟津"的經流地。

〔四〕洛汭，洛水入河處。洛水自河南盧氏東北流，經洛寧、洛陽、偃師至鞏縣東氾水鎮西入河，這裏説的"東過洛汭"，即河水由此東過洛水的北面。大伾，一作"大岯"，一作"大邳"。爾雅釋山説："山一成曰坯。"大伾山所在，水經河水篇："河水又東過鞏縣北”，注說：“河水東逕成臯大伾山下，鄭康成曰：‘地喉也，沇出伾際，在河内修武、武德之界，濟、沇之水與滎播澤出入自此。’然則大伾即是山矣，伾北即經所謂濟水從北來注之者也；今濟水自温縣入河，不於此也，所入者奉溝水耳，即濟、沇之故瀆矣。成臯縣之故城在伾上，縈帶伾阜，絶岸峻高，周四十許丈。”又水經濟水篇說：“濟水東過成臯縣北。”注說：“晉地道志曰：‘濟自大邳入河，與河水鬬，南泆爲滎澤。’”又說：“濟水東合滎澤瀆，瀆首受河水，有石門，謂之滎口，蓋故滎播所導自此始。門南際河，有陽嘉三年故碑云：‘伊、洛合注大河，南則緣山，東過大伾，回流北岸，其勢鬱懞濤怒，湍急激疾，一有決溢，彌原淹野。’”成臯縣故城，在今河南鞏縣東汜水鎮西北，汜水鎮即舊汜水縣，山亦在汜水鎮西北黄河南岸，有大澗九曲，又名九曲山，山東即汜水入黄河處。史記太史公自序曾說“東窺洛汭、大伾”，知古人自司馬遷及後東漢陽嘉河臣，皆以大伾近洛汭，即汜水九曲山，下至晉朝的人並守不變，但鄭玄説大伾山在修武武德間，即今河南武陟、獲嘉之間，在黄河北岸，是使人懷疑的。漢書臣瓚注說：“今修武、武德無此山，成臯縣山又不一成；今黎陽山臨河，豈是乎？”不知一成再成，本無定說，僞孔安國傳說“山再成曰伾”，就與爾雅釋山不同。漢黎陽縣在今河南濬縣東北，本無大伾的名稱，所以臣瓚也不敢確指。唐魏王泰括地志，乃說“大伾山，今名黎陽東山，又曰青壇山，在衛州黎陽南七里”，山在濬縣城西南二里，後人說禹貢大伾的遂把臣瓚的疑辭證實起來，群遵括地志說，絶棄舊誼，是不對的。禹貢大伾山即九曲山，在今鞏縣汜水鎮西北一里，去洛口僅四十里，所以司馬遷親到其地，把洛汭、大伾連在一起，後人把“至于”兩字看成是遥遠相接的意義，所以錯了。這是説黄河自孟津縣東經鞏縣，流過洛水的北面，到汜水鎮西北的大伾山。

〔五〕降水，即冀州“覃懷底績，至于衡、漳”的漳水上源，或稱絳水，今山西屯留、長治、襄垣、黎城、平順，河南林縣、安陽，河北涉縣、武安、成安、肥鄉、永年、曲周等縣，皆古降水所經的地方，降水入河處在今肥鄉、曲周縣間，即此所説的“北過降水”。大陸，即冀州“恒、衛既從，大陸既作”的大陸澤，在今河北任縣東北，與鉅鹿、隆堯兩縣接界。這是説黄河自大伾山北，東流經鄭州市北，東北流經原陽、延津、滑縣、濬縣，又折而北，經安陽、河北臨漳、成安、肥鄉、永年、曲周，降水自西，東流入河，即此所説的“北過降水”，黄河又北經河北雞澤、平鄉、廣宗至鉅鹿縣境，即此所説的“至于大陸”的經流地。

〔六〕播作分佈講。九河，即兗州“九河既道”的九河，言黄河下流的分枝很多，故以九命名；後人附會成説，另立九條河的名字，不足據。逆河，後人有兩説：一是鄭玄尚書注説“下尾合爲逆河，言相向迎受”。蘇軾東坡書傳説：“逆河者，既分爲九，又合爲一，以一迎八，而入於海，即渤海矣。”二是漢書溝洫志説：“大司空掾王横言：往者天常連雨，東北風，海水溢，西南出浸數百里，九河之地，已爲海所漸矣。”水經河水注説：“王横之言，信而有徵。”蔡沈書傳也主張九河既淪於海，逆河在其下流固不復有的説法。這兩説所不同的，前者以九河會合爲一成逆河，又没入渤海，逆河即指渤海；後者謂九河的下游爲逆河，不合爲一，但亦没入渤海。九河既是黄河下游的分支，今播爲九河後即分途入海，蓋禹貢時河出大陸後去海不過數百里，今河在利津入海尚分爲很多股，與古代的情形大致相同，鄭玄解逆河爲迎河是對的，謂合而爲一則嫌無據。“同爲逆河入于海”，是説九河共同迎受黄河，又入於海，疑逆河不一定是專指一水。禹貢這一段河，是河自鉅鹿又東北經南宫、新河、冀縣、束鹿、衡水、武邑、深縣、武強、阜城、獻縣、交河、滄縣、青縣、大城、静海、武清、寶坻、天津市，又東至大沽口入海。其分爲九河處，據史記河渠書説當在南宫以下。這是導水第三節。

嶓冢導漾；東流爲漢〔一〕；又東爲滄浪之水〔二〕；過三澨，至於大別，南入于江〔三〕；東匯澤爲彭蠡〔四〕；東爲北江，入于海。

〔注釋〕

〔一〕嶓冢即梁州"岷、嶓既藝"，導山"導嶓冢至于荆山"的嶓冢山，在今陝西寧强縣大安驛西二十里。漾水即漢水上源的名稱，僞孔安國傳説："泉始出爲漾水，東南流爲沔水，至漢中東流爲漢水。"水出今寧强嶓冢山，東北流經陝西沔縣，西南合沔水，又東經褒城、南鄭，稱爲漢水，即此"嶓冢導漾，東流爲漢"的經流地。舊以嶓冢山在今甘肅和縣東北，謂西漢水所出；又説漾水出今甘肅天水縣西南嶓冢山，至武都爲漢水，皆與禹貢不合，其錯誤在不明瞭禹貢指嘉陵江爲江源，後人知江源不是嘉陵江，乃爲更改其地望和名稱，説詳雍州"岷、嶓既藝"下。

〔二〕滄浪水名，始見楚辭漁父，"滄浪之水清兮，可以濯我纓"，史記正義引庾仲雍漢水記説："武當縣西四十里漢水中有洲，名滄浪洲。"滄浪洲在今湖北均縣北。滄浪是指水色，胡渭禹貢錐指説："李白襄陽歌云'漢水鴨頭緑'正此。"所謂滄浪之水，指漢水自均縣滄浪洲至襄陽一段水道而言，即此所説"又東爲滄浪之水"是，水經夏水注引鄭玄及劉澄之永初山川記，史記集解引馬融説，都以滄浪水爲夏水，爲漢水的別流，與禹貢所言漢水的經流不合。

〔三〕三澨，説文謂："澨，埤增水邊，土人所止也。"左傳文公十六年有"句澨"，宣公四年有"漳澨"，定公四年有"雍澨"，昭公二十三年有"薳澨"，都與説文水邊地的意義相合，所以杜預説是"水際及邊地名"。漢書地理志"南陽郡育陽，有南筮聚，在東北"，應劭注説"育水出弘農盧氏，南入沔"，因而胡渭禹貢錐指説"三澨，當在淯水入漢處，一在襄城北，即大隄，一在樊城南，一在三洲口，皆襄城縣地，在邔縣之北"。邔縣故城，在今湖北宜城縣東北。史記索隱引鄭玄説，又蔡沈書傳均以三澨爲水名，即三參水，源出今湖北京山縣潼泉山，名司馬河，南流至天門縣名漢水，又東流至漢川縣入漢水。三參水雖説是三澨的別名，但於“澨”字的含義不如説文的確當，我們主張三澨是地名。大別山，當在今湖北應山縣東南，紅安縣界，漢書地理志屬六安國安豐，在漢水東，説詳導山。漢水自湖北均縣北，東南經光化、穀城、襄陽、宜城、鍾祥、潛江，又東經沔陽、京山間，又東爲應城、安陸、雲夢，乃大別山的支脈所支撐，漢水觸於其陂遂南折，由漢口、漢陽間入江，即此説“過三澨，至于大別，南入于江”的經流地。

〔四〕彭蠡，即揚州“彭蠡既豬”的彭蠡澤，舊以鄱陽湖説之，而鄱陽湖在江南，與此説漢水“東匯澤爲彭蠡”不合，彭蠡當在長江北岸，史記孝武本紀及封禪書説武帝“自尋陽出樅陽，過彭蠡”，樅陽在今安徽懷寧縣東，彭蠡或是今安徽懷寧、宿松，湖北黃梅、廣濟長江北岸一帶的湖泊，如花官湖、泊湖、漳湖等。程大昌禹貢論説：“匯之爲義，以其力大而相沖蕩，其狀回復宛轉，與他水合併爲一者不同。”匯字可作迴字講，江水出而瀦成澤，又復回入於江的意思。鄱陽湖是集合很多水而成，不完全爲江所出；若彭蠡爲鄱陽湖，禹貢這裏應該説“南匯澤爲彭蠡”，不應是“東匯”，於導江則應該説“南會于匯”，不應是“北會于匯”，這非常明顯，彭蠡應在江北岸，不是鄱陽湖。北江，即指長江，古人以江、漢並稱，不分軒輊，長江入海，亦猶漢水入海，所以荊州説“江、漢朝宗于海”。這是導水的第四節。

岷山導江，東別爲沱；又東至于澧〔一〕；過九江，至于東陵〔二〕；東迆北會于匯〔三〕；東爲中江，入于海〔四〕。

〔注釋〕

〔一〕古人以嘉陵江爲江源，所謂岷山，不是四川松潘的岷山，而是今甘肅天水縣西南一百二十里的嶓冢山，説詳梁州“岷、蟠既藝”下。沱，凡江水所出的水皆可謂沱，猶如漢水所出的水皆可稱謂潛一樣，荆州“沱、潛既道”，都和這裏所説的沱同，指今四川渠江諸水，如渠水、巴水、岩水等而言，舊以爲沱即今岷江的支流郫江，或以爲今湖北均縣的夏水，皆誤，説詳荆州“沱、潛既道”下。澧，山海經中次十二經説：“洞庭之山，帝之二女居之，是常游於江淵，澧、沅之交，瀟湘之淵，是在九江之間。”洞庭山，在今湖北應山縣西四十里。沅，疑即溳，溳水出湖北随縣西南大洪山，北流折東南，經應山、安陸、雲夢，又東南經應城、漢川入漢水。湘即襄江，是漢水自襄陽以下的別名。山海經以澧、沅並稱，則澧水應是溳水的支流。溳水下游即古雲夢澤，又東則爲九江。後人以今湖南醴陵縣和澧水説禹貢的澧，於是以九江爲洞庭，以湖南岳陽縣的巴陵爲東陵，遂致禹貢導江的地理錯綜混亂，種種入歧。又漢書地理志説：“南陽郡雉、衡山、澧水所出，東至郾入汝。”漢雉縣在今河南南召縣南，是南召亦有澧水。禹貢以嘉陵江爲江源，禹貢的岷山就是甘肅蟠冢山。今嘉陵江出甘肅天水縣南蟠冢山，自漢書地理志以來稱爲西漢水，西南流經禮縣、西和折而東流，經成縣、徽縣入陝西境，南流經略陽、寧强入四川境爲嘉陵江，又南流經昭化寶輪院會白龍江，又南流經蒼溪、閬中、南部，東南流經營山、蓬安，折西南流經南充市，南流至合川市，渠江自東來會，即此所説的“東別爲沱”；再東南會涪江爲三江口，又東南流至重慶市與長江合；長江自重慶市東流又東北流，經長壽、涪陵會黔江，又東北經酆都、忠縣、萬縣市、雲陽，東流經奉節、巫山入湖北境，經巴東、秭歸，東南流經宜昌、宜都、松兹，折東北流又東流至沙市，南流經公安、石首，曲而東流，又南流，至城陵磯會洞庭湖水折東北流，經洪湖、嘉魚、沔陽會漢水，溳水及其支流澧水亦至此入漢，即禹貢“岷山導江，東別爲沱，又東至于澧”的經流地。

〔二〕九江，即荆州“九江孔殷”的九江，指今湖北廣濟、黄梅，安徽宿松、望江等縣的江水。漢書地理志説"廬江郡尋陽，禹貢九江在南，皆東合大江"是，説詳上。東陵，蔡沈説："今岳州巴陵縣。"巴陵，今爲湖南岳陽，則因地名近似而附會，並無根據，但説禹貢東陵的所以附從蔡説，是要使與九江、澧水連在一起，俱在江南的原故。今知九江、澧水都在江北，東陵應不在江南，漢書地理志説："廬江郡，金蘭西北有東陵鄉，淮水所出。"水經江水注："江水東過蘄春縣南，蘄水從東北注之，又東過下雉縣北，利水從東陵西南注之。利水出廬江郡東陵鄉，江夏有西陵縣，故是言東矣，尚書江水過九江至于東陵者也；西南流水積爲湖，湖西有青林山，故謂之青陵湖，湖水西流謂之青林水，又西南歷尋陽分爲二水，一水東流通大雷，一水西南流注于江，所謂利水也。"下雉在今湖北陽新縣東南，利水入江尚在陽新下游，當今廣濟縣境，今青林山在廣濟縣東南六十里，則東陵應在廣濟東北及黃梅縣境。又水經決水注："決水又西北，灌水注之，其水導源廬江金蘭縣西北東陵鄉大蘇山，即淮水也，許慎曰：'出雩婁縣，俗謂之澮水。'褚先生所謂'神龜出於江、灌之間，嘉林之中'，蓋謂此水。"胡渭據此定金蘭在固始西南直黃梅之北，錢坫則謂大蘇山則東陵，今商城東南五十里，如是則東陵去江太遠，與江有東陵，東迤北會于匯之文不合。廬江東陵，與江夏西陵相爲東西，不應北至商城、固始間。阮元以金蘭为豫章郡治，後漢改爲舒，説"漢舒地直達大江洲渚，禹貢東陵實指至此東迤爲南江"，這樣又失之太東，蓋誤以分江水爲南江而强説之，皆不足取。這"過九江，至于東陵"，與荆州"九江孔殷，雲夢土作乂"一樣，是江水自漢陽東北流，繞過武昌，曲折東南流，經黃岡、鄂城、黃石、大冶、蘄春、陽新、廣濟、廣梅，至安徽宿松，東北流經望江、懷寧、東流、安慶、樅陽等地，滇水下游即古雲夢澤，以下皆是泛濫區，所以禹貢於這一段水道記載特詳。

〔三〕下流泛溢的水，迴旋停蓄瀦而爲澤就是匯，匯作迴字解，“東迆北會于匯”與上導漢“東匯澤爲彭蠡”同一意義。彭蠡指安徽宿松以東，懷寧、樅陽、無爲等地長江北岸一帶湖泊。普通説彭蠡即鄱陽湖，蔡沈書傳説這是指巢湖，程瑶田禹貢三江考以爲會于匯即會于漢，與金履祥説“匯”爲“漢”字之誤同，所説似乎有理，但與古人的地理知識不相符，也與禹貢的文義不合。

〔四〕中江的説法很多，詳上揚州“三江既入，震澤底定”下。後人於中江之説大多從漢書地理志及鄭玄尚書注。漢志説：“丹陽郡蕪湖，中江出西南，東至陽羨入海。”陽羨，今江蘇宜興縣。傅寅禹貢集解説：“班氏所指中江，今蕪湖斷港也，自宜興縣航太湖，經溧陽至鄧步，凡兩日水路，自鄧步登岸，小市名東壩，陸行十八里至銀林，復行水路，係大江支港，行百餘里乃至蕪湖界入大江。故老相傳謂大江此港本入震澤，知班氏所説中江，古蓋有之。”漢志的中江，即自今安徽蕪湖，東經江蘇高淳、溧陽、宜興諸縣而入太湖，宜興即漢的陽羨，宜興雖與丹陽相接，但兩境中高，中間又多堆阜，蕪湖的水何得東流到陽羨？是漢志本身不免有可懷疑的地方。徐堅初學記引鄭玄説：“左合漢爲北江，右合彭蠡爲南江，岷江居中爲中江，故書稱‘東爲中江’者，明岷江至彭蠡爲南北合，始得稱中也。”後人誤於三江分合，遂從鄭説，謂禹貢中江即今長江自九江市以下的經流。但孔穎達尚書疏引鄭玄説：“三江分於彭蠡爲三孔。”又引鄭玄説：“東迆者爲南江。”分彭蠡爲三孔，是鄭玄尚書注本身也有矛盾，亦不可信。禹貢的三江是江、湖分歧雜錯的形容辭，如像史記河渠書“於吳則通渠三江、五湖”，貨殖傳“吳有三江、五湖之利”一樣，並不確有所指，斤斤於北江、中江、南江所在的爭論，都是多餘的。這是禹貢導水的第五節。

導沇水，東流爲濟[一]；入于河，溢爲滎[二]；東出陶丘北[三]；又東至于菏[四]；又東北會于汶[五]；又東北入于海[六]。

〔注釋〕

〔一〕沇水即濟水的別名，漢書地理志説："河東郡垣，禹貢王屋山在東北，沇水所出，東至武德入河。"漢垣縣在今山西垣曲縣西四十里，武德縣在今河南武涉縣東。水經濟水篇説："濟水出河東垣縣王屋山爲沇水，又東至溫縣西北，屈從縣東，東南過隄城西，又南當鞏縣北，南入於河。"漢志、水經所記載濟水的經流已有不同，酈道元水經濟水注説："濟水當王莽之世，川瀆枯竭；其後水流逕通，津渠勢改，尋梁脈水，不與昔同。"據酈道元所記濟水故瀆，出王屋山，潛流地下，重源出今河南濟源縣西北平地，有二源，合流東注，分爲二水；一水東南逕今沁陽縣至溫縣，一水支洋南流注於嗅嗅。出溫縣的濟水與故瀆分流，南逕溫縣故城西，又南注於河。濟水故瀆於溫縣西北，東南出，逕溫縣北，又東逕溫縣東北，東南合奉溝南注于河。這濟水故瀆即漢志至武德入河的濟水，漢以後濟水自溫縣入河，後來故道又盡陷河中，濟、河遂不分；今其上游發源處尚存，而下游爲黃河及大、小清河所奪，故近來説濟水的多謂發源後東南流爲大清河的南支豬龍河入黃河。

〔二〕溢，史記夏本紀作"泆"，漢書地理志作"軼"，與豫州"滎波既豬"的波字同義，波一作"播"，播即水洪溢的意思。古滎澤在今河南滎陽縣南，由濟水溢出所匯成，故禹貢於豫州説"滎波既豬"，可見在禹貢時代只是一個澤，與周禮職方"豫州，其川滎、雒"，穆天子傳"浮于滎水"的已引導成川不同。滎川乃引滎澤的水自河南河陰縣西石門，東流至山東菏澤縣，水經注稱爲滎瀆，據水經注，今河南滎陽、原陽、封丘、開封、長垣、蘭考、民權，山東定陶、菏澤等縣，都是滎川的經流地；舊説後來又在滎川下引河東爲鴻溝，與濟、汝、淮、泗會合，滎爲河所亂，已非其舊，到東漢時滎澤亦塞。

〔三〕陶丘，漢書地理志説："濟陰郡定陶，陶丘在西南。"漢定陶縣，在今山東定陶縣西南，據清一統志，陶丘在定陶西南七里。水經注說陶丘即墨子和竹書紀年的釜邱。

〔四〕菏澤，即豫州"導菏澤，被孟豬"的菏澤，漢書地理志說："濟陰郡，菏澤在定陶東。"漢濟陰郡治定陶，清一統志説菏澤在定陶縣西北七里，蓋陶丘、菏澤相去不遠。由於古濟水下游與黃河混纏不清，禹貢濟入於河，溢出爲滎，遂從而爲之辭，甚至有濟水絶河而南，三伏三見的説法，如吴澄尚書纂説："濟水既入河，其伏者潛行地下，絶河而南，溢爲滎，再出於陶丘北，溢者如井泉自中而滿，非有來源。"於是濟水伏流再見，遂成爲解釋古代地理上疑難問題的工具。所謂濟水三伏三見，是發源於王屋山下，名爲沇水，潛行地中爲一伏；及其東出，二源合流名爲濟水，爲一見。自濟而下，又潛入河爲再伏；及絶河而南，溢爲滎澤，爲再見。自滎而下，復行地中爲三伏，及其東流繞出陶丘之北爲三見。顧祖禹讀史方輿紀要認爲這是錯誤的，他説"經文'浮于汶，達于濟'，又曰'浮于濟，達于河'，豈有伏見不常，而可爲運輸之道哉！"從禹貢貢道去看，説濟水三伏三見是不通的。濟水既已入河，就與河混一了，那能復出？即使伏流入地下，與地下水也會混而爲一，豈能濟水獨自成流，又能復出？即如胡渭説的"如趵突泉之流而爲濼水"，但是又從何證明湧出的泉水必爲濟水？無論禹貢的文字應怎樣解釋，而濟水絶河，三伏三見，是絶不可能的。這一段濟水，根據水經是滎澤所經，其西段與今日河南東部的黃河相當，東段支分爲二道：一自今河南蘭考經曹縣至定陶，謂之南濟，即濟水經流；一自今長垣、東明南至菏澤縣，謂之北濟，二水合注于鉅野澤。

〔五〕汶即青州"浮于汶，達于濟"的汶水。據漢書地理志："泰山郡萊蕪，原山，禹貢汶水出西南，入濟。"水經濟水注説："濟水自定陶縣東北，又東至乘氏縣，分爲二水，南爲菏水，北爲濟瀆，濟水故瀆又北右合洪水，又東北過壽張縣西界，安民亭南，汶水從東來注之，戴延之所謂清口也。"漢壽張故城，在今山東東平縣西南，西北去今壽張縣五十里。東平西南十里有安山鎮，即古安民亭，據齊乘説，安山鎮就是古濟、汶會合處。胡渭説："濟水自菏澤東北流，絕鉅野而北合洪水，以至安民亭之南者，禹之舊跡也，其後不知何年改從澤西之清水，而繞澤北以會汶，謂之清口，其澤中之道自洪口至清口則無水，故水經謂之故瀆。"舊説濟水故瀆就是禹貢濟水的故道。這一段濟水，自鉅野分枝爲二：一東南流爲菏水入泗，一東北流爲濟水經流，穿過鉅野澤與汶水合。自元朝引汶絕濟爲會通河，明永樂中又築戴村壩遏汶水，古時自安山鎮入濟的汶水故道遂填塞，汶始南北分流。

〔六〕海，即黃海。漢書地理志説："沇水軼出滎陽東至琅瑰入海。"漢琅瑰縣，在今山東廣饒縣東北一百十里。濟水入海下流經過的地方，根據水經濟水注，濟水自今山東東平縣西南安山鎮合汶水，東北逕梁山、東平、東阿、長清、歷城、章丘、鄒平、博興，至廣饒入海。今安山鎮以西遺跡皆湮，安山鎮以東章丘以西的大清河，鄒平迤東至海的小清河，就是古濟水所經的故道。這是禹貢導水的第六節。

導淮自桐柏〔一〕；東會于泗、沂；東入于海〔二〕。

〔注釋〕

〔一〕桐柏即導山"熊耳、外方、桐柏，至于陪尾"的桐柏山，在今河南桐柏縣西北，河南、湖北界上，南接湖北隨縣，西接湖北棗陽縣。淮水出桐柏縣固廟鎮南主峰，東南流經桐柏縣城北，即此"導渭自桐柏"。

〔二〕泗、沂即徐州"泗濱浮磬"及"淮、沂其乂"的泗水與沂水。沂水入淮，沂、泗相會處在今江蘇邳縣西南，淮、泗相會處在今江蘇淮陰縣東；淮入海處在今江蘇漣水縣西。古淮水自桐柏山東流，經今河南桐柏、信陽、羅山、正陽、息縣、光山、潢川、固始，至三河尖入安徽境，又東經潁上、壽縣、鳳臺，又東北經淮南市、懷遠、鳳陽、五河、泗縣入江蘇境，又東經盱眙，爲洪澤湖所匯地，又東北經洪澤、清江市、泗陽、漣水、阜寧等縣市間，又東北入於海，就是禹貢導淮"東會于泗、沂又入于海"的故道。這是禹貢導水的第七節。

導渭自鳥鼠同穴〔一〕；東會于灃〔二〕；又東會于涇〔三〕；又東過漆、沮入于河〔四〕。

〔注釋〕

〔一〕鳥鼠同穴，即雍州"終南惇物，至于鳥鼠"，導山"西傾、朱圉、鳥鼠，至于太華"的鳥鼠山，相傳這山有一種叫鼵的鼠，與一種叫鵌的鳥同居在一個山穴中，因名鳥鼠同穴山，簡稱爲鳥鼠。鳥鼠山，在今甘肅渭源縣南，渭水所出。渭水發源鳥鼠山，東流與秦嶺山脈西段平行，這段山脈是渭水與嘉陵江上游的分水嶺，高約四千公尺。渭水自渭源縣東南流，經隴西、漳縣、武山，又東流經甘谷、天水市，至天水附近流量漸增，谷道漸寬，但水位猶高一千公尺以上；東流經清水至柿樹林入陝西境，東經寶雞市、寶雞、鳳翔，自寶雞以東出峽谷至鳳翔南，水位始落至千公尺以下，又東經岐山、郿縣，水位落至五百公尺以下，沛然成爲巨川，自此經扶風、武功、盩厔、興平、鄠縣，東北流經咸陽、西安間，又東經高陵、臨潼、渭南、華縣、華陰，至三河口入黃河。全長八百六十四公里，爲黃河最大的支流。

〔二〕灃，即雍州"灃水攸同"的灃水，出今陝西鄠縣東南終南山，西北流經長安納潏水，又西北分流至咸陽東三里入渭。渭水從興平縣南鄠縣北，又東經咸陽市南，灃水東北流入，即此所說的"東會于灃"的經流地。

〔三〕涇，即雍州"涇屬渭汭"的涇水，有二源：北源出今甘肅固原縣南牛營，南流折東經隆德、平涼會南源；南源出今甘肅涇源縣西南大關山，兩源合流經涇川、陝西長武、邠縣、淳化、醴泉、涇陽，至高陵縣西南三十里與渭水合。渭水從咸陽市南、西安市北東流，經高陵縣南，涇水自東北流入，即此"又東會于涇"的經流地。

〔四〕漆、沮，即雍州"漆、沮既從"的漆水、沮水，漆水源出今陝西銅川縣東北大神山，西南流至耀縣合沮水。沮水出今陝西黃陵縣西北子午嶺，東南流會漆水名石川河，東流至富平縣南交口鎮入渭。渭水從高陵縣北，東流經臨潼縣北，又東流至富平交口鎮，涇水自北流入，渭水又東經渭南、華縣、華陰縣南，洛水從朝邑來注，渭水又東入河，即此"又東過漆、沮入于河"的經流地。舊因周禮職方說"雍州其浸渭洛"，說漆、沮即洛水，實爲附會，說詳雍州"漆、沮既從"條下。這是禹貢導水的第八節，黃河以西的水，渭水最大，又是梁州貢道所經，甘肅西傾以東以至于西河，都因渭水而貫串起來了。

導洛自熊耳；東北會于澗、瀍〔一〕；又東會于伊〔二〕；又東北入于河〔三〕。

〔注釋〕

〔一〕熊耳見導山，即漢書地理志雒水所出的冢嶺山，在今陝西雒南縣北，與河南盧氏縣的熊耳山一脈。洛水即豫州"伊、洛、瀍、澗，既入于河"的洛水，漢書地理志作"雒水"，與出陝西定邊縣南流入河的洛水不同。澗、瀍亦見豫州。澗水出今河南澠池縣東北白石山，南流又東流，經新安縣至洛陽東南入洛水。瀍水出今河南洛陽市西北谷城山，東南流入洛水。洛水出熊耳山，東流經雒南縣北，又東流入河南境，經盧氏縣南，東北流經洛南縣北，又東北流經宜陽縣北，又東入洛陽市南，澗水自西南入洛，瀍水自洛陽舊城東門外南行入洛，即此"導洛自熊耳，東北會于澗、瀍"的經流地。

〔二〕伊即豫州“伊、洛、瀍、澗”的伊水，伊水出今河南盧氏縣東十六里熊耳山，此熊耳與洛水所出的冢嶺山同脈，皆秦嶺的支脈，漢書地理志乃分爲二。又洛水北岸有熊耳山，即漢武帝破“赤眉”樊崇，積甲仗與熊耳平者是，不與禹貢熊耳同。伊水出熊耳東北流，經嵩縣、伊陽、伊川、洛陽、偃師入于洛。洛水從洛陽市南又東至偃師縣，伊水自西來注，即此“又東會于伊”的經流地。

〔三〕水經洛水注：“洛水又東過偃師南，又東北過鞏縣東，又北入于河。”鞏，周邑，漢爲縣，故城在今河南鞏縣西南二十餘里。洛水既會伊水，又東經鞏縣故城南，又東北流至洛口入河，即此“又東北入于河”的經流地。今洛水入河處在汜水北，名洛口，據胡渭説，“古洛水入河處在洛口西，古名什谷，即張儀説秦下兵三川，塞什谷之口”。什谷，即山海經所謂的洛汭，元和郡縣志説“鞏縣，洛水東逕洛汭，北對琅邪渚入河，謂之洛口”，是唐朝洛水入河處與今同。這是禹貢導水的最後一節。

以上導水，從導弱水起至洛水止，共分九節，九條主要的河流。第一條弱水，即今甘肅丹山縣的張掖河，西流經丹山縣合黎山後，餘波入于流沙。第二條黑水，經三危山入于南海。黑水是古人假想的水，南海也是假想的海；弱水還在半知的狀態，黑水就完全出於傳説了，可見禹貢時代對於西北邊遠地區是不很清楚。第三條黃河，禹貢不知道黃河的發源地，乃從積石山開始，東至陝西的龍門、底柱山，及河南的孟津、大伾，北過降水，到今河北鉅鹿縣古大陸澤，乃分爲九河，分途流入渤海。第四條漾水，出今陝西寧强縣嶓冢山，流到南鄭叫漢水，到今湖北均縣叫滄浪水，到大別山入長江，江、漢同流入海。第五條江水，即今嘉陵江，出今甘肅天水縣西南嶓冢山，漢、晉人稱爲西漢水，西南流，又東流入陝西境，又東入四川境叫嘉陵江，又南流折東南流，至重慶市與長江合，東流出四川入湖北境，至漢陽會漢水，又會溳水的支津灃水，又東南流入安徽境，過九江折東北流，北岸諸水來會，又東北流經江蘇入黃海。第六條沇水，即濟水，出今山西垣縣王屋山，東流經河南溫縣入黃河，禹貢時的濟水是到河南滎陽縣境溢出爲滎澤，又東經山東定陶、菏澤，北會汶水，東入渤海。第七條淮水，出今河南桐柏縣桐柏山，東流經安徽、江蘇境，會同泗、沂兩水入黃海。第八條渭水，出今甘肅渭源縣西鳥鼠同穴山，東流入陝西境，會合灃、涇、漆、沮等水，又東流至華陰縣入黃河。第九條洛水，出今陝西雒南縣北冢嶺山，東北流入河南境，會澗、瀍、伊三水至洛口入黃河。這九條水的次第，據崔述夏考信錄說："弱水黑水在九州之上游，故先之；中原水患河爲大，故次河；自河以南水莫大于江、漢，故次江、漢，河以南漢以北，惟濟、惟淮，皆獨入于海，故次淮、濟；雍水多歸於渭，豫水半歸於洛，然皆附河以入於海，故以渭、洛終之。"禹貢導水的排列也就是這樣。古代有洪水，禹貢的導水是爲了治水的話，弱水、黑水與洪水的關係不大，河、漢、江、濟、淮、渭、洛七水古時皆源遠流長，與人民的生計有很大的關係，尤其是河水與漢水、江水，中下游的問題多，所以記載特別詳細，可見古人已具灌溉在經濟上所起重大作用的觀念了。由於治理和掌管都歸功於大禹一人，也就是專制政權形成的一大原故。我們今天雖然不信禹貢是大禹治水真實的記錄，至少可以看出在戰國末期一種統一的灌溉水利的要求已經存在，從而形成儒家的政治、經濟的理想。

九州攸同〔一〕，四隩既宅〔二〕，九山刊旅〔三〕，九川滌源〔四〕，九澤既陂〔五〕，四海會同〔六〕。

〔注釋〕

〔一〕九州，指冀、兗、青、徐、揚、荆、豫、梁、雍九州。攸作皆字解。禮記禮運"是謂大同"，注："同，平也。"九州攸同，謂九州地方的水患皆完全平治。

〔二〕隩，史記夏本紀作“奥”，當隱字解，老子“道德者美物之奥”，王弼注：“奥，猶曖也”，曖是不明的意思。宅，即雍州“三危既宅”的宅，是安定的意思。四隩既宅，謂四方邊遠幽隱的地方，如三危等地都已安定了。

〔三〕這九山是指多數，如“九河”、“九江”一樣，不能作實數解釋。刊，與上文“隨山刊木”的刊同一意思，是治水時所用的表幟。旅作道字解，梁州“蔡、蒙旅平”，雍州“荆、岐既旅”皆同。九山刊旅，謂九州所有的山都經過治理，並且加以表幟。

〔四〕九川也是指多數，不是指九條水。滌與條字同，漢書注：“條，達也。”滌源即達源，謂九州所有的水都已疏達其水源；史記河渠書“九川既疏”，與這裏的意思一樣。

〔五〕禹貢有大陸、雷夏、榮澤、震澤、菏澤、孟豬、雲夢等澤，但不夠九數，這“九澤”也是就多數而言，與上面的“九山”、“九川”的語法一致。陂即陂池，禮記月令“母漉陂池”，史記司馬相如傳“陂池貏豸”皆是，說文“陂”字下段玉裁注說：“陂得訓池者，陂言其外之障，池言其中所蓄之水，故曰‘叔度汪汪若千頃陂’，即謂千頃池也。”是陂即池，與“豬”字的意思相同，九澤既陂，就是說所有的九州的澤水都已停蓄起來，不致爲患了。

〔六〕國語周語敘述這一段的文字作“合通四海”，那麼會同有通達的意思，四海會同就是說九州山川皆與四海相通達。古人認爲九州大陸以外四方都被海所包圍，禹貢有東海、南海，古人指北方沙漠爲瀚海，楚辭離騷“路不周以左傳兮，指西海以爲期”，除了東海以外，南北西三海都出自理想，後人必定要拿今天的地理知識去強說禹貢的四海，那是錯誤的，不必要的。舊說四海會同是四海之人皆得集會京師，非特東方的鳥夷，西方的崑崙、析枝、渠搜而已，這是確認禹貢爲大禹所作，以雍州爲王都的見解，不免流於附會。

以上六句是禹貢導山導水的總結，言洪水以後，九州山川經過治理，九州境內所有的山川澤池，皆無壅塞潰決的情形，並且出現了天下大同的局面，連四方邊遠地方的人也可以安定了。

六府孔修[一]，庶土交正[二]，底慎財賦[三]，咸則三壤[四]，成賦中邦[五]。

〔注釋〕

〔一〕六府，禮記曲禮説："天子之六府，曰司土、司木、司水、司草、司器、司貨，典司六職。"注："府，主藏六物之税者，此殷時制也。"這六府就是掌管税收的六職，一般解釋爲"水、火、金、木、土、穀"是錯的。孔，史記夏本紀作"甚"，皆是大字的意思。修作治字解，國語周語"修其簠簋"，注："修，備也"，引伸爲整備，是説水土既平，六府的官俱興，六府的税收大備。

〔二〕庶，史記夏本紀作"衆"，意義相同。交作俱字解，鄭玄説："衆土美惡高下，得其正矣。"這是指九州的土壤俱有規定，如冀州土白壤，兗州土黑壤，青州土白壤及廣斥，徐州土赤埴墳，揚州、荆州土塗泥，豫州土壤及墳壚，梁州土黑黎，雍州土黄壤，以土壤的美惡而規定各個地方賦税的高下。

〔三〕底，史記夏本紀作"致"，致是奉脂的意思 。鄭玄説："慎奉其財物之税"，就是各州人民應該奉脂的貢賦，官府要取之有節，不得過度浮收。

〔四〕咸作皆字講。則是法則。孔穎達尚書疏説："土壤各有肥瘠，故分爲上中下，計等級甚多，但舉其大較定爲三品，法則地之善惡，以爲定賦之差，雖細分三品以爲九等；人功修少，當時小異，要民之常税必準其土，故皆法三壤。"就是説土壤有三品，細分爲九等；土壤有肥瘠，賦税也根據土壤分爲三品九等以爲標準。

〔五〕中邦，史記夏本紀作"中國"。禮記中庸説："是以聲名洋溢乎中國，施及蠻貊。”中國是對“四夷”而言，水害既除，水利已興，經濟生産恢復了，也就是指九州。賦稅止限於九州，故説“成賦中邦”。

以上五句是就田賦而言，水害既除，水利已興，經濟、生産恢復了，政府設置六府的官司，根據各州土壤的高下美惡，征收一定的賦稅。

錫土〔一〕姓。

〔注釋〕

〔一〕史記夏本紀作“賜土姓”，錫與賜同。土是土地，姓是姓氏。左傳隱公八年説：“天子建德，因生以賜姓，胙之土而命之氏。”杜預注説“立有德以爲諸侯，然後命以姓”，姓是諸侯所特有，這就是封建。左傳哀公七年説“禹會諸侯于塗山，執玉帛者萬國”，儒家相傳大禹時封建的諸侯就有這許多，不免出於附會。姓與氏，據説原也有分别，後來乃混而爲一，鄭樵通志氏族略序説：“三代之前，姓氏分别爲二：貴者有氏，賤者有名無氏，故姓可呼爲氏，氏不可呼爲姓。姓所以别婚姻，故有同姓、異姓、庶姓之别，氏同姓不同者婚姻可通，姓同氏不同者婚姻不可通；三代之後姓氏合而爲一，皆所以别婚姻，而以地望明貴賤。”同姓不婚，是很久以來中國的習慣，姓氏的起源和它的主要原因並不單純的爲了婚姻的問題，最早當然是由於氏族的不同，而姓氏各别，在古代同一氏族的人也可以通婚的。據司馬遷史記五帝本紀説，禹姓姒氏，契姓子氏，棄姓姬氏，秦本紀説柏翳姓嬴氏，始皇本紀説始皇姓趙氏，高祖本紀説高祖姓劉氏，可見姓與氏並無分别。春秋時有鄭詹、莒拏、郳庶其、蔡墨、邸甲，戰國時有朱娙、宋勾踐、衛鞅、陳軫、毛遂、茅焦等人，都是普通老百姓，他們以所居國爲姓，即所謂“賤者有名無氏”，那麽姓與氏的意義本是相同的。

祗台德先，不距朕行〔一〕。

〔注釋〕

〔一〕祗作敬字解。台與怡同，怡即樂的意思。距是違抗。朕即我，古時上下都可以自稱爲朕，自秦始皇做了皇帝，規定朕爲天子的專稱，一直相沿到清王朝告終止。蔡沈書傳説："禹平水土，定土賦，建諸侯，治已定，功已成矣，當此之時，惟敬德以先天下，自不違越我之所行也。"這兩句是大禹在賜土姓後，訓誡諸侯的話，説是"王者應當端正品德以爲天下的表率，又不要違抗我關於政教的設施"。

五百里甸服〔一〕：百里賦納總〔二〕；二百里納銍〔三〕；三百里納秸服〔四〕；四百里粟〔五〕；五百里〔六〕米。

〔注釋〕

〔一〕服爲服役。禹貢有甸、侯、綏、要、荒五服，孔穎達尚書疏説："五服之名，堯之舊制：洪水既平之後，禹乃爲之節文，使賦役有恒，職掌分定。"儒家相傳大禹所規定的五服，就是把京城外面的土地分爲五等，每一等四方各五百里。京城外五百里爲甸服。甸與田同，鄭玄説："服治田出穀稅也；言甸者，主治田，故服名甸。"甸又包括農作物而言，禮記少儀"納甸於有司"就是把農作物繳納給官吏。

〔二〕賦是帝王規定取於人民的標準，納是人民以其收入的一部分繳納於上的通稱，以下皆同。總，蔡沈説："禾本全曰總。"金履祥説："賦納總者，其賦則禾連藁束之以納也，禾以爲糧，藁以茨屋，以飼國馬，以爲薪芻。"總就是把稻割下來，束成一梱的意思，禹貢五服各節所定的賦稅，以其距隔的遠近而定，去京城最近，所以人民把收割來的穀穗連帶着禾莖一起向官吏繳納。

〔三〕據説文，銍是農家收割時用的短鐮。孔穎達尚書疏説："銍謂禾穗也，禾穗用銍以刈，故以銍表禾穗。"那麼銍是借來稱穗的。植物的花實聚結在莖端的叫穗，禾穗就是禾端有穀粒的那一部分，古人又叫作穎。距京城二百里以内的人民向官吏繳納的是穀穗，因爲路途較遠，比一百里内的人民減輕了禾莖，以便於運輸。

〔四〕秸與稭字相同，有的本子逕作“稭”字。漢書郊祀志“席用莒稭”，應劭注説：“稭，藁本也，去皮以爲席。”則稭是禾莖的加工品，可用來做席，自漢以來解釋禹貢秸字的大半都是這樣説，但以路遠貢輕來看，甸服内四百里尚且納粟，豈有三百里納禾莖的道理？這秸字不當作稭字講。詩甫田、民生正義引尚書鄭玄注説：“二百里銍，銍，斷去藁也。三百里秸，秸又去穎也。”穎是禾穗的别稱，就是禾莖的尖端，且兩種意義，有穀粒的叫穎，去其穀粒的也可叫穎，鄭注所説的“又去穎”，就是單指穀言。段玉裁古文尚書撰異説“又去穎者，又去穗之穎而入穀實也”，也是以秸爲穀，這和禹貢甸服五節每去一百里所納的節次相合，比較可信。秸服二字連文，服是輸將的意思，就是把穀子輸送到京城，交給官吏，這一服字總下文粟、米而言。

〔五〕粟，段玉裁古文尚書撰異説：“粟者，糲米也。”糲米即粗米，把穀子殼脱掉未加精製的米粒，韓非子五蠹篇的“糲粢”，史記太史公自序的“糲粱”皆是。

〔六〕米，段玉裁説：“米者精米也。粟對去糠者言之，則去糠者爲米，未去者爲粟；對精米言之，則精米爲米，糲米爲粟。”精米是加工簡擇的米，論語鄉黨篇“食不厭精”，莊子人間世篇“簡米曰精”，與段玉裁的解釋正合。後人不明白秸是穀實，遂説有殼的叫粟，無殼的叫米，與禹貢甸服遠輕近重的節次不符。

以上甸服分五節，甸服附近京城，所納賦税比其他四服爲多，又以距離的遠近，具體的規定繳納不同的産品，這就是後來“均輸法”的張本。

五百里侯服〔一〕：百里采〔二〕；二百里男邦〔三〕；三百里諸侯〔四〕。

〔注釋〕

〔一〕史記夏本紀説："甸服外五百里侯服"，侯服又在甸服外，也四方五百里。侯是諸侯。或説侯作候字解，即斥候的意思，因爲在甸服的外面，有檢行險阻，伺候盜賊的責任。

〔二〕采，尚書堯典"疇咨若予采"，馬融注："采，官也。"禮記樂記注"官猶事也"。擔任王事的官叫采，公羊傳襄公十五年注説："所謂采者，不得有其土地人民，采取其租税耳。"王有卿大夫，卿大夫所食地稱爲采地，但土地人民還是歸於王，因名"采"。

〔三〕男邦，史記夏本紀作"任國"，大戴禮本命篇説："男者任也，男子者任天地之道。"男、任兩字聲音相近，故可通用。周禮夏官職方氏"其外五百里曰男服"，疏説："言男者，男之言任也，爲王任其職理"，男是古代的爵位，男與采的性質差不多，不過卿大夫的采地没有土地人民所有權，男則爲國，有土地與人民，但仍隸屬於王，向王納貢。

〔四〕諸侯，諸是衆多的意思，侯是古代的爵位。古時天子封建許多國家，故稱"諸侯"。蔡沈説："男邦，男爵小國也，諸侯，諸侯之爵大國。先小國後大國者，大可以禦侮，小得以安内附也。"這就是男與諸侯在侯服内的安排及其意義。

以上侯服分三節，附近甸服一百里内建立卿大夫的采地；第二個一百里建立男邦小國；三百里至五百里内建立諸侯。

五百里綏服〔一〕：三百里揆文教〔二〕；二百里奮武衛〔三〕。

〔注釋〕

〔一〕史記夏本紀説："侯服外五百里綏服"，是綏服去京城一千五百里。綏，爾雅釋詁説"安也"，是綏服去京城漸遠，而取綏靖安撫的意思。國語周語："夫先王之制，邦内甸服，邦外侯服，侯衛賓服，夷蠻要服，戎狄荒服"，賓服就是這裏的綏服。賓也是安撫的意思，釋詁説："賓，服也"，郝懿行疏説："懷德而服

也。"從天子方面説爲綏，從諸侯方面説爲服，綏、賓兩字的含義
一樣。賓服也要向天子進貢，韋昭國語注"賓服，常以服貢賓見
於王"是。又禮記樂記"諸侯賓服"，漢書匈奴傳"涇、洛以北以時
入貢，名曰賓服"，凡是遠方諸侯，受天子安撫，懷德而服從，
並向天子進貢，就叫賓服，也是綏服。

〔二〕揆與尚書舜典"納於百揆，百揆時叙"的揆字同，百揆即
主持百事的官吏，揆文教是設置總持文教的官，鄭曉禹貢圖説
説："漸遠王畿，其治皆安撫之事，三百里内設學校，明禮義，
使教化誕敷於内固，所以安之也。"就是接近侯服的三百里内，設
置主持教育的官，使天子政教在這三百里内鞏固起來。

〔三〕奮武衛，奮是振奮，綏服内後二百里内要把武力振奮起
來，用以藩衛京畿。周禮秋官的衛服，就是這裏奮武衛的擴大。

以上綏服分兩節，第一節注重文教，第二節注重武衛，因爲
綏服在五服的中間，上接甸、侯，下啟要、荒。

五百里要服〔一〕：三百里夷〔二〕；二百里蔡〔三〕。
　　〔注釋〕
　　〔一〕史記夏本紀説"綏服外五百里要服"，要服去京城二千
里。要的解釋各不同，僞孔安國尚書傳以爲要是約束，謂"綏服
之外五百里，要束以文教"。蔡沈書傳以要是要約，謂"要者取要
約之義，特羈縻之而已"。吕祖謙、金履祥的説法均與蔡沈同。
韋昭國語注説："要者，要結信好而服從也"，也是要約的意思。姚
永樸尚書誼略引馬其昶説："要、徼通用，邊塞曰徼，要服即邊
服。"蓋要服去京城已遠。國語謂"夷蠻要服"是，以五服的地位來説
在荒服之内，但於京城則居邊遠，馬其昶的解釋比較可靠。
　　〔二〕尚書釋文引馬融説："夷，易也。"王先謙尚書孔傳參正
説："謂其風俗可變易者徐進之。"易是改變之意。
　　〔三〕蔡，馬融説："法也，受王者刑法而已。"僞孔安國傳也

以蔡作法字講，謂要服的最後二百里内的人民，只求其奉守王法，不共賦役。鄭玄尚書注説："蔡之言殺，減殺其賦。"按左傳昭公十年"蔡蔡叔"，説者謂上"蔡"字即"癹"字，古蔡、癹音同，減殺的殺也同音相通。周禮秋官大行人職，侯服以至要服各有朝貢的年歲，孫星衍尚書今古文注疏同意鄭玄説，謂是："夷服之貢減殺於中國，貢所以當賦，故云減殺其賦也。"蔡沈等人以蔡爲流放罪人的地方，謂"蔡與流皆所以處罪人，而罪有輕重，故地有遠近之别"，蓋下文荒服説"二百里曰流"，因牽連爲説，恐非禹貢五服定賦的本意，當如鄭玄注。

以上要服也分爲兩節，由於地居邊遠，須用王教去改化他們的禮俗，並減殺其賦税。

五百里荒服〔一〕：三百里蠻〔二〕；二百里流〔三〕。

〔注釋〕

〔一〕荒是荒遠，楚辭離騷"將往觀乎四荒"，四荒就是四方邊裔，言其遠的意思。史記夏本紀説"要服外五百里荒服"，荒服還在要服的外面，去京城二千五百里，是五服最末了和最遠的一服，故以"荒"命名。史記集解引馬融説："政教荒忽，因其故俗而治之。"國語周語"戎、狄荒服"，韋昭注説："荒裔之地，與戎、狄同俗，故謂之荒，荒忽無常之言也。"馬、韋所説，都和楚辭"四荒"的意義一樣。

〔二〕"蠻"，尚書疏引鄭玄説："蠻者聽從其俗，羈縻其人耳，故云蠻。蠻之言緡也。"緡蠻雙聲，古多通用。詩大雅抑篇"荏染柔木，言緡之絲"，毛萇傳説："緡，被也。"揚雄方言緡字作施字講，被與施意義相類，蓋説荒服接近要服的三百里内，"王化"尚能被覆。

〔三〕蔡沈以流爲"流放罪人之地，蔡皆流皆所以處罪人，而罪有輕重，故地有遠近之别"。流放是古代刑法的一種，尚書舜典“流宥五刑”，謂不忍把人殺死，宥而放置到很遠的地方去，但這並不是禹貢荒服“二百里流”的意思。詩殷武疏引馬融説：“來不距，去不禁，流行無城郭常居”，則流是流動，如游牧民族逐水草遷徙一樣，無固定的居處，王制“千里之外曰采曰流”，鄭玄注説：“流謂夷、狄流移，或貢或不貢”，引禹貢“二百里流”爲證，義與馬融同，其説比較可靠。

以上荒服與綏服、要服一樣，分爲兩節，接近要服三百里内的人民尚能爲王化所被覆，最後的二百里内的人民則是流移不定無常居的，對於天子的貢賦也就隨便了。

禹貢五服，據史記夏本紀從京城算起，每方各二千五百里，直徑五千里，四方共萬里，尚書皋陶謨説的“綏成五服，至於五千”，也就是禹貢的五服及其相距的里數。國語周語説：“邦内甸服，邦外侯服，侯衛賓服，夷蠻要服，戎狄荒服。”賓服即禹貢綏服，其他並同，禹貢較國語晚出，國語只説個大概，禹貢就給規定了一定的里數，尤其是京城外面四方五百里的甸服，每隔一百里所納的賦税，依道路遠近而有不同，路近所納是大量而粗質的東西；路遠所納是質精量少的東西，使人民的負擔平均，不發生畸輕畸重的弊病。甸服是天子直接的領地，在甸服内没有封建，故國語用“邦内甸服”四字，來與其他邦外四服區别開，禹貢則更具體了，可見禹貢五服是從國語五服發展而來的。周禮職方又分天下爲九服，説王畿方千里，王畿外方五百里爲侯服，又其外方五百里爲甸服，又有男服、采服、衛服、蠻服、夷服、鎮服、藩服等，各在外各方五百里，共爲九服。又周禮秋官大行人，更規定了每服朝見時期和貢物；如侯服歲一見，其貢祀物；甸服二歲一見，其貢嬪物；男服三歲一見，其貢器物；衛服五歲一見，其貢財物；要服六歲一見，其貢貨物。要服即職方的“蠻服”，職方的“夷服”、“鎮服”、“藩服”在九州外，大行人統叫作“蕃國”，世一見，無貢物。這些整齊劃一，以諸侯向天子服事納貢關係爲基礎的天下區分，不過是出於後人的理想，因而假託於夏或周，如果硬把它説成是夏、周時代所設計的，那就錯了。拿禹貢的九州來説，還勉强考知它的境界，但直徑五千里的五服，它的起止的確有問題。王夫之在書經稗疏裏就表示懷疑，他説："舜都於蒲，其正北直大同，而正西直河州，亦無二千五百里之遥；若南抵衡山之陽，則且四千里矣。大同以北，沙漠之野，黄茅白葦，朔風飛雪，蒙古固有其地而不能耕；而洮、湟之外河西四郡，其山川不見於經文，則非禹之所甸可知。"據此也可知道禹貢五服純出於想像，並不切合實際。

東漸于海〔一〕，西被于流沙〔二〕，朔南暨〔三〕：聲教訖于四海〔四〕。

〔注釋〕

〔一〕漸與漬同義，作浸潤解，是形容辭。海即東海，今名渤海。

〔二〕被是被覆的意思，也作加字講。流沙即導弱水"餘波入于流沙"的流沙，是古代對西方荒遠地區的一種假想地名。

〔三〕朔是北方，尚書堯典"申命和叔，宅朔方"，蔡沈傳説："朔方，北荒之地。"南是南方。暨，與徐州"淮夷蠙珠暨魚"的暨字同，作及字，又作與字解，堯典"汝羲暨和"的暨，也是一樣，朔南暨，就是北方及南方。

〔四〕聲教，謂天子的聲威及教化。訖作盡字講，終止的意思。這四海與上文"四海會同"的四海所指同，禹貢文中只有東海、南海，而没有北海、西海，蓋古人以爲九州大陸東南西北四方都被海所包圍，如古人指北方沙漠爲瀚海，楚辭離騷説"路不周以左轉兮，指西海以爲期"，那麼西方的流沙就是西海了。禹貢的地理知識，除東海外，南、北、西三面的海，都出自理想。

　　以上四句是禹貢的總結，由於水土平治，九州劃分，貢賦等級有了規定，又就國家威力所及制定五服，於是天子的聲威教化東邊浸潤及東海，西邊被覆及流沙，北、南盡於荒遠地區也蒙王化的感召。

禹錫玄圭，告厥成功〔一〕。

〔注釋〕

〔一〕錫與賜同。黑色而有赤色謂玄。圭據説文是一種瑞玉，上圓下方。史記夏本紀説："於是帝錫禹玄圭，以告成功於天下，天下於是太平治。"所謂帝，或指堯，或指舜，均同。又有指天帝的，如太平御覽王部引尚書旋機鈐，説禹開龍門導積石山，玄圭山，上面刻有"延喜王受德天賜佩"八字；漢武梁祠堂石刻祥瑞圖説，"玄圭，水泉疏通四海會同則至"，都是以爲天帝所賜禹的。這兩句是總結上面所有治水、導山、導水、五服等而言，由於水土平治，人民能安居樂業，王化已達到四方荒遠的地區，於是天下太平了，帝乃賜禹玄圭，慶告他的成功。

禹貢地圖

禹所規定的賦税和
貢物的制度 *

——禹貢今譯

（在洪水氾濫的時候，）禹分別土地，隨了山嶺（的形勢），斫木（通道），從各處的高山和大川判定了（九州的疆域）。

（王都所在是三面環着黃河的地方，）叫作冀州。（那裏的治水工程，在黃河方面，）從壺口山開頭，接着治理梁山和岐山；（在汾水方面，）太原繼續修治之後，進展到太岳的南面。那沁水包裹的懷地已經完功了，（北面推到）橫流入黃河的漳水地區。這州的土質是白色的柔土。那裏的（人民所納的）賦税（大部分）是第一等，也有第二等的。那裏的田地定爲第五等。恒水和衞水都已循了原來的水道。大陸澤旁邊的一片平原可以耕作了。鳥夷貢獻的是皮毛的衣料。他們從北面沿海而來，挨着碣石山的西邊進入黃河（而到王都）。

從（東南的）濟水到（西北的）黃河，這一塊地方叫做兗州。黃河下游分出的很多條支流已經開出了它的河道。雷夏澤的水已經蓄聚了起來，灉水和沮水已會合在這澤裏了。那大片桑樹的土地上已經廣泛地生了蠶繭，人民都從（避水的）邱陵走下來，住在平地了。這州的土是黑而肥的。它的草是茂盛的。它的樹木是高聳的。那裏的田地定爲第六等。（爲了這州遭受的水害最深，）所以

---

* 1958 年 2 月作。録自底稿。

　　那裏的賦稅是最少的，并且要待到耕作十三年之後才和別州一例負擔。他們進貢的東西是漆和絲。放在筐子裏貢的是有文采的絲織品。他們的貢道是從濟水和漯水裏逆流而上，達到黄河。

　　從（東北的）黄海到（西南的）泰山，這個區域叫做青州。住在那邊的嵎夷族已經有了確定的疆界。濰水和淄水都已回復了故道。這州的平地土質是白而肥的，海邊是廣大的鹹鹵區。那裏的田地定爲第三等。那裏的賦稅定爲第四等。他們的貢物是鹽、細葛製的絺、海裏的魚類和磨石，還有泰山溝谷裏生産的絲、麻、鉛、松木和玉質的怪石。萊夷族用畜牧來的東西作貢。放在筐子裏進貢的是山桑的蠶絲。他們的貢道，從汶水裏順流而下，達到濟水（，再轉黄河）。

　　從（東邊的）黄海、（北面的）泰山到（南面的）淮水，這塊地方喚作徐州。淮水和沂水都經過治理，蒙山和羽山地帶就都可以開墾了。大野澤已經蓄好了水，低下的東原也就平定了。這州的土壤是紅色而有粘性的肥土，草和樹木都豐盛地叢生。那裏的田地定爲第二等。那裏的賦稅定爲第五等。他們的貢品是（封國用的）五色土、生在羽山溝谷裏（可做旌旗）的野雞毛、嶧山南麓特然挺生（可做琴瑟）的梧桐樹、泗水邊上可以做磬的輕石、淮夷族那邊的蚌珠和各種魚。放在筐子裏進貢的是赤黑色的（黑經白緯）的纖和白色的縞。他們的貢道，從淮水到泗水，（北行）達到菏水（，再轉黄河）。

　　從（北面的）淮水到（東南面的）東海，這個區域叫做揚州。彭蠡澤的水已經匯聚，鴻雁到了秋天就可成群南來住在這裏了。三條江已入了海，震澤的水就歸於平定了。小竹、大竹早已普遍地繁殖，那草是長長的，那樹木是高高的。這州是一片沮洳地。那裏的田地定爲第九等。那裏的賦稅定爲第七等，一部分上錯到第六等。他們的貢物是（金、銀、銅）三種金屬、（玉石類的）瑤和琨、（用來製箭的）小竹和（製樂管的）大竹、象牙、皮革、鳥羽、獸毛和各種木材。鳥夷族貢的是草製的衣料。放在筐子裏進貢的是貝紋的絲織品。裝在包裏進貢的是橘子和柚子，天子需要時才貢上來。他們的貢道是順着長江到東海，沿了海邊進入淮水，達到泗水（，然後由菏水轉入黃河）。

從（北面的）荊山到（南面的）衡山之南，這個區域叫做荊州。長江和漢水（合流得很快），好像奔向大海去朝見似的。好多條江水（洞庭一帶）的水勢很旺盛。（從長江出來的）沱水（枝江）和（從漢水出來的）潛水（松滋潛江）各已流向它的故道。（那個跨江南北的）雲夢澤也治好了，其中的平地可以耕種了。這州（同樣是）一片沮洳地。那裏的田地定爲第八等。那裏的賦税定爲第三等。他們的貢物是鳥羽、獸毛、象牙、皮革、金屬三種、椿、柘、栝、柏等木材、粗磨和細磨、砮石和丹砂。（還有特定的）三個國家該貢有名的箘、簬（兩種美竹）和（做箭幹的）楛木。放在包裏和匣裏進貢的是菁茅。放在筐子裏進貢的是（做祭服用的）淺絳色的綵緞和有珠璣文的綬帶。好多條江水裏的大龜（是不常有的寶物，在獲得它時）也該進貢。他們的貢道是從長江、沱水、潛水、漢水裏逆流而上，（舍舟登陸，）越過洛水，達到南河。

從（西南面的）荊山到（北面的）黃河，這個區域喚做豫州。伊水、瀍水、澗水都已入於洛水，洛水又流入黃河了。（那濟水鋪溢出來所成的）滎澤，它的水波已蓄聚起來。（濟水所經的）菏澤也已宣洩它的餘波到了孟豬澤。這州的土，高地是柔土，低地是肥腴的黑色鬆土。那裏的田地定爲第四等。那裏的賦税定爲第二等，錯出第一等。他們的貢物是漆、麻、絺、紵。裝在筐子裏進貢的是細的絲綿。（天子有需要時，）可以命令他們貢進磬石和（治玉用的）錯石。他們的貢道是順着洛水達到黃河。

（東頭）從華山的南面，（西頭）到黑水，這個區域叫作梁州。（長江所出的）岷山和（漢水所出的）嶓冢山都已可種植。（長江的支流）沱江（郫江）和（漢水的支流）潛水（西漢水）都已流向它的故

道。蔡山和蒙山都已通道而平治。和水（桓水）上的夷族，治理有
了成績。這州的土壤是青黑色的。那裏的田地定爲第七等。那裏
的賦税定爲第八等，錯出於第七等和第九等。他們的貢物是黄
金、鐵、銀、鋼、砮石、磬石和熊、羆、狐、貍等獸的皮毛的纖
製品。他們的貢道是從西傾山沿着桓水（白水江）而來，在潛水裏
順流而下，（登陸東行，）越過沔水（漢水的上游），進入渭水，又
橫絕黄河（而至王都）。

　　（西頭）從黑水到（東面的）西河，這個區域叫作雍州。弱水已
經導向西流了。涇水（從渭水的北面）連接起來了。漆水和沮水已
相合而跟從了渭水了。灃水也（從渭水南面）流進去了。荆山和岐
山已經開通了道路。從終南山、惇物山直到鳥鼠山（都已通暢無
阻）。從（渭北）平原的成功，（北面直治）到豬野（居延）。三危山
既可定居，（遷去的）三苗族就大大地就緒。這州的土壤是黄色的
柔土。那裏的田地定爲第一等。那裏的賦税定爲第六等。他們的
貢物是（玉石類的）球、琳、琅玕和皮毛的纖製品。崑崙、析支、
渠搜這類西戎族的國家都有了一定的秩序。他們的貢道是從積石
山那裏的黄河順流而下，直到龍門山的西河，和渭水北面（進貢
的人們）相會合。

　　（禹）巡行許多大山（，砍木通道）。
　　（在渭水的北面，）從岍山（東行）到岐山，再到荆山，越過
黄河。
　　（就在西河的東面，）從壺口山（南行）到雷首山，（折而東北）
到太岳（霍太山）。
　　（在南河的北面，）從砥柱山（東北）到析城山，（東行）到王屋
山。從太行（一直）往北到恒山，（轉向東北）到碣石山，進入了
渤海。
　　（在渭水的西南面，）從西傾山（而東，）到朱圉山和鳥鼠山，

（東行）到太華山。

（在洛水的南面，）從熊耳山到外方山和桐柏山，（東南行）到陪尾山。

（在長江的北面和漢水的南面，）從嶓冢山（南行）到荊山，再從內方山到大別山。

（在長江的南面，）從岷山之南（東南行）到衡山；又越過九江，到敷淺原。

（禹）疏導的幾條大川（是這樣）。

把弱水疏導到合黎山，賸餘的水伏入流沙。

把黑水疏導到三危山，流入於南海。

疏導黃河，施工從積石山起，直到龍門山；南行到華山的北面；東行到砥柱山；又東行到孟津；再向東行過洛水的北面，到大伾山；轉向北行，過了降水，穿過大陸澤；再往北去，分成九條河，又合成一條逆河，流入黃海。

從嶓冢山疏導漾水；東流叫做漢水；又向東流叫做滄浪之水；過了三澨到大別山；南面流入長江；（和江水）一塊（兒）東流，匯合爲彭蠡澤；再東行，（和長江分開，）名爲北江，流入東海。

從岷山疏導長江，東流分出了沱江；再東行到了醴陵；越過九江，到東陵；東向斜行，北面會合於彭蠡澤；再向東行，名爲中江，流入東海。

疏導沇水，東流叫做濟水，流入黃河；那鋪溢出來的水成爲滎澤；東行，出於陶丘的北面；再東行，和菏澤交會；再東行，和汶水相會；再北折而東行，入於黃海。

疏導淮水，從桐柏山開頭；東流跟泗水和（入泗水的）沂水相會；再東流，入於黃海。

疏導渭水，從鳥鼠同穴山（即鳥鼠山的全名）開頭；東行，灃

水（從南面）流入；再東行，涇水（從北面）流入；再東行，漆水和
沮水（從北面）流入；再東行，流入黃河。

　　疏導洛水，從熊耳山開頭；東北行，澗水和瀍水（從北面）流
入；再東行，伊水（從南面）流入；再東北行，也入於黃河。

　　九州大同了，四方都可定居了。無數的山都伐木而通道了，
無數的河流都疏通了它的源頭，（再没有壅塞之患了，）無數的湖
泊都築堤作防，（没有湧溢的危險了，）四海之内的水完全溝通了。

　　（水、火、金、木、土、穀的）六種物質已經修治得很好，許
多好壞不等的地土都已得到適當的處理，許多財物的賦税制度都
已仔細地規定，分成（上、中、下）三等的土壤都已評定了等級
制，從此他們的賦税就可以（按照這個辦法）送到中央來了。

　　（於是天子建立了許多邦國，）賜給領主們以土地和姓氏。

　　（禹説：）“我以謹慎德行爲天下先，不該有違抗我所行的政教
的人”。

　　（天子都城以外）四面各五百里，喚做“甸服”，（分作五區：）
在一百里之内，應把地上所有的農産物全部連根繳納。在二百里
之内（即從一〇一里至二〇〇里，下文里數同此推算），把鐮刀斫
下來的莊稼繳納。在三百里之内，去了粗皮，把禾穗繳納。（以
上三區的）人民都有爲天子服勞役的義務。四百里之内，只把穀
子繳納。五百里之内，只把白米繳納。

　　（甸服以外）四面各五百里，喚做“侯服”，（分作三區：）在一
百里之内，作爲（卿和大夫的）采邑。在二百里之内，分封男爵的
小國。（自二百〇一里）到五百里，這三百里地面分封侯爵的
大國。

　　（侯服以外）四面各五百里，喚做“綏服”，（分作二區：）裏面
的三百里，宣揚中央的文教；外面的二百里，努力修習武事，

（好好地）保衛中國。

　　（綏服以外）四面各五百里，喚做“要服”，（也分作二區：）裏面的三百里住着夷族；外面的二百里住着驅逐出境的犯人。

　　（要服以外）四面各五百里，喚做“荒服”，（同樣分作二區：）裏面的三百里住着蠻族；外面的二百里住着驅逐出境發配極邊的重犯。

　　東邊進到大海，西邊帶着流沙，北面和南面也都參加到範圍以內。（中國的）聲名和文教發展到極遠的四海。

　　上帝嘉獎禹的功勞，把赤黑色的玉圭賜給他，宣佈平定水土的大功的完成。

逸周書世俘篇校注、
寫定與評論[*]

　　孟子盡心下："盡信書則不如無書。吾於武成，取二三策而
已矣。仁人無敵於天下，以至仁伐至不仁，而何其血之流杵也？"
趙岐注："書，尚書。經有所美，言事或過。……武成，逸書之
篇名，言武王誅紂，戰鬭殺人，血流舂杵。孟子言武王以至仁伐
至不仁，殷人簞食壺漿而迎其師，何乃至於血流漂杵乎？"此説明
孟子時之尚書，其中有武成一篇，言周武王克殷時軍事行動之殘
酷，與孟子對於武王之"至仁"信仰大相刺謬，故彼於全篇文字祇
肯接受其兩三簡。漢代儒者承接孟子思想，故此篇鮮見引用。惟
漢書律曆志（下簡稱漢志）録劉歆三統曆世經，以需要古代曆法文
獻作證，曾三次徵引周書武成篇；而劉歆所立古文尚書，視今文
尚書多出十六篇，即所謂"逸十六篇"者，内有武成一篇。按桓譚
新論："古文尚書舊有四十五卷，爲五十八篇"（御覽六〇八引，
文字依全後漢文正），而漢書藝文志載"尚書古文經四十六卷"，
班固自注："爲五十七篇"。卷數固可自由分合，篇數則不容以意
增減，其所以缺一篇者，顏師古注（下簡稱顏注）引鄭玄叙贊云：
"後又亡其一篇，故五十七。"其所亡之篇，尚書正義於晉僞古文
經武成下引鄭玄云："武成，逸書，建武之際亡。"建武爲光武帝
年號，是當東漢初年，古文尚書中已缺去武成篇。書序："武王

　　* 1962 年 2—10 月作。原載文史第二輯，1963 年 4 月。

伐殷，往伐歸獸，識其政事，作武成。”可見武成中必有“歸獸”之記載。今逸周書世俘中有世經所引之武成紀日三節，而“武王狩”一節復合於書序之“歸獸”，是武成一篇雖已亡於古文尚書而轉得保存於逸周書，鄭玄未之考耳。孔廣森經學卮言（下簡稱孔卮言）已見及此，惟云“孟子所讀武成有‘血之流杵’，世俘乃無之，則又未可竟以世俘當武成。”按“血之流杵”祇是狀其戰事之劇烈，不必文中真有此字樣。（王充論衡云：“察武成之篇，牧野之戰……赤地千里。”“赤地”一語亦形容此戰役之酷烈，非本篇所有。）觀篇中云“馘磿億有七萬七千七百有九”，馘爲斷首後截耳，以記殺人之數，其多如此，非“血之流杵”而何！故今世俘即武成，乃一書而二名，猶吕氏春秋中，功名一作由道，用衆一作善學，序意一作廉孝也。此篇所記，容有若干誇張成分，但其著作時代甚早，其所得周初史事之真相遠過於戰國而下所述，在史料中具有甚高價值，詳下評論。

甲　校注

本文據四部叢刊影印明章檗刊本。其中錯簡、譌字、倒字、衍字、缺字，依各家説改正。各家説有確鑿有據者，亦有但憑推測者，今以讀通全篇爲目標，加以取舍。其有未盡或誤取，待讀者正之。

世俘[1]解[2]第四十[3]

[1]朱右曾逸周書集訓校釋（下簡稱朱釋）：“‘世’、‘大’，古通用。‘世俘’者，大俘也。”按古籍中“大（太）子”亦稱“世子”，“大（太）室”亦稱“世室”，可作此名比例。本篇所載，有俘人、俘

車（禽禦）、俘鼎、俘玉、俘獸之事，且所俘均有鉅大數量，故以世俘爲名。書序："夏師敗績，湯遂從之，遂伐三朡，俘厥寶玉，誼伯、仲伯作典寶。"爾雅釋詁（下簡稱釋詁）："'俘'，取也。"故凡軍中一切掠奪之物，均可以"俘"稱之。

　　②按漢樂府中每以一章爲一解；逸周書以一篇爲一解，未知與樂府分解同其義否？淮南子篇題下均加"訓"字，如原道訓、俶真訓等，姚範援鶉堂筆記云："疑'訓'字，高誘自名其注解，即誘序中所云'深思先師之訓'也。"以彼例此，疑逸周書以有孔晁注，篇題下因署以"解"，猶韋昭國語解耳。吳承志橫陽札記："周書七十篇，舊題俱系以'解'字。以管子牧民解、形勢解、立政九敗解、版法解、明法解例之，此書疑春秋、戰國間人采周志及雜説以解説百篇中之周書者。……今文泰誓，梁武帝謂本在七十篇中，見孔穎達尚書泰誓正義。泰誓解亦解泰誓篇文，非即泰誓。"按此固可以備一解，然書序中所列周書目凡四十篇，取校逸周書目七十篇，固有相應者，如克殷、世俘之與牧誓、武成；然不相應者甚多，周月、時訓、謚法、職方、芮良夫、太子晉等於四十篇中俱無可附麗，與管子中牧民解之解牧民，形勢解之解形勢者大異，實不可取以並論。梁武之言，正義謂"梁主兼而存之，言本有兩泰誓：古文泰誓，伐紂時事，聖人取爲尚書；今文泰誓，觀兵時事，別録之以爲周書"。所云"古文"即晉出泰誓，所云"今文"即漢出泰誓，當時兩書並存而内容不同，梁武欲作調人，姑置漢本於周書中耳，原未指實其在逸周書中，且未嘗加以泰誓解之名也。吳説非是。今以周書序中無一有"解"字者，知出後人所增，故於寫定本中删去。

　　③逸周書凡七十篇；加周書序一篇，爲七十一篇。今闕程寤、箕子、月令等十一篇，計存六十篇。全書以所記史事之年代爲次，世俘列第四十篇。朱釋以克殷列三十六，移世俘爲三十七，俾與相次。今以單録本篇，數字無關重要，故删去。

【Ⅰ】維四月乙未日①武王成辟四方通殷命有國②

　　①依本篇所叙，周武王出兵伐紂爲一月事，克商爲二月事，此"成辟"爲四月事，似本篇爲成辟後所追記。惟Ⅵ節四月中有"庚戌"、"辛亥"、"乙卯"諸日紀事，其日俱在"乙未"之後，則又不當説爲追記。莊述祖尚書記（下簡稱莊記）云："按'武王成辟'，言武王伐紂，成天下君。此劉歆所加，欲以充百篇之武成也。"按此節固不必指實爲劉歆所加，但文義確似書序，應出後人之手，以作一篇之總冒者；但未細排甲子，故有此矛盾耳。孫詒讓周書斠補（下簡稱孫斠）："案'乙未日'，古經、史無此文法。史略作'有乙未'，依高（按指高似孫）疑當作'六日乙未'。（原注：莊本删'日'字。）"按"乙未日"不合古代文例，益知其爲低手人筆墨。又按依劉歆世經（下簡稱"劉歆説"），此年周正四月（即卯月）爲己丑朔，"乙未"應爲七日；孔厄言定四月爲庚寅朔，故云"六日"，孫説從之。此節既出後人羼厠，故於寫定時加方匡，示與正文有別。

　　②孔晁注（下簡稱孔注）："言'成'者，執殷俘，通之以爲國也。此克紂還歸而作也。"陳逢衡逸周書補注（下簡稱陳注）："'辟'，君也。'成辟四方'，謂君天下也。'殷'，衆也。'通殷命有國'，謂大封國也。"朱釋："武王既歸，成天下君，乃頒克殷之命于列邦。"按據諸家説，"殷"字或作專名解，或作形容詞解，未詳孰是。今姑依孔、朱説加標。

【Ⅱ】維一月丙辰旁生魄①若翼日丁巳②王乃步自于周征伐商王紂③越若來二月既死魄越五日甲子④朝至接于商則咸劉商王紂⑤執夫惡臣百人⑥

　　①按此爲純太陰曆之日名，與尚書康誥："惟三月，哉生魄，周公初基，作新大邑于東國洛"，召誥：'惟二月，既望，越六日乙未，王朝步自周，則至于豐。……越若來三月，惟丙午朏，越三日戊申，太保朝至于洛，卜宅"，其用月相定日及其記事方式

均同，而此種方式已不存於春秋時代，故可想見此篇之著作必在西周。依劉歆所引武成，作“惟一月，壬辰，旁死霸”，定其日爲子月二日；孔氏言則認爲其時尚用殷正，定爲丑月二日；陳以綱漢志武成日月表(下簡稱陳表)又定爲亥月二日；王國維生霸死霸考(下簡稱王考)則定爲子月二十五日。按本文既明言“一月”，以周正言則是月建子，以殷正言則是月建丑，必無以亥月而名爲“一月”之理。陳氏欲去劉歆之閏二月，更爲推前一月，殊非，詳下評論。依各家所集證據，自當推王考爲勝，但於本篇仍有窒礙難通之處，故今駢列四説，以待考定。(按王考云：“説文：‘“霸”，月始生魄然也，承大月二日，小月三日。從月霏聲。周書曰：“哉生霸”。’此所引者乃壁中古文，漢書律曆志引古文尚書武成亦作‘霸’。其由孔安國寫定者則從今文作‘魄’。馬融注古文尚書康誥云：‘“魄”，朏也。謂月三日始生兆朏。名曰魄。’此皆古文尚書説也。法言五百篇：‘月未望則載魄於西，既望則終魄於東。’……白虎通日月篇：‘月三日成魄。’此皆今文家説，與許、馬古文説同。是漢儒於‘生霸’、‘死霸’無異辭也。漢志載劉歆三統曆，獨爲異説曰：‘“死霸”，朔也。“生霸”，望也。’孟康申之曰：‘月二日以往，明生魄死，故言“死魄”。魄，月質也。’歆之説顧命曰：‘成王三十年四月庚戌朔，十五日甲子哉生霸’，則孟康之言洵可謂得歆意者矣。僞古文尚書用其説，故於武成篇造‘哉生明’一語以配‘哉生魄’。僞孔傳用其説，故以‘旁死魄’爲月二日，以魄生明死爲在十五日以後，以‘哉生魄’爲十六日。相承二千年，未有覺其謬者。……余謂説文‘“霸”，月始生魄然也’，‘“朏”，月未盛之明也’，此二字同義，聲亦相近，故馬融曰：‘“魄”，朏也。’霸爲月始生，爲月未盛之明，則月之一日，霸死久矣，二日若承大月，則霸方生，謂之‘旁死霸’可乎！十五日以降，霸生已久，至是始謂之‘既生霸’，不已晚乎！且‘朔’與‘望’，古自有‘初吉’、‘既望’二名。又舀鼎銘先言‘六月既望’，復云‘四月既生霸’，一器之中，不容用兩種記日法，則‘既生霸’之非‘望’決矣。以‘既生霸’之非‘望’，可知‘既死霸’之決非‘朔’；而‘旁死霸’之非‘二日’，‘旁生霸’之非‘十六日’又可決矣。余覽古器物銘而得古之所以名日者凡四，……因悟古者蓋分一月之日爲四分。一曰‘初吉’，謂自一日至七、八日也。二曰‘既生霸’，謂自八、九日以降至十四、五日也。三曰‘既望’，謂十五、六日以後至二十二、三日。四曰‘既死霸’，謂自二十三日以後至于晦也。八、九日以降，月雖未滿，而未盛之明則生已久。二十三日以降，月雖未晦，然始生之明固已死矣。蓋月受日光之處雖同此一面，然自地觀之，則二十三日以後月無光之處正八日以前月有光之處，此即後世‘上弦’、‘下弦’之由分。以始生之明既死，故謂之‘既死霸’。此……亦即古代一月四分之術也。若更欲明定其日，於是有‘哉生魄’、‘旁生霸’、‘旁死霸’諸名。‘哉生魄’之爲二日或三日，自漢已有定説。‘旁’者，溥也，義進於‘既’。以古文武成差之，如‘既生霸’爲八日則‘旁生霸’爲十日，‘既死霸’爲二十三日則‘旁死霸’爲二十五日。……凡‘初吉’、‘既生霸’、‘既望’、‘既死霸’各有七日或八日，‘哉生魄’、‘旁生霸’、‘旁死霸’各有五日若六日，而第一日亦得專其名。書、器於上諸名，有作公名用者，如顧命：‘惟四月哉生魄，王不懌；甲子，王乃洮頮水’。‘哉生魄’不日，至‘甲子’乃日者，明‘甲子’乃‘哉生魄’中之一日，而王之不懌固前乎‘甲子’也。靜敦云：‘惟六月初吉，王在㝊京；丁卯，王命靜司射’，宂彝云：‘惟六月初吉，王在鄭；丁亥，王格大室’，……‘初吉’皆不日，至‘丁卯’、‘丁亥’乃日者，明‘丁卯’、‘丁亥’皆‘初吉’中之一日，至王在㝊、在鄭……固前乎‘丁卯’、‘丁亥’也。……其用爲專名者，如古文武成云：‘惟一月壬辰旁死霸，若翌日癸巳’，又云：‘粵若來二月既死霸，粵五日甲子’，又云：‘惟四月既旁生霸，粵五日庚戌’，召誥云：‘惟二月既望，越六日乙未’，此皆以‘旁死霸’、‘既死霸’、‘既旁生霸’、‘既望’等專屬第一日，然皆不日，惟武成之‘旁死霸’獨日，顧不云‘旁死霸壬辰’而云‘惟一月壬辰旁死霸’者，亦謂‘旁死霸’自‘壬辰’始，而非‘壬辰’所得而專有也。故欲精紀其日，則先紀諸名之第一日，而又云‘粵幾日某某’以定之，如武成、召誥是也；否則但舉‘初吉’、‘既生霸’諸名以使人得知是日在是月之第幾分，如顧命及諸古器銘是也。苟由此説以考書、器所紀月日，皆四達而不悖。何以證之？古文武成云：‘惟一月壬辰旁死霸，若翌日癸巳，武王朝步自周，于征伐紂。’又云：‘粵若來二月既死霸，粵五日甲子，咸劉商王紂。’又云：‘惟四月既旁生霸，粵五日庚戌，武王燎于周廟。’由舊説推之，既以一月二日爲‘壬辰’，二月五日爲‘甲子’，則四月中不得有‘庚戌’。史遷蓋不得其説，於是移武王伐紂於十二月，移甲子誅紂於正月。劉歆不得其説，於是於二月後置閏。然商時置閏皆在歲末，故殷虛卜辭屢云‘十三月’。武王伐紂之時不容遽改閏法，此於制度上不可通者，不獨以‘既死霸’爲朔，‘旁死霸’爲二日，‘既旁生霸’爲十七日，爲名之不正而已。若用今説，則一月戊辰朔，二十五日壬辰旁死霸，次日得癸巳，此武王伐紂興師之日也；二月戊戌朔，二十三日庚申既死霸，越五日至二十七日得甲子，是‘咸劉商王紂’之日也；三月丁卯朔；四月丁酉朔，十日丙午既旁生霸，十四日得庚戌，是‘武王燎于周廟’之日也。於是武成諸日月不待改月置閏而可通。”其説比較精密，故附錄於此。至其解世俘全文尚有困難，詳下評論。)

②漢志引武成，作“若翌日癸巳”。依劉歆説，“癸巳”爲子月三日；孔疏言爲丑月三日；陳表爲亥月三日；王考爲子月二十六日。盧文弨抱經堂校定本逸周書(下簡稱盧校)於此二句改作“惟一月丙午旁生魄，若翼日丁未”，並自解之曰：“案從‘丙午’十六日數至二月五日‘甲子’方合。”朱釋因之，並云：“據古文武成，周師以武王十年建亥月二十八日戊子始發；王以十一年建子月三

日癸巳乃行，十六日丙午逮師。此言‘丁未’，差一日耳。”孫詒讓：
“舊本‘丙’、‘丁’二字誤，而‘辰’、‘巳’二字則不誤。盧校乃以
不誤爲誤，慎矣！”按“丙午，逮師”見劉歆引太誓，非武成；武成
有月日而無年，朱説並誤。劉師培周書補正（下簡稱劉補）：“此
云‘王乃步自于周’，即武王由周啟程言也。‘丙午’爲逮師之日，
世經所述至明，奚有由周啟程之日轉後於逮師一日者乎！”又云：
“案是年……爲文王十三年，即武王即位之四年，……朱以爲武
王十一年事，不足辨。”按劉説全據世經，固未必是，然盧校之誤
則所評甚當。依王考，武王以一月二十六日癸巳興師；王後行，
以二月九日丙午逮師；二十一日戊午渡孟津，凡越二十六日。劉
歆説：“孟津去周九百里，師行三十里，故三十一日而度。”蓋劉
歆以周十二月二十八日戊子周師初發；一月三日癸巳武王始發，
十六日丙午逮師；二十八日戊午渡孟津，因云“三十一日”。“師
行三十里”者，左傳莊三年：“凡師，一宿爲‘舍’”，僖二十八年
“退三舍辟（避）之”，杜注：“一舍三十里。”二月“甲子”克殷既已
確定，則一月中之“丙辰”、“丁巳”相去才八、九日，以殷、周相
距之遙，其行軍必無如此神速之理。舊本之誤不待言，今並依漢
志改正。“翼”，當作“翌”。“翌日”爲明日，見爾雅釋言及郭注。
尚書中諸“翌日”字，並爲唐衛包改“翼”，非。後人見衛改本尚書
作“翼日”，因將逸周書中之“翌日”亦改作“翼日”。今改回。

③漢志引武成，作“武王乃朝步自周，于征伐紂”。按召誥：
“王朝步自周，則至于豐”，文法與此正同，知“朝步”乃殷、周間
成語。今據改。

④漢志引武成，作“粵若來二月既死霸，粵五日甲子，咸劉
商王紂”，少“朝至接于商，則”六字，蓋出劉歆節引。“粵”、
“越”，古今字。“甲子”，劉歆定爲丑月五日；孔晁言定爲寅月五
日；陳表定爲子月五日；王考定爲丑月二十七日。

⑤按召誥：“越若來三月惟丙午朏，越三日戊辰，太保朝至

于洛，卜宅；厥既得卜，則經營。”又云：“若翼日乙卯，周公朝
至于洛，則達觀于新邑營。”云“越若來”，云“朝至”，云“則”，並
與本節語法同，可見此篇寫作時代之早。“越若來”，古語辭，其
義當爲“至於”。“咸劉”，沈延國逸周書集釋（下簡稱沈釋）：“書
君奭：‘咸劉厥敵’，注：‘“劉”，殺也’。……考書盤庚：‘重我
民，無盡劉’，‘咸’、‘盡’義通。”“接”，陳注：“解作‘兵刃既接’
之‘接’。‘接’，交也。‘接于商’者，謂接仗于商郊牧野之地。”

　　⑥盧校改“夫”爲“矢”，朱本從之。劉補：“度邑解：‘志我共
惡，俾從殷王受’，周紀作‘悉求夫惡，貶從商王受’。此文訛
‘共’爲‘矢’，與彼同例。‘共惡’猶云‘同惡’。……下文‘武王乃
廢于紂矢惡臣百人’，‘矢’亦‘共’訛。（原注：史記周本紀索隱
云：‘言今悉取夫惡人，不知天命、不順周家者，咸貶責之’，作
‘夫’雖誤，亦此文不作‘矢’字之證也。）”今據其説，改“夫”爲
“共”。下同。

【Ⅲ】太公望命禦方來①丁卯②望至告以馘俘③戊辰④王遂禦循自
祀文王⑤時日王立政⑥呂他命伐越戲方⑦壬申荒新至⑧告以馘俘
侯來命伐靡集于陳⑨辛巳⑩至告以馘俘甲申⑪百弇命以虎賁誓命
伐衛⑫告以馘俘

　　①孔注：“太公受命，追禦紂黨方來。”陳注：“‘方來’疑即惡
來，‘方’是國名，東夷傳有‘方夷’，‘來’其名也。”郭沫若中國古
代社會研究（下簡稱郭研）：“此‘禦方’當即不䚡簋之‘馭方’，蓋
夏后氏之後獫狁，與殷爲世仇，故周人伐殷時即請其援助。”按
殷、周牧野決戰之日，“維師尚父，時維鷹揚”，見於詩大明，師
尚父即太公望，不可能先期往請馭方之師，而於克殷後三日乃由
馭方至。故仍依孔説加標。

　　②據劉歆説，“丁卯”爲丑月八日；孔疏言爲寅月八日；陳表
爲子月八日；王考爲寅月朔。

　　③詩大雅皇矣：“攸馘安安”，毛傳：“‘馘’，獲也。不服者

殺而獻其左耳。"禮記王制："以訊馘告",鄭注："'訊馘',所生獲斷耳者。"是馘爲斷耳,而有生獲與死獻二類。左傳僖二十二年："楚子使師縉示之俘、馘",杜注："'俘',所得囚。'馘',所截耳。"孔疏："浮者,生執囚之;馘者,殺其人,截取其左耳,欲以計功也。"蓋戰時所斬頭顱過多,爲便于計功,故截其耳以表其所殺之數。

④據劉歆説,"戊辰"爲丑月九日;孔晁言爲寅月九日;陳表爲子月九日;王考爲寅月二日。

⑤孔注："'禋循追祀',以尅紂告祖考,壇墠而祭。"盧校依孔注,改"自祀"爲"追祀",是,今據改。陳注引張惠言説:"'禋',祀也。(按,此爲説文説。)下有'禽禋'之文,則'禋'是車。疑此'禋'是祀主車之名。"于鬯校書(下簡稱于校):"'禋'蓋'柴'字之誤。……説文示部曰:"'柴',燒柴燎祭天也。'"王遂柴',當三字句,言王遂祭天;既祭天因追祀文王,故曰'循追祀文王'也。孔解以'禋循'二字連讀,失矣。……小戴大傳記曰:'牧之野,武王之大事也。既事而退,柴於上帝,祈於社稷,奠於牧室',鄭注云:"'柴'、'祈'、'奠',告天、地及祖先也',蓋即此事,則'禋'爲'柴'之誤可證。彼之'柴'即此之'柴','柴'、'柴'多通用。"今依于説加點,"禋"亦依改"柴"。

⑥釋詁:"'時',是也。"孔注:"是日,立王政布天下。"

⑦孔注:"'吕他',將也。'越、戲、方',紂三邑也。"羅泌路史國名紀(下簡稱羅紀)己:"'戲',武王克商,命吕佗伐戲方,云紂畿內。按襄九年:'戲',鄭地。"是以"戲方"爲一國。朱釋依孔注,云:"'越',未詳。'戲',戲陽,在彰德府內黃縣北。'方',防陵,在彰德府安陽縣西南。"盧校引惠棟説:"'吕他',南宮氏也。'越戲方'一作'反虎方',見南宮中鼎銘。"按"南宮"與"吕"如何爲一氏,"越戲方"與"反虎方"如何爲一國,惠氏均未説明,其説殊爲牽强;但説"越戲方"爲一國則殊勝孔注,殷人稱國

曰“方”，甲骨文有“虎方”、“羊方”、“三丰方”等名，本篇又有“宣方”，均可證。今依一國名加標。

⑧據劉歆説，“壬申”爲丑月十三日；孔厄言爲寅月十三日；陳表爲子月十三日；王考爲寅月六日。按此條所命者爲吕他，而告馘、俘者爲荒新，與他條不類。孫斠：“案孔廣森删‘荒新’二字，則告馘俘即吕他也，其説近是。‘荒新’似涉下‘新荒命伐蜀’而衍，又到(倒)其文耳。”今據删“荒新”二字。

⑨孔注：“‘侯來’，亦將也。‘靡’、‘陳’，紂二邑也。”羅紀己：“‘靡’，周書世俘云：‘武王伐靡及陳’者。”依孔、羅説，則此句原文應作“侯來命伐靡、陳”，無“集于”字。朱釋：“‘靡集’，紂黨。寰宇記曰：‘衛州汲縣，古陳城也’。”則以“靡集”爲人名，“陳”爲其所居地。此二説未詳孰是，今姑依朱説寫定。

⑩據劉歆説，“辛巳”爲丑月二十二日；孔厄言爲寅月二十二日；陳表爲子月二十二日；王考爲寅月十五日。

⑪據劉歆説，“甲申”爲丑月二十五日；孔厄言爲寅月二十五日；陳表爲子月二十五日；王考爲寅月十八日。

⑫孔注：“‘百弇’，亦將。”潘振解義(下簡稱潘義)：“能左右之曰‘以’。‘誓’，宣號令也。‘衛’，邑名，在朝歌之東。”陳注：“‘以虎賁’者，衛强於諸邑也。”沈釋：“衛爲殷墟，守之者衆，故以虎賁之士攻之。”

【Ⅳ】辛亥①薦俘殷王鼎②武王乃翼矢珪矢憲③告天宗上帝④王不格服格于廟⑤秉語治庶國⑥篇人九終⑦王烈祖⑧自太王、太伯、王季、虞公、文王邑考以列升⑨維告殷罪篇人造⑩王秉黄鉞⑪正國伯⑫壬子⑬王服衮衣⑭矢琰⑮格廟篇人造王秉黄鉞正邦君⑯癸酉⑰薦殷俘王士百人⑱篇人造王矢琰秉黄鉞執戈⑲王奏庸大享一終⑳王拜手稽首㉑王定㉒奏其㉓大享三終㉔甲寅㉕謁我殷于牧野㉖王佩赤白旂㉗篇人奏武㉘王入進萬㉙獻明明三終㉚乙卯㉛篇人奏崇禹生開㉜三鍾㉝終王定㉞

①據劉歆説，"辛亥"爲閏二月二十二日；孔晁言爲卯月二十二日；陳表爲丑月二十二日；王考爲卯月十五日。按本節既言"辛亥薦俘殷王鼎"，Ⅷ節又言"若翌日辛亥，祀于位，用籥于天位"，故孔晁言併兩文於一日；朱釋亦云："'辛亥'即下文'辛亥'。……此篇非一人所記，故錯出於此。"劉補據世經，謂此一"辛亥"在閏二月，此時武王仍在殷疆，下一"辛亥"在四月，其時武王已歸周都，應相距兩月。觀Ⅴ節記伐歷、蜀、宣方，Ⅵ節記武王行狩，可知其中尚有一段距離，則劉説自爲可信。説詳本節第5條及第34條。

②朱釋："'鼎'，即九鼎。"按"殷王鼎"爲殷王所鑄之重大禮器，如今北京歷史博物館所藏之司母戊鼎然。左傳桓二年："武王克商，遷九鼎于雒邑，義士猶或非之"，即此俘鼎之事。謂之"九"者，古人以"三"表多數，以"九"表極多數，言"九鼎"者，謂周克商時俘得甚多之鼎，非實數爲九個。汪中釋三九："三者，數之成也。……九者，數之終也。……凡一、二之所不能盡者，則約之'三'以見其多；三之所不能盡者，則約之'九'以見其極多。此言語之虛數也，……不可執也。"其説甚是。凡戰國以下紛紛言武王實得商之九個鼎，均誤以虛數爲實數，不足信；實則克商時俘獲之鼎超過九數且甚遠也。

③釋詁："'翼'，敬也。"又："'矢'，陳也。"朱釋："'珪'，鎮圭，長尺二寸。"孫斠："按此'矢珪'，珪當爲琬圭。告天宗、上帝當服大裘而冕（周禮司服云：'祀昊天上帝則服大裘而冕，祀五帝亦如之'），其上衣即龍袞也。'辛亥'，周之四月廿二日。孔注依劉歆説，以爲閏二月廿二日，則尚可服裘。若夏不服裘，則亦唯襲袞矣。下文云：'壬子，王服袞衣，矢琰格廟'，與此文正相對。周禮典瑞云：'琬圭以治德，以結好；琰圭以易行，以除慝。'明此二玉異用，故王各陳之於廟矣。鎮圭，王所執之玉，不當矢陳之也，朱説非是。"陳注："'憲'，法也，大訓之類。"按，

大訓見顧命，與"弘璧"、"大玉"爲類。沈釋引章炳麟説："逸周書諸言'憲'者，竝藉爲'栔'而訓'法'，獨世俘解言'矢珪'、'矢憲'、'矢琰'，憲則珪、琰之儕，其字亦爲栔，其物則符璽瑞日歟？"

④禮記月令："孟冬之月，……天子乃祈來年于天宗。"鄭注："'天宗'，謂日、月、星辰也。"淮南子時則文同。高誘注："凡屬天上之神，日、月、星辰，皆爲'天宗'。"是則"天宗、上帝"爲二名："上帝"爲主宰；"天宗"爲泛稱，凡天神皆可蒙此名。此爲武王克紂而告天之祭。晉書禮志引劉劭六宗議云："虞書謂之'六宗'，周書謂之'天宗'"，即據此。按堯典"六宗"，異義紛紜，迄無定説，殆即"天宗"之譌文。

⑤孔注："不改祭天之服以告祖考，急于語治也。"觀此注，則"不格服"之"格"爲"革"之誤作；"革服"，易衣也。盧校改"革"，是，今據改。劉補："斯時仍在殷疆，所云'格于廟'及追王列祖者，以禮記大傳證之，'廟'即牧室所設之'奠'（原注：大傳鄭注云："'柴'、'祈'、'奠'，告天、地及先祖也。"牧室"，牧野之室也。古者郊關皆有館焉。先祖者，行主也'），非周京宗廟。"按此説是，本節所記爲武王克殷後在殷疆之祭，Ⅷ節所記爲武王歸周後在周廟之祭，兩事相距兩月，故必不可將此一"辛亥"合於彼一"辛亥"。

⑥釋詁："'秉'，執也。"猶言"持"。朱釋："舊脱'黄鉞'二字，依下文例增。……'秉鉞'，示當斷制天下也。"按單言"秉"則無賓詞，兼言"秉語"則文不可通，故依朱説增"黄鉞"二字。

⑦朱釋："'籥'，如笛，長三尺，三孔，或曰六孔，吹以節舞。'九終'，九成也。"潘義："言王不改告天之服，至于廟，持策命功臣，統治庶國，……斯時籥人舞九變也。"按周禮春官有"籥師"、"籥章"諸職，可見籥在古代樂器中之地位。"九終'猶言"九節"，是時舞凡九節，爲最隆重之儀式。

⑧釋詁："‘烈’，業也"，郭注："謂功業也。"左傳哀二年："衛太子禱曰：‘曾孫蒯聵敢昭告皇祖文王、烈祖康叔、文祖襄公’"，杜注："‘烈’，顯也。"

⑨孔注："皆升王於帝。"丁宗洛管箋（下簡稱丁箋）："注蓋言升其主於祭帝之所，而以王禮祀之耳。軍中廟制不備，故然。"按太伯、虞公（即仲雍）、王季皆太王子，爲武王之祖輩；文王爲武王之父；邑考爲武王之兄。此祭不分嫡庶與直系、旁系，與保定所出商三句兵銘文，其一曰"大祖日己，祖日丁，祖日乙，祖日庚，祖日丁，祖日己"；其二曰"祖日乙，大父日癸，大父日癸，中父日癸，父日癸，父日辛，父日己"；其三曰"大兄日乙，兄日戊，兄日壬，兄日癸，兄日癸，兄日丙"：以三世兄弟之名先後駢列，無上下貴賤之別者同，可見其時尚無宗法之制，亦爲本篇早出之一徵。王國維殷卜辭中所見先公先王考："周時以嫡庶、長幼爲貴、賤之制，商無有也。故兄弟之中有未立而死者，其祀之也與已立者同。……卜辭有一節曰：‘癸酉，卜貞王賓父丁歲三牛，眔（暨）兄己一牛，兄庚□□，亡□’（後編卷上十九葉），又曰：‘癸亥，卜貞兄庚□眔兄己□’（同上，第八葉），又曰：‘貞兄庚□眔兄己其牛’（同上）。考商時諸帝中，凡丁之子無己、庚二人相繼在位者，惟武丁之子有孝己（戰國秦、燕二策，莊子外物篇，荀子性惡、大略二篇，漢書古今人表均有孝己。家語弟子解云：‘高宗以後妻殺孝己’，則孝己，武丁子也），有祖庚，有祖甲，則此條乃祖甲時所卜，‘父丁’即武丁，‘兄己’、‘兄庚’即孝己及祖庚也。孝己未立，故不見於世本及史記，而其祀典乃與祖庚同。……周初之制猶與之同，逸周書……曰：‘王烈祖太王、太伯、王季、虞公、文王、邑考以列升’，蓋周公未制禮以前，殷禮固如斯矣。"郭研："彭那魯亞家族的亞血族群婚制，自男女而言則爲多妻、多夫，自子女而言則爲多父、多母，而卜辭中則確有多父、多母之徵跡。……有於一片中列舉三父、二父之

名者：‘父甲一牡，父庚一牡，父辛一牡’（後上二五，九），‘貞又于父庚，貞又于父辛’（戩七，一）。此父甲、父庚、父辛一片，羅、王二氏以爲即陽甲、盤庚、小辛，辭當爲武丁所卜，因三人均爲武丁諸父，故均稱‘父’。……後人伯、叔稱‘諸父’，實亦此現象之孑遺。”陳注：“太伯、虞公、邑考，俱當在附祭之列。”此以後世宗法制度下之倫理觀念解釋古史，不可從。

　　⑩朱釋：“‘造’，進也。”孔注：“於籥人進則王進。”按莊記於本篇“籥人”俱改“籥入”，未説明理由，揣其意蓋由春秋昭十五年“二月，癸酉，有事於武宮；籥入，叔弓卒，去樂卒事”來。然“入”爲動詞，“造”亦爲動詞，“籥入造”實不辭，故不從。

　　⑪尚書牧誓：“王左杖黄鉞”，僞孔傳：“‘鉞’，以黄金飾斧。”玉海一五一引世俘此文作“黄戚”，存參。

　　⑫孔注：“於籥人進則王進，正伯之位也。”按詩韓奕：“奄受北國，因以其伯”，左傳僖二十八年：“王命尹氏及王子虎、内史叔興父策命晉侯（文公）爲侯伯”，可見“伯”爲諸侯之長，故先正其位。

　　⑬據劉歆説，“壬子”爲閏二月二十三日；孔厄言爲卯月二十三日；陳表爲丑月二十三日；王考爲卯月十六日。

　　⑭周官司服：“享先王則衮、冕。”按衮衣備十二章（其象爲日、月、星辰、山、龍、華蟲、藻、火、粉、米、黼、黻，見尚書皋陶謨），爲天子之服。

　　⑮周官典瑞：“琰圭以易行，以除慝。”鄭注引鄭衆説：“琰圭有鋒芒，傷害、征伐、誅討之象，故以易行、除慝。易惡行，令爲善者，以此圭責讓喻告之也。”

　　⑯孔注：“正諸侯之位也。”按“國伯”爲高級諸侯，“邦君”爲次級諸侯。

　　⑰“壬子”後，“甲寅”前，不可能爲“癸酉”。盧校改“癸丑”，是。今依改。據劉歆説，“癸丑”爲閏二月二十四日；孔厄言爲卯

月二十四日；陳表爲丑月二十四日；王考爲卯月十七日。

⑱“薦殷俘王士”，孔厄言作“薦俘殷王士”。按此與“薦俘殷王鼎”語法同，今依改。孔注：“‘王士’，紂之士，所囚俘者。”朱釋：“‘庚戌，用俘’，主燎懸首之旅；此乃獻俘也。”陳注：“‘王士百人’，皆殷之良，故謂之‘士’，以別‘夫惡臣’也。詩曰：‘殷士膚敏’。”按多士：“周公初于新邑洛，用告商王士。王若曰：‘爾殷遺多士……’”，“商王士”即此“殷王士”，爲殷遺貴族。此文所記，既已俘之以來，且獻之於廟，如何説爲殷之良士，陳説非。郭研以此句爲“用人爲牲”，蓋癸丑之日大享，故殺所俘殷王士百人以祭耳。按左傳僖十九年：“宋（襄）公使邾文公用鄫子于次睢之社，欲以屬東夷”，杜注：“睢水……水次有妖神，東夷皆社祀之，蓋殺人而用祭。”又昭十一年：“楚子（靈王）伏甲而饗蔡侯於申，醉而執之……殺之，刑其士七十人。……楚子滅蔡，用隱太子于岡山。申無宇曰：‘不祥！五牲不相爲用，況用諸侯乎！’”杜注：“〔隱太子〕蔡靈公之太子。……‘五牲’，牛、羊、犬、豕、雞。”又注是年春秋：“‘用之’，殺以祭山。”此可見以人爲牲及滅國時大量殺亡國之臣，春秋時且然，何況殷、周之際。

⑲朱釋：“戟偏距爲‘戈’，虎賁之士執之以衛王者。”

⑳孔注：“‘大享’，獻爵。‘奏庸’，擊鐘。”按“庸”即“鏞”，大鐘，大享所用樂也。朱釋：“肆夏：樊、遏、渠，本大享之樂，以金奏之，故云‘奏庸’。”奏鏞非王事，“王奏庸”語不完，莊記作“王入，奏庸”，是，今依改。“一終”，奏樂一節。

㉑周官大祝：“辨九撑（拜）：一曰‘頜（稽）首’，……三曰‘空首’”，鄭注：“‘頜首拜’，頭至地也。……‘空首拜’，頭至手，所謂‘拜手’也。”按尚書洛誥，周公與成王對語時相互“拜手稽首”，足徵此爲最隆重之敬禮。

㉒説文：“‘定’，安也”，即休息之義。沈釋：“‘定’當訓‘止’。書洛誥：‘公定，予往已’，‘王定’與‘公定’意同。”

㉓“其”，誤字。盧校改“庸”，是，今依改。

㉔國語魯語下：“夫先樂金奏肆夏：樊、遏、渠，天子所以饗元侯也。”此爲大享之樂，以金奏之，凡三節，故曰“奏庸，大享三終。”

㉕據劉歆説，“甲寅”爲閏二月二十五日；孔疏言爲卯月二十五日；陳表爲丑月二十五日；王考爲卯月十八日。

㉖“我殷”，字誤。盧校作“戎殷”，是，尚書康誥：“天乃大命文王殪戎殷，誕受厥命”可證，今依改。“戎”有種族、兵器及爾汝諸解，但解此“戎殷”均不當，“戎殷”明爲一名詞，而“謁”與“殪”爲其外動詞。按詩烈文：“念兹戎功，繼序其皇之”，毛傳：“‘戎’，大；‘皇’，美也”，鄭箋：“念此大功，勤事不廢。”釋詁亦云：“‘戎’，大也。”稱殷爲“大殷”者，殷之幅員本遠過於周，周人恒以“大國”、“大邦”稱之，召誥：“皇天上帝改厥元子，兹大國殷之命”，詩大明：“大邦有子，俔天之妹”是也。釋詁：“‘謁’，告也”，邢疏：“謁者，告白也，月令曰：‘謁於天子’。”此句之義，蓋謂以克大國殷于牧野之情狀告於廟也。依劉補説（見本節，5條），蓋武王出師，攜先人之木主以行，兹設奠於牧野之館室以告行主。

㉗孫斠：“‘赤、白旂’，疑即徽識之屬。周禮大司馬‘中夏，教茇舍，辨號名之用’，鄭注云‘號名，徽識，所以相別也。在國以表朝位，在軍又象其制而爲之被之，以備死事’，是也。此王蓋用軍禮，故亦被徽識。‘赤、白旂’者，蓋以赤帛爲縿而白斾。”按此以克戎殷於牧野之戰功告於廟，故用軍禮，亦足爲武王尚留殷都之證。

㉘左傳宣十二年：“武王克商……作武，其卒章曰：‘耆定爾功’；其三曰：‘鋪時繹思，我徂惟求定’；其六曰：‘綏萬邦，屢豐年’。”按此諸語具見於詩周頌，而卒章名武，其三名賚，其六名桓。王國維有周大武樂章考，假想其有六節。

㉙孔注："武以干羽爲萬舞也。"孔尼言三："(詩邶簡兮)'方將萬舞'，箋：'萬舞，干舞也。'……鄭君注易亦云：'王者功成作樂，以文得之者作籥舞，以武得之者作萬舞。'夏小正傳曰：'萬也者，干、戚舞也。'春秋傳曰：'萬者何？干舞也。籥者何？籥舞也。'惟左氏'初獻六羽'傳云：'將萬焉'，似羽、籥得通言萬者。然彼傳又云：'子元振萬，文夫人聞之曰："先君以是舞也，習戎備也"'，仍專以萬爲武舞矣。且即此詩證之，萬舞正當爲武舞，故以'有力如虎'言之。首二章稱其武舞，三章'執籥秉翟'乃稱其文舞。彼美人兮，文、武咸宜，是宜爲西方周之臣矣。"此文斷説萬爲武舞，甚是。重編左傳者不瞭其事，可證"初獻六羽"一篇爲漢人攙入。

㉚孔注："'明明'，詩篇名。"盧校引惠棟説："'明明'，即大明。"按惠説出猜測，未必是；即使如此，而此文既云"明明三終"，以"鹿鳴之三"兼及四牡、皇皇者華例之，亦知必非大明一篇。

㉛據劉歆説，"乙卯"爲閏二月二十六日；孔尼言爲卯月二十六日；陳表爲丑月二十六日；王考爲卯月十九日。

㉜孔注："崇禹、生開，皆篇名"，是定爲二詩。劉補："'崇禹'即夏禹，猶鯀稱'崇伯'也。'開'即夏啟。崇禹生開當亦夏代樂舞，故實即禹娶塗山女生啟事也。"按"有崇伯鯀"一名見周語下。"啟"爲漢景帝諱，故漢人改書"開"。崇禹生開爲一篇，劉説甚是，今依標。

㉝"鐘"字衍，今據盧校刪。

㉞朱釋依孔尼言云："連日有事者，'庚戌'以郊天告廟，'辛亥'以追王告廟，'壬子'正邦君，'癸丑'薦俘，'甲寅'告牧野之事，惟'乙卯'以庶邦君助祭爲正祭焉。自'辛亥，薦俘殷王鼎'以下至此，若移後'至于沖子'之下，則順矣。"按朱氏主張以本節納入Ⅷ節，以本節"辛亥，薦俘殷王鼎"與Ⅷ節"若翼日辛亥，祀于

位，用籥于天位"爲同日；又以本節"乙卯，籥人奏崇禹生開"與
Ⅷ節"乙卯，武王乃以庶國馘祀于周廟"爲同日。然Ⅷ節明書"時
四月"，在武王歸國之後，而本節上承"二月"，其時武王尚留商
都，先後差二月，必不可説爲同時事；又本節無"庚戌"，亦不可
以Ⅷ節之庚戌郊天告廟冠於本節之首也。又周自太王以來即已稱
王，不當依中庸之説，説本節之"王烈祖"爲"追王"。

【Ⅴ】庚子①陳本命伐磨②百韋③命伐宣方新荒④命伐蜀⑤乙巳⑥陳
本命新荒蜀磨至⑦告禽霍侯俘艾佚侯小臣四十有六⑧禽禦⑨八百
有三百兩⑩告以馘俘⑪百韋至告以禽宣方禽禦三十兩告以馘俘百
韋命伐厲⑫告以馘俘⑬

①孔注："此復説尅紂所命伐也。""庚子"，據劉歆説爲閏二
月十一日；孔厄言爲卯月十一日；陳表爲卯月十二日；王考爲卯
月四日。

②盧校引梁履繩説："'磨'必'厤'之訛。……路史國名紀六
云：'郿'，商時侯國'。凡地從'邑'，本作'厤'也。"盧校："案
黄歇説秦云：'割濮、厤之北'，厤近濮，在商畿内可知。見秦
策。新序作'濮、歷'。"按此説明確，今據改。

③孫斠："'百韋'，人名，無考，疑當作'百夆'，即克殷篇
之'南宮百達'也。'夆'即'逵'之省，與'韋'形近而譌。下同。劉
補："'百韋'疑即上文'百夆'，'韋'、'夆'形近。"按此二説均可
供參考。今以其字不能定，故暫不改。百夆伐衛見Ⅲ節。

④盧校引梁履繩説："'新荒'，前云'荒新'，疑是二人，故
立舉異文。"按分爲二人，似未安。依孔廣森、孫詒讓説，則Ⅲ節
"荒新"係涉本節"新荒"而衍，又倒其文。"新荒"字不誤。

⑤自庚子命新荒伐蜀至乙巳新荒自蜀歸，首尾六日，知蜀地
必離殷都不遠。按春秋成二年及左傳並有"蜀"，宣十八年傳：
"楚於是乎有蜀之役"，杜注："'蜀'，魯地，泰山博縣西北有蜀
亭。"不知是此地否？沈釋引沈祖緜説："後漢書郡國志，潁川郡

長社縣：'有蜀城、蜀津'，注：'史記云："魏惠王元年，韓、趙合軍伐魏蜀澤"'，疑即蜀地。"

⑥據劉歆説，"乙巳"爲閏二月十六日；孔晁言爲卯月十六日；陳表爲卯月十七日；王考爲卯月九日。

⑦按陳本伐厤，新荒伐蜀，俱於乙巳日勝利歸來，故云"陳本、新荒蜀、厤至"。陳本與新荒率二師，出二道，新荒不可能爲陳本所命，知此"命"字必係衍文。今删。

⑧盧校作"告禽霍侯、艾侯、俘佚侯小臣四十有六。"劉補："案路史國名紀三（按"三"應作"己"）引作'俘艾侯（按"艾侯"下有"佚侯"字）小臣四百六'，似'艾侯'二字當在'俘'字下。"按章本"艾侯"正在"俘"字下，可從。惟路史另出"佚侯"，云"皆商國"。盧本作"俘佚侯"，章本作"俘艾佚侯"。陳注："'佚侯'，淫逸有過失者，故併俘之以示警"，與路史説異，恐亦望文生義。今姑依路史改定。

⑨于校："'禽'之言'篝'也。漢書宣帝紀顔注引蘇林曰：'析竹以繩縣，禁禦使人不得往來，律名爲"篝"。'又服虔曰："篝"，在池中築室，可用棲鳥，鳥入中則捕之。'……觀此，則禽禦之制可想矣，謂非禁錮之車而何也！禽禦者，蓋不特禁錮敵人，亦禁錮敵物，故上文惟言'禽霍侯、艾侯，俘佚侯小臣四十有六'，而禽禦乃至八百有三十兩之多，明不但置人，兼置物矣。"

⑩"禦"，陳注："所獲輜重也"，又引張惠言説："'禦'，蓋爲車。"按"八百有三百兩"，數字不可通。莊、朱兩本並改爲"八百有三十兩"，陳本改爲"八百有三兩"，今依前一説改。"禽禦……兩"，孔注："言兩隅之言也。"孫詒："'隅'，當爲'偶'，謂以兩計者，取數於偶也。藝文類聚七十一引風俗通云'車一兩，謂兩兩相與爲體也。'原其所以言'兩'者，箱、轅及輪兩兩而耦，故稱'兩'耳。'偶'、'耦'字通。"按"兩"，今字作"輛"。

⑪以上記伐厤、蜀事訖。朱釋："今山東東昌府濮州南有厤

山；泰安府泰安縣西有蜀亭；河南懷慶府修武縣北有濁鹿城。然距朝歌俱遠，非五日所能往返也。霍侯都歷；艾侯都蜀；佚侯蓋附近小國，來助霍、艾者。"按依黃歇語，歷近濮，濮水舊道在今河南東北部滑縣、濮陽一帶，當商都東，距山東舊濮州亦不遠。

⑫陳注："漢書地理志南陽郡'隨，故國。厲鄉，故厲國也'。"按克殷後所伐國，大都在殷畿，或離殷畿不遠，此何以獨在江、漢流域，非。沈釋引沈祖緜說："南陽在商末之際已在文王六州之内，即詩之'周南'也，不當伐之。'厲'係漢書地理志陳國之苦縣，師古曰：'晉太康記云："城東有賴鄉祠，老子所生也"。'史記老子傳：'老子者，楚苦縣厲鄉曲仁里人也。'……索隱云：'苦縣本屬陳，春秋楚滅陳而苦又屬楚。'正義云：'括地志云："苦縣在亳州谷陽縣界，有老子宅及廟。……"'"厲"，音賴。'"按谷陽故城在今河南鹿邑縣東十里。

⑬孔注："此復說尅紂所命伐也。"盧校："此復說尅紂所命伐，故曰不與上次。"陳注："盧氏未看出錯簡，故依孔注爲言；不知此七十九字當緊接'甲申'一條，在'辛亥，薦俘殷王鼎'之上，非惟文氣順下，而干支排算毫無疑義。"按本節甲子既與Ⅲ節相連，所敘事又與Ⅲ節同其性質，故今依莊、陳二本，移Ⅲ節後。

【Ⅵ】武王狩禽虎二十有二貓①二糜②五千二百三十五犀十有二③氂④七百二十有一熊⑤百五十有一罷⑥百一十有八豕⑦三百五十有二貉⑧十有八麈⑨十有六麝⑩五十麇⑪三十鹿三千五百有八⑫⑬

①洪邁容齋續筆十三引（下簡稱洪引）作"貓"，字通；惟用此字者多，今依改。按詩韓奕："有熊有罷，有貓有虎"，毛傳："'貓'，似虎淺毛者也。"禮記郊特牲："天子大蜡八。……蜡之祭也，……迎貓，爲其食田鼠也；迎虎，爲其食田豕也；迎而祭之也。"知貓、虎同爲猛獸，然虎食田豕而貓食田鼠，則貓體必小於虎，蓋即今山貓之類。爾雅釋獸："虎，竊毛謂之'虦貓'。"邢昺

疏：“‘竊’，淺也。虎之淺毛者別名‘虦貓’。”則又有“虦貓”一名。徐時棟煙雨樓讀書志：“世俘解紀武王所得紂圃中獸，曰：‘虎二十有二，貓二’，其數較他物獨少，又紀之‘虎’下，諸獸之上，似甚貴重不易得者。即韓奕之詩亦言‘有貓有虎’，言之似足貴者。……蓋直是虎類，故皆與虎連言之，猶麎之與鹿耳。”

②“麎”，石聲漢同志來函（下簡稱石函）認爲應作“麇”，數量方能如此多，見本節注⑬條。今據改。說文：“‘麇’，麞也，從‘鹿’，‘囷’省聲。‘麜’，籀文，不省。”詩野有死麕，陸德明經典釋文作“麏”，云：“本亦作‘麜’，又作‘麇’。”知“麏”、“麇”、“麎”三字爲一字之異寫。公羊傳哀十四年：“有麏而角者”，即此。

③釋獸：“‘犀’，似豕。”郭注：“形如水牛，豬頭，大腹，庳腳。腳有三蹄，黑色。三角，一在頂上，一在額上，一在鼻上；鼻上者，即食角也，小而不橢。好食棘。亦有一角者。”其所禽數字，洪引作“十有三”，存參。

④洪引作“氂”，是，今據改。朱釋：“‘氂’，狀如牛，尾青朱，有白，可爲旄。”按尚書牧誓：“王……右秉白旄以麾”，即此物。本字應作“犛”。說文：“‘犛’，西南夷長髦牛也，從‘牛’，‘𠩺’聲。……‘氂’，犛牛尾也，從‘犛’省、從‘毛’。”知“犛”爲獸名，“氂”爲其尾。以其尾可作旄也，故又作“旄牛”，山海經西山經及北山經凡三見，郭注：“今旄牛背、膝及胡尾皆有長毛。”按世俘，華北平原有氂牛，漢以下則惟川西有之，亦見古今氣候之異。

⑤朱釋：“‘熊’，似豕，山居，冬蟄，勇鬥。”

⑥詩韓奕：“赤豹、黃羆。”陸璣毛詩草木鳥獸蟲魚疏：“羆有黃羆，有赤羆；大於熊；其脂如熊白而麤理，不如熊白美也。”釋獸：“‘羆’，如熊，黃白文。”郭注：“似熊而長頭高腳，猛憨多力，能拔樹木，關西呼曰‘貑羆’。”按牧誓云：“如熊如羆”，禹貢

云："熊、羆、狐、狸織文"，詩斯干云："吉夢維何？維熊維羆"，可見古人恒以羆與熊連稱，如虎、貓然。

⑦朱釋："'豕'，野豬。"

⑧洪引作"狢"，字通。説文："'狢'，似狐，善睡。"

⑨盧校作"麈"，莊、陳、朱本並同，今據改。説文："麈，鹿屬也，大而一角"（依御覽九〇六引文改）。朱釋："'麈'，鹿之大者，群鹿隨之，視其尾。"洪引作"麂"，非，説見本節⑬條。

⑩説文："'麝'，黑色麝，如小麋，臍有香"（依御覽九八一引文改）。

⑪釋獸："'麠'，牡'麆'，牝'麇'。"邢疏："春秋莊十七年：'多麋'。'麐'，總名也，其牡者名'麚'，其牝者名'麇'，詩吉日云'其麇孔有'是也。"按今本毛詩"麇"作"祁"。鄭箋："'祁'當作'麇'；'麇'，麐牝也，中原之野甚有之。"按洪引無"麇三十"句。盧校引梁履繩云："'麐'必有一字作'麎'者，古'麐'、'麎'多通寫。"莊、陳、朱本並改此作"麎"。今依石函，將上一字改作"麇"，此字不改。

⑫洪引作"三千五百有二"，存參。

⑬孔注："武王克紂，遂揔其囿所獲禽獸。"陳注："孟子曰：'園囿、汙池、沛澤多而禽獸至。'武王蓋因其有而狩之。"朱釋："此孟子所謂'驅虎、豹、犀、象而遠之'者也。"沈釋："史記殷本紀：'益收狗、馬奇物，充仞宮室；益廣沙丘苑臺，多取野獸、蜚鳥置其中。'周本紀：'乃罷兵西歸，行狩。'武王所狩者，即沙丘苑臺之物也。"按孟子梁惠王下："齊宣王問曰：'……寡人之囿方四十里，民猶以爲大，何也？'曰：'文王之囿方七十里，芻蕘者往焉，雉兔者往焉，與民同之。民以爲小，不亦宜乎！'"其言文王囿方七十里固未必信，但古代地廣人稀，王侯等統治階級又皆習於狩獵，大其園囿以蓄禽獸，快其馳逐，自爲可有之事。史記滑稽列傳："始皇嘗議欲大苑囿，東至函谷關，西至雍陳倉。

優旐曰：‘善！多縱禽獸於其中，寇從東方來，令麋鹿觸之足矣！始皇以故輟止。”此始皇統一六國之後，欲盡以今陝西中部爲一苑囿也。紂時苑囿之廣諒不至是，而其多蓄禽獸則無疑。石函云：“世俘解全篇數字均有浮誇，狩禽之數大概亦應作如是觀。如數字可信，則大致應包括野生、半野生及檻畜三類，後兩類即虜掠紂囿及圈所得。犀與麈，當時華北平原自然條件似不允許其大量野生。熊（藏黑熊）一五一，羆（褐熊）一一八，豕（應是野豬）三五二，野生時所需食物亦非小面積地面所能供應。麋（第一‘麋’字似應爲‘麎’，蓋麎爲群居性鹿類，故數量能高）、鹿共近九〇〇〇，如屬囿畜或圈養，飼料非百家不能給。因此推想虎、犀、熊、羆應爲圈養。（論語：‘虎、兕出于柙’〔‘兕’即‘犀’之本字〕，可見先秦柙養之事。穆天子傳所述‘虎牢’典故，或亦可徵。）熊、羆至少有一部分爲‘御獸監’中物，餘則半野生。麈疑亦然。兕與麈均有利用之處：‘兕觥’已見詩卷耳及七月，麈爲旄旌、緌飾、馬鞭等用，豢養或半豢養供内庫，甚屬可能。豕、麋（暫擬認爲‘四不像’）、麎、鹿則半野生乃至全野生。貓（亞洲野貓，大致即蜡祭對象之一）、貉、麝、麈（非麎；麈甚小，不當以十六頭之數見獲。麈，麈尾所自來）全係野生，數量少，且非易馴養之動物也。”

【Ⅶ】武王遂征四方凡憝①國九十有九國馘麿②億有十萬③七千七百七十有九俘人三億萬有二百三十④凡服國六百五十有二

　　①孔注：“‘憝’，惡也。”翟灝四書考異：“‘憝國’，謂不順服國。本九十有九，而滅止五十，蓋又宥其半也。”按此“憝”字應作動詞講，“憝國”謂討伐所惡之國。武王滅國之數，世俘自言“九十有九”，孟子自言“五十”，不必爲之調和。

　　②洪引作“麿”，盧校改“麿”。今依盧本改。孫斠：“按‘麿’、‘歷’同聲叚借字，謂所執俘、馘之名籍也。周禮遂師：‘抱麿’，鄭注云：‘麿者，適歷，執綏者名也。’禮記……郊特牲云：‘簡其

車賦而歷其卒伍’，注云：‘“簡”、“歷”，謂算具陳列之也。’蓋凡校計名數之簿書通謂之‘歷’矣。”又自注：“上文‘陳本命伐歷’，爲國名，與此不同。”郭研：“‘歷’，即金文‘鬲’字之音讀。……此數之多，即表示整族出征、整族爲囚之意。與詩之‘殷商之旅，其會如林’，史記之‘帝紂發七十萬人距武王’相參證，大率可信。”按此以“馘歷”與“俘人”對舉，“人”與“歷”當有分別。陳注：“‘馘歷’當作‘馘庶’。‘馘庶’，殷衆也。‘俘人’，謂在官者。”蓋亦有見乎此。“歷”既通“鬲”，指奴隸；則“人”當爲自由民及在官者。奴隸人數與其名必有簿籍登記，以防逃亡、備稽查，故亦謂之“歷”。左傳襄二十三年：“斐豹，隸也，著於丹書”，可證。

　　③古語“億”爲十萬，故盧校云：“‘億’下不當更言‘十萬’，‘十’字非衍即誤。”莊本逕改爲“馘萬七千七百七十有九”，則與下文“俘人三億萬有二百三十”多寡懸殊。按古文“十”作“十”，“七”作“十”，常以形近相亂。章炳麟菿漢昌言（下簡稱“章昌言”）：“‘億有十萬’，‘十’蓋‘七’……之誤，當以十萬爲億釋之，則馘首十七萬七千有餘。”今依章説改正。

　　④孔注：“武王以不殺爲仁，無緣馘億也。俘馘之多，此大言之也。”章昌言：“夫征服之國至六百五十有二，平均分之，則每國被馘者止二百七十餘人，被俘者四百八十人不足。合計則多，分計未爲多也。”按此數字固有誇大性，但左傳昭二十四年：“大誓曰：‘紂有億兆夷人，亦有離德……’”，“兆”爲百萬，則其誇大有甚於此者。

【Ⅷ】時四月既旁生魄越六日庚戌①武王朝至燎于周②維予沖子綏文③武王降自車乃俾史佚繇書于天號④武王乃廢于紂矢惡臣人百人⑤伐右厥甲小子鼎大師⑥伐厥四十夫家君鼎師⑦司徒司馬初厥于郊號⑧武王乃夾于南門用俘⑨皆施佩衣衣先馘入⑩武王在祀大師負商王紂懸首白旂妻二首赤旆⑪乃以先馘入燎于周廟若翼日辛亥⑫祀于位用籥于天位⑬越五日乙卯⑭武王乃以庶祀馘于國周

廟⑮翼予沖子⑯斷牛六斷羊二庶國乃竟告于周廟⑰曰古朕聞文考修商人典⑱以斬紂身告于天于稷⑲用小牲羊犬豕⑳於㉑百神水土㉒于誓社㉓曰惟予沖子綏文考至于沖子㉔用牛于天于稷五百有四用小牲羊豕㉕于百神水土㉖二千七百有一㉗

①“庚戌”，據劉歆説，爲卯月二十二日；孔晁言爲卯月二十一日；陳表爲卯月二十二日；王考爲卯月十四日。按此文明云“時四月”，故諸家俱定爲卯月，無異辭。惟孔、王二家均以Ⅳ節合於本節，與劉、陳二家將兩節分配前後間隔兩月者，相差至兩甲子之多。依文義，則Ⅳ節“謁戎殷于牧野”自當爲在殷都之祭，而本節屢言“周廟”當爲歸周後之祭，以當時交通言，不可能同在一個月中。然從劉歆之説則勢必置閏，而置閏在歲中在古代爲希有。若不置閏於歲中，而如王考所言，四月丁酉朔，則Ⅳ節所記，自“薦俘殷王鼎”迄“奏崇禹生開”五日間事已在四月，何以間征伐、狩獵數節，至本節而又云“時四月既旁生霸”，明示以上數節皆爲四月以前之事乎？此問題自不易解決。竊意篆文四作𠂤，六作𠂎，其形甚近，或“四月”爲“六月”之譌文，亦未可知。

②漢志所引“時”作“惟”，“魄”作“霸”，“越”作“粤”，“朝至燎于周”作“燎于周廟”。孫斠：“下文云：‘越五日乙卯，武王乃以庶國祀馘于周廟……’，又云：‘庶國乃竟，告于周廟……’，此‘燎于周’下亦當有‘廟’字。”其説是，今據增。劉補：“案蔡邕明堂論云：‘樂記曰：“武王伐殷，薦俘、馘于京太室”’，所謂‘京太室’即‘周廟’也。”按吕氏春秋古樂亦言“武王歸，乃薦俘、馘于京太室”，可見武王歸國而薦俘、馘于周廟實爲周初一大事，故戰國末人尚有稱道之者。至於僞古文武成，則惟有説教性之訓辭，更無“薦俘、馘”之殘酷事實矣。莊記：“宗廟亦言‘燎’者，朝事也。禮祭義記曰：‘建設朝事，燔燎羶薌，見以蕭光，以報氣也’。”按“燎”，甲骨文作𤇢、𤆷諸形，從木在火上，象火燄上騰；其事則燔牲於火，雜以蕭蒿。

③陳注："末六字又見後，此處宜删。"俞樾群經平議（以下簡稱俞議）："'文'下當有闕文。據下文用小牲羊、犬、豕于百神水土、于誓社，曰：'維予沖子綏文考'，然則此文亦當作'綏文考'明矣。"孫詒讓："按俞説是也。……此文前後三云'沖子'，似皆祝辭之殘文。"按此"文"字辭意不完，自當從俞説增一"考"字；但其時武王尚未下車，何得誦此祝辭，此自緣下文而誤複。今從陳説，删去此六字。

④孔注："使史佚用書，重薦俘於天也。"王國維史籀篇疏證："説文云：'"籀"，讀也。'又云'"讀"，籀書也。'古'籀'、'讀'二字同音同義。又古者讀書皆史事。……逸周書世俘解：'乃俾史佚繇書于天號'，嘗麥解：'作筴許諾，乃北向繇書于兩楹之間'，'繇'即'籀'字。……逸周書之'繇書'亦當即'籀書'矣。籀書爲史之專職。"按周禮大祝："辨六號：一曰神號"，鄭注："'神號'，若云'皇天上帝'"，尚書緯帝命驗："帝者，天號也。"是此句之意，爲武王至周廟，命史佚向上帝朗誦書文。

⑤"矢"爲"共"之誤文，説見Ⅱ節⑥條。"臣"下"人"字衍，今删。爾雅釋言："'替'，廢也，'替'，滅也"。是"廢"與"滅"同義，即殺。咸劉商王紂時所執之共惡臣百人，至此日燎廟獻俘時始殺之以祭。

⑥此句多脱誤，難解。"師"，陳本作"帥"。孔注："廢其惡人，伐其小子，乃鼎之象也。"語仍不易曉。按殷虛書契前編（下簡稱殷契前編）："丁酉，卜貞王賓文武丁，伐三十人，卯六牢，鬯六卣，亡尤"（一・一八）。又："丁丑，卜貞王賓文武丁，伐十人，卯三牢，鬯……"（同上）。前人以樂記注"一擊、一刺爲一伐"解之，謂爲武舞之人數，而不知此象以戈臨於人頸，即是殺也；牢云卯者，卯即"劉"，亦殺也。殺人以祭，本商、周間通常事。此"小子"、"大師"當同爲此一盛大祭禮中所殺之人，惟不在"紂共惡臣百人"之列而已。

⑦此句亦不能解。惟上句爲“伐……鼎大師”，此句爲“伐……鼎師”，表示其有一定關係。徐中舒同志面告：“周本紀説殷有‘名民三百又六十夫’（按此語係據逸周書度邑），疑即殷商三百六十個小氏族；後來分魯公以殷民六族，康叔七族，疑即此三百六十個小氏族中的一部分。周禮疏説‘六族，三十姓’，疑此所謂‘族’即胞族，所謂‘姓’即小氏族。”按此“四十夫家君”，當即四十個小氏族的領袖。

⑧孔注：“言初克紂于商郊，號令所伐也。”按此似總結上文，謂紂共惡臣百人、小子、大師、四十夫家君等，皆爲豫定行獻俘禮時殺戮之對象，令司徒、司馬執行之。

⑨孔注：“言陳列俘馘于宗廟南門夾道，以示衆也。”朱釋：“‘武王’二字疑衍。”其説是，今删。

⑩沈釋：“周禮注‘施’皆讀爲‘弛’。施衣者，弛俘之衣也。……又‘施’可叚‘褫’，易訟上九：‘或錫之鞶帶，終朝三褫之’，是也。下‘衣’字疑衍。‘先馘入’者，入周廟時，俘先馘後也。”其説是，今依改。

⑪“斾”，他本皆作“旆”。按史記周本紀：“紂之嬖妾二女……皆經自殺，武王又射三發，擊以劍，斬以玄鉞，縣其首小白之旗”，正與此合，今依改。孔注：“王在祀，王使樂師以紂首及妻首、所馘入廟燎也”，是“太師”爲樂師。陳注：“‘武王在祀’，踐祀位也。‘太師’，太公也。克殷一役，師尚父居首，特令以先馘入燎于廟也”，是以“太師”爲太公望。然Ⅲ節云“太公望命禦方來”，不稱爲“太師”，則此“大師”應仍以孔説爲是。周禮大祝：“大師（王親征之師），宜于社，造于祖，設軍社，類上帝；……及軍歸，獻于社，則前祝。”樂師與祝爲儔侶，在大典禮中自有其重要之職務。武王此舉，慶祝功成，命樂師獻商王首于周廟，固其所也，不必牽合師尚父爲説。又古無“懸”字，盧校改“縣”；今從之。

⑫“辛亥”，據劉歆説爲卯月二十三日；陳表同；孔疏言爲卯月二十二日；王考爲卯月十五日。“翼”當作“翌”，見Ⅱ節②條。

⑬孔注：“此詳説庚戌明日郊天祭俘所用籩衣事也。”陳注：“按郊天在前，上文‘燎于周’，‘繇書于天號’，‘初厥于郊號’，即大告武成郊天之事；此‘祀于位，用籩于天位’者，宗祀文王于明堂以配上帝，故曰‘天位’也。”按孝經：“郊祀后稷以配天，宗祀文王于明堂以配上帝”，明分郊祀與宗祀爲兩事；特世俘中此兩事皆行于周廟，而非祀天於郊，斯爲異耳。又按惟其在宗祀中對越祖先，故云“惟予沖子綏文考”，對天則不必作此言，益知章首“維予沖子綏文”六字爲衍文。

⑭“乙卯”，據劉歆説爲卯月二十七日；陳表同；孔疏言爲卯月二十六日；王考爲卯月十九日。

⑮此句漢志作“武王乃以庶國祀馘于周廟”。沈釋引沈紹勳説：“恐亦有誤，疑當作‘武王乃以庶國馘祀于周廟’。”其説是，今依改。“庶國馘”，即伐越戲方、宣方、曆、蜀諸國所得之馘，非殷馘。

⑯朱釋：“‘翼’，佐助也。武王戒諸侯于乙卯助祭也。”

⑰陳注：“‘庶國乃竟告于周廟’者，謂以馘俘次第告畢也。”朱釋：“‘竟’，讀爲‘儆’，戒備也。”二説異。今以“古朕”句爲武王言，故采朱説斷句。

⑱盧校：“‘脩’，當作‘循’。”陳注：“‘古’，昔也。言昔朕聞文考之訓，故脩商家伐夏救民之典，以斬紂身告於天、於稷也。”按尚書多士，周公告商王士云：“惟爾知，惟殷先人有册有典，殷革夏命。”此即周人循商人之典。

⑲周人推后稷爲始祖，且后稷教民稼穡，爲周人衣食之源，崇德報功，最不能忘，故其地位僅次於天。詩周頌思文：“思文后稷，克配彼天。立我烝民，莫匪爾極。”孝經言“郊祀后稷以配天”，皆足見周人極度尊敬后稷之情，故本節兩言“于天、于稷”，

且惟天與稷殺牛以祭。

⑳殷契前編："十五犬、十五羊、十五豚。卅犬、卅羊、卅豚。廿犬、廿羊、廿豚。"(三·二三)可見商人亦以羊、犬、豕爲"小牲"。此與後世專以羊、豕爲"少牢"者不同。

㉑通篇皆作"于"，與詩、書同；惟此作"於"，自爲後人誤書，今改。

㉒孔注："'百神'，天宗。'水土'，山川。"陳注："'用小牲'，降於天、稷也。"

㉓孔注："'誓'，告也。"陳注引張惠言説："社，所以誓衆，故曰'誓社'。"孫詒："'于誓'二字當乙。"今從孔、孫二家説，改爲"誓于社"。

㉔此句詞氣未畢，疑有脱文。陳注："言予之修典告天，凡以安文考之心也"，亦祗解得上半句。

㉕孫詒："案依上文，'羊、豕'當作'羊、犬、豕'。"今依其説增"犬"字。

㉖盧校"水土"下增"社"字，是。今據增。

㉗孔注："所用甚多，似皆益之。"陳注："上言'五百有四'，此言'二千七百有一'，乃總計一月壬辰至四月乙卯所用之牲，中有閏月，凡五閏月，蓋禱祀之餘兼以犒軍也。"按古代祭祀規模之弘大有非後世人所能想像者，況在開國之際，其鋪張自不待言。陳説純出猜想，不足據。郭斫："卜辭用牲一時有用三百、四百者，余曩以爲破天荒之濫用。今案世俘解中用牲之多更有超過於此者，……足以證余於卜辭研究中所得之結論，即殷末周初確是畜牧最蕃盛之時代。"

【Ⅸ】商王紂于商郊①　時甲子夕商王紂取天智玉琰②　璭身厚以自焚③　凡厥有庶告焚玉四千④　五日武王乃禅於⑤　千人求之四千庶⑥　則銷天智玉五在火中不銷⑦　凡天智玉武王則寶與同⑧　凡武王俘商舊玉億有百萬⑨

①孔注："更説始伐紂時。"盧校引謝墉説："自'商王紂于商郊'始，其文皆當在前'甲子，朝至接于商'下，句'則咸劉商王紂于商郊'；此處'商王紂'三字，衍文也。'俘商舊玉億有百萬'下乃接'武王在祀'至'燎于周廟'而止，則時日亦符而文義無舛矣。"陳注："案'商王紂于商郊'六字定有脱文，蓋以上言俘人，自此以下則另紀俘玉也，當分別看。謝説似未明晰。"按以俘人與俘玉較，則俘人之重要性遠過於俘玉，故俘玉之時間雖前，而其事則記於獻俘之後。陳説是。又按史記周本紀："命南宫括、史佚展九鼎、保玉"，集解引徐廣曰："'保'，一作'寶'。""九鼎"即IV節"獻俘殷王鼎"，"寶玉"即本節所記。

②盧本"琰"下有"五"字。

③孔注："'天智'，玉之上美者也。縫環其身，以自厚也。"按北堂書鈔一三五"天知瑱"下引周書作"帝辛登廩臺，取天知玉瑱及鹿玉衣身以自焚。"史記周本紀正義引周書作"紂取天智玉琰五，環身以自焚"，又引注："'天智'，玉之善者。縫環其身，自厚也。"御覽七一八"瑙珥"下引周書大體與書鈔同，惟"瑱"作"珥"。"鹿玉"自爲"庶玉"之誤。即此可見唐、宋諸本，"琰"或爲"瑱"，或爲"珥"；"縫"或爲"衣"，或爲"環"；而皆無"厚"字。劉補："竊以'玉琰'即'玉瑱'，'五'亦'玉'訛，上挩'及庶'二字。……又盧校據史記正義所引，改'璜'爲'環'，然書鈔作'衣'，亦與殷紀'衣其寶玉衣'語合（文選石闕銘・李注引六韜亦作'蒙寶玉衣，投火而死'），或係周書別本。惟諸書引正文均無'厚'字，疑涉注衍。"今依下文及唐、宋諸本，增"及庶玉"字，又改"璜"爲"環"；依劉説，删"厚"字。"琰"字暫不改。

④孔注："衆人告武王，焚玉四千也。"俞議："'告焚'二字當在'四千'之下，其文曰：'時甲子夕，商王紂取天智玉琰五環身厚以自焚，凡厥有庶玉四千。告焚。五日，武王乃俾千人求之，四千庶玉則銷，天智玉五在火中不銷。'蓋'庶玉'二字連文，此云

‘凡厥有庶玉四千’，故下云‘四千庶玉則銷’，兩文相應。‘告焚’二字自爲句。既告焚之五日，<u>武王</u>乃使人求之。所謂‘告焚’者，以<u>商王紂</u>之自焚告，非以焚玉告也。若如<u>孔</u>注，則豈有不告<u>紂</u>之自焚而專告玉焚者乎？即以玉論，天智玉爲重而庶玉則輕矣，又豈有不以天智玉五告而顧以庶玉四千告者乎？揆之事理，皆不可通，蓋由傳寫者誤移‘告焚’二字於‘玉四千’之上，<u>孔</u>氏不能訂正，故失其解耳。”其説是，今依改。

⑤<u>孔</u>注：“衆人告<u>武王</u>，焚玉四千也。”

⑥<u>盧</u>校依書鈔、御覽，於“庶”下增“玉”字，是，今從之。

⑦<u>孔</u>注：“紂身不盡，玉亦不銷。”<u>陳</u>注：“<u>高誘</u>吕氏重己篇注：‘崑山之玉，燔以爐炭，三日三夜，色澤不變’，即此類。”書鈔引作“天知玉耳在火中不銷”，無“五”字，有“耳”字。<u>劉</u>補：“‘耳’蓋‘珥’省。御覽七一八正作‘玉珥’，是其證。本文‘五’字乃從‘玉’之文僅存左形，復訛爲‘五’者也。‘珥’、‘琰’、‘瑱’孰爲正字，今不可考；‘珥’或‘瑱’脱。”今以未易改定，暫仍舊字。

⑧<u>孔</u>疏言釋尚書顧命“越玉五重”云：“此‘五重’疑即‘天智玉五’也。爲足以禦火災，故寶之。”按“五”字如爲“玉”、“珥”等字之誤，則不足以爲顧命文之證。

⑨<u>王念孫</u>讀書雜志：“此文本作‘凡<u>武王</u>俘<u>商</u>，得舊寶玉萬四千，佩玉億有八萬。’‘億有八萬’乃佩玉之數，非舊寶玉之數。今本‘舊’上脱‘得’字，‘舊’下脱‘寶玉萬四千，佩’六字，‘八萬’又誤作‘百萬’。鈔本北堂書鈔衣冠部二引此正作‘<u>武王</u>俘<u>商</u>，得舊寶玉萬四千，佩玉億有八萬’（<u>陳禹謨</u>本删去），藝文類聚寶部上、太平御覽珍寶部三並同（今本類聚‘佩’下脱‘玉億’二字）。初學記器物部佩下亦引‘<u>武王</u>俘<u>商</u>，得佩玉億有八萬’。”今依改。

乙　寫定本

世俘

〔維四月，乙未日，武王成辟四方，通殷命有國。〕（Ⅰ）

維一月，壬辰，旁死霸，若翌日癸巳，王乃步自于周，征伐商王紂。（Ⅱ・一）

越若來二月，既死霸，越五日甲子，朝至接于商，則咸劉商王紂，執共惡臣百人。（Ⅱ・二）

　　以上武王克商

太公望命禦方來；丁卯，望至，告以馘、俘。（Ⅲ・一）

戊辰，王遂柴，循追祀文王。時日，王立政。（Ⅲ・二）

呂他命伐越戲方；壬申，至，告以馘、俘。（Ⅲ・三）

侯來命伐靡集于陳；辛巳，至，告以馘、俘。（Ⅲ・四）

甲申，百弇命以虎賁誓，命伐衞；告以馘、俘。（Ⅲ・五）

庚子，陳本命伐厤；百韋命伐宣方；新荒命伐蜀。（Ⅴ・一）

乙巳，陳本、新荒蜀、厤至，告禽霍侯，俘艾侯、佚侯、小臣四十有六，禽禦八百有三十兩，告以馘、俘。百韋至，告以禽宣方，禽禦三十兩，告以馘、俘。百韋命伐厲，告以馘、俘。（Ⅴ・二）

　　以上武王遣將伐商屬國

辛亥，薦俘殷王鼎。武王乃翼矢珪、矢憲，告天宗、上帝。王不革服，格于廟，秉黃鉞，語治庶國；籥人九終。王烈祖，自太王、太伯、王季、虞公、文王、邑考，以列升，維告殷罪。籥人造；王秉黃鉞，正國伯。（Ⅳ・一）

壬子，王服袞衣，矢琰，格廟。籥人造；王秉黃鉞，正邦君。（Ⅳ·二）

癸丑，薦俘殷王士百人。籥人造；王矢琰，秉黃鉞，執戈。王入，奏庸；大享一終，王拜手稽首。王定，奏庸；大享三終。（Ⅳ·三）

甲寅，謁戎殷于牧野。王佩赤、白旂。籥人奏武。王入，進萬，獻明明三終。（Ⅳ·四）

乙卯，籥人奏崇禹生開，三終。王定。（Ⅳ·五）

　　以上武王在殷都之祭祀

武王狩：禽虎二十有二，貓二，麋五千二百三十有五，犀十有二，氂七百二十有一，熊百五十有一，羆百一十有八，豕三百五十有二，貉十有八，麈十有六，麝五十，麋三十，鹿三千五百有八。（Ⅵ）

　　以上武王在殷郊狩獵獲獸總計

武王遂征四方，凡憝國九十有九國：馘磿億有七萬七千七百七十有九；俘人三億萬有二百三十。凡服國六百五十有二。（Ⅶ）

　　以上武王伐國、俘人總計

維四月既旁生霸，越六日庚戌，武王朝至燎于周廟。武王降自車，乃俾史佚繇書于天號。武王乃廢于紂共惡臣百人，伐右厥甲小子鼎大師，伐厥四十夫家君鼎師，司徒、司馬初厥于郊號。乃夾于南門用俘，皆施佩衣，先馘入。武王在祀，大師負商王紂縣首白旂，妻二首赤旂，乃以先馘入，燎于周廟（Ⅷ·一）

若翌日辛亥，祀于位，用籥于天位。（Ⅷ·二）

越五日乙卯，武王乃以庶國馘祀于周廟："翼予沖子！"斷牛六，斷羊二。庶國乃竟。告于周廟曰："古朕聞文考修商人典，以斬紂身告于天、于稷。"用小牲羊、犬、豕于百神、水土，誓于社，曰"惟予沖子綏文考，至于沖子……"（Ⅷ·三）

用牛于天、于稷五百有四；用小牲羊、犬、豕于百神、水土

社二千七百有一。（Ⅷ・四）

　　　以上武王歸國後之祭祀

　　商王紂于商郊，時甲子夕，商王紂取天智玉琰及庶玉環身以自焚，凡厥有庶玉四千。告焚。五日，武王乃俾千人求之，四千庶玉則銷，天智玉五在火中不銷。凡天智玉，武王則寶與同。凡武王俘商，得舊寶玉萬四千，佩玉億有八萬。（Ⅸ）

　　　以上武王俘玉

丙　評論

　　世俘這篇文章，一因文字難讀，二因儒家過度宣傳他們理想中的聖王仁政，造成人們對於古代史的錯覺，而世俘所載的事實則是不合於這個錯覺的，所以在戰國時代就被人們壓抑了下去，連墨、道、名、法諸家也不曾引用過。雖然幸而被編入逸周書得以保存到現在，終究不曾經過兩漢人的整理，以致越鈔越錯。直到西晉初，方有孔晁作注。可是這部書並不是學人們必讀之書，孔注又很簡單，不能解決讀者的困難，因此也很少有人過問。

　　只有爲了其中保存了比較完整的周初的月相和日辰，足以窺見當年曆法的一斑，爲劉歆所注意，他在作三統曆時把“惟一月壬辰旁死霸，若翌日癸巳，武王乃朝步自周，于征伐紂”，“粤若來二月既死霸，粤五日甲子，咸劉商王紂”，“惟四月既旁生霸，粤六日庚戌，武王燎于周廟。翌日辛亥，祀于天位。粤五日乙卯，乃目庶國祀馘于周廟”這八十二字録入了他的世經；班固又把劉歆的文字鈔入漢書律曆志，使得研究古代曆法的學者不能不對它注意。但因這篇文字究竟斷爛太多，發生若干問題，研究它的人不得不作猜謎式的解釋，遂致生出種種的異説，成爲學術界中一個難解決的癥結。

至於篇中的事實，則戰國中期的孟子早就做了一次基本上抹殺的批判。孟子盡心下説：

> 孟子曰：“盡信書則不如無書。吾於武成，取二三策而已矣。仁人無敵於天下，以至仁伐至不仁，而何其血之流杵也？”

他先斷定了武王是“至仁”，紂是“至不仁”，所以他認爲武王伐紂時一定會得到商朝群衆的熱烈擁護，必然可以很輕易地取得勝利，而決不是一回流血的鬪爭。然則武王伐紂時該怎樣呢？孟子滕文公下叙述湯、武的“弔民伐罪”是這樣的：

> 湯始征，自葛載；十一征而無敵於天下，東面而征西夷怨，南面而征北狄怨，曰：“奚爲後我？”民之望之若大旱之望雨也，歸市者弗止，芸者不變。誅其君，弔其民，如時雨降，民大悦。……“有攸不惟臣，東征。綏厥士女，篚厥玄黄（玄三纁二之帛），紹我周王見休，惟臣附于大邑周。”（據趙岐注，這是孟子引的逸書文，即寫武王伐紂事的某一篇。）其君子實玄黄于篚以迎其君子，其小人簞食壺漿以迎其小人，救民於水火之中，取其殘而已矣！

湯和武王都是聖君，同爲最高級的正派典型人物，桀和紂則都是殘賊之人，是最顯著的反面典型，夏、商的人民受苦既深，所以天天在盼望救星；湯、武之師一到，就好像在久旱的日子裏下了一場甘雨似的，有説不盡的喜悦，因此上級的人們持了幣帛，下級的人們提了飲食，一齊來歡迎；商販依然上市，農民照樣下田，秩序一切如常，只是暴君被打倒了。盡心下又有武王的一段話：

> 武王之伐殷也，革車三百兩，虎賁三千人。王曰：“無
> 畏！寧爾也，非敵百姓也！”若崩厥角稽首。“征”之爲言“正”
> 也，各欲正己也，焉用戰！

這寫武王帶了不多的兵馬來到殷郊，他開口對殷民言道：“你們
不用害怕！我是爲了安定你們的生活而來的，不是與老百姓爲敵
的！”殷民聽到，馬上跪下叩頭，像一大堆牛角坍塌下來一般地發
響。在這等和諧的氣氛中，哪會發生殘酷的流血。孟子拿了這個
標準來量度武成，那樣大搶大殺的記載怎麼會看得上眼，所以他
就決然地否定了武成的史料價值。但難道周人就不曾動刀兵嗎？
那也不是。孟子在滕文公下又説：

> 及紂之身，天下又大亂。周公相武王誅紂，伐奄三年討
> 其君，驅飛廉於海隅而戮之，滅國者五十，驅虎、豹、犀、
> 象而遠之，天下大悦。

原來奄是“東方無道國”（趙注），所以不能不伐；飛廉是“紂諛臣”
（同上），所以不能不戮；五十國是“與紂共爲亂政者”（同上），所
以不能不滅。這就説明了武王和周公所伐所殺的都是東方的統治
階級，紂的罪惡集團的分子，與人民無關。我們看世俘裏説“咸
劉商王紂，執共惡臣百人”，又説“太公望命禦方來”、“呂他命伐
越戲方”、“侯來命伐靡集于陳”等等，彷彿講的就是這回事，所
以孟子便在別裁真偽的要求下取了它的“二三策”。
　　紂和他的一黨都是反人民的，文、武、周公都是站在人民一
邊，爲人民做好事的，這個界綫劃分得非常清楚，因此，孟子又
在離婁上説：

　　桀、紂之失天下也，失其民也。失其民者，失其心也。
得天下有道，得其民，斯得天下矣。得其民有道，得其心，
斯得民矣。得其心有道：所欲，與之聚之；所惡，勿施爾
也。民之歸仁也，猶水之就下、獸之走壙也。故爲淵敺魚
者，獺也；爲叢敺爵（雀）者，鸇也；爲湯、武敺民者，桀與
紂也。

　　這説湯、武的革命完全是爲了人民，凡是人民所喜歡的就給他
們，人民所厭惡的就不給他們，所以人民會得像流水一般地衝下
來，歸到湯、武的懷抱裏，因之打倒桀、紂，得了天下，是十二
分的順利。

　　戰國之世是爭城略地的大屠殺時代，人民痛苦極了，一致地
希望有一個真命天子出來，收拾這殘酷破壞的局面。湯、武既受
到儒家的宣傳，成爲愛民如子的可愛的君主，所以人們就把理想
中的聖王面貌套到他們的牌子上，天天替他們塗脂抹粉。不但孟
子這樣，別人也都這樣。例如荀子，他在儒效篇説：

　　武王之誅紂也，……厭旦於牧之野，鼓之而紂卒易鄉
（向），遂乘殷人而誅紂，蓋殺者非周人，因殷人也，故無首
虜之獲，無蹈難之賞。反而定三革（犀、兕、牛），偃五兵
（刀、劍、矛、戟、矢），合天下，立聲樂，於是武、象起而
韶護廢矣。四海之内莫不變心易慮以化順之，跨天下而無蘄
（求）。當是時也，夫又誰爲戒矣哉！

　　他説周師到了牧野，鼓聲一起，紂的兵士馬上把矛頭掉轉了一個
方向，他們殺紂降周，不勞周人動手，所以周師中沒有砍下一個
頭，捉住一個俘虜，因此也就沒有立功受賞的一回事。爲了一下
子就成功，所以三種盔甲、五種武器完全無用了，人民快樂地歌

唱，周的音樂立刻代替了殷樂。那時天下人民踴躍向善，無求而自足，當然沒有擾亂社會秩序的行爲，所以不必擔心警備了。這是多麼和平美好的境界！

把這個境界寫得更生動的是淮南子泰族，這裏説：

> 湯、武革車三百乘，甲士三千人，討暴亂，制夏、商，因民之欲也，故能因則無敵於天下矣。……紂之地，左東海，右流沙，前交趾，後幽都，……士億有餘萬，然皆倒矢而射，傍戟而戰。武王左操黄鉞，右執白旄以麾之，則瓦解而走，遂土崩而下。紂有南面之名而無一人之德，此失天下也。……周處酆、鎬之地，方不過百里，而誓紂牧之野，入據殷國，朝成湯之廟，表商容之閭，封比干之墓，解箕子之囚，乃折枹毀鼓，偃五兵，縱牛馬，擂笭而朝天下。百姓謌謳而樂之，諸侯執禽而朝之，得民心也。

它寫紂地廣兵多，周武王則地小兵少，兩方面恰成一個極端的對比，但是牧野一誓，紂所統率的億有餘萬的士兵就都掉轉身來射箭，來個"窠裏反"，殷政權馬上土崩瓦解了。周師沒有動彈，很輕易地入據了殷國，成爲天下的共主。失民心者忽然而亡，得民心者突然而興，這種政治哲學借着武王伐紂的事例而得着了確切的證明。

在這種思想和傳説的支配之下，於是有了逸周書裏的克殷，爲司馬遷作殷本紀和周本紀的根據，成爲兩千多年來人們所公認的史實。可是還有説得更輕鬆的在後頭呢！晉代常璩在華陽國志巴志裏寫道：

> 周武王伐紂，實得巴、蜀之師。……巴師勇鋭，歌舞以淩，殷人倒戈，故世稱之曰"武王伐紂，前歌後舞"也。

只要巴人在陣前作了一回歌舞，殷朝的天下就捧手送給周朝了，這不是奇跡是什麼！把兩個民族你死我活的戰爭美化到這般地步，真可以説是“觀止”了！

在衆人陶醉在祥和歡樂的殷、周易代傳説的時候，偏有一位“傷僞書俗文多不實誠”的王充，他在論衡語增篇裏第一個提出了對於這種奇跡的批評：

傳語又稱紂力能索鐵伸鉤、撫梁易柱，言其多力也；蜚廉、惡來之徒並幸受寵，言好伎力之主致伎力之士也。或言武王伐紂，兵不血刃。夫以索鐵伸鉤之力，輔以蜚廉、惡來之徒，與周軍相當，武王德雖盛，不能奪紂素所厚之心；紂雖惡，亦不失所與同行之意，雖爲武王所擒時亦宜殺傷十百人。今言“不血刃”，非紂多力之效，蜚廉、惡來助紂之驗也。案……武王有八百諸侯之助，高祖有天下義兵之佐；……武王承紂，高祖襲秦，二世之惡隆盛於紂，天下畔秦宜多於殷。案高祖伐秦，還破項羽，戰場流血，暴尸萬數，失軍亡衆，幾死一再，然後得天下，用兵苦，誅亂劇。獨云“周兵不血刃”，非其實也！言其易，可也；言“不血刃”，增之也。……察武成之篇：牧野之戰，血流浮杵，赤地千里。由此言之，周之取殷，與漢、秦一實也；而云“取殷易，兵不血刃”，美武王之德，增益其實也。……今稱紂力則武王德貶，譽武王則紂力少：“索鐵”、“不血刃”不得兩立，殷、周之稱不得二全。不得二全，必有一非。……紂之惡不若王莽：紂殺比干，莽鴆平帝；紂以嗣立，莽盜漢位：殺主隆於誅臣，嗣立順於盜位，士衆所畔，宜甚於紂。漢誅王莽，兵頓昆陽，死者萬數；軍至漸臺，血流没趾。而獨謂周取天下，兵不血刃，非其實也！

王充用了四項證據來證明周武王不能平靜地得到天下。第一，世傳紂有索鐵伸鈎的力氣，加上助紂的蜚廉、惡來等有力的壯士，如果武王真是兵不血刃而克殷，那就必然和紂方君臣多力之説相衝突。第二，他讀過武成（據論衡自紀，王充生於建武三年，那時逸書裏的武成還存在），知道牧野之役，戰事劇烈，達到了"赤地千里"的程度；拿來比較傳説，當然覺得齟齬。第三，他把漢高祖的勝利來比較，那時天下正苦秦之暴，高祖把握了這個取得勝利的條件，伐秦，破楚，做了皇帝，然而還是"暴尸萬數"、"幾死一再"，因此知道武王克殷不可能比這事輕易。第四，他把王莽的失敗來比較，那時天下人心都在叛莽，然而革命之師還是"死者萬數"、"血流没趾"，用來看武王兵不血刃之説，當然知道這不是事實了。他的第一個理由是用了傳説來擊破傳説，這只能説明不同傳説的矛盾，不足以建立史實。第二個理由，他憑藉了歷史記載來擊破傳説，這已比較有力。第三、四個理由則是他用了近代和當代的事實，説明秦和新的人民已經對於最高統治者失掉了信仰，然而要推翻他們的統治卻還須做一番艱苦的犧牲，從而證明殷、周之際也不可能風平浪靜地改朝換代，這雖只是一種常識，然而卻是顛撲不破的真理。他舉出了革秦、新的命的困難來印證周革殷命的艱苦，決不會輕描淡寫、順利成功，像孟軻、荀卿、劉安、司馬遷們的無限樂觀。這是我們應該接受的唯物主義的觀點。

　　王充的説法雖很合於事實，然而因爲他過分地跟傳統思想衝突，極不適合於封建社會統治者欺騙人民群衆的要求，所以論衡的新發見陷於武成同樣的命運，没有人去睬它理它。大家還是一味地向武王們歌功頌德。

　　到了近代，封建思想漸漸解體，知識分子開始敢於衝破孟子的禁約，認識逸周書裏的世俘即是孟子所説的武成，感到它的用語和周誥諸篇一致，是一篇真古書；知道它不但比僞古文尚書裏

的武成爲可信，而且比了逸周書裏的克殷也還可信。因此，許多
學者斧鑿開山，勘正誤文，創通句讀，這篇沉埋了近三千年的古
文漸漸地達到了可讀的地步。

　　既經略略讀通了這篇文字，當然要認識裏邊所記的事實，於
是武王克殷時大量殺戮殷方的人民，掠奪殷國的財富，以及祭祀
上帝和祖先時的極度鋪張和殘酷，都明明白白地放在我們的面
前。我們現在就把這篇所記的事情開出一篇總賬，如下：

　　第一，殺人：

　　　　除紂及其二妻自殺外，計殺紂的共惡臣一〇〇名，獻祭
　　　　殷王士一〇〇名。至於所伐的小子、大師、四十夫家君
　　　　等，數字不詳。

　　第二，征伐：

　　　　所伐有方來、越獻方、陳、衞、歷、蜀、宣方、厲等，
　　　　計九九國。所俘有霍侯、艾侯、佚侯、小臣四六人等。
　　　　所服的計五六二國。

　　第三，禽禦(車)：

　　　　蜀、歷、宣方三國計八六〇輛。他國不詳。

　　第四，俘馘：

　　　　馘歷，一七七七七九名。俘人，三〇〇二三〇名。

　　第五，狩獵：

　　　　所得檻畜如虎、貓、犀、熊、羆，野生畜如貉、麇、
　　　　麈，半野生畜如氂、豕、鹿、麋、麕，計一〇二二
　　　　三頭。

　　第六，器物：

　　　　鼎，數目不詳。玉，一八〇〇〇〇塊。

　　第七，祭牲：

　　　　牛，五〇四頭。羊、犬、豕，二七〇一頭。

試問這是多麼龐大的數字？周家的軍隊在戰場上殺了十七萬多

人，割下了他們的耳朵來報功。周武王爲了誇示他的成功，又在祭祀時砍了幾百人的頭顱，宰了三千多條牲畜。流血之多，説它可以把春杵漂浮起來也並不過分。賈誼過秦論説秦"追亡逐北，伏尸百萬，流血漂櫓（大楯），因利乘便，宰割天下；彊國請服，弱國入朝"。秦是如此，周何嘗不是如此。可是在人們的觀念裏，卻總覺得是秦暴而周仁，這豈不可怪！

世俘一篇爲什麼可信？就因它著作的時代早。它的早出的證據有五：

其一，它用"旁死霸"、"既死霸"、"既旁生霸"等純陰曆的名詞和甲子來編排各個月裏的日子，定紀事的時間單位，這是西周時書籍（如召誥、顧命）和器物（如昌鼎、兮甲盤）所通用而春秋以來所絕對不用的，所以知道它一定出於春秋以前。

其二，它用"越若來"、"朝至"等詞語，和召誥相同；又稱國爲"方"，殺人言"伐"，羊、犬、豕爲"小牲"，和甲骨文相合，可證其實作於殷、周之際。

其三，它説"王烈祖自太王、太伯、王季、虞公、文王、邑考，以列升"，按照宗法制度説，太王是武王的曾祖，王季是武王的祖父，文王是武王的父親，這三人是直系親屬；太伯、虞公是武王的伯祖，邑考是武王的哥哥，這三人是旁系親屬，不該合在一起。然而他們六人竟按照行輩串連了起來，和甲骨文及商三句兵所記一致，可見這確實是殷、周間的家族制度，尚在"多父"制的階段。

其四，這文叙述武王在殷都的祭祀，"薦俘殷王士百人"；叙武王歸國後在周廟的祭祀，又是"廢于紂共惡臣百人，伐右厥甲小子鼎大師，伐厥四十夫家君鼎師"。在這兩次歡樂的慶祝裏，都是大量的殺戮俘虜，獻於祖先。殺人以祭固然春秋時還有，但那時已很少，而且每次止殺一人，還被人指斥爲"夷禮"，爲"不祥"，又説："祭祀，以爲人也；……用人，其誰饗之！"（均見左傳)可見那時的"人"在社會上的價值已高，不容許國君們恣意殺戮。而在甲骨文中，則殺人以祭一來就是數十人，現在發掘出來的殷貴族墓葬總可看到纍纍的殉葬者，可見在奴隸制社會的全盛時代，人的地位正和牲畜同等。這文所記述的也是這般，分明周人在開國的時候，確是繼承了商代的奴隸制社會的禮制。

其五，武王的開國典禮是當時看作極重大的一件事，這件事雖已爲"弔民伐罪"的學說所掩蔽，但到戰國時還傳誦在人們的口頭，所以古籍中也時有述及。樂記云："武王伐殷，薦俘、馘於京太室"(這是樂記的逸文，爲蔡邕明堂論所引)。所謂"京太室"就是這文所説的"周廟"。又呂氏春秋古樂云："武王歸，乃薦俘、馘於京太室"，也説明了本篇"維四月既旁生霸"以下是武王歸周後的事。這事除世俘以外不見於其他古籍，然而戰國時人仍在傳誦，可見這實在是震古鑠今的一回大典禮，因爲禮節太隆重了，所以人們忘記不了。即此可以看出反映在世俘裏的周初歷史，確實得到了歷史的真實，這篇文字在周初史料中該占有極崇高的地位。

綜合以上許多證據，無論在用語上，在曆法上，在制度上，在史實上，世俘必然是西周時代的一篇記載，它寫出了武王克殷，以掠奪爲其目的，以武力鎮壓爲其手段，他在兩三個月中派兵遣將，用血腥的鐵腕獲得了徹底的勝利，建立一個新王朝，這是得到當時歷史的內在最本質的真實，跟後來周人所宣傳的人本主義的説法和戰國諸子的"仁政"理想以及許多唯心主義者的見解恰恰立於完全相反的地位。

尚書裏時代最早、記載最真的，應該屬於周誥八篇，但周誥重於記言，略於記事。世俘一篇剛好彌補了這個空白點，這是值得我們加以高度的重視的。

所可惜的，這是一篇斷爛的文章，錯簡、脱字、誤字不知凡幾。例如"一月"、"二月"、"四月"是有的，三月便没有。排起干支來，從"一月壬辰"到"四月乙卯"該有一四四天，即占五個月；而從一月朔算起，便有一七五天，該占六個月，然而從文字上看，則"一月"到"四月"只有四個月，可見月份和干支是不相適應的。固然也可以縮成四個月，那就是把武王在殷都的"辛亥，薦俘殷王鼎"和武王在周都的"辛亥，祀于位，用籥于天位"說成同一個日子，可是以當時道路的遙遠，交通的困難，武王決不可能在一天裏既在殷都，又在周都。若把這兩個"辛亥"勉強說成一天，那麼這文既說"甲寅，謁戎殷于牧野"，又說"乙卯，武王乃以庶國馘祀于周廟"，"甲寅"和"乙卯"的干支是連接的，然而一在牧野，一在周廟，這該怎麼講？

爲了解決這個困難，所以劉歆在世經裏加進一個閏二月，說："周二月己丑晦；明日，閏月庚寅朔；三月二日庚申，驚蟄；四月己丑朔"，這樣，兩個"辛亥"相差了兩個月，武王就可以從容地在殷郊打獵，又從容地回到西方祭祀。可是古代固然有閏月，但總置在十二月之後，所以甲骨文中常見"十三月"，所謂"歸餘於終，事則不悖"。直到春秋時曆法進步，算得出每月的中氣，於是魯文公元年才有"閏三月"，然而一般保守的人還譏它"非禮"。如何武王時的曆法家便有這進步的知識，來一個閏二月？

孔廣森爲了糾正劉歆的逞臆安排，又想出一個解決的方法，他在經學卮言裏說："一月"、"二月"都是殷正，其時殷尚未亡，它是正統，所以記事都用殷正；到牧野一戰之後，改正朔，用周正，所以這"四月"是周正；而文中無"三月"，因爲周的三月就是殷的二月。武王在丑月出師，卯月班師，所謂"師出不踰時"（一時就是三個月）。可是易代改正朔是西漢以下人的思想，在殷、周之際還不可能這樣；而且世俘全篇記事，在克殷之後有對於不順之國的討伐，有在殷都的祭祀，有對國伯和邦君的告誡，又有一回大狩獵，以至渡河入關，歸到自己的都城，燎於周廟，事情

繁多，旅程又遠，決不可能縮在兩個月裏一起辦完。所以這一說
也講不通。

　　陳目綱又想出了第三種解決的方法，他作漢志武成月日表，
說：史官書月有兩種方式：一是昇平時之例，一是革命時之例。
昇平時當然該奉天子的正朔，可是革命時只是把義旗所建之月作
爲“一月”。所以世俘中的“一月壬辰”並不是周正，也不是殷正，
而是武王出兵這一月。這個月乃是周正的十二月，殷正的十一
月。他舉的例子是史記秦楚之際月表於二世元年九月書“沛公初
起”。可是這只是記沛公起兵的時間，並沒有說沛公以這一月作
爲自己的“一月”。相反的，張蒼傳上說：“張蒼爲計相時，緒正
律曆，以高祖十月始至霸上，因故秦時本以十月爲歲首，弗革”，
可見漢高祖確沒有改秦正朔，陳氏所說全出臆測。他的第二個理
由是史記周本紀說：“武王十年十二月戊午，師畢渡孟津”，又
說：“正月甲子，武王朝至于商郊”，齊世家也說：“武王十一年
正月甲子，誓于牧野”，可見世俘的“一月”就是史記的“十二月”，
世俘的“二月”就是史記的“正月”。周正十二月建亥，正月建子，
所以世俘的“一月”是亥月，“二月”是子月，而“四月”在既定天下
之後，立了周的正朔，所以是卯月。這看來好像滿有道理，其
實，史記之作後於世俘一千年，史記和世俘不必完全一致，司馬
遷也許別有所據，也許他排列年月有誤，我們不可能說史記所記
即是世俘的確解。也許司馬遷曾讀世俘，曾根據裏頭“四月庚戌”
之文往上推，可是“二月五日”不是“甲子”，所以他便把“甲子”移
到正月，把“一月壬辰”移到上年十二月。要之，司馬遷和劉歆都
是漢代人，漢代人整理古籍是全憑主觀的，劉歆既可以插進一個
“閏二月”，司馬遷何嘗不可以把“二月”當作“正月”，把“一月”當
作“十二月”呢！

　　最後起的是王國維的生霸死霸考，他很科學地掌握了所有的
金文和古籍，說明周人的曆法以月相作標準，月亮出來叫做“朏”

和"霸"，他又創造性地説明了那時分一月之日爲"初吉"、"既生霸"、"既望"、"既死霸"四分，徹底批掉了劉歆所謂"'死霸'，朔也；'生霸'，望也"的謬論。他用了他的見解説明世俘的"一月，壬辰"是一月二十五日；"二月，既死霸，越五日甲子"是二月二十七日；"四月，既旁生霸，越六日庚戌"是四月十四日。在這個考定下，世俘裏的時間可以不像司馬遷似的改月，也可以不像劉歆似的歲中置閏，又可以不像孔廣森似的改正朔，更可以不像陳目綱似的以義旗所舉之月爲一月。這可稱爲一種最妥帖的説法。可是問題又來了：武王以二月二十七日甲子誅紂，到四月十四日庚戌"燎于周廟"，凡四十七天，下一天辛亥就祀于天位，在這四十八天裏着不得兩個"辛亥"。如説四月辛亥武王在周都祭祀，那麼上一個辛亥，武王在殷都"薦俘殷王鼎"就非排在甲子誅紂前十三天不可，這是無論如何講不過去的。所以，王氏的説法，講世經所引的八十二字時雖已順理成章，但要貫通世俘全文則還是無法打開這個難關。

難道世俘的謎永遠猜不透嗎！我説：在現有的材料裏誠然無法猜透，但説不定將來有新材料發見，在互相比較之下，可以研究明白。但這是難以預期的。

爲了讀者們容易明瞭這個問題之癥結，現在作一個武王克殷月日各家異説表附在下面，以便對照參究。又爲了見出世俘這篇文字寫作時代之早，再作一個逸周書中世俘克殷二篇紀事異同表，就這上可以知道，周初人和周末人的思想確實不同，所以在同一書裏和同一事件上，會出現這般截然異致的歷史面貌。

附表一　　武王克殷月日各家異説表

日次	干支	甲説 1. 劉歆世經 2. 劉師培周書補正 3. 僞孔傳及孔疏	乙説 1. 孔廣森經學卮言 2. 林春溥武王克殷日紀	丙説 陳日綱漢志武成日月考	丁説 王國維生霸死霸考	丙説
1	辛卯			亥月（殷十一月，周十二月）朔。		
2	壬辰			亥月二日，"惟一月壬辰，旁死魄"。		
3	癸巳			亥月三日，"若翌日癸巳，王乃步自周，于征伐商王紂"。		
16	丙午			亥月十六日，"惟丙午，王逮師，前師乃鼓鼗譟，師乃慆"。		
28	戊午			亥月廿八日，"一月戊午，師度于孟津"。（書序）		

	干支	甲說	乙說		丁說
29	己未			亥月廿九日，晦。	
30	庚申			子月（殷十二月，周正月），"越若來三月，既死魄"。	
31	辛酉	1. 殷十一月朔，周十二月朔。	1. 殷十二月朔，周正月朔。		
33	癸亥			子月四日，"二月癸亥夜陳，未畢而雨"。（國語）	
34	甲子			子月五日，"越五日甲子日甲子，朝至接于商，則咸劉商王紂"。	
37	丁卯			子月八日，"太公望命饗方來，丁卯，望至"。	
38	戊辰			子月九日，"戊辰，王遂禦；時日自祀于文王，王立政"。	周一月朔。

編號	干支	(甲)	(乙)	(丙)
42	壬申	子月十三日，"呂他命伐越戲方，壬申至"。		
51	辛巳	子月廿二日，"侯來命伐靡集于陳；辛巳至"。		
54	甲申	子月廿五日，"甲申，百弇以虎賁誓，命伐衛"。		
58	戊子		2. 周一月二十八日，引文同上。	1. "師初發，以殷十一月戊子日在析木箕七度；是夕月在房五度"。（據國語）
59	己丑	子月三十日，晦。		
60	庚寅	丑月（殷正月，周二月）朔。	1. 殷一月朔，周二月朔。	
61	辛卯			1. 周正月辛卯朔，"辰在斗柄"。（國語）

	干支			
62	壬辰	1. 壬辰，"晨星始見"。（國語）"一月旁死霸"。壬辰，正月二日。 2. 壬辰，正月二日。	1. 周一月三日，引文同上。（後一則）	周一月二十五日，"旁死霸"。
63	癸巳	1. 周一月三日，武王始發，翌日癸巳日，乃朝步自周，于征伐紂"。	1. 周一月三日，引文同上。 2. 周師次于解原。（周書和麎、紀年）	周一月二十六日，武王興師。
68	戊戌			周二月朔。
76	丙午	1. 周正月十六日，武王逮師。	1. 周二月十六日，"惟丙午，王逮師"。（大豐）	
77	丁未		2. "惟一月丙午，旁生魄，若翼日丁未，王乃步自于周，征伐商王紂"。（盧文弨本）	
81	辛亥			丑月廿二日，"辛亥，武王薦俘殷王鼎，薦俘殷王鼎乃翼矢珪珪誾告天宗上帝，……正國伯"。

82	83	84	85	87	88
壬子	癸丑	甲寅	乙卯	丁巳	戊午
			2.周二月廿五日，武王至鮪水，殷使膠鬲候周師"。（呂氏春秋）	2.周二月廿七日，"惟十有三年春，大會于孟津"。（僞泰誓）	1.周二月廿八日，"一月戊午，師度孟津"。2."惟戊午，王次于河朔，羣后以師畢會，王乃徇師而誓"。（僞泰誓） 1."一月戊午，師度于孟津"。（書序）
丑月廿三日，壬子，王服衮衣，矢琰格廟，……正邦君"。	丑月廿四日，"癸丑，薦俘王士百人。……"	丑月廿五日，"甲寅，謁我殷于牧野。……"	丑月廿六日，"乙卯，籥人奏崇禹生開。……"		

序號	干支				
89	己未	1. 己未冬至，"星在天黿"。(國語) 2. "時厥明，王乃大巡六師，明誓眾士"。(偽泰誓)		丑月三十日，晦。	
90	庚申	1. 庚申，周二月朔。	1. 殷二月朔，周三月朔。 2. 武王到邢丘。(韓詩本傳)	寅月(殷二月，周三月)朔。	
91	辛酉		2. "武王……至共頭而山隤"。(荀子)		
92	壬戌		1. 周三月三日，"朝食于戚，暮宿于百泉，厭旦于牧之野"。(荀子)		
93	癸亥	1. 周二月四日，"至牧野，夜陳"。(國語)	1. 周三月四日，引文同上。 2. "至于商郊，停止宿夜，士卒皆歡樂歌舞以待旦"。(大傳)		周二月二十三日，"既死霸"。

序號	干支			
94	甲子	1. 二月五日，"眛爽而合"。（國語）"粵若來二月既死霸，粵五日甲子，咸劉商王紂"。	1. 周三月五日，引同上。2. "二月甲子眛爽，王朝至于商郊牧野"。"紂"（牧誓）"約自燔于火而死"。（史記）	周二月廿七日，引同劉歆。（後則）
95	乙丑		2. 周三月六日，"除道修社及商紂宮……武王既入，立于社南，……膺受大命"。（史記）	
96	丙寅		2. 周三月七日，"釋箕子之囚，散鹿臺之財，……封比干之墓"。（史記）	
97	丁卯	2. 二月八日，"太公望命禦方來，丁卯至……"	1. 周三月八日，引文同上。	周三月朔。
98	戊辰	2. 二月九日，……"祀文王，……立政"。	1. 周三月九日，引文同上。	

					寅月廿九日，晦。（此月內武王西歸行狩） 卯月（殷三月，周四月）朔。
100	庚午		周三月十一日，"罷兵西歸，行狩"。（史記）		
102	壬申	2. 二月十三日，荒新至。	1. 周三月十三日，昌他命伐越戲方，壬申至。 2. "王在管，……東隅之侯咸受賜于王"。（周書㳂）		
111	辛巳	2. 二月廿二日，"侯來命伐靡集于陳，辛巳至"。	1. 周三月廿二日，引文同上。		
114	甲申	2. 二月廿五日，"甲申，百弇以虎賁誓，命伐衛"。	1. 周三月廿五日，引文同上。		
118	戊子				
119	己丑	1. 周二月己丑晦。			

序號	干支	内容一	内容二	備註
120	庚寅	1. 周閏二月庚寅朔。		周閏二月朔。
122	壬辰	2. 周四月哉生明，厥四月，王來自商，至于豐，乃偃武修文。（僞武成）		
125	乙未	1. 四月六日，"惟四月乙未日，武王成辟四方"。		卯月七日，引文同上。
127	丁酉	2. 四月八日，"武王踐阼三日，召師尚父而問焉"。（大戴記）		四月朔。
129	己亥	1. 四月十日，"師尚父道丹書"。（大戴記）		
130	庚子	2. 閏二月十一日，"庚子，陳本命伐磨，百韋命伐宣方，新荒命伐蜀"。	1. 周四月十一日，引文同上。	卯月十二日，引文同上。

134	甲辰	1. 閏月望。		卯月十六日，望。	
135	乙巳	2. 閏月十六日，新荒蜀陳本……百韋磨至……百韋命伐厲"。	1. 四月十六日，"惟四月，既旁生霸"。又引文同上。 2. "封諸侯，……師尚父爲首封"。(史記)	卯月十七日，引文同劉師培。	
136	丙午				四月十日，"既旁死霸"。
137	丁未		2. 四月十八日，"丁未，祀于周廟，邦甸侯衛駿奔走"。(僞武成)		
140	庚戌		1. 四月廿一日庚戌，武王朝至燎于周廟"。 2. "越三日庚戌，柴望，大告武成"。(僞武成)	卯月廿二日，引文同孔廣森。	四月十四日，引文同孔廣森，此日止。

		一一六日	一四五日	一○八日			
141	辛亥				2. 閏月廿二日，"薦俘殷王鼎"。	1. 四月廿二日，"辛亥，祀于天位"。又引文同劉師培。	卯月廿三日，"若翼日辛亥，祀于天位，用籥于天位"。
142	壬子				2. 閏月廿三日，"壬子，王服袞衣，矢琰格廟，……正邦君"。	1. 四月廿三日，引文同劉師培。	
143	癸丑				2. 閏月廿四日，"癸丑，薦俘殷王士百人"。	1. 四月廿四日，引文同上。	
144	甲寅				2. 閏月廿五日，"甲寅，謁戎殷于牧野"。	1. 四月廿五日，引文同上。	
145	乙卯			依世俘文，王亲亦當至此止。是日為四月十九日。	2. 閏月廿六日，"粵五日乙卯，乃以庶國祀馘于周廟，籥人奏崇禹生開"。	1. 四月廿六日，引文同上。孔譜至此止。	卯月廿七日，引文同上。陳表至此止。
146	丙辰				2. 四月廿七日，"王告夢，……命詔周公旦立後嗣"。（周書武儆，禱至此止。）		卯月廿七日，……

149	己未	1. 周三月朔。					
150	庚申	1. 三月二日庚申，驚蟄。 3. 三月朔。					
179	己丑	1. 周四月己丑朔。 3. 同上。					
181	辛卯	3. "厥四月，哉生明"。（僞武成）四月三日，月始生明。					
185	乙未	2. 四月七日，"成辟四方"。					
194	甲辰	1. 四月甲辰望。					
195	乙巳	1. 甲辰望，乙巳旁之，故武成篇曰："惟四月，既旁生霸"。					
197	丁未	3. "祀于周廟"。（僞武成）四月十九日。					

		一七五日
200 庚戌	1. "惟四月既旁生霸，越六日庚戌，武王燎于周廟"。 2. 庚戌，四月廿二日。 3. 越三日庚戌，柴望、大告武成"。（僞武成）四月廿二日。	
201 辛亥	1. "翌日辛亥，祀于天位"。 2. 辛亥，四月廿三日。	
205 乙卯	1. "粵五日乙卯，乃以庶國祀馘于周廟"。 2. 乙卯，四月廿七日。	

附表二　逸周書中世俘、克殷二篇紀事異同表

世　俘	克　殷	校　語
維一月壬辰旁死霸，若翌日癸巳，王乃步自于周，征伐商王紂。越若来二月既死霸，越五日甲子，朝至接于商，則咸劉商王紂，執共惡臣百人。	周車三百五十乘陳于牧野。帝辛從。武王使尚父與佰（百）夫致師。王既誓，以虎賁戎車馳商師；商師大崩。	世俘自武王出發日叙起，克殷則于決戰日叙起。世俘有執共惡臣百人事，克殷無之。
時甲子夕，商王紂取天智玉琰及庶玉環身以自焚。	商辛奔内，登于鹿臺之上，屏遮而自燔于火。	紂自焚同，惟世俘書環玉，克殷言登鹿臺爲異。
武王在祀，太師負商王紂縣首白旂，妻二首赤旂，乃以先馘入，燎于周廟。	武王乃手太白以麾諸侯，諸侯畢拜，遂揖之。商庶百姓咸俟于郊。群賓僉進曰：“上天降休！”再拜稽首。武王答拜，先入適王所，乃克（剋）射之，三發而後下車而擊之以輕呂，斬之以黃鉞，折縣諸太白。乃適二女之所，既縊，王又射之，三發，乃右（又）擊之以輕呂，斬之以玄鉞，縣諸小白。乃出，場（復）于厥軍。	克殷言商人郊迎武王，世俘無之。　克殷言武王斬紂首及二女首，本于世俘中以紂首及二女首燎于周廟。

世　俘	克　殷	校　語
戊辰，王遂祭，循追祀文王。時日，王立政。 　辛亥……武王乃翼矢珪、矢憲；告天宗、上帝。王不革服，格于廟，……王烈祖，自太王、太伯、王季、虞公、文王、邑考以列升，維告殷罪。 　維四月既旁生霸，越六日庚戌，武王朝至燎于周廟。武王降自車，乃俾史佚繇書于天號。……若翼日辛亥，祀于位，用籥于天位。越五日乙卯，武王乃以庶國馘祀于周廟：“翼予沖子!”……庶國乃竟。告于周廟曰：“古朕聞文考修商人典，以斬紂身告于天、于稷。”用小牲羊、犬、豕于百神、水土，誓于社，曰：“惟予沖子綏文考，至于沖子。” 　維四月乙未日，武王成辟四方，通殷命有國。	及期，百夫荷素質之旗于王前。叔振鐸奏拜假，又陳常車。周公把大鉞、召公把小鉞以夾王。泰顛、閎夭皆執輕呂以奏（夾）王。王入即（既入）、位（立）于社太卒之左，（左右）群臣畢從。毛叔鄭秦明水，衛叔傅禮（席），召公奭贊采，師尚父牽牲。尹逸筴（祝）曰：“殷末孫受德迷先成湯之明（德），侮滅神祇不祀，昏暴商邑百姓。其章顯聞于昊天上帝。”武王再拜稽首曰：“膺受大命，革殷，受天明命!”武王又再拜稽首，乃出。	世俘記武王祭上帝及列祖。克殷則只記其祀上帝，不言列祖。 　世俘記武王使史佚用書告上帝及周廟，克殷亦記尹逸筴祝之辭，而其辭有文質之別。 　克殷所記助祭之人有周公、畢公、泰顛、閎夭、師尚父、毛叔鄭、衛叔、叔振鐸等，世俘皆無之。 　克殷記武王克殷後，即在殷都行受命即位典禮，世俘則但言“立政”，其正式爲天下君似在四月返周之後。
辛亥，薦俘殷王鼎。 　時甲子夕，商王紂取天智玉琰及庶玉環身以自焚，凡厥有庶玉四千。告焚。五日，武王乃俾千人求之，四千庶玉則銷，天智玉五在火中不銷。凡天智玉，武王則寶與同。凡武王俘商，得	立王子武庚，命管叔相。乃命召公釋箕子之囚，命畢公、衛叔出百姓之囚，表商容之閭。乃命南宮忽振鹿臺之財、（散）巨橋之粟。乃命南宮百達、史佚遷九鼎、三巫	克殷中所記仁政，世俘中無一字提及。 　“三巫”，史記作“保玉”，“保”或爲“寶”，或爲“俘”，均未可知。 　克殷中之“九鼎”即世俘中之“殷王鼎”。

世　俘	克　殷	校　語
舊寶玉萬四千，佩玉億有八萬。 　甲寅，謁戎殷于牧野。	（寶玉）。乃命閎夭封比干之墓。乃命宗祝崇賓饗，禱（祠）于軍。乃班。	克殷中之“保玉”即世俘中之“俘商舊玉”。俘玉，在世俘中作重點記載，而在克殷中只輕輕一筆。 　克殷中之“禱于軍，乃班”本於世俘之“謁戎殷于牧野”。
太公望命禦方來；丁卯，望至，告以馘俘。……呂他命伐越戲方；壬申，至，告以馘俘。侯來命伐靡集于陳；辛巳，至，告以馘俘。甲申，百弇命以虎賁誓，命伐衛；告以馘俘。庚子，陳本命伐麿；百韋命伐宣方；新荒命伐蜀。乙巳，陳本、新荒蜀、麿至，告禽霍侯、俘艾侯、俘佚侯、小臣四十有六，禽禦八百有三十兩，告以馘俘。百韋至，告以禽宣方，禽禦三十兩，告以馘俘。百韋命伐厲，告以馘俘。 　武王遂征四方，凡憝國九十有九國，馘麿億有七萬七千七百七十有九，俘人三億萬有二百三十。凡服國六百五十有二。		世俘所記武王克殷後之征伐四方，馘麿、俘人、禽禦等事，克殷中無一字記載，一若入殷後即天下太平者，此純合儒家“以至仁伐至不仁”之理想境界。

续表

世　俘	克　殷	校　語
辛亥，……王不革服，格于廟，秉黃鉞，語治庶國；籥人九終。……籥人造；王秉黃鉞，正國伯。壬子，王服衮衣，矢琰，格廟。籥人造；王秉黃鉞，正邦君。癸丑，薦俘殷王士百人。籥人造；王矢琰，秉黃鉞，執戈。王入，奏庸；大享一終，王拜手稽首。王定，奏庸；大享三終。甲寅，謁戎殷于牧野。王佩赤白旂。籥人奏武。王入，進萬，獻明明三終。乙卯，籥人奏崇禹生開。三終；王定。		世俘所記武王克殷後以軍禮治國、薦俘、作樂等事，克殷中無一字記載。
維四月既旁生霸，越六日庚戌，……武王乃廢于紂共惡臣百人，伐右厥甲小子鼎大師，伐厥四十夫家君鼎師，司徒、司馬初厥于郊號。乃夾于南門用俘，皆施佩衣，先馘入，……燎于周廟。……用牛于天、于稷五百有四；用小牲羊、犬、豕于百神、水土二千七百有一。		世俘所記武王返周，燎于周廟，向祖先獻俘，殺紂共惡臣及殷貴族，大量用牲，表示其勝利成功，克殷中無一字記載。
武王狩，禽虎二十有二，猫二，麋五千二百三十五，犀十有二，氂七百二十有一，熊百五十有一，羆百一十有八，豕三百五十有二，貉十有八，塵十有六，麝五十，麋三十，鹿三千五百有八。		世俘中所記武王狩獵大獲之事，克殷中無一字記載。

尚書大誥今譯（摘要）[*]

　　尚書這部書，相傳分爲虞、夏、商、周四部分，從前人都認爲本書裏的許多篇就是從這四個朝代直接傳下來的。因爲戰國時有"尚賢"的說法，又有"聖道、王功"的說法，使得人們相信古代的統治者都是聖人，那時政治地位最高的人也就是道德最好的人，所以又有了"道統"的說法。堯、舜、禹都是禪讓或受讓的人，所以相傳這書是"三聖傳心"的寶典，公認它擁有無上的權威。

　　漢代有人說：尚書本有三千二百四十篇之多，給孔子一删，成爲一百篇（一說百二十篇）的讀本。可是西漢初期由伏生傳下來的只有二十八篇；到了西漢中期發現了泰誓，到了西漢後期又出現了古文尚書，總共有五十七篇。伏生的本子是用漢人通行的文字寫的，稱作"今文"；那後出的是相傳用孔子時的文字寫的，被看作這部經典的真本，便稱作"古文"。今文有師承傳授而古文沒有，爲了劉歆爭取把古文立於學官，曾和當時的經師們熱烈辯論，於是當時學術界裏有了今、古文之爭（這個問題複雜得很，不可能在這裏講清楚，容另作專文討論）。後來經過幾次戰亂，西漢所出的泰誓和古文尚書都失掉了。到魏、晉之際，又出現了一部古文尚書，說是孔子的裔孫孔安國用隸體寫定的古文，他又作了傳（就是注）；這書除把今文尚書二十八篇析出五篇，共三十

　　* 1962 年 4—5 月作。原載歷史研究 1962 年第四期。

三篇之外，又多出二十五篇，加上書序一篇，總共五十九篇。這部後出的古文尚書是歷代作爲學校讀本的，唐孔穎達又爲孔傳作疏。可是這部書漏洞百出，自從宋代人提出疑問之後，經歷了八百年的研究，到清代學者加以嚴肅的處理，這書就被判定爲僞古文尚書，孔安國的傳也喚作僞孔傳。這是我國史學界裏一個最有科學性的研究成果。

大禹謨是僞古文尚書中的一篇，這篇裏的"人心惟危，道心惟微，惟精惟一，允執厥中"四句相傳是"三聖傳心"的口訣；可是宋明以來，學者們開始對這些傳統的學說提出了懷疑，許多權威經典的地位隨着降落，這神聖的十六字訣也就被一一找出了娘家，判定這幾句原來是雜湊起來的。既經贓證明確，無可迴護，於是道統的信仰也就到了末日，成了人們嘲笑的對象。近百餘年來，帝國主義急劇地侵入我國，民族前途岌岌可危，知識分子有了變法自強的要求，可是封建社會尚未解體，變法的理由也必須在經書裏找出根據，方可喊得響亮，於是漢代的今、古文經學的案子重新提出，當作政治鬥爭的工具；加上外國歷史、宗教書籍的傳入，擴大了比較資料的範圍，對於傳統的古史有了新的估價，於是有"先秦諸子託古改制"這件重要事實的發現。既已發現了這件千真萬確的史實，再來讀尚書，於是堯典、皋陶謨、禹貢等等喬皇典麗的大文章都可斷定爲戰國時人的創作，又經過漢人的塗飾，並沒有保存什麼虞、夏的真史料。自從進行了考古發掘的工作，得到許多真實的古代文物，我們大致可以看出，殷商以前似乎還沒有使用文字（有了階級就有國家，統治階級壓迫被統治階級，文字是一種工具，熟練文字技巧以爲統治階級服務的是史官。夏爲一個大國是無疑的，夏代該有簡單的文字，但現在尚未發現過），像虞、夏書這般大文，可以肯定那時人必然寫不出來，所以這部經典裏的虞、夏書應當一刀割斷它和虞、夏時代的關係，固然這些篇裏保存了戰國時代要求大一統的重要思想，還是戰國史方面的重要資料。

商書呢，拿殷墟甲骨文來比較，那種崇拜祖先鬼魂的氣氛雖然對頭，但文字風格不同，恐怕不能很早，也許東周時代的史官們得到一點殷商的史料，加工寫成的。只有周書，絕大部分是當時史官的記載，在尚書中史料價值是無比的高超。這些記載，有的已經三千年左右，最遲的也已二千六百年了。在古籍裏，只有詩經和周易差足抗衡，這是多麼珍貴！但這些文字固然真了，困難也就隨着襲來，因爲周民族起於渭水流域，説的是一口陝西方言，史官忠實記録了下來，固然在千難萬難之中幸而保存到現在，卻不容易讓人們讀懂。不但生在三千年後的我們不易讀懂，就是距今二千年前的人們也未必能順利讀下去，這因周室東遷，在春秋、戰國時期，東方和西方的關係稀少了，那時的文化中心又偏在齊、魯這一邊，語法和詞彙不可能和西方一致，何況還是古代的西方語言。這只須看先秦諸子徵引的尚書，除了"若保赤子"等平易之文以外，一般便不引周誥來論事，就約略可以推見這個事實。司馬遷自己是陝西人，可是他作史記周本紀和幾篇世家時，對於周初史事，寧可引逸周書而不引周誥，難道他以爲周誥的史料價值不及逸周書嗎？那也無非因爲當時的陝西方言和一千多年前的已有很大的距離，他爲怕麻煩，不敢用力去啃了。

我這回翻譯尚書，先從難的做起。在周誥八篇裏，大誥是第一篇，又是很難讀懂的一篇，可是它在周代歷史裏是極關重要的一篇，必須努力擊破這個重點，然後可以充實周初歷史的内容。所以現在就從大誥做起。工作的方法用的是工廠裏"流水作業"的方法，分爲五個工序，列舉如下：

1. 校勘：語法、詞性和字義的不易搞清楚，是周誥的本身問題；但是它有誤字，有衍字，有脱字，甚至有錯簡，則是它的本子問題。要解決本子問題有最大的困難，就是誰也沒有見到它的原本，不但周初的本子早已湮没無傳，即周末的本子也找不着，我們所能得到的最早本子只是漢代的，然而已經是殘缺了的，就是這一點殘篇斷簡也因傳鈔了千餘年，有的錯誤已成了定型了。所幸近代金文的研究日密，金文和周書時代相同，正可拿來比較，一經對照之下，就可以知道"寧王"是"文王"之誤，而不是指的武王；"民獻"的"獻"，它的原文是"鬲"，乃是俘虜而不是賢人；"誕鄰"乃是"誕以"的誤文，和鄰家一點沒有關係。把極不好懂的幾個癥結解開了，意義便明瞭得多。漢代以來的各種本子，如西漢的王莽大誥，東漢的熹平石經，曹魏的三體石經，以及敦煌石室發現的隸古定本，日本傳寫的隸古定本，我們都儘量搜集，從此可以知道唐玄宗命衛包改的楷體字本雖然便於閱讀，然而許多是改錯了的，如"不敢晉（僭）"誤改爲"不敢替"，一個"害"字硬分作"害"和"曷"兩字，又作兩種解釋，都是顯著的事實。至於近代學者細心閱讀本書，看出其中很多是用的假借字（說得明白些，就是古人寫的別字），不該用本義來作解釋，如"紹天明"的本字應爲"卧天命"，"天棐忱"的本字應爲"天匪忱"，後世人誤用本義解就成了可笑的附會。又有重出的衍字，應當刪掉的，如"天閟毖"只是"天毖"，"乃有友"只是"乃有"。又有因兩字誤倒而致文義不清，因而把兩句併作一句讀的，如"予不敢閉于天降威用"，"閉于"應作"于閉"，連上爲句；"天降威"自爲句，"用……"則屬下爲句。必須有了這樣的糾正，方才可以順理成章地分出章句來，完成今譯的任務，所以雖然得不到完整的古本，我們也就根據了各家的研究結果而改了。其有不改的，也注明它是假借字。古籍本不該隨便改字，但我們的目的是在今譯，而且一開始已寫出用的底本是唐石經，從這個基礎上集合各本校勘，交代明白，所以就使我們改的不對，將來有了別的證據，要改回來時，也沒有什麼不方便處。

2. 解釋：有了校定的本子，就可以進一步作解釋。兩千年來經師們所作的尚書注釋不知有幾百種，可是大抵望文生義，沒有什麼科學性。例如僞孔傳，它已經集合了漢代經師的説法，作了一番批判接受，可是許多處還是繳繞難通。那"越予小子考翼不可征王害不違卜"一句，本是邦君、御事們對周公説的話，他們不希望遵從了占卜的吉兆而出征，僞孔傳卻説"于我小子先卜敬成周道；若謂今四國不可征，則王室有害，故宜從卜"，照這説法，這句話應點作"越予小子考翼；不可征，王害，不違卜"，變成了周公的話，又把"曷不違卜"的否定語氣變成了"故宜從卜"的肯定語氣，意思恰恰相反。爲了前人的注解無法信守哪一家，所以只得用"集腋成裘"的辦法，匯集各家言而精選一番，凡是客觀性强，合於當時的情形和語主的口氣的，我們就鈔下、湊集攏來，打破今、古文和漢、宋學的藩籬；而且偏重近代，因爲時代越近，比較材料越多，就越能推翻前人的誤説而建立近真的新説。例如古人説話有發語詞和句中的襯字，如"惟"，如"誕"，如"大"，如"無"，大都是沒有意義的；後來語法變了，經師們不明白這一點，就拘牽文字，把虚詞當作實義講，因此發生了很多的錯誤。舉一個例子。"無毖于卹"這一句，從字面看，好像是"毋勞於憂"，是勸止之辭；不知道這"無"乃是發語詞，"無毖于卹"即是"毖于卹"，乃是鼓勵對方動腦筋；如果真是"毋勞於憂"，又哪裏能"成乃文考圖功"呢？又古人常用假借字，用了本義解便錯。如"丕"是"大"義，"不"是"弗"義，這是容易分別的，但"不克遠省"寫成了"丕克遠省"，就會使人誤會爲"大能遠省識古事"，而不知道周公説這句話的意思正是責備舊人們的不能記得前事，不能像文王時一樣地振奮赴敵，所以下文便發"爾知文王若勤哉？"的一問。又如"若昔朕其逝"一句，兩千年來沒有講通過，現在知道"逝"是"誓"的假借字，而"誓"則即是"説話"，"其"義爲"之"，那就極容易懂了。自宋人釋經，注重體會語氣，開了桐城文家這一派的經説，清代從王引之以來又注意語法，近來又注重甲文、金文和經典的比較研究，有了這種種方法，才可以使得整理古籍的工作出於幽闇而入光明。但我們也不可太樂觀，須知這只是一篇裏有若干點可以搞通而已，若要全文貫通，則因比較資料還不夠多，在現今的階段裏還是不可能的。話又説回來，我們現在爲了做文從字順的今譯工作，卻非立刻把全文貫通不可，所以有的地方只得"强不知以爲知"，把它勉强講通。例如"考翼"解作"父兄"，"兄考"解作"兄死"，雖已有人説過，而且這樣講了文氣也就通順，可是這究竟單文孤證，是個假設，不爲定論；我們爲了工作的需要，暫時當作定論看待。在這一點上，希望讀者們多多原諒我們所處的困境，千萬不要看作問題已經完全解決才是。

3. 章句：用解釋好了的文字分出章節和句子，加上標點，這是比較輕鬆的一道工序。將來如果解釋有改動，則章句自得隨着改。

4. 今譯：有了章句，用現代口語翻譯出來，也不算太難。只是古人用的詞語和今人不同，要一一把現代語言配上去也有很多困難，例如當時人自稱曰"予小子"，或曰"予沖人"，都是以年輕作爲自謙之詞，並不是真的年輕，但現在便没有類似的詞語可以對譯，所以只得簡單地譯爲"我"。又如"爽"，向來照字面解釋爲"明"，當然是不對的，近年曾運乾從康誥的"爽惟民迪吉康，……矧今民罔迪不適"和"爽惟天其罰殛我，……矧曰其尚顯聞于天"，看出"爽"和"矧"是對用的連掔詞，因此知道大誥的"爽邦由哲，……矧今天降戾于周邦"也是一氣呼應的話；但到了作譯文的時候，真要把這一段話譯得前後呼應卻是不容易做到的。又古人語簡，許多該説的話往往咽了下去没有説，而在我們今天譯爲現代語則有必須代他補説的，例如周公在占卜前向上帝禱告，禱辭的最後一句是"我有大事"，"大事"指的軍事行動，這是周公請求上帝指示可否的，如果單譯這句"我準備出兵"，語氣没有完足，應該補上"問問您可以不可以？"才合適。像這一類補綴的句子和文字，我們就在下面加上黑點，表明在原文裏是没有的。

5. 考證：我們譯尚書，不僅要讀通這一部書而已，還要知道這篇和那篇在歷史上起過什麽作用，占過什麽地位。這就需要把每個歷史事件説得一清二楚。可是春秋以前的歷史，爲了資料太少，所有年代、地理、民族、人物、事跡等等問題，一切不容易得到圓滿的解決，而且現存的古籍都給戰國、秦、漢間人所弄亂，要把許多資料匯合攏來，給它一一審定，是一件非常麻煩的工作。大誥一篇牽涉全部西周初年的歷史，而關於西周初年的史料，僞的太多，真的太少。在春秋以下的書裏，爲了周王朝和儒家的長期宣傳，在人們的印象裏，好像文王、武王和周公都是十分仁慈的，文王又是一個對商王朝忠心耿耿的臣子，只因商王紂暴虐過度，武王救民於水火之中，才不得不出師伐紂；周公東征則是第二次救民之師。凡是他們所到的地方，殷的人民都捧了簞食壺漿來歡迎，惟恐他們來得遲了。實際上，周的疆土和勢力的擴大，以文王時爲主，武王只是在文王的基業上發展了的，這讀了大誥就明白。殷、周的鬥爭原是東、西方兩個大奴隸主國家的利益矛盾，其結果則是西方對於東方的血腥鎮壓，這看了周公東征以後東方各民族搬得七零八落就可以知道。爲了弄明白當時情形，只有用“沙裏淘金”的苦功夫，以最大的努力獲得一些有限的結果，因爲周初史料絶大部分都毀滅了，除了青銅器銘文外，惟有從春秋、戰國的記載裏尋取夾縫的資料；還不足，只得把秦、漢以下第三手的資料來補充。現在這篇考證，分列“三監人物及其疆地”、“武王的死及其年歲和紀元”、“周公執政稱王”、“周公東征的勝利和東方民族大遷徙”、“東土的新封國”等章，集合二三千年中留下來的資料，加上七八百年中學者們不一致的討論，組織成一個歷史系統，希望對於周初史事的解決能起一個相當的作用。至於文王、武王的征伐事跡，還得等待將來整理西伯戡黎、牧誓兩篇時再行編排考證。

　　以上五道工序，工作已近二年，成稿約三十萬字。爲了歷史研究徵稿，儘量壓縮，不錄原材料，只把結論在本期發表，希望讀者嚴格地指正！如果大誥一篇用了這個方法做，大家還認爲可以，則整理尚書全書以至整理其他重要古籍時也就有了一個軌範，許多複雜的古史問題也可以照着這個辦法尋求近真的結論。至拙著尚書大誥譯證一書，今年内可在北京中華書局出版，届時更勞讀者同志作第二度的指正！

　　本篇中所用各書及其簡稱和版本，説明如下：

甲、版本

　　莽誥：王莽執政，圖謀篡奪，翟義等起兵討伐，王莽模仿了大誥而作新的大誥，他把經文生吞活剥地使用，簡直達到可笑的地步，但無意中卻保存了西漢時代今文尚書的面貌，大有利於大誥的研究。原文見漢書卷八十四翟方進傳。

　　漢石經：東漢靈帝熹平四年（公元 175 年）刻，用的是漢代的今文尚書。原石已佚，宋洪适隸釋著錄殘字。馬衡漢石經集存著錄近年出土的殘石，内大誥共存完缺十四字。

　　馬本：漢馬融尚書注本。

　　鄭本：漢鄭玄尚書注本。

　　王本：魏王肅尚書注本。以上三種俱佚，其文字異同，見陸德明經典釋文等書引。這些都是漢代的古文尚書。

　　魏石經：曹魏廢帝正始中（240—248）刻。以其每字有古、篆、隸三體，混合古文、今文，又稱三體石經。宋洪适隸續著錄殘字。清臧琳從其中左傳遺字内，析出大誥文一百十三字，見其所著經義雜記，嘉慶四年（1798 年）家刻本。孫星衍繼之，又析出十一字，見其所著魏三體石經遺字考，光緒十六年（1890）刻石經彙函本。近年出土的比較完整，<u>陳乃乾</u>輯爲<u>魏正始石經</u>殘字，1923 年自印本。

釋文：<u>唐陸德明</u><u>經典釋文</u>。<u>陸</u>氏生<u>隋</u>、<u>唐</u>之際，其時流行於世的是僞<u>孔安國</u>的<u>古文尚書</u>，自稱是“隸古定”（用隸書寫定的古文），<u>陸</u>氏就根據這本來校<u>馬</u>、<u>鄭</u>、<u>王</u>本。可惜釋文已爲<u>宋</u>初<u>陳鄂</u>所改，弄得非驢非馬。<u>敦煌石室</u>中出有<u>唐</u>寫<u>釋文</u>，僅<u>堯典</u>、<u>皋陶謨</u>二篇，約略可以推斷全書。<u>唐</u>本有<u>吳士鑒</u>校語，印入<u>涵芬樓秘笈</u>第四集；又有<u>龔道耕</u>考證，1937 年<u>華西協合大學</u>印本。至釋文全書刻本有<u>通志堂經解</u>及<u>抱經堂叢書</u>兩種。<u>四部叢刊</u>本即據<u>通志堂</u>本影印。

雲窗本：<u>日本</u>所存隸古定本<u>大誥</u>，內經文存一百二十六字，見 1914 年<u>羅振玉</u>編印<u>雲窗叢刻</u>中的<u>古寫隸古定尚書</u>殘卷。

足利本：<u>日本足利學</u>所藏古本，見<u>山井鼎</u><u>七經孟子考文</u>及<u>物觀</u>補遺，<u>嘉慶</u>二年（1797）<u>阮元</u><u>文選樓叢書</u>本。

日本定本：<u>日本東方文化研究所經學文學研究室</u><u>尚書正義</u>定本。其書集合<u>中</u>、<u>日</u>、<u>法</u>、<u>德</u>四國所藏古本校勘，<u>日本</u>所藏各種隸古定尚書已爲搜集完全。<u>昭和</u>十四年（1939）刊本。

唐石經：<u>唐文宗</u><u>開成</u>二年（837）立石，今存<u>西安市</u><u>陝西博物館</u>。自<u>唐玄宗</u>命<u>衛包</u>將隸古本改爲楷字，<u>唐石經</u>即根據<u>衛包</u>改本付刻。此後各本就沒有什麼出入了。

書疏：<u>唐</u>初<u>孔穎達</u><u>五經正義</u>的一種，爲僞<u>孔傳</u>作疏。固然給後人依<u>衛包</u>本改過，但疏中還保存有未改的字。<u>阮元</u>據各古本校勘，<u>嘉慶</u>二十年（1815）<u>江西</u><u>南昌府學</u>刻本。<u>唐石經</u>有殘泐處，即據此補。

乙、注釋及考證

大傳：<u>漢</u><u>伏生</u>（?）<u>尚書大傳</u>。此書已佚，有<u>盧文弨</u>、<u>陳壽祺</u>

諸家輯本；皮錫瑞後起，最爲賅洽。今據光緒二十二年（1896）皮氏自刻尚書大傳疏證本。

毛傳：漢毛公詩故訓傳。十三經注疏本。

鄭箋：漢鄭玄毛詩箋。同上本。詩和書同出周人，其語彙多相同，故可用以比較。

馬注：漢馬融尚書注。釋文等書引。王鳴盛輯入尚書後案。馬國翰（?）輯有尚書馬氏傳，在玉函山房輯佚書內。

鄭注：漢鄭玄尚書注。釋文等書引。宋王應麟輯有古文尚書馬、鄭注。王鳴盛輯入尚書後案。孔廣林輯本在鄭學彙函。袁鈞輯本在鄭氏佚書。

王注：魏王肅尚書注。釋文等書引。王鳴盛輯入尚書後案。馬國翰（?）輯本在玉函山房輯佚書。

韋解：吳韋昭國語解。黃丕烈復刻宋天聖明道本，在士禮居叢書。

孔傳：僞孔安國尚書傳，實出王肅一派人的手筆。十三經注疏本。日本尚書正義定本本。

孔疏：唐孔穎達等尚書正義。是唐以前尚書學的總結。本同孔傳。

左傳：春秋左氏傳。十三經注疏本。

爾雅：不詳撰人，作於西漢。十三經注疏本。

郭注：晉郭璞爾雅注。十三經注疏本。

楚辭王注：漢王逸楚辭注。汲古閣本。

説文：漢許慎説文解字。嘉慶九年（1804）孫星衍復刻北宋小字本。

孟注：魏孟康漢書音義。顏注引。

顏注：唐顏師古漢書注。二十四史本。光緒二十六年（1900）王先謙漢書補注本。

李注：唐李賢後漢書注。二十四史本。

蘇傳：宋蘇軾東坡先生書傳。明刻兩蘇經解本。

吕説：宋吕祖謙東萊書説。通志堂經解刻時瀾增修本。

林解：宋林之奇尚書全解。通志堂經解本。

蔡傳：宋蔡沈書集傳。光緒十五年（1889）江南書局刻元鄒季友書傳音釋本。

陳傳：宋陳大猷書集傳。僅存的一部宋刻本，藏北京圖書館善本部。

金注：元金履祥書經注。光緒五年（1879）陸心源刻十萬卷樓叢書本。

後案：清王鳴盛尚書後案。乾隆四十四年（1779）自刻本。道光九年（1829）阮元刻清經解本。

江疏：清江聲尚書集注音疏。乾隆五十八年（1793）自刻本。清經解本。

孫疏：清孫星衍尚書今古文注疏。嘉慶二十年（1815）自刻本。清經解本。

述聞：清王引之經義述聞。王氏四種本。清經解本。四部備要本。

釋詞：清王引之經傳釋詞。王氏四種本。清經解本。1924年王時潤點勘本。

朱證：清朱彬經傳考證。清經解本。

撰異：清段玉裁古文尚書撰異。道光元年（1821）自刻經韻樓叢書本。清經解本。

姚記：清姚鼐筆記。同治五年（1866）省心閣重刻惜抱軒全集本。

劉解：清劉逢禄尚書古今文集解。光緒十四年（1888）王先謙刻清經解續編本。

陳疏：清陳奐詩毛氏傳疏。道光二十七年（1847）自刻本。清經解續編本。

補商：清戴鈞衡書傳補商。道光末(1850?)自刻本。

啟孎：清黃式三尚書啟孎。光緒十四年(1888)家刻本。

平議：清俞樾群經平議。同治十年(1871)自刻本。

字説：清吳大澂字説。光緒中(1890?)廣州自刻本。1918 年振新書社石印本。

吳故：清吳汝綸尚書故。光緒三十年(1904)刻桐城吳先生遺書本。

斠補：清孫詒讓周書斠補。光緒二十六年(1900)自刻本。

述林：清孫詒讓籀膏述林。1916 年家刻本。

駢枝：清孫詒讓尚書駢枝。1929 年燕京大學刻本。

簡疏：清簡朝亮尚書集注述疏。光緒三十三年(1907)自刻本。

集林：王國維觀堂集林。1959 年中華書局印本。本篇所引詩尹氏説在別集一。

誼略：姚永樸尚書誼略。光緒三十一年(1905)李國松刻集虛草堂叢書本。

三體石經考：章炳麟新出三體石經考。章氏叢書續編本。1943 年成都薛氏復刻本。

拾遺：章炳麟古文尚書拾遺定本。1937 年章氏國學講習會印本。

集存：馬衡漢石經集存。1957 年科學出版社印本。

楊述：楊樹達積微居小學述林。1954 年中國科學院印本。

楊説：楊樹達積微居金文説。1959 年科學出版社印增訂本。

正讀：曾運乾尚書正讀。湖南大學油印稿本。

大系：郭沫若兩周金文辭大系圖錄考釋。1956 年科學出版社印增訂本。

新證：于省吾雙劍誃尚書新證。1934 年自印本。

解詁：吳其昌殷虛書契解詁。1934 年武漢大學文哲季刊三卷二號。

　　覈詁：楊筠如尚書覈詁。1934 年自印本。1959 年陝西人民出版社本。

　　釋丝用：胡厚宣釋丝用、丝御。1937 年中央研究院歷史語言研究所集刊八本三分。

　　歲時考：于省吾歲時起源初考。1961 年歷史研究第四期。

一、校勘

大誥

　　〔一〕王若曰猷大誥① 爾多邦越② 爾③ 御事弗弔天④ 降割⑤ 于我家不⑥ 少延洪惟⑦ 我幼沖人嗣無疆大歷服⑧ 弗造⑨ 哲迪民康矧曰其有能格⑩ 知天命已予惟小子若涉淵水予惟往求朕攸濟敷賁敷前人受命兹不忘大功予不敢閉于⑪ 天降威⑫ 用寧王⑬ 遺我大寶龜⑭ 紹⑮ 天明⑯ 即命曰有大艱于西土西土人亦不靜越兹蠢⑰ 殷小腆⑱ 誕敢紀⑲ 其叙天降威知我國有⑳ 疵㉑ 民不康曰予復反鄙㉒ 我周邦今蠢㉓ 今翼㉔ 日民獻㉕ 有十夫予翼以于敉㉖ 寧武圖功我有大事休朕卜並吉肆予告我友邦㉗ 君越尹氏庶士御事曰予得吉卜予惟以爾庶邦于伐殷逋播臣

　　①馬、鄭、王等本皆“猷”在“誥”下。述聞：“‘猷’，於也。‘大誥猷爾多邦’者，大誥於爾多邦也。”但多士説“猷告爾多士”，多方説“猷告爾四國多方”，並“猷”在“告”上。詩小旻説“不我告猷。”可見“猷誥”或“誥猷”都是連緜字，不該作“誥於”解。卜辭有“囚告于大邑商”之文，“囚告”即“猷誥”。今不改僞孔本。

②金文作"雩"，魏石經作"粵"（楊説）。今以"越"爲連及之詞，通用已久，不改。

③鄭本作"乃"，今以下文屢言"爾庶邦君"，雲窗本亦作"爾"，不改。

④"不弔"古文應作"不𢆶"，"𢆶"即後世"淑"字，不淑就是不善。自漢人借"叔"爲"𢆶"，又將"𢆶"簡化爲"弔"，而𢆶字的本義廢。𢆶象繳弋所用短矢，以生絲繫矢而射，爲男子所有事，故"叔"爲男子美稱（字説）。詩鄭風"叔于田"可證。今以此字無可作楷體，仍書"弔"。

⑤馬本作"害"。唐寫釋文作"刲"。三體石經考："'仝'乃籀文'全'字，施'刀'於'全'者爲'割'，猶施'攴'於'完'者爲'寇'，乃會意字。"今以無此楷字，不改。

⑥雲窗本作"弗"。

⑦毛公鼎作"弘唯"。

⑧逸周書世俘"馘磿億有十（應作'七'）萬七千七百七十有九，俘人三億萬有二百三十"。"馘"爲截耳。"馘磿"與"俘人"並舉，疑"磿"爲奴隸，"人"爲自由民。"磿"、"歷"同聲假借字，謂所執俘馘的名籍，即假爲人民的通稱（斠補）。此"歷"即大盂鼎等器之"鬲"字，改寫爲"鬲"，義較顯明，今改。

⑨莽誥作"遭"，以訓詁代經文。

⑩魏石經三體均作"𨓭"，即"退"（三體石經考）。今改。

⑪自孔傳至蔡傳均讀"予不敢閉于天降威用"爲句。惟莽誥作"予豈敢自比于前人乎，天降威……"，是以"比"譯"閉"，"天降威"自爲一句。平議："疑此'于'字本在'閉'字之上，'予不敢于閉'猶下文曰'敢弗于從'，傳寫誤倒之耳。"今爲求譯文的順利，即從其説，將"閉于"乙作"于閉"。於"閉"字絶句，並於此分段。

⑫漢石經作"畏"，二字古通用。（集存）

⑬"寧"爲"文"的誤文。古稱文王爲"文人"，見詩江漢；又稱

爲"前文人"，見文侯之命及兮仲鐘、追𣪘。其所以致誤之故，則因"文"字古作"𠁱"（見旅鼎）或"𠁱"（見師害𣪘），很像"寧"字之故（字說）。這只須看君奭的"在昔上帝割申勸寧王之德"一語，禮記緇衣引作"昔在上帝周田觀文王之德"，便可瞭然。今凡"寧人"、"寧王"、"寧考"、"寧武"、"前寧人"的"寧"字都改寫爲"文"，下不復注。

⑭魏石經作"俴"，即"保"。古"寶"與"保"通。

⑮"紹"爲"卟"的假借字，義爲卜問。（楊述）

⑯"明"爲"命"的假借字。（楊述）

⑰魏石經作"戩"，古文。

⑱撰異說本字應作"敿"，小主也，小主指武庚。今以用"'腆'，厚也"之訓已可解通，不改。

⑲莽誥作"犯祖亂宗之序"，疑漢今文經"紀"或作"犯"。

⑳日本定本謂日本舊鈔隸古本多無"有"字。按，此或誤脫。

㉑莽誥作"呰"，異體字。

㉒古"鄙"、"圖"字同作"啚"，或謂此字應讀"圖"。今以作"鄙"讀亦順，不改。

㉓禮記鄉飲酒義："'春'之爲言'蠢'也。"春時萬物萌生，故"春"與"蠢"俱得"動"義，字亦相通。歲時考"今蠢"爲"今春"，與"今翌日"並爲標時間的名詞，與"蠢"之爲動詞的不同。今以期人易瞭，故依改。至"茲蠢"、"允蠢"，則以作動詞爲宜，不改。

㉔爾雅釋言"'翌'，明也"。郭注："書曰：'翌日乃瘳。'"今本金縢作"翼"，明爲衛包所改。此文亦然，與下"予翼"訓"佐"者本自分別。今據改。"翌日"本有"明日"和"翌祭"二義，今從後說，見解釋〔三〕·12。

㉕大傳作"民儀"，莽誥作"民獻儀"。撰異謂古文作"獻"，今文作"儀"，此必莽誥止作"儀"而後人兩存之。大系據令𣪘"𣪘百人"，大盂鼎"人𣪘千又五十夫"，謂"民獻"即"人𣪘"，"儀"古音

在歌部，“鬲”古音在支部，陰陽對轉。按“鬲”爲本字，“獻”爲引申字。説文犬部“‘獻’，宗廟犬曰‘羹獻’，犬肥者以獻之，從犬，鬳聲”。“鬳”爲“鬲”之繁文。“鬲”爲俘虜，於宗廟中行獻俘禮則曰“獻”。本篇的“民獻”和洛誥的“獻民”都是獻於宗廟的俘虜。拿今語説來，就是一個民族被征服之後成爲征服民族的種族奴隸。這種奴隸的領袖，從大盂鼎上看，稱爲“邦司伯”和“夷司王臣”，依然是奴隸主。本篇的“民獻有十夫”就是指的這一批人。

㉖足利本作“撫”，下“敉寧王大命”同。然“敉”爲“終”義，“撫前人成功”不若“終前人成功”義長。陳侯因𦦲錞“邵踵高祖黄帝，㣼嗣桓、文”，“㣼”與“敉”同字，謂齊威王上紹黄帝的統緒，下嗣齊桓和晉文的霸業，正與此同義。

㉗牧誓“友邦”，史記周本紀作“有國”，“友”、“有”同是假借字。這裏的“友邦”原即“庶邦”，並不曾含有“友好”的意義。爲了免致誤會爲周室的敵體國家，故改“有”。

〔二〕爾庶①邦君越庶士御事罔不反曰艱②大民③不静亦惟在王宫邦君室越予小子考翼不可征王害不違卜肆予沖人永思艱曰嗚呼④允蠢鰥寡哀哉予造⑤天役遺⑥大投艱于朕身越予沖人不卬自恤⑦義⑧爾邦君越爾多士尹氏御事綏予曰無⑨毖于恤不可不成乃寧考圖功已予惟小子不敢替⑩上帝命天休于寧王興我小邦周寧王惟卜用克綏受兹命今天其相民矧亦惟卜用嗚呼天明畏⑪弼我丕丕基⑫

①日本定本謂舊鈔本多無“庶”字。

②魏石經作“囏”，古文。

③莽誥“民”下有“亦”字。日本定本謂舊鈔本多有“亦”字。今據增。

④魏石經數見“烏虖”字，知今本作“嗚呼”悉出衛包所改，兹復原。

⑤莽誥作“遭”，訓詁文。

⑥莽誥云"予遭天役遺，大解難于予身"，與蔡傳以"遺大、投艱"爲駢列文者異。新證謂"役遺"二字爲"彶遣"之誤，"彶"即"及"，"遣"即"譴"，句義爲"予遭天之譴責"。今以如此解於文爲順，據改。

⑦説文𢍏部及魏石經俱作"卹"，明"恤"字爲衛包改（撰異）。今與下文"無毖于恤"並改正。

⑧足利本作"誼"，"義"、"誼"古字通。

⑨足利本作"亡"，"無"、"亡"古字通。

⑩莽誥云："予不敢僭上帝命。"魏石經三體皆作"晉"，明此文作"替"爲衛包誤改，今正。（撰異）

⑪莽誥作"威"，"威"、"畏"古字通。

⑫漢石經作"丕丕其"，"丕"爲"丕"之古文，"其"爲"基"之初文。羌伯敦、師㝨父鼎均有"對揚天子不𢾷魯休"之文，疑"丕丕"原文爲"不𢾷"，即"丕顯"義。（撰異、大系）

〔三〕王曰爾惟舊人爾丕①克遠省爾知寧王若勤哉天閟毖②我成功所③予不敢不極卒寧王圖事肆予大化誘我友邦君④天棐⑤忱⑥辭⑦其考我民予曷⑧其不于前寧人圖功攸終天亦惟用勤毖我民若有疾予曷敢不于前寧人攸受休畢

①莽誥作"爾不克遠省"。"不"、"丕"二字古雖通用，然"丕"又有"大"義，易使人誤解；而此句實爲質問之辭，作"不"則其義易明，故改。

②莽誥作"毖勞"，孟注以"慎勞"釋之，皆無"閟"字，"閟"葢"毖"之旁訓而爲後人所誤入。今據撰異刪去。

③新證謂金文中"所"與"匹"形似易渾，"匹"、"配"古同訓，"匹天"即"配天"。存參。

④日本定本謂舊鈔本多無"君"字，然無此字則語不完，不改。

⑤"棐"爲"匪"之假借字，其義爲"非"，爲"不"，爲"不可"，

爲“未及”（述林）。今改“匪”以免眩亂。

⑥古“忱”、“諶”通用，故君奭有“天難諶”句，“難諶”即此“棐忱”。

⑦新證：“‘辭’本應作‘辞’，讀爲湯誓‘非台小子’之‘台’，訓‘我’。”今依改。

⑧字本作“害”，今本湯誓“時日曷喪”，孟子梁惠王作“時日害喪”，可證本書“曷”字皆衛包所改（撰異）。今復原。下諸“曷”字同。

〔四〕王曰若昔朕其逝朕言艱日思若考作室既厎法厥子乃弗肯堂①矧②肯構③厥父菑厥子乃弗肯播矧肯穫厥考翼其肯曰予有後弗棄④基肆予曷敢不越卬敉寧王⑤大命若兄考乃有友⑥伐厥子民養⑦其勸⑧弗救

①後漢書肅宗紀：“不克堂桓”，李注引尚書“乃不肯堂，矧肯桓”，知漢人本子“弗肯”有作“不克”者，存參。至“構”作“桓”乃是宋代刻書人爲避宋高宗趙構的諱而改，今不從。

②孔疏：“定本云‘“矧弗肯構”、“矧弗肯穫”，皆有“弗”字’。檢孔傳所解，‘弗’爲衍字。”（按此定本當爲唐以前之校定本，今佚。）按不增此二“弗”字，解“矧”爲“況”，義已明瞭；記此存參。

③“矧肯構”下，孔疏引鄭本、王本俱有“厥考翼其肯曰予有後弗棄基”十二字。孔疏以爲不應增，撰異、吳故以爲應增。今增入。

④本作“棄”，以中有“世”字，避唐太宗李世民之諱而改用古文。今復原。（撰異）

⑤日本定本謂舊鈔本多作“人”。按“寧人”即“寧王”，文異而義不異，不改。

⑥正讀：“‘友’，羨文。古文‘有’蓋作‘爻’，讀者誤爲重文，作‘乃有友’，文不成義。”今據删“友”字。

⑦莽誥作“民長”，非，見解釋〔十〕·2。

⑧此爲"觀"之誤文。其初文爲"雚"，至从"見"爲"觀"，从"力"爲"勸"，則均後起字。"其觀弗救"，即觀望而不救（新證）。今改。

〔五〕王曰嗚呼肆哉爾庶邦君越爾御事①爽邦由②哲亦惟十人迪知上帝命越天棐忱爾時罔敢③易法④矧⑤今天降戾⑥于周邦惟大艱人誕鄰⑦胥伐于厥⑧室爾亦不知天命不易予永念曰天惟喪殷若穡⑨夫予曷敢不終⑩朕畝⑪天亦惟休于前⑫寧人予曷其⑬極卜敢弗于從⑭率寧人有⑮指⑯疆⑰土矧今卜並吉肆朕誕以⑱爾東征⑲天命不僭⑳卜陳㉑惟若兹

①足利本作"王曰嗚呼肆告我爾庶邦冢君越爾御事"。日本定本謂舊鈔本有"告"字，"君"上或有"冢"字，"越爾"或無"爾"字。覈詁："按'肆哉'二字不辭。古本'我爾'連文亦不可通。疑本作'我'，故以形近誤作'哉'。"今據其説改定足利本；又因本篇他處均未見有"冢君"之稱，删去其"冢"字；"爾"字仍存。

②足利本"由"作"用"，"由"、"用"古通用。

③雲窗本作"敨"，爲金文"𢼸"之誤體。

④莽誥作"爾不得易定"，蓋"法"古文作"佺"，與"定"相似；故誤作"法"。下文"爾亦不知天命不易"，"不易"即"定"也（後案）。今改。

⑤雲窗本作"敩"，古文。

⑥莽誥作"況今天降定于漢國"，以"定"代"戾"，訓詁字。詩雨無正："周宗既滅，靡所止戾。"又桑柔："民之未戾，職盜爲寇。""戾"皆作"定"解。

⑦雲窗本作"厸"，古"鄰"字。新證以爲"厸"乃"以"之誤，漢隸"以"作"㠯"，形相似。"誕以"乃古人語例，下文"肆朕誕以爾東征"可證。今改正。又雲窗本"厸"下有"近"字，疑因僞孔傳"大近相伐"而衍，今不取。

⑧雲窗本作"𡧛"，古文。

⑨雲窗本作"嗇"，異體字。

⑩雲窗本作"曑"，古文譌變。

⑪雲窗本作"晦"，古文。

⑫雲窗本作"耒"，古文。

⑬雲窗本作"亣"，古文。

⑭莽誥作"害敢不于從"，多出一"害"字，存參。雲窗本"從"作"刐"，古文"𢪙"之隸寫。

⑮雲窗本作"大"，古文。

⑯莽誥作"旨"，顏注訓"美"。孔疏亦作"旨"。知今經、傳"指"字皆爲衛包所改(撰異)。今復原。

⑰雲窗本作"畺"，古文。

⑱雲窗本作"㠯"，古文。

⑲雲窗本作"征"，異體字。

⑳雲窗本作"晉"，古文。

㉑雲窗本作"敕"，按金文作"𤔲"，此蓋隸省。

二、解　釋

〔一〕王若曰①猷②大誥爾多邦越③爾御事④弗弔天降割⑤于我家不少延⑥洪惟⑦我幼沖人⑧嗣無疆大𠪰服⑨弗造哲⑩迪民康⑪矧⑫曰其有⑬能俈知天命⑭

①"若曰"，猶言"乃曰"。(釋詞)

②"猷大誥"，猶言"猷告"。單言即"告"。見校勘〔一〕·1。"大"，語詞，無義。(朱證)

③"越"，猶言"與"。(釋詞)

④"多邦"，是諸侯，爲外官；"御事"，是朝臣，爲內官。

⑤“不弔天”，爲“疾威降喪之天”。

⑥“延”，是“弛緩”的意思。這是説“天的降喪於周不稍緩慢”。（正讀）

⑦“洪惟”，發語辭，無義。（釋詞）

⑧“沖人”本是“童子”的意思，但在這裏則是統治者自謙之辭。在現代語中，這詞没有適當的話可以對譯，只譯爲“我”。

⑨“鬲”的本義是奴隸，這裏泛指人民。“服”是疆土。人民和土地是統治者兩宗主要的財産。

⑩“造”，是“遭逢”的意思。“哲”，指明智之人。（莽誥）

⑪“迪”，是“引導”和“登進”的意思。“康”，是“安康”。這句話是説“自己没有碰到明智的人，登民於安康的境界”。（拾遺）

⑫“矧”，是“何況”的意思。（爾雅）

⑬“有”，即“又”。（江疏）

⑭“佫”，即“遐”，是“很遠”的意思。（拾遺）

〔二〕已①予惟小子②若涉淵水③予惟往求朕攸④濟⑤敷賁⑥敷前人受命⑦兹不忘大功⑧予不敢于閉⑨

①“已”，發端嘆辭，就是“唉”。（正讀）

②“惟”，語助詞，無義。“予惟小子”即“予小子”。

③“淵”，是“深”的意思。（毛傳）

④“攸”，是“所以”的意思。（釋詞）

⑤渡水叫作“涉”。已渡叫作“濟”。“往”，是“前進”的意思。（陳傳）

⑥“敷”，是“陳列出來”的意思。“賁”，是“龜”。“敷賁”，是“把占卜的龜兆拿出來給大家看”。（爾雅、拾遺）

⑦“前人”，是“以前的王”，即“前文人”，指周文王。“受命”，爲受天命，有天下。

⑧“兹”，承上起下之詞，猶言“致令如此”。“忘”即“亡”，是“失掉”的意思。（釋詞、述聞）

⑨“閉”，是“壅塞”的意思。惟其不敢閉，所以要敷陳。（孫疏、平議）

〔三〕天降威用^①文王遺我大寶龜紹天明^②即命曰^③有大艱于西土西土人亦不靜^④越茲蠢^⑤殷小腆^⑥誕^⑦敢紀其叙^⑧天降威知我國有疵^⑨民不康曰予復^⑩反鄙我周邦^⑪今春今翌日^⑫民獻^⑬有十夫^⑭予翼^⑮以于^⑯敉^⑰文武圖功^⑱我有大事^⑲休^⑳朕卜並吉^㉑

①“用”，是“使用”的意思，謂“使用文王的大寶龜來占卜”。（駢枝）

②“紹”，是“卟”的假借字。“明”，是“命”的假借字。“紹天明”即“卜問天命”。（楊述）

③“即命曰”，是命龜之詞。這一段是周公對上帝說的話。（金注、駢枝）

④“西土”，指周邦。那時周都鎬，在今陝西省西安市的西面。對東土言，故自稱曰“西土”。“西土人”，指管叔、蔡叔等，是周朝派往東土的官員。

⑤“蠢”，是“蠢動”的意思。“越”，是“于”的假借字。“越茲蠢”，猶言“于是蠢動了起來”。（爾雅、釋詞）

⑥“腆”，是豐厚的意思（說文）。“殷小腆”，是說武王克殷之後，封祿父（武庚）於其舊地，到武王死時，殷的國勢又小小地豐厚起來了。

⑦“誕”，發語詞，無義。（釋詞）

⑧“紀”，是“整理”的意思。“緒”，指舊有的法統。（江疏）

⑨“疵”，是“毛病”的意思。這兒指的是周室內部的不團結。（後案）

⑩“復”，是“恢復”的意思。這裏是舉的武庚的話。（林解）

⑪“鄙我”，是“以我邦爲邊鄙之邑”，即屬國。（後案）

⑫“翌日”，是當時的一種祭禮。祭之明日又祭謂之“肜日”，祭後若干日又祭謂之“翌日”。（解詁）

⑬“民獻”是“投降過來的人民”（大系）。此指當時殷方一般有力的奴隸主。

⑭“十夫”，字面的意義是十個人，但實際的意義則是“一群人”。這些人本是殷統治集團中的奴隸主，現在願意爲周人出力，周公就利用了他們來鎮壓東方。

⑮“予翼”是“翼予”的倒文（朱證）。“翼”，是“輔佐”的意思（孔傳）。按以賓詞置前，動詞置後，可能是受阿爾泰語系的影响。

⑯“于”，是“往”的意思。（毛傳、鄭箋）

⑰“敉”，即“彌”，是“完成”的意思。（爾雅）

⑱“圖”有“大”誼，“圖功”即“大功”。（釋詞、覈詁）

⑲“大事”，指“軍事”（左傳），言將舉兵東征。

⑳“休”，一字一句，猶説“好呀！”（正讀）

㉑“卜並吉”，是當占卜之際，同時用三龜，這次一齊得到了吉兆。（鄭注）

〔四〕肆①予告我有邦君越尹氏②庶士③御事曰予得吉卜予惟以④爾庶邦⑤于⑥伐殷逋播臣⑦

①“肆”，是“故今”的意思。（鄭箋）

②“尹氏”，是周王的史官，掌書王命，與太師同秉國政。（集林）

③“庶士”，猶説“許許多多的官員”。

④“以”，是“率領”的意思。（左傳）

⑤這裏但言“庶邦”，因爲邦君都有他的軍隊，可以帶去東征。

⑥“于”，是“往”的意思。（毛傳）

⑦“逋播”，雙聲連語。“逋播臣”，猶言“逃奴”或“叛徒”。（江疏、覈詁）

〔五〕爾庶邦君越庶士御事罔不反曰艱大①民不靜亦惟在王宫

邦君室②越予小子③考翼④不可征王害⑤不違卜

①"艱大"，是説"困難大得很"。（鄭注）

②爲了管叔、蔡叔們是周王的親族，而跟武庚一起反周，不好意思明白説出，所以只説"在王宫、邦君室"。（江疏、簡疏）

③"越予小子"，猶言"惟予小子"（釋詞）。從上文"罔不反曰"起，都是邦君等反對出兵的話，這"予小子"該是邦君們自稱之詞。

④"考翼"，猶言"父兄"。"考"，是"父"。"翼"，是尊貴的人，指兄（述林）。當時周王方面封於東土的人或被派到東土的人不在少數，邦君、御事們的父兄也有留在那裏的，他們一時受了脅迫，不敢公然反抗，所以許多西土人不願往征，説"我們的父兄們也在那裏"。

⑤"害"，就是"何不"（郭注）。這句話是説"王爲什麽不違背了卜兆，停止出征呢"。

〔六〕肆予沖人永思艱曰烏虖允蠢鰥寡①哀哉予造天役遣②大③投艱于朕身越予沖人不卬④邲自⑤義⑥爾邦君越爾多士尹氏御事綏⑦予曰無毖⑧于邲不可不成乃文考⑨圖功

①"允"，是"用"。"允蠢鰥寡"，猶言"用動鰥寡"（釋詞）。"鰥寡"，指一班傷殘痛苦的人民。（姚記）

②"造天及遣"，是"遭逢了上天的譴責"。（新證）

③"大"，是語詞，無義。（朱證）

④"卬"，是"我"。（毛傳）

⑤"邲"，是"憂"（説文）。這句是説"倘使我不知自憂"。（劉解）

⑥"義"，是"宜"（釋詞）。一説是語詞，無義（新證）。今依前一説，以"義"爲"綏"的副詞解，即"應該"。

⑦"綏"，是"勸止"的意思。（韋解）

⑧"毖"，是"謹慎"的意思（説文）。一説是"勤勞"的意思（孔

疏)。但慎者必勞，故"毖"得兼二訓(撰異)。"無"，發語詞，無義。"無毖"即"毖"，猶詩文王"無念"即"念"。(毛傳)

　　⑨"文考"，指文王。周公爲文王之子，故稱文王爲"考"。

　　〔七〕已予惟小子不敢僭上帝命①天休②于文王興我小邦周文王惟卜用③克綏④受兹命今天其相⑤民矧⑥亦惟卜用⑦烏虖天明威弼我丕不基⑧

　　①"僭"，是"不信"的意思。"不敢僭"，就是"不敢不信"。(顏注、撰異)

　　②"休"，是"美好"的意思(爾雅)；又同"庥"，是"庇護"的意思(啟黌)。這兩説也可統一，因爲喜歡他，所以保護他。

　　③"用"，是"施行"的意思(述聞)。"卜用"，即"用此卜"。(釋丝用)

　　④"綏"，是"繼承"的意思(爾雅)。這是説"文王爲了用卜，所以能承受這天命。"

　　⑤"相"，是"幫助"的意思(孔傳)。"民獻十夫"，即是天助的徵兆。

　　⑥"矧"，猶"又"(釋詞)。這是説文王因用卜而得天助，所以我現在又要用卜。

　　⑦這是倒語，因爲周公"亦惟卜用"，所以能知道"今天其相民"。

　　⑧"弼"，是"輔佐"的意思(説文)。這是説"天命可畏，你們當畏天而輔成我的偉大基業"。(補商)

　　〔八〕王曰爾惟舊人①爾不克遠省②爾知文王若③勤哉天毖④我成功所⑤予不敢不極卒⑥文王圖事⑦肆予大化誘⑧我有邦君天匪忱辝⑨其考我民⑩予害其⑪不于⑫前文人⑬圖功攸⑭終天亦惟用勤⑮毖我民若有疾⑯予害敢不于前文人攸受休畢⑰

　　①"惟"，是"乃"的意思(補商)。這是説"你們都是文王的舊臣"。

②"省"，是"察視"的意思（釋文）。"爾不克遠省"，是"你們不能把從前的事情回顧一下"。

③"若"是"如此"的意思，這句話是問"你們知道文王是這等地勤勞嗎"。（釋詞）

④"毖"，是"誥教"的意思。（朱證、集林）

⑤這句是說"天教戒我以成功之道"。

⑥"極"讀爲"亟"，是"急速"的意思。（述聞）

⑦這句是說"趕快完成文王所計劃的事情"。（述聞）

⑧"化誘"，亦即"誥教"之義。（吳故）

⑨"忱"，是"信"。"辭"，是"我"。（新證）

⑩"考"，是"安定"的意思（誼略）。這句是說"天不是信我個人，而是爲了安定我們的人民，所以來幫助我的"。（新證）

⑪"其"，語詞，無義。（釋詞）

⑫"于"，是"爲"的意思；"害其不于"即"那敢不爲"。（釋詞）

⑬"前文人"，猶言"先文王"。

⑭"攸"，是"是"的意思。"攸終"即"是終"（覈詁）。這句是說"我哪敢不爲先文王的大功得出一個結果來呢"。

⑮"勤"，即"勞"，指征伐之事。（補商）

⑯"有"，猶"爲"，是"治療疾病"的意思。（覈詁）

⑰"畢"，是"禳除疾病"的意思。（駢枝）

〔九〕王曰若①昔朕其逝②朕言③艱日思④若考作室既厎法⑤厥子乃⑥弗肯堂⑦矧肯構厥考翼其⑧肯曰予有後弗棄基厥父菑⑨厥子乃弗肯播矧肯穫厥考翼其肯曰予有後弗棄基肆予害敢不越⑩卯⑩敉文王大命

①"若"，猶"惟"，語詞，無義。（釋詞）

②"昔"，是"前天"或"前邊"。"其"，讀爲"之"，與康誥"朕其弟"同。（按本篇無一"之"字，是很可注意的問題。）"逝"，是"誓"的假借字，亦"誥教"義。這句是說"像我前面所說過的話"。

（呂説、啟彄、吳故）

③“言”，猶“於”。這句是説“我於艱難的事情天天在考慮”。（覈詁）

④既日思艱難，必然進一步去解決這個艱難的問題，所以有下面幾個譬喻。

⑤“厎”，是“定”（馬注）。“定法”，是指造屋的各種準備。

⑥“乃”，猶“且”。“乃弗肯堂”，是“爲堂且不肯”。（釋詞）

⑦“堂”，是堆土以作屋基。（平議）

⑧“其”，猶“寧”（釋詞），即今語“哪裏會”。

⑨田中除草和翻土都叫作“菑”。（郭注）

⑩“越卬”，是“及身”的意思。（啟彄）

〔十〕若兄考①乃有伐厥子民養②其觀③弗救

①“考”，是“死”。這裏的“兄考”是周公説武王死。（吳故）

②“養”，是“廝養”，即奴隸。（蘇傳）

③“觀”，是“猶豫觀望”。（新證）

〔十一〕王曰烏虖肆我告爾庶邦君越爾御事爽①邦由哲②亦惟十人③迪④知上帝命越天匪忱⑤爾時罔敢易定⑥矧今天降戾⑦于周邦惟大艱人⑧誕以⑨胥⑩伐于厥室⑪爾亦⑫不知天命不易⑬

①“爽”，猶“尚”，表命令或希望之詞，和下文“矧”相呼應。（正讀、楊説）

②“邦”上似有缺文。

③“十人”，與上“十夫”同，是一個集體名詞，不是整整的十個人。上面“十夫”是殷人，這裏“十人”是周人。

④“迪”，猶“用”。（釋詞）

⑤“亦惟”至“匪忱”十三字當作一句讀。“越”是“與”。“天匪忱”是“不可一味地倚賴天”的意思。這句話是説“這些人是真知道上帝的命令以及天的不可無條件倚賴的”。

⑥“易”，是“改變”。“定”，是“天的定命”。（後案）

⑦"戻"，是"定"。"降戻"是"下定"。（吳故）

⑧"大艱人"，指"三監"。（林解）

⑨"誕"，是語詞，無義（釋詞）。"以"，是"率領"。（左傳）

⑩"胥"，是"相"（爾雅）。"胥伐"，即"相伐"。

⑪這是說"三監同謀，欲共伐周，可是他們不知道這正是天欲亡殷，有意要使他們自己相伐"（劉解）。"厥室"，指叛徒的家室。

⑫"亦"，猶"乃"。（吳故）

⑬"不易"，即"不變"。這是說"你們難道不知道天命是不可變易的嗎！"

〔十二〕予永念曰天惟喪殷若穡夫①予害敢不終朕畝天亦惟休于前文人予害其極卜②敢弗于從率③文人有旨疆土④矧今卜並吉肆⑤朕誕以爾東征天命不僭卜陳惟若茲⑥

①用了種田來比喻這回出師，所以說"我哪敢不順了天意來完成我的農事呢"。（正讀）

②"極"，是"亟"。這是說："我爲什麼要趕快求卜呢?"（補商）

③"于"，是"往"。"從"，是"遵守"的意思（楚辭王注）。"率"，語詞，無義（釋詞）。自"敢弗"至"疆土"十一字爲句，是說自己"不敢不去守着文王的大好疆土"。

④"旨"，是"好"的意思。（顏注）

⑤"肆"，是"所以"的意思。（爾雅）

⑥"惟"，是"有"的意思（釋詞）。這是說"卜兆所表示的已經有這樣的清楚了"。

三、章句

大誥

〔一〕王若曰："猷大誥爾多邦越爾御事：弗弔天降割于我家，不少延。洪惟我幼沖人嗣無疆大歷服，弗造哲，迪民康，矧曰其有能格知天命！

本節提出周武王逝世等不幸事件和自己不能好好地處理國家大政的苦悶，以自責的口吻發端，引起下文卜事。

〔二〕"已！予惟小子若涉淵水，予惟往求朕攸濟。敷賁，敷前人受命，茲不忘大功；予不敢于閉。

本節説明困難必須克服和克服困難的最有效的方法——龜卜。

〔三〕"天降威，用文王遺我大寶龜紹天明，即命曰：'有大艱于西土，西土人亦不靜，越茲蠢。殷小腆，誕敢紀其叙；天降威，知我國有疵，民不康，曰："予復！"反鄙我周邦。今春，今翌日，民獻有十夫予翼，以于敉文、武圖功。我有大事！'休，朕卜並吉！

本節叙述得到殷人的援助後向天卜問出兵的禱辭和所得吉利的卜兆，説明已具備了天人相應的必勝之勢。

〔四〕"肆予告我有邦君越尹氏、庶士、御事曰：予得吉卜，予惟以爾庶邦于伐殷逋播臣！

本節堅決地發出興師東征的動員令。

〔五〕"爾庶邦君越庶士、御事罔不反曰：'艱大，民亦不靜，

亦惟在王宮、邦君室，越予小子考翼，不可征。王害不違卜？'

　　本節舉出邦君、御事們對於出兵的幾項顧慮（事情複雜而嚴重，王室內部存在矛盾，又有自己的父兄在內，不便征伐），引起下文的誥教。

〔六〕"肆予沖人永思艱，曰：烏虖！允蠢鰥寡，哀哉！予造天及遣，大投艱于朕身。越予沖人不卬自卹，義爾邦君越爾多士、尹氏、御事綏予曰：'無毖于卹！不可不成乃文考圖功！'

　　本節叙述自己爲國爲民的苦痛心情，並代邦君、御事們設辭，表示他們應當助王提高警惕，隱隱地斥責他們的畏蒽顧慮的情緒。

〔七〕"已！予惟小子不敢僭上帝命。天休于<u>文王</u>，興我小邦<u>周</u>。<u>文王</u>惟卜用，克綏受茲命。今天其相民，矧亦惟卜用。烏虖，天明威，弼我丕丕基！"

　　本節舉出<u>文王</u>用了占卜得受天命的事實，證明現在又得吉卜，必然同樣得到天的幫助，邦君們應當畏天遵卜以輔成周家的王業。

〔八〕王曰："爾惟舊人，爾不克遠省？爾知<u>文王</u>若勤哉？天毖我成功所，予不敢不極卒<u>文王</u>圖事。肆予大化誘我有邦君：天棐忱辭，其考我民，予害其不于前文人圖功攸終？天亦惟用勤毖我民，若有疾，予害敢不于前文人攸受休畢！"

　　本節明責舊臣們不該不想<u>文王</u>的艱苦奮鬥的舊事和當前的天意，應該和自己一起去完成<u>文王</u>所沒有完成的功業。

〔九〕王曰："若昔朕其逝，朕言艱日思。若考作室，既厎法，厥子乃弗肯堂，矧肯構；厥考翼其肯曰：'予有後，弗棄基'？厥父菑，厥子乃弗肯播，矧肯穫；厥考翼其肯曰：'予有後，弗棄基'？肆予害敢不越卬敉<u>文王</u>大命！

　　本節用了造屋和耕田兩個比喻，舉出不可不立即完成<u>文王</u>未竟之功的道理。

〔十〕"若兄考，乃有伐厥子，民養其觀弗救？"

　　本節更明顯地斥責舊臣們在王室遭殃的時候不該持袖手旁觀的態度，打破他們的"艱大不可征"之説。

〔十一〕王曰："烏虖！肆我告爾庶邦君越爾御事：爽邦由哲，亦惟十人迪知上帝命越天匪忱，爾時罔敢易定；矧今天降戾於周邦，惟大艱人誕以脅伐于厥室，爾亦不知天命不易！

　　本節再述文王時得人之盛和天命的有定，提醒邦君、御事們，應當認識現在的情況正是這樣。

〔十二〕"予永念曰：天惟喪殷，若穡夫，予害敢不終朕畝！天亦惟休于前文人。予害其極卜？敢弗于從率文人有旨疆土，矧今卜並吉。肆朕誕以爾東征！天命不僭，卜陳惟若茲！"

　　本節總結東征的幾個原因（天喪殷；天休文王；守疆土；卜並吉），説明戰事的必然勝利，根本駁斥了"害不違卜"的失敗主義者。

四、今譯

大誥

　　〔一〕周王説道："我現在向你們許多國君和管理政事的官員們①講一番話：那個嚴厲的天給我們王家降下了許多災難，沒有稍微間歇過。我繼承了這份廣大無邊的人民和疆土兩項産業，只爲没有得着聰敏能幹的輔佐，來不及讓我們人民的生活達到安樂的境界，我怎可以説我自己已經遠遠地認識了天命呢！

　　①按本篇中，周王講話的對象，第一節説"爾多邦越爾御

事”，第四節説“我有邦君越尹氏、庶士、御事”，第五節説“爾庶
邦君越庶士、御事”，第六節説“爾邦君越爾多士、尹氏、御事”，
第十一節説“爾庶邦君越爾御事”，除“多邦”（“庶邦”）和“御事”必
有外，“尹氏”和“庶士”（“多士”）則或提或不提，但這四類官員都
在那裏聽王的講話則是無疑的。爲了我們不能太拘泥了文字來翻
譯，所以“尹氏、庶士、御事”總譯爲“管理政事的官員們”或“大
大小小的官員們”。

〔二〕“唉！我好像一個站在岸邊準備渡過深川的人，我必須
尋求怎樣渡過去的方法。因此，我應當把大龜的卜兆舉出來，再
把我們先王接受天命的事實講出來，這樣纔可以不失掉先王所建
的大功；我是一定不敢把這些重要的事情掩蓋起來的。

〔三〕“自從上天降下了威嚴，我就用了文王傳給我們的大寶
龜來卜問上天的命令，我禱告説：‘有很大的困難落到我們西方
來，就是由西方派出去的人們現在也不安靜，我們的敵人是這般
地蠢動起來了。殷邦剛剛恢復了一點力量，竟敢妄想重振他們早
已失掉的權位。在上天向我王家降下威嚴的時候，他們知道我們
國內有凶喪，人民也不安樂，就誇口道：“我們光復舊業的機會
到來了！”他們還敢妄想把我們周邦作爲他們的附屬地。今年春
天，我們舉行翌祭的那一天，在歸順我們的殷人裏有一群有力量
的人自動出來輔佐我們，得到他們的幫助，一同上前綫，必然可
以完成文王和武王的功勛。現在，我準備出兵了，問問您可以不
可以？’好呀，在我這回的占卜裏果然全都得到了吉兆！

〔四〕“所以，我要告給我們的許多國君和各級官員們：我已
經在上帝那裏得到了吉利的卜兆，我要帶着你們許多國家的軍隊
去討伐那些殷商叛亂集團的亡命的奴才！

〔五〕“想不到在你們許多國君和各級官員裏倒有好些和我的
意見相反的，這班人的意思是説：‘事情是如此地艱難而嚴重，
內部的人民又不安靜，並且這些亂子就出在我們王的宮裏和國君

們的家裏，連我們家族中的許多父兄輩也牽連在裏面，都是打不得的。王呀，您爲什麼不違背了占卜？'

〔六〕"所以，我爲了這個困難問題作了深長的思考，説道：啊喲，這個事變大大地震動了我們，使得我們人民流離失所，多悲哀呀！我不幸遭受了上天的責罰，把這樣艱苦的任務壓到了我的肩頭。如果我還不爲這件大事而憂慮，你們許多國君和大大小小的官員們正該諫勸我道：'您爲什麼不去仔細地考慮呢！您的先人文王的大功是不該不由您去完成的呀！'

〔七〕"唉！我決不敢不信上帝的命令。上天對於文王保護周至，才把我們小小的周邦興盛了起來。文王爲了能遵照着占卜而行事，所以會得接受這個天命。現在我們再去使用占卜時，知道上天又要來援助我們的人民了。啊喲，上天正在顯示它的威嚴，你們都該順從天意幫我成就這個偉大的基業才是呀！"

〔八〕王接着説道："你們這些人當中，許多是我們先王的舊臣，你們爲什麼不能把過去的事情想一想？你們知道文王爲了國家是多麼地勤勞呀！現在上天已把成功的道理付給我了，我實在不敢不急速地完成文王的大事。所以我要懇切地對你們諸位國君説：上天並不是隨便信任我個人的，它爲的是要安定我們的人民，情況這般好，我爲什麼不替文王的功業爭取一個最後的勝利？現在，上天的意思又要勤勞我們的人民了①，我們國內好像忙於治療瘟病似的，我哪敢不爲先文王所受的上帝命令着想而堅決地除去了這個瘟病！"

①即指東征之事。

〔九〕王又説："像前面我對你們説過的，我正在天天考慮這件困難的工作，可是我知道我們不該爲困難所嚇倒。這可以把造屋作個比喻。有一個父親想造屋子，他已經定好了規模，他的兒子連堆土打好堂基的勞力都不肯費，哪裏會去搭柱裝椽；在這般情形下，他老人家難道還肯説一句'我有好兒子，他不會拋棄我的基業'的話嗎？再把種田來作比喻。要是有位父親已經翻好了土地，做兒子的連播種尚且不肯，更不必要求他去收穀子，到了這時，難道他老人家還肯説'我有好兒子，他不會抛棄我的基業'嗎？爲了這個類似的原因，所以我就不敢不趁着我的有生之日把文王所受的大命好好地獲得一個結果。

〔十〕"我再舉一個例。如果有一位哥哥死了，突然有敵人來襲擊他的兒子，難道他的家裏的僕人們可以一齊旁觀而不救嗎？"

〔十一〕王又説道："啊喲！所以我要告給你們許多國君和管事的官員們知道：如果要把國家治理得好，必須由聰敏能幹的人出來擔當政事，前些時候我們有一群賢人，他們都能認識上帝的旨意和天命的不可無限地依賴，那時他們緊緊地守住了上帝的定命，我國才振興了起來；到了今天，上天又要把這定命降給我們了①，眼看那些發難造反的人們必然會得互相打破他們自己的家室，難道你們不知道上帝的命令是改變不得的嗎！

①前邊的天的定命是指文王受命和武王克殷；這時天再給周定命的證據，是民獻有十夫和吉卜。

〔十二〕"我現在經過了長久的考慮，可以對你們講：上天早已決定了要喪亡殷邦，我們好像一群農夫似的，有一連串的農業工序在等待着我們去做，我哪敢不把它做完了呢！上天是愛護先文王的，那就永遠會保佑我們。再説，我爲什麼要趕快去占卜？那就爲了不敢不守住文王所有的大好的疆土，何況現在我們的卜卜都已得到了吉兆，大家更可以放心了呢。所以我就要帶着你們軍隊向東方進軍了！天命是沒有不可信的，試看占卜上所表示的是這般地清楚呀！"

五、史實

　　自從周太王建國岐山，漸漸強大，征服了昆夷。他的兒子有泰伯、仲雍、王季等，泰伯和仲雍率領遠征軍，到漢水流域征服了荆蠻，他們的後世遷到了長江下游，建立了吳國；季歷承受了太王的產業，更圖發展，一生和戎人鬥爭，勢力從陝西發展到山西。王季爲商王文丁所殺；子昌繼位，是爲文王。

　　文王在位五十年，附近的許多國家給他滅的滅了，降的降了，勢力日大，成爲“西伯”（西方的霸主）。他自己很有政治才能，又有一班好輔佐，國勢日隆。爲了籠絡人心，他裝神作鬼，説是在占卜上承受了天命，將來可以得天下。他東向進軍，打到了黎國，那是在今山西的長治縣，只要越過太行山就是商的王都了。那時殷朝人恐慌到極度，祖伊奔告商王紂説：“恐怕我們的天命已經到了盡頭了吧！”不久，文王死了，子發即位，是爲武王。

　　武王承受了這般蓬勃的國運，帶了文王的木主，自稱“太子發”，堂堂正正地興師伐殷，恰好殷王紂征伐東夷，自己既精疲力盡，又用了俘虜來禦敵，奴隸們利用戰爭的機會起義，周師前來，在牧野裏一戰，取得了徹底的勝利，殺了殷王，滅了殷朝。但東方的殷人政權已有近一千年的歷史，有很多的屬國，他們的勢力一時還不容易完全剗除，所以武王分殷王畿爲三區：北面地區封給紂子武庚，東面地區封給自己的親弟管叔，西面地區封給另一個親弟蔡叔，是爲“三監”（後人去掉武庚，加進霍叔，是不合事實的），表面上算是統一了天下。他就回歸西方本土去了。

　　武王回國只有二年，他一病死了。他的親弟周公立太子誦爲王，是爲成王。爲了周朝初定天下，政權還没有穩固，成王年紀又輕，應付不了這個問題重重的局面，所以周公自己執政。他既是實際上的最高統治者，所以人們也就稱他爲"王"。

殷人被周人征服，只是武力一時不濟，民族的讎恨是消滅不了的。他們的人民和屬國一聽到周武王死去，就以爲恢復的時機已經來臨，簇擁着武庚張起反周的旗幟。而管叔、蔡叔呢，他們雖然不和殷人一條心，可是眼看周公攬着大權，做了實際的王，也心懷嫉忌，想借着殷人的力量來打倒周公，擴張自己的勢力。所以三監雖是不同民族，又是不同利益，但在反對周公政權這一點上，他們的態度是一致的。他們帶着自己和屬國的軍隊，浩浩盪盪地西向進軍。

這一下可把周朝的諸侯和朝臣們嚇壞了，因爲武庚和他的屬國以及管叔、蔡叔的聯合行動，聲容和實力是遠遠地超過周人的，而且自己的父兄親戚們也有好多在東方，一定會被脅從到殷人集團裏，"投鼠忌器"，如何抵抗得？加以文王的兒子很多，同情管叔們舉動的也不免有人，他們各有徒屬，爲了個人的利益打算，必然和周公貌合神離。這就形成了自己陣營裏的分裂。如何把他們一齊團結起來，矛頭向外，確是一個非常困難的問題。

周公在這時，自己成爲衆矢之的，當然非常不安，但看文王打下來的基業倘然從此一敗塗地，實在是一件痛心的事情，所以他定下兩個政策。第一是模仿文王，用占卜來鼓舞大家，説上帝雖然降給我們許多災禍，但現在又要愛護我們，打倒東方的叛徒了，爲了服從上帝的旨意，我們不該不對敵人作迎頭的痛擊。第二是聯絡殷族的許多奴隸主們，許下他們優厚的條件，要他們幫助周朝，戡定叛亂；換句話説，就是"以殷制殷"。當周朝的許多臣子還在躊躇着不想接受這吉利的占卜的時候，許多亡國的奴隸主們卻擁護周公，表示甘願隨同出兵了。這就使得周公堅定了勝利的信心，再和自己的臣屬們講一番話，很堅決地迫令他們一起東征。這回講話經史官筆録了下來，傳到現在，就是這篇大誥。

周公率軍東征，辛辛苦苦地打了三年的仗，斧也破了，斨（方鑿的斧）也缺了，結果把叛軍打敗。武庚北向逃亡，不知下落。管叔上吊死了。蔡叔判處了徒刑，徙到遠方安置。那跟隨武庚起兵的，如奄和蒲姑，都趕到了江南，另行建國；淮夷（原在濰水流域）的一部趕到了淮河流域；楚國趕到了丹水流域；徐國也趕到淮河流域，可是有一部分卻趕到了汾水和渭水兩流域。周公又在洛陽造了一座大城，把有力的殷人遷住那裏，許他們生活，不許他們干政。大量的東方民族，鬧到十室九空，流亡載道；他們的統治階級分子更不知道被殺死了多少。

這一次殘酷的東、西方民族鬥爭，周家完全勝利，奠下了八百年統治的基業。從此周王才真正撫有了東方的土地，於是封康叔於衛，別封康叔的兒子王孫牟於東（小東），掌管了管叔、蔡叔的原轄區；又封周公子伯禽於魯（大東），掌管了奄國的舊地；封太公望於齊，掌管了蒲姑氏的舊地；封召公子於燕，掌管了武庚的舊地。此外，小國如邢、曹、郕、滕等，也都是周家的貴族，星羅棋佈，佔有了東方諸地。原來的東方民族雖有留遺，但再沒有翻身的力量了。周公爲了懷柔殷遺民，又封微子於宋以奉殷先王的祭祀。

我們在這裏可以知道：周族向外發展，始於太王、王季，而其勢盛於文王；武王的克殷，只是在他的上輩的基礎上成就的結果。爲了他的統治的時間太短，而且東方問題沒有徹底解決，所以大誥裏就多説文王，少説武王。等到東方民族聯合反周，周公東征用殘酷的手段解決了東方問題，周族才建立了統一的王朝。這篇大誥就是周族從飄搖不定的環境轉到固如磐石的政權的一個轉折點。

題劉起釪尚書高宗肜日校釋(樣稿)[*]

尚書爲中國最古之史書，亦爲問題最複雜、爭論最紛歧之古籍。欲治此書，須分三部。其一爲盡集古今各家説，加以批判接受，注重考證工作，供專家之閲讀及普及之根據，是爲高級型，極費時間而讀者不多。其二爲高級型之簡化，略略疏説其源委，供大學文、史諸系學生(他們有讀古書的必要的)之閲讀，是爲中級型(全書約五十萬字)，本册是也。其三，更就中級型加以簡化，但舉校勘、解釋之結果而不疏源委，供一般人(他們是没有讀古書的必要的)之閲讀，是爲初級型(全書約二十萬字)，如我四十年前所譯之盤庚、金縢等篇。高級型者名曰"尚書譯證"，中級型者名曰"尚書譯注"，初級型者名曰"尚書今譯"。(最好先將高級作好而後作中級，中級作好而後作初級，如此則步步踏實。惟爲時間所不許，故擬先作中級，供初級之基礎。高級則擇一二篇做出一個樣子來，徐徐爲之，此固非一人之業也。)本册係中華書局劉起釪同志所作，可示中級讀物之範例。顧頡剛記。六五，十月。

---

* 録自原件之影印件，原載顧頡剛、劉起釪尚書校釋譯論，中華書局，2005 年。

尚書甘誓校釋譯論 *

甘誓是夏王朝與有扈氏在甘地作戰的誓師詞。在西漢今文尚書裏爲第四篇，屬夏書；東漢古文本仍爲第四篇，列於虞夏書；流傳至今的晉僞古文本列在第七篇，作爲夏書第二篇。其情況詳本文討論(一)、(四)兩部分。

〔一〕校釋

大戰①于甘②，乃召六卿③。

王④曰："嗟⑤！六事⑥之人，予誓⑦告汝⑧。有扈氏⑨威侮⑩五行⑪，怠棄⑫三正⑬，天用⑭剿⑮絶其命⑯。今⑰予惟⑱共⑲行天之罰。左⑳不攻㉑于左，汝不共命㉒；右㉓不攻于右，汝不共命；御㉔非其㉕馬之正㉖，汝不共命。用命㉗，賞于祖㉘；不㉙用命，戮㉚于社㉛。(予則孥戮汝)㉜"。

①戰——敦煌唐寫本(如 P.2533 本)、日本古寫本(如内野本)及薛季宣書古文訓本皆作"莘"，是隸古奇字。

②甘——地名，以甘水得名，自馬融以來都以爲是陝西鄠(讀户)縣南郊地。但根據當時民族活動情況考察，很難説在陝境。據

---

* 1978 年與劉起釪合寫。原載中國史研究 1979 年第一期。

春秋時甘昭公封地爲甘，有甘水，當即其地，很可能即甲骨文中的
"甘"(乙編 1010、續存下 915 等片)，其地自不能西至陝境，當如杜
預説在河南縣西南，即今洛陽西南[詳後面討論(二)]。

③乃召六卿——史記夏本紀全文轉載本篇，在此句前有"將
戰，作甘誓"五字，在此句末有"申之"二字，當是司馬遷爲叙明
文意時所加。按墨子明鬼下引載本篇，此句作"乃命左右六人"，
顯見墨家所據本比儒家此本正確。甲骨文和西周金文中只有"卿
事"，左傳載周王室有"卿士"(隱六年)、"左右卿士"(隱九年)。
"六卿"之名始見於春秋中期晉、鄭等國，秦時呂氏春秋先己篇引
用此文已有此二字，則此顯係春秋以後秦以前所竄改。墨子或係
保持了原文。

④王——夏本紀作"啓"，以與有扈氏作戰者爲夏王啓；作史
事叙述，故改用其名。

⑤嗟(jiē 街)——嘆詞。

⑥六事——"事"，甲骨、金文中和"史"、"吏"、"使"同字。
典籍中詩雨無正"三事大夫"，逸周書大匡解作"三吏大夫"，知
"三事"即"三吏"，是"六事"即"六吏"。"三事"常見於典籍和金文
中，指王朝處理國家政務的高級官吏。如令彝記周成王命周公子
明保"尹三事、四方"，毛公鼎記周宣王命毛公層職司公族與"參
有嗣"(即三有司)，和詩十月之交的"三有事"同。本書立政亦言
"作三事"。知"三事"、"三事大夫"等爲西周對官員的習用名稱
(左傳文七年"正德、利用、厚生謂之三事"，其説當較後起)。此
"六事"、"六事之人"在此指上文的"左右六人"(當如小盂鼎所説
的"三左三右")，是由"三事"、"三事大夫"衍出，同指左右大臣。

⑦誓——諸隸古寫本(如內野本等)作"新"，薛本作"斮"，
唐、宋一些字書引載此字多近薛本而又有幾種略見不同的寫法
(湯誓、牧誓、費誓、泰誓諸篇"誓"字情況同)。王引之謂字當作
"新"，爲"折"的籀文，"斮"爲"折"字之訛。"折"假借爲"誓"(經

義述聞）。"誓"是軍事行動前申明紀律約戒所屬人員的講話（周官"士師"之職："以五戒先後刑罰，一曰'誓'，用之于軍旅。"當是根據尚書作出的解釋）。這種"誓"，後代稱爲"誓師詞"。

⑧汝——夏本紀及諸隸古定寫本作"女"，是"汝"的本字。即你、你們。和殷代卜辭中"女"字單數多數通用的語法相同。

⑨有扈（讀戶）氏——舊注以爲是夏代的同姓諸侯，並以其地在今陝西戶縣一帶。但左傳以"扈"爲夏異姓諸侯，而東夷少昊族有"九扈"，當即此"有扈"。"扈"，亦作"雇"，其地名並見於甲骨文，自亦不能西至陝西，當即春秋時"諸侯會于扈"之扈，據杜預注在滎陽卷縣北，即今鄭州以北黃河北岸原武一帶。詩商頌"韋、顧既伐"的顧，也是此扈，但在夏代時已向東北遷至今范縣一帶〔詳後討論（二）〕。

⑩威侮——"威"，敦煌唐寫本、日本古寫本皆作"畏"，與金文"威"作"畏"同。王引之以爲字當作"滅"。"威侮"即説苑指武"蔑侮父兄"之"蔑侮"，意爲輕視和侮慢（經義述聞）。然夏本紀及漢書王莽傳皆作"威侮"，是漢時本已如此。舊釋爲"威虐侮慢"。總之此詞意義略近現代語言中的"作踐"、"輕視"的意思。

⑪五行——指天上五星的運行，即以之代表天象。注疏家以秦漢以來流行的"陰陽五行説"的"五行"來解釋是錯誤的〔詳後討論（三）〕。

⑫怠棄——怠慢厭棄。于省吾謂怠字從"台"，古與從"罦"之字同聲相假。"怠"即怡，本應作𢛦、𢘆，與懌、歝通用，其義爲"厭"。"怠棄"即厭棄（尚書新證）。

⑬三正——指奴隸制王朝的大臣、官長。注疏家以漢代"三統説"的夏正、商正、周正來解釋是錯誤的〔詳後討論（三）〕。

⑭用——因此（楊樹達詞詮）。

⑮剿——（jiǎo 絞。釋文音子六反 ziu）——夏本紀、唐石經及各刊本作"勦"（cháo 或 chǎo，其義爲"勞"），段玉裁據説文指

出其誤（古文尚書撰異）。説文"水部"引本文作"剿"，"刀部"引作
"剿"，二字意義都是"絶"。漢書外戚傳引用作"櫟"，其本義爲
"截"，乃作爲"剿"的假借字。

⑯命——奴隸主階級假託神意，宣稱他們的王朝是受了"天
命"建立的，這就叫做"命"，也稱"大命"。

⑰今——白虎通三軍篇引作"命"，段玉裁云："命字蓋誤"
（撰異）。當由"今"誤爲"令"，"令"又誤爲"命"所致（楊筠如尚書
覈詁以金文"命"字作"令"證此誤）。

⑱惟——夏本紀作"維"。匡謬正俗："惟，辭也，蓋語之發
端。古文皆爲'惟'字；今文尚書變爲'維'，同音通用。"

⑲共——唐石經及各刊本皆作"恭"。然墨子明鬼及夏本紀皆
作"共"，漢書王莽、翟義兩傳引用亦同，是戰國本及漢今文作
"共"。漢書叙傳及東都賦作"龔"，是今文異文。高誘吕氏春秋
注、鍾會檄蜀文亦作"龔"，是古文作"龔"。敦煌唐寫本及日本古
寫本（如内野本）都作"龔"，唐李賢、李善注書引尚書皆同，是僞
古文也作"龔"。唐石經之"恭"顯爲天寶間衛包改寫今字時所誤改。
段玉裁指出尚書恭敬字不作"共"，供奉字不作"恭"，衛包誤認"共"
"恭"爲古今字，妄改訓奉之共爲恭（撰異）。今依今文改回。在金文
中，"共"用作供或拱，"龔"用作恭，皆可引申出"奉"字義，故典籍
中"共""龔"皆可釋作"奉"。"共行天罰"即"奉行天罰"。奴隸主假借
天意，説天要懲罰誰，自己就對誰奉行天的這種懲罰。

⑳左——注疏家據周代制度解釋爲："左，車左。右，車右"
（史記夏本紀集解引鄭玄説，又僞孔傳）。並釋云："歷言左、右
及御，此三人在一車之上"（孔疏）。按，鄭玄云："兵車之法，左
人持弓，右人持矛，中人御"（詩閟宫箋）。僞孔傳亦云："左方主
射；車右，勇力之士，執戈矛以退敵。"孔疏引左傳宣十二年楚與
晉戰，許伯御車；樂伯在左，善射；攝叔爲右，折馘執俘而還。
以證明"左方主射，右主擊刺，而御居中"。又詩閟宫疏引成十六

年晉欒鍼爲右、持矛，又哀二年衛太子爲右、持矛，亦以證車右持矛。以上是説甲士三人的通常兵車。

孔疏説："若將之兵車，則御者在左，勇力之士在右，將居鼓下，在中央，主擊鼓。"並引左傳成二年晉伐齊，郤克爲將，傷於矢而鼓音未絕；解張爲御，矢貫手而血染左輪。以證"御在左而將居中"。按此亦根據鄭玄説："左，左人，謂御者。右，車右也。中軍，爲將也。兵車之法，將居鼓下，故御者在左"（詩鄭風清人箋）。孔疏並引夏官太僕以證（按周禮太僕云："王出入，則自左馭"）。但杜預左傳成二年解云："自非元帥，御者皆在中，將在右。"杜的説法與左傳經常所記御戎者在中，車右在右的情況是符合的。

近年來大量發掘了殷代、西周、春秋、戰國以至秦始皇各個不同時代的戰車，發現一輛戰車三個戰士之説基本是對的。這些戰士都屬於奴隸主統治階級，所以左傳所記的御戎和車右往往是高級將士。而每車後還跟着徒兵，則多是奴隸。徒兵的數目不一，大抵或六名（如始皇陵二號坑 T3 西段坑內戰車後所跟），或十名（禹鼎所記戎車百乘，厮馭二百，徒千），或三十二名（始皇陵 T9 方內戰車後所跟），後來的文獻中或説七十二人（漢書刑法志），或説二十五人（孔廣森經學巵言據周禮軍一萬二千五百人，而軍五百乘，則乘二十五人。孫詒讓據曹公新書證成其説）。其實本無定制。至於車上的戰士，據近人總結各地出土戰車情況，並以山東膠縣西庵的西周戰車爲例，舉出當時一乘戰車上有三名乘員，主將的位置在左面，有鈎戟等一組武器以及箭簇和鎧甲。右面的"戎右"，是進行戰鬥的武士，只有一柄戈（這裏將在左，與杜預説合。車右執戈，和鄭玄、僞孔説合）。主將和戎右的中間是御，站在正對車轅的正中位置，以便駕馭四匹馬。又安陽殷虛小屯 CM20 車馬坑中，一車有四馬，並以三個乘員殉葬（當然這是一般甲士了。見楊泓：戰車與車戰，文物，一九七七年，五期)。又秦始皇陵兵馬坑所發現的戰車，也是一車有甲士三人。
如第二號兵馬坑，每車的車士三人排在車後，中間爲御手，兩側
爲甲士。但也有例外，如編號爲 T9 的戰車，左爲將軍，右爲御
手，略後一點的爲甲士。此外還有些車只有兩人，如 T14 車，左
邊御手，右邊甲士(秦始皇陵東側第二號兵馬坑鑽探試掘簡報，
文物，一九七八年，五期)。這是由於時代不同，或地方不同，
因而出現的不同情況。但約略可知古代戰車確是三個戰士在車
上，有左、右、御三種分工。而不論中外，古代的奴隸主進行軍
事活動，都是使用車戰。恩格斯指出：“起初馬匹大概僅用於駕
車，至少在軍事史上戰車比武裝騎手的出現早得多”(馬克思恩格
斯全集十四卷騎兵)。使我們知道本文所記確是我國早期奴隸制
時代的兵車情況。

㉑攻——墨子明鬼作“共”，三國志毛玠傳引此同。皮錫瑞以
爲亦今文異文。仍是“奉”意，是説奉行或執行職務。夏本紀和衛
包改寫的僞孔本作“攻”，僞孔傳釋“攻”爲“治”，謂“治其職”。意
義基本相同。

㉒汝不共命——墨子和夏本紀皆無此句，只有下文同樣的兩
句(墨子“汝”作“若”)。又本篇“不”字，唐寫本、内野本皆作
“弗”。“共”，唐石經及各刊本皆作“恭”，然僞孔傳釋此爲“不奉
我命”，知原本作“共”，今改回。叔尸鎛“敬共辝命”(敬奉我命)，
是爲“共命”的原用法。此三句“汝不共命”，是説如果車左、車右
和御都不好好作戰，那就是你們没有貫徹奉行命令。

㉓右——車右，參看校釋㉑。

㉔御——戰車的御馬者，參看校釋㉑。

㉕其——墨子作“爾”。

㉖正——墨子及夏本紀皆作“政”，詩出車鄭玄箋引用亦同，
知戰國本、漢代今、古文本原皆作“政”。可釋爲官員的職守、政
事，但在此實與本書立政之“政”同，爲“正”的假借，指職官之長。

御正衛殷及善齋吉金録第一五五之爵都有官名叫"御正"，正如左傳襄九年有掌管馬的官叫"校正"，又襄廿三年及吕氏春秋仲夏紀都有官名"馬正"，可知這裏"正"或"御正"當是御車官名。"御非其馬之正"，當是説非本職的人或不勝任的人貽誤御車任務。

㉗用命——聽從命令和努力貫徹執行命令。按，承上文看，"用命"即指"共命"。

㉘祖——祖廟。墨子明鬼云："虞、夏、商、周三代之聖王，其始建國營都日，必擇國之正壇，置以爲宗廟；必擇林木之修茂者，立以爲叢社。"可知"祖"和"社"是奴隸制王朝兩個最重要的進行宗教活動的場所，故周禮小宗伯也説："建國之神位，右社稷，左宗廟。"考工記匠人説："左祖右社。"偽孔傳、孔疏等説古時的天子巡狩和出征時，還運用車子載着祖廟的神主，叫做"遷廟之主"或"運主"，作爲行軍禱告和請示之所。這一説大概是根據周武王載着文王的神主去伐紂的故事（見周本紀）而來的。其實古代總是在軍事行動完成後，回到祖廟去獻俘獻馘（guo 國，敵人左耳代表首級）和賞功的。小盂鼎記盂兩次伐鬼方勝利，回來獻馘獻俘於周廟，王在周廟賞他的功。虢季盤記虢季伐玁狁勝利，獻馘於王，王也在周廟賞他的功。還有盟鼎記周公親伐東夷，歸告於周廟，賞其部下。所以因用命建功賞於祖廟，確是古代奴隸制政權的一種制度。

㉙不——唐石經及注疏本皆作"弗"，但夏本紀及鄭衆周禮大司寇注、鄭玄周禮小宗伯注皆作"不"，是漢代今、古文皆作"不"，蔡傳承用，二字同義，古又同音，而後代通用"不"字，故今從之。

㉚戮（讀路）——墨子及夏本紀作"僇"，同音通用。隸古定本如敦煌本、内野本、薛季宣本作"翏"，顏師古在唐時所見本作"翏"（見匡謬正俗），爲隸古奇字。"戮"的本義是殺戮（如左傳哀二年"絞縊以戮"。華嚴經音義引國語賈注），假借爲"僇"的意義是侮

辱（漢書季布傳贊"奴僇苟活"。國語晉語韋注）。此處用本義"殺"。

㉛社——奴隸制國家建立的土地神壇。土地神，古代稱叫"社"，它是每一塊封地之神，所以凡封國必"建大社于國中"（逸周書作雒解），以代表該國土地（白虎通社稷篇："封土立社，示有土也"）。"社、稷（穀神）"二字也就成了國家的代稱。"社"字在甲骨文中作"土"，殷代對它進行很隆重的祭祀，有時還用人祭，左傳中也有幾次殺人祭社的記載，可知確如墨子明鬼所説"社"和"祖"是古代兩個最重要的宗教活動場所（郭沫若以爲人類更早對生殖神崇拜，崇祀牝牡。進入父權時代對牡的崇祀發展爲祖、社。但當古未有宗廟之時，祖、社同一物。後來才演而爲二："牡之祀於内者爲祖，祀於外者爲社"。見釋祖妣）。於是軍國大事都要在社舉行宗教儀式。如君主即位（管子小問）、命將出征（左傳閔二、定四、周禮春官大祝）、被禳日食、水火、旱魃等灾（左傳莊廿五、昭十七、十九及墨子、尹子、呂氏春秋等）以及其他祈求，祭祀等等。它建立在叢林修茂的地方，而且社祭時有很隆重的音樂（如宋社桑林之樂）。所以每國的社就形成爲該國集會勝地，每届社祭的節日，男女雜沓游樂。墨子明鬼説："燕之有祖，當齊之社稷，宋之桑林，楚之雲夢也，此男女所屬而觀也。"春秋莊廿三年，魯侯往齊國觀社，被譏爲非禮，因爲社中要"尸女"（穀梁），莊公是去越境非禮（公羊）的淫佚。這種社的活動，當如恩格斯所指出的，是在某一些節日裏，幾個部落集合在一起，恢復短期的性自由的"沙特恩節"，是一種對原始群婚的蒙籠的回憶（家庭私有制和國家的起源）。周禮地官媒氏的"仲春之月，令會男女，于是時也奔者不禁"，當也是指這種社日活動。郭沫若認爲祖、社、桑林、雲夢就是諸國如月令所説的祀高禖之處（釋祖妣）。祀高禖所祭的就是母系原始宗祖神，實際體現了恩格斯所説對原始群婚時代蒙籠的回憶。因此這種社成爲集合群衆最活躍的地方，有點像後代廟會。爲了表示把犯罪的人"與衆共

棄”，特別是起殺一儆百的作用，用來威懾和鎮壓被統治階級，古代奴隸主專政便把“犯罪者”擁到人衆雜沓的社裏作爲執行死刑的地方，像漢代的“棄市”一樣。所以不用命的也就要在社裏殺戮。而古代奴隸主的一切活動都要在宗教的面貌下進行，他們説什麽賞於祖、戮於社是“親祖嚴社之意”（僞孔傳），就是這種宗教性的宣揚。舊疏又説有“軍社”，引左傳定四年“君以軍行，被社釁鼓，祝奉以從”爲説。大概是行軍作戰中殺人無法回到國社去，故創立這制度。

㉜予則孥戮汝——墨子明鬼所引甘誓全文無此五字，而本書湯誓有此句，顯係儒家整理此篇時從湯誓中鈔入。由夏本紀已有此語，知鈔入此語時間較早；然與上兩句犯復，應删去（校釋見湯誓篇）。

〔二〕今譯

在甘地大戰，王召集左右幾位大臣前來。

王説：“有扈氏上不敬天象，下不敬大臣，上天因此要斷絶他的大命。現在我奉行上天的這種懲罰。所有在戰車左邊的戰士，如果不好好完成左邊的戰鬥任務，就是你們不奉行命令；在戰車右邊的戰士，如果不好好完成右邊的戰鬥任務，也是你們不奉行命令；駕御戰車的戰士，如果不勝任而貽誤了御車的任務，也是你們不奉行命令。努力奉行命令的，就在祖廟裏給以獎賞；不努力奉行命令的，就在社壇裏殺掉！”

〔三〕討論

本篇需要討論研究的有下列幾個問題：

(一)和有扈氏作戰的是夏王朝的哪一個王？

(二)關於有扈氏及扈和甘的地點問題。

(三)關於"五行"、"三正"的問題。

(四)儒、墨兩家的不同本子和本文的年代問題。

現在分別討論如下。

(一)和有扈氏作戰的是夏王朝
的哪一個王？

西漢末年出現的書序説："啟與有扈戰于甘之野，作甘誓。"史記夏本紀説："夏后帝啟，禹之子，其母涂山氏之女也。有扈氏不服，啟伐之，大戰於甘。將戰，作甘誓。"這是一般習見的説法，使我們知道甘誓是夏啟伐有扈的誓師詞。

畢沅校本呂氏春秋先己也説："夏后伯啟與有扈戰於甘澤。"高誘注："傳曰：啟伐有扈。"又高誘注同書召類篇云："春秋傳曰：啟伐有扈。"又注淮南子齊俗訓："有扈氏……伐啟，啟亡之。"這些由戰國至漢代的資料都説伐有扈的是啟。（先己篇原刊本作"夏后相"，孫星衍、畢沅校本皆據高誘注以爲"相"爲"伯"字之誤；盧文弨也以爲"伯"古多作"柏"，誤爲"相"。但孫以"伯"爲"伯禹"，畢以爲是"伯啟"。據太平御覽卷八十二引先己"夏后伯"於"帝啟"條下，固以爲是伯啟，是畢説較可信。）

但墨子明鬼引此篇作禹誓，是説本篇爲夏禹伐有扈的誓師詞。此外如莊子人間世、呂氏春秋召類、説苑正理等也都以爲和有扈作戰的是禹。

究竟是啟還是禹？過去注疏家對此問題爭論不休。其實這是古代史事的傳聞異辭。夏代既没有原始的文獻史料傳下來，也還没有發現記載夏代具體史事的文獻資料（肯定夏代當時應有文獻資料），因此對這樣的問題，現在是無法簡單論定的。因而也有人調和説禹啟兩人先後都和有扈作過戰（如孫詒讓、皮錫瑞皆有此説）。古代故事傳説的特點是容易發生分化，其出現傳聞異辭是毫不足怪的。

我們只能説，較系統地整理了我國古代史事的史記説是啟和有扈作戰。它記載這件史事所根據的史料大概只是尚書，也可能就是據當時流傳的關於尚書的一些解説，這些解説大多是由戰國以來流傳的一些傳説形成的。顯然司馬遷以爲這一説法較可信，所以就没有採用墨子等書的資料，而採用了這一説法。我們從禹的歷史傳説還較紛歧而開始建立夏王朝者實際是啟這一點來看，傾向於史記這一説法。

（二）關於有扈氏及扈和甘的地點問題

世本説：“有扈，姒姓。”又説：“姒姓，夏禹之後。”説文也説“扈”是“夏後同姓所封”。高誘在淮南子齊俗訓中説是“夏啟之庶兄”，在呂氏春秋先己注中説是“夏同姓諸侯”。馬融也説是“姒姓之國”（見經典釋文），鄭玄説“有扈與夏同姓”（孔穎達甘誓疏引）。説文以下這些東漢的説法，當是從先秦流傳的材料來的，顯然就是根據世本等書。世本如果確實根據古代真實材料，那麽可認爲“有扈氏”原是夏部落聯盟中的一個同姓部落。與東方夷族部落相對來説，夏族各部落所居的領域在西面。它向東活動最遠時曾達今山東省西部，而較長的歷史時期是在今河南境内與東夷各部落交錯活動，時有進退。它在西面的居住地域則在今陝西境。因此，如果有扈氏確是夏的同姓部落的話，就可如馬融等注疏家所説的在扶風鄠縣（見釋文、孔疏等），即今陝西省户縣。

“甘”，據馬融説是“有扈南郊地名”（見水經渭水注、夏本紀集解等）。注疏家並引説文邑部及漢書地理志扶風鄠縣有“扈谷”、“甘亭”爲證。按，吕氏春秋先己篇稱其地爲“甘澤”，釋文也説：“甘，水名，今在鄠縣西。”可知“甘”又被釋爲水名，地以水得名。依其説，甘水應當是指户縣西境北流入渭的那條水。水經渭水注：“渭水又東合甘水，水出南山甘谷，……又北逕甘亭西，在水東鄠縣。”清一統志則有甘谷水，在鄠縣西南。大概即是注疏家所説的甘水。

但是左傳昭元年説：“虞有三苗，夏有觀、扈，商有姺、邳，周有徐、奄。”是把夏的觀、扈和虞、商、周的幾個叛亂的異姓諸侯並提，顯然是把扈和觀都作爲夏代的異姓諸侯。按，昭十七年提到東方夷族“紀於鳥”（即以鳥爲圖騰）的少昊部落中，有以九種扈鳥爲圖騰稱爲“九扈”的胞族。“九扈”，説文佳部作“九雇”，而“雇”的籀文作“鳸”，因古籀中“鳥”、“佳”實是一字，故爾雅釋鳥“雇”即作“鳸”，郭璞注以爲即經傳之“扈”。王國維因卜辭地名中有“甘”有“雇”，遂據之以爲此“扈”即殷代卜辭中的“雇”。又春秋莊廿三年盟於“扈”之“扈”亦即此“雇”（殷墟卜辭中所見地名考及楊筠如覈詁）。其地即杜預注所説的滎陽卷縣北，亦即今原陽、原武一帶，與卜辭中殷代地域相合。商頌“韋顧既伐”的顧也是此雇，但因敗後遷避到今范縣一帶。

這樣説來，“有扈氏”不是夏的同姓部落，而是異姓的東夷少昊族的“九扈”，其地就是殷代的“雇”，也是周代的魯莊公廿三年及文公七年、十五年、十七年“諸侯盟於扈”之扈。地點即今鄭州以北黄河北岸的原武一帶。

而“甘”的地點，王國維據甲骨文中有甘，以爲即春秋甘昭公所封之邑。據僖公廿四年杜預注：“甘昭公，王子帶也，食邑於甘。河南縣西南，有甘水”。又：“西二十五里有故甘城”。水經甘水注也説："甘水東二十里許洛城南，有故甘城焉，北對河南故城。"其地在今洛陽西南。

世本説夏的都城有平陽、安邑、晉陽、陽城諸處。古本竹書紀年説有陽城、斟鄩、帝丘、斟灌、原、老丘、西河諸處。根據史記六國表説"禹興於西羌"，集解引皇甫謐云"孟子稱禹生石紐，西夷之人也"及禹稱"戎禹"而與"九州之戎"有淵源（九州之戎與戎禹，古史辨第七册）這些資料來看，夏后氏這一部落聯盟的活動區域首先當在較西的陝西、山西一帶，是逐漸向東發展的。這些傳説中的地點，正好反映夏族向東發展的歷程。可能在啟以前，其活動區域基本在平陽、安邑、晉陽等今山西省境，再東向就達到河南，因而遇到鄭州附近的有扈氏的阻擋。有扈部落向西抗擊有夏部落，就在洛陽附近的甘水一帶作戰。結果夏族獲勝，才開始以陽城作爲政治中心（呂氏春秋先己篇説夏族在這一戰役中没有獲勝，經過一年的準備努力之後，才勝有扈）。一般都認爲陽城在今鄭州西南登封縣境（自杜預昭四年注、後漢郡國志至方輿紀要、清一統志等皆主此説。但張澍世本補注以爲應在濮陽西，因他認爲堯舜至夏的活動當時只限於河東、北，不至河南境。其説不可從）。此後夏族的一些遷都活動，除偶有曲折外，基本表現了繼續向東發展的趨向（參看附圖）。

這是就古代流傳下來的片斷資料所得的大略認識，似較爲説得通。舊注以爲是今陝西户縣，顯然有説不通的地方。因爲扈與鄠除了音同外，没有其他任何歷史聯繫。所以孔疏提出："地理志：扶風鄠縣，古扈國。鄠、扈音同，未知何故改也。"就是説不知爲什麽"扈"改成了"鄠"，顯然對此有了懷疑。而馬融説甘是有扈南郊地，孔疏也以爲没有根據，而是出於馬融想像的。孔的話説："啟伐有扈，必將至其國，乃出兵與啟戰，故（馬融）以甘爲有扈之郊地名。"事實上這一説法不僅與甘水在鄠西有矛盾，而且與夏師進軍路綫有矛盾。所以孔疏接着又説："啟西行，伐之當在東郊。融則扶風人，或當知其處也。"是説這只是由於馬融是扶風人，才把扈和甘説成是在扶風的鄠縣。顯然是在指出此説之無據。

此外，楚辭天問兩次提到有扈，王國維據山海經、竹書紀年等考定爲"有易"之誤，與此扈無關（殷卜辭中所見先公先王考）。王説甚是。當是由於習聞本文中的"有扈"而致誤。

因此，我們認爲較妥的看法是："有扈"即東夷部落的"九扈"，其地當在今鄭州北部原陽一帶，扈與夏人作戰的地方"甘"，當在今洛陽西南（見附圖）。

（三）關於"五行"、"三正"的問題

本文作爲一篇動員征討敵人的誓詞，對於敵人全部罪行的聲討，就只在"威侮五行，怠棄三正"兩句話上。究竟"五行"、"三正"是什麼呢？自來注疏家，對於"五行"，大都援用秦、漢人所宣揚的唯心主義神學"陰陽五行説"來解釋，從西漢今文家的尚書大傳洪範五行傳，歷經東漢古文家馬融、鄭玄的注、晉代僞孔安國傳，到宋代蔡沈的書集傳，雖用語不同，總不外"陰陽五行説"的"五行"水、火、木、金、土這五項的涵義。對於"三正"，則用漢儒所宣揚的主宰王朝循環更迭論的"三統説"來解釋，即由"三統説"中的黑統、白統、赤統在曆法上的不同建首而成的"夏正建寅、商正建丑、周正建子"之説來解釋，自漢尚書大傳到宋蔡傳大抵都用這一説法。

但是甘誓是作爲夏代文件編在尚書中的，用這些漢代的東西去解釋，怎麼能符合得上呢？特別是夏代還没有循環的"三正"曆法，怎麼能用後來的曆法去説它呢？所以從宋代，歷元、明，到清代，以至近代，紛紛有人提出異議，用許多有力的説法指出了舊注疏的不可信，必須推翻。

其實，古代自有"五行"，但非漢儒"陰陽五行説"的"五行"；古代自有"三正"，也非漢儒"三統説"的三正。

　　先説"五行"。古代人們由於生活和生產的需要，注意認識天文星象。恩格斯指出："首先是天文學——游牧民族和農業民族爲了定季節，就已經絕對需要它"（自然辯證法科學歷史摘要）。顧炎武對中國古代一般人們都熟習天文情況更有具體描述，但後世連文人學士都茫然不知（日知録卷三十）。這是因爲秦、漢以後天文工作者制訂出了二十四節氣，可以靠它來安排生產和生活，不再需要直接認識星象了，以致人們對天文活動的一些名詞或術語逐漸模糊，不懂它原意，而只知道它在秦、漢以後流行的意義，"五行"一詞就是它的顯著例子。

　　史記曆書説："黄帝考定星曆，建立五行"（"黄帝"二字指上古）。可知"五行"一詞是從星象來的。漢書藝文志説："五行之序亂，五星之變作。"可知"五行"與"五星"有關係。"五星"，就是現在所知九大行星中的水、金、火、木、土五星，但在戰國以前從來不這樣稱呼它們，只叫它們做辰星、太白、熒惑、歲星、填星（鎮星）。因爲古代另有稱爲"火"或"大火"的星，是指恒星二十八宿中的心宿。所以古代關於五行星的名稱與金、木、水、火、土無關，而只是就它們在天球面上的運行現象而綜稱它們爲"五行"，這是"五行"的原始意義。

　　"五行"原始意義形成的時期，當在認識五星之後，是與設定二十八宿的時期相聯繫的。二十八宿的劃定，是根據填星二十八年一週天的週期來的。而我國二十八宿之設定，綜合竺可楨、新城新藏、李約瑟諸人之説，大抵在殷代後期到西周初年。那麼"五行"提出的時間，也當和這相去不太遠，而其見於文字者，就是本篇。篇中所載資料與殷周之際的天文發展階段是相適應的。

　　到東周戰國時期，各種思想爭奇逞勝，還可出現其他意義的"五行"。荀子非十二子指出的子思、孟子的"五行"，有人把它解釋爲"五常"，或者解釋爲"五倫"，還有所謂孔子的五行，曾子的五行，及所謂子思後學的五行，彼此内容各不相同。同時更有

"六行"、"四行"等不同提法（參看梁啟超陰陽五行説之來歷、譚戒甫思孟五行考等文）。由此可知"五行"一詞的不同解釋和它的不同用法原自不少。

這種活躍多姿的用法，也見於對物質世界的認識。或把它們稱之爲"六府"（左傳文七年："水、火、金、木、土、穀，謂之六府"），或稱之爲"五材"（左傳襄二十七年、昭十一年指金、木、水、火、土五項），而且或與六氣、五味、五色、五聲、六疾等並舉（左傳昭元年、昭二十五年），或與五事、八政、五紀、三德、五福、六極等並舉（洪範），還沒有固定在一個五的數目上。不過終於逐漸多使用"五"的數目（就像昭元年、昭二十五年那樣），後來由於"五材"金、木、水、火、土五項較能概括世界上的主要物質，人們漸多習用它，天文工作者就借用"五材"之名來作爲五星的代稱，這樣，"五材"和"五星"相結合（漢書律曆志記明："水合於辰星，火合於熒惑，金合於太白，木合於歲星，土合於填星"），原只是"五星"的綜稱的"五行"，就永遠是指金、木、水、火、土了。由洪範和墨子經説下已説到五行是這五項，可知至遲到春秋、戰國之世這種結合已經實現了。不過它既異於後來相克、相生的次序，又平實而無神秘意味，因此還只是結合的早期階段，停留在天文學範疇內。一直要到漢代的"陰陽五行説"，才達到唯心主義神學目的論的烏烟瘴氣的地步。

但就是漢代洪範五行傳的作者，也還完全懂得這"五行"兩字的本義。該文把洪範中的各疇儘量和五行相配，其中"六極"計有六項，也勉强把前面五項和土、火、金、水、木配了，還剩最後一項，洪範五行傳作者創了一個"日月亂行、星辰逆行"去配，這就看出了上面五項配的不是土、火、金、水、木五種物質，而是土、火、金、水、木五星的運行，所以最後這一項才配上"日月之行"。由這一原始意義的孑遺，使我們得到一個證實"五行"一詞的原義完全是由五星的運行而來的確證。它指的原是天象，而根本沒有後來所加上的神秘意義。漢代經師及歷代注疏家用唯心主義神學"陰陽五行説"的"五行"來解釋本篇的"五行"，是完全謬誤的。

其次説"三正"。甲骨文中有"臣正"和"正"，是指殷王朝的大臣。大盂鼎有"殷正百辟"，也是泛指殷的大臣。又有"文王命二三正"，則是泛指周王朝的大臣。古人用三、五、六、九等泛指多數，"二三正"也就是"三正"，指的是一些主要的大臣。

周代金文和典籍中還有不少關於"正"的材料，其泛指者有"先正"、"友正"、"庶正"、"大正"、"有正"、"正事之臣"……等等（見毛公鼎、彔仲簋、詩雲漢、本書文侯之命、洪範、康誥、洛誥等）。其具體以正爲官名者，則左傳尤多，有卜正、工正、校正、遂正、少正、馬正、陶正、賈正……及傳説中的曆正、農正、田正、南正、火正……等等。對於"正"的概括稱呼，除"二三正"外，還有左傳隱元年、定四年及國語齊語的"九宗五正"、"職官五正"、"五正"，襄二十五年的"六正"，及作册魃卣的"多正"和本書多方的"小大多正"等等。由此可知本篇的三正，和"五正"、"六正"、"多正"是一類的，都用以概括諸大臣官長。

"正"字這一解釋漢人本來知道，如爾雅釋詁云："正，長也。"鄭玄注各種典籍的"正"字也用這一解釋。誰知他們注釋本篇"三正"，卻爲"三統説"的"三正"二字所圍，死守着不能解脱。

"三統説"所講的夏、商、周三代曆法的不同，利用了左傳中的一些説法，如昭十七年："火出，於夏爲三月，於商爲四月，於周爲五月"。似乎可證這三代的曆法剛好各相差一個月。其實古代的曆法還在草創階段，哪能這樣整齊。以春秋曆法來説，馮澂春秋日食集證指出："隱、桓之正皆建丑，閔、僖、文、宣之正建子及建丑者相半，至成、襄、昭、定、哀之正而又建子，間亦有建戌、建亥者。"洪業春秋經傳引得序則按日食推算得知：隱、桓、莊皆建丑，莊公末到僖公，建子、建丑相半，文公以後基本都建子，但昭公時一度建亥。二説略有出入，而基本相同。

可知東周時曆法還在演變中，不能簡單地説它就是建子。至於甲骨文中所見商代曆法更較原始，還没有以十二支代表各月，根本談不到建首是什麼，夏代就更渺茫了。可知"三正"的説法完全没有歷史事實作根據，是非科學的東西，完全是漢儒的臆説。左傳的一些句子往往遭漢人竄亂，這就是一例。注疏家都生於漢代以後，只知"三統説"的三正，就作出了這樣無知的解釋。

"三正"之指二三大臣，還可以殷、周歷史爲證。史記周本紀載周武王率領諸侯到盟津準備伐紂，諸侯主張立即進攻，周武王還要等一等，找出個宣傳鼓動的政治理由來。兩年後，紂殺了比干，囚了箕子等，周武王立即宣佈紂的罪狀，進行討伐。罪狀是："今殷王紂乃用其婦人之言，自絶於天，毁壞其三正。"他所宣佈紂的罪行，除多了一句"婦人之言"外，竟和本篇所宣佈有扈氏的罪行一模一樣。他所説的"三正"，就是比干、箕子等人，就是殷王朝的幾個大臣。可知本文的"三正"也就是指有扈氏的幾個大臣。

甘誓這篇夏后氏與有扈氏作戰之際的誓師詞，大概在夏王朝是作爲重要祖訓歷世口耳相傳，終於形成一種史料流傳到殷代，其較穩定地寫成文字，大概就在殷代，所以用了在殷代後期已出現的"五行"、"三正"字樣。當時强調敵人"威侮五行、怠棄三正"之罪，就是指責敵人上不敬天象，下不敬大臣，是足以引起天怒人怨的大罪，所以奉天命去討伐他。夏后氏伐有扈，周武王伐紂，都拿這兩句作爲對方的全部罪狀，而能取得動員的效果，這是由於它符合早期奴隸主階級的意識形態活動的原故。（摘自起鈃撰釋尚書甘誓的五行與三正一文）

（四）儒墨兩家的不同本子和
本文寫定的年代問題

甘誓這篇誓詞，除了尚書中的本篇及司馬遷根據本篇轉寫在史記夏本紀中的那篇外，還有墨子明鬼下引載的一篇。史記那篇由於録自本篇，所以基本相同，只是所根據的是漢代今文本，有些字句又由司馬遷用漢時語言譯寫過，所以與本篇字句有出入，現都已隨文在“校釋”中校明了。惟墨子的那篇與本篇出入很大，除在“校釋”中偶因需要提到的外，無法全部在“校釋”中校出，現特將那篇禹誓全文轉録如下：

> 大戰於甘，王乃命左右六人，下聽誓於中軍，曰：“有扈氏威侮五行，怠棄三正，天用剿絶其命。”有（又）曰：“日中，今予與有扈氏爭一日之命，且爾卿大夫庶人，予非爾田野葆土之欲也，予共行天之罰也。左不共于左，右不共于右，若不共命；御非爾馬之政，若不共命。是以賞于祖而僇於社。”

由於有了這篇墨家的本子，使我們看到下列幾點：

（1）儒、墨兩家在孟軻以前即戰國初年起就已成爲互相爭鳴的兩大學派，韓非説他們是當時的兩家“顯學”，他們競相稱引古代文獻資料來爲自己的理論張目。現在看到兩家都引了這篇，可知這篇是在戰國以前就早已存在的古代文獻。

（2）兩家所用的本子，不僅文字有很大出入，而且篇題也不同。儒家以作戰地點作爲篇題，而在書序中説明作誓詞的是啟；墨家則以爲是禹，並逕以禹作爲篇題。但墨子兼愛下另引有禹誓，是禹征有苗的誓詞，與此篇文句完全不同，很可能本篇題的“禹”字有誤。總之説明當時本篇文字在流傳中發生了很大歧異。郭沫若提出他的看法説：“這大概是一篇無主的古文，後世的墨家以禹有伐有扈的傳説，故屬之禹，而儒家亦以啟有伐有扈氏的傳説，故屬之於啟”（中國古代社會研究）。這看法可備一説。郭氏另據王國維所考楚辭有扈即有易，因而謂本篇可能是上甲微伐有易的誓詞。這是他誤用了王氏之説提出的推想。（王氏是説楚辭的“扈”字是“易”字之誤，不是説本篇的“有扈”即“有易”。）但不管怎樣，古代歷史傳説在流傳中總易發生分化，這是常有的現象。因此這篇誓詞所反映的歷史事件出現不同傳説也是很自然的。

（3）對於這篇誓詞的討伐對象是有扈，儒、墨兩家本子都是一致的。因此我們認爲原始材料應該就是有扈，在上面第（二）問題裏已提到可能就是東夷族的九扈部落。由誓詞不用上伐下的口氣，也反映討伐的是別一族。這件歷史故事當然是夏代的，竟能流傳下來是很幸運的。在上面第（三）問題裏已提到，可能到殷代才初步較穩定地寫成文字，因而當時把"扈"字寫成"雇"。到西周可能寫成基本定型的定本，雇字繼續分化成"扈"、"雇"、"鳸"三體。再在春秋戰國的傳鈔中，又分化成儒、墨兩家互有異同的本子。

（4）兩家本子文字上的出入雖然很大，但内容卻一致，説明兩家所根據的確是同一個本子，在分別傳鈔中才造成這些出入。它的内容又只有兩點：（甲）假借天的意旨，純用神意而不用人意；（乙）赤裸裸的以賞罰爲號令，純用威力而不用德教，和殷代以上的奴隸主專政的思想意識完全符合。因爲德教觀念是到西周統治者在"天命不常"的警惕下才提出來的，可知這篇誓詞一定是西周以前的東西。郭沫若提出："甘誓應該歸入商書。"因爲他認爲"甘誓的五行……這種觀念的起源，應該是起於殷代的五方或五示的崇拜"（中國古代社會研究）。我們認爲把本文就其成文時代來説列爲商代時期是可能的，但"五行"一詞不是由於五方或五示的崇拜，而是受殷代或殷周之際天文知識的影響形成專詞後因而寫進本文的。這也就可如郭氏所説的"商書和周書都應該經過殷、周的太史及後世的儒者的粉飾"所留下的痕跡。

（5）兩個本子的文句都比較簡單，視本書周書各篇時代看來要早。比商書的盤庚就其結構來説，也要早。其中語法如"汝"（女）可作第二人稱單數與多數，也和甲骨文例符合。但其造句修辭似乎比甲骨文晚了一些，這也就是最後在周代寫定受到儒、墨粉飾的證據。

（6）墨家的本子在全文結尾没有"予則孥戮汝"五字，而儒家本子卻有。這五字顯然是儒家從湯誓裏鈔來的。因此儒家這個本子的最後寫定，當在湯誓寫成之後。

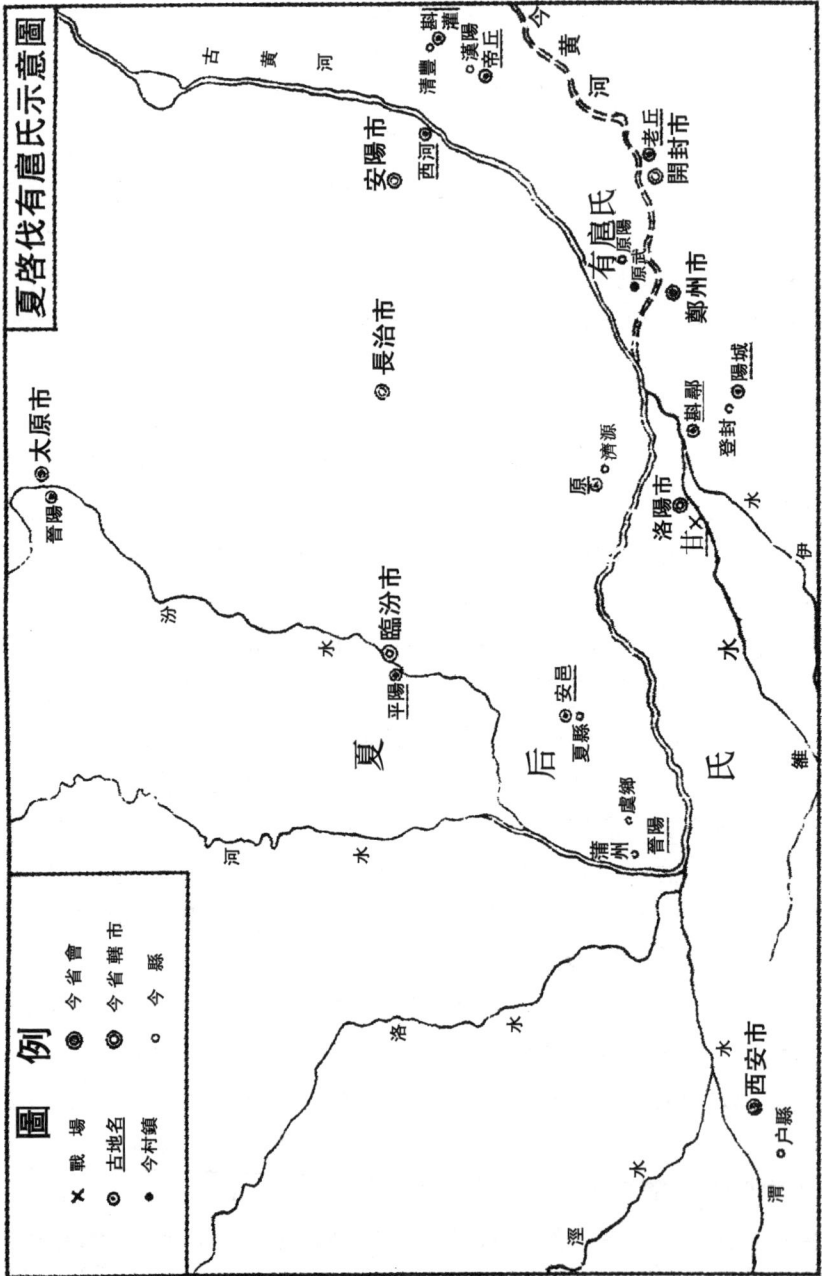

夏啟伐有扈氏示意圖

圖　例

× 戰　場
◎ 古地名
● 今村鎮
◎ 今省會
◎ 今省轄市
○ 今縣

尚書盤庚三篇校釋譯論[*]

  盤庚三篇是商代奴隷制王朝第十九任國王盤庚在遷都時對臣民的三次講話，並附大臣轉述他的一次較簡短的講話。在西漢大、小夏侯氏兩家的今文尚書中合爲一篇（由漢書藝文志載"大、小夏侯解故二十九篇"與今文二十九篇數目相合而知，今文廿九篇數目則是由伏生二十八篇加後出僞太誓而成）。歐陽氏今文本始分爲上、中、下三篇（漢書藝文志載"歐陽章句三十一卷"，又漢石經殘石所見盤庚上中下三篇分列，因而知把盤庚分爲三篇，乃成卅一卷）。此三家都把它列在商書中。其在全書中的次序，大、小夏侯氏爲第六篇，歐陽氏爲第六、七、八篇。東漢古文本分篇及篇次全同歐陽氏本。東晉僞古文也分爲三篇，列爲商書第九、十、十一篇（全書第十八、十九、二十篇）。但原上、中、下三篇的排列次序，和盤庚講話的先後次序不一致，與遷前遷後講話的境地相違背。過去注疏家包括從漢代起歷經各代到清代的許多人，強行給它作了許多解釋，都是不正確的。俞樾開始提出他的看法説："以當時事實而言，盤庚中宜爲上篇，盤庚下宜爲中篇，盤庚上宜爲下篇。曰'盤庚作，惟涉河以民遷'者，未遷時也。曰'盤庚既遷，奠厥攸居'者，始遷時也。曰'盤庚遷於殷，民不適有居'者，則又在後矣"（群經平議卷四）。他的説法與三篇内容相符合，所以我們採用了它，把各篇次序按講話時間先後糾

---

  * 1979 年與劉起釪合寫。原載歷史學 1979 年第一——二期。

正過來。但因盤庚的上、中、下三篇習稱已久，引用已慣，爲免造成稱法上新的淆亂，仍保存原上、中、下名稱不變，而以原中篇爲第一篇，原下篇爲第二篇，原上篇爲第三篇。其全部情況詳後面討論（一）、（二）。

〔一〕校釋

第一篇（原中篇）

　　盤庚①作②，惟③涉河④以民⑤遷，乃話⑥民之弗率⑦，誕⑧告用亶⑨。其有衆咸造⑩，勿褻⑪在王庭⑫。盤庚乃登進厥⑬民，曰：

　　①盤庚——“盤”，隸釋載漢石經殘碑本文原下篇此字作“股”，漢書揚雄傳、周禮司勛鄭注所引及釋文引別本和岩崎氏藏唐寫本都作“般”。張參五經文字云：“石經‘舟’皆作‘月’。”知石經之“股”即典籍之“般”，與商代甲骨文“般”字從“舟”從“殳”相合，其舟形作“月”，石經隸定誤作“月”。是此字原當作“般”，故釋文音“步干反”（bān 班）。但諸隸古定寫本如敦煌唐寫本及日本各古寫本已借用“盤”字，唐石經及以後刊本皆承用，各古籍中亦已通行，故不改回。

　　“盤庚”，商王名，湯的第十世孫，商王朝的第十九任國王，在位期間約當公元前十四世紀後期至前十三世紀。

　　②作——俞樾以爲與孟子公孫丑“湯至於武丁賢聖之君六七作”、易繫辭傳“神農氏作”、“黄帝堯舜氏作”之“作”同（平議），甚是。但俞氏與黄式三啟幪均解釋爲君主即位，則不確。當如趙

岐釋爲“興”(孟子注)，意即“興起”。可體會爲現代語所説的“登上歷史舞臺”。

③惟——謀(爾雅釋詁)，打算，做出決定。

④涉河——“涉”，渡。“河”，黃河。意爲從“奄”(今魯西曲阜)渡過黃河遷到殷(今豫北安陽)去。

⑤民——指商王朝統治下的人民群衆[參看討論(一)·(3)]。

⑥話(huì 會)——會合。于省吾云：“説文‘話’(譮)之籀文作‘譮’，惠棟謂話有會合之誼。按，古從‘昏’之字今多寫作‘舌’，每與‘會’爲聲訓。如禹貢‘栝柏’即檜柏。釋名：‘栝，會也。’又説文‘佸，會也’可證。”(新證。又俞樾釋“話”爲“佸”之假借，義亦“會合”。)

⑦民之弗率——“率”，循(爾雅)，順(周書大匡注)。“民之弗率”，民之不順從者。在這裏是指那些不順從遷都決定的人民群衆。

⑧誕(dàn 但)——語首助詞。楊筠如云：“書中訓‘大’之字，如‘丕’、如‘誕’、如‘洪’，皆多用爲語辭，無意義。”(覈詁)

⑨亶(dàn 但)——釋文：“亶，丁但反。馬(融)本作‘單’，音同。”段玉裁云：“馬作‘單’而讀爲‘亶’，與雒誥‘乃單文祖德’同也”(撰異)。于省吾云：“單亶古通。史記仲尼弟子列傳‘子賤爲單父宰’，呂覽具備‘宓子賤治亶父’。尚書‘單’字多讀作殫，盡也。”(新證)

⑩其有衆咸造——“其”，指示形容詞，與現代語“那些”相當。“有”，語首助詞。王引之云：“一字不成詞，則加有字以配之”(釋詞)。“有衆”即“衆”，指上句“弗率”的“民”。“咸”，皆(釋詁)，都。“造”，至(周禮大司寇鄭注)。“咸造”，都到[“衆”字參看附論(一)·(3)]。

⑪勿褻(xiè 謝)——玄應一切經音義十五“媟(xiè)嬻(dù)”條下引“尚書‘咸造忽媟’”，孔安國曰：“媟，慢也。”段玉裁云：“忽者，字之誤；褻本作媟，褻蓋衛包所改也。其所引孔傳亦與今本

不同”（撰異）。按“勿褻”舊釋爲“不得褻慢”，其實是古成語，意
爲“不安”。楊筠如云：“說文出部：‘槷𡴋，不安也。易曰槷𡴋’。
又作‘杌隉’，秦誓‘邦之杌隉’。說文‘栲杌’作‘栲柮’。杌、柮、
𡴋通用。隉、槷亦通用字。一作‘出執’，召誥‘徂厥亡出執’。
‘勿’、‘出’古同部，故又轉爲‘勿褻’也。”（覈詁）

⑫王庭——此王庭可能是宮庭大門内的大庭。西周時小盂鼎
記宮廟的南門（即最前面第一門，亦即大門）内爲大廷，出征勝利
後的告擒、獻俘典禮在此舉行。三門内爲中廷，出征將領與諸侯
向周王的“告”禮在此舉行；其他金文記王册命群臣也在中廷舉
行。本文爲殷制，如果基本與盂鼎相同的話，盤庚召集民衆講
話，不可能進至中廷，只可能是在大廷。

⑬厥（jué 決）——其，他的。與下文“丕從厥志”、“安定厥
邦”之“厥”，松田本皆作“其”，顯然是誤用訓詁字。

　　以上這一節，是史臣記載盤庚在遷都前召集不願遷的人
給他們作動員講話。下面所記的是講話的全文。

“明①聽朕言，無荒失②朕命！嗚呼③！古我前后④罔不惟民
之承保⑤，后胥慼鮮⑥，以不浮⑦于天時。殷⑧降大虐⑨，先王不
懷⑩厥攸作⑪，視民利用遷⑫。汝曷⑬弗念我古后⑭之聞⑮？承汝
俾汝⑯，惟喜康共⑰；非汝有咎⑱，比⑲于罰。予若籲懷兹新
邑⑳，亦惟㉑爾故，以丕㉒從厥志。

①明——勉（述聞）。

②荒失——“荒”，忘（古注便讀）。“失”，讀爲“佚（yì）”，“忽
也”（音疏引説文）。“荒失”，忘忽，輕忽，不重視。

③嗚呼——漢石經殘碑尚書此兩字共四見，皆作“於戲”，是
今文。魏石經皆作“𥄕虖”，薛季宣本與此同，是古文。敦煌本 P.
2643 及日本古寫本内野本與岩崎所藏唐寫本皆作“烏虖”，是隸古
定古文，然與西周金文如毛公鼎相合。唐石經及各刊本皆用後代

通行體作“嗚呼”。諸體音義皆同，都是驚嘆詞。今沿用後代通行體不改。下文兩“嗚呼”字同此。

④前后——即“先后”，就是“先王”。甲骨文中殷人稱當時的王爲“王”，死去的王爲“后”（字作“毓”）。此處保存殷人原來用法。

⑤承保——舊注疏皆以上句至“承”字斷，“保”字屬下句。江聲始提出“承保”連讀，孫星衍、俞樾、孫詒讓、楊筠如、于省吾皆同意此讀，以爲“承保”爲古成語，亦見洛誥“承保乃文祖受命民”。“承”又與應、膺、容聲近義通，康誥“王應保殷民”，國語周語“膺保明德”，易臨“象”曰：“容保民無疆”，皆一語之轉。于省吾謂“承讀爲拯（zhěng）”。是“承保”爲拯救、保護之意。

⑥后胥慼鮮——“胥”，相。“慼”，漢石經作“高”。按魏石經所刻左傳“戚”的古文作“𢜫”（于省吾謂即克鼎、師兌殷等的𢼄字），漢石經當亦用此字，洪适收入隸釋時遂誤認爲“高”。原當作“戚”。此句孫星衍、俞樾、于省吾皆讀“后胥戚”，以“鮮”屬下句。現從江聲、朱彬、孫詒讓、楊筠如等讀爲四字句。諸家解釋各不同。今觀無逸有“懷保小民、惠鮮鰥寡”句，彼以“懷保”與“惠鮮”對舉，此以“承保”與“慼鮮”對舉。“慼”義爲憂。慼與憂有“惠”意，正如“憐”有“愛”意一樣，所以這兩對語滙意義應相同，當是殷周時用以表達保護和關懷之意的成語。

⑦浮——俞樾謂“浮”讀爲“佛”，以“浮屠”亦作“佛陀”爲證。其字同說文“𢃇，違也”之“𢃇”。法言寡見篇“佛乎正”，李軌亦注：“佛，違也”（平議）。按，亦同“拂”，詩皇矣“四方以無拂”，釋文引王肅注：“拂，違也。”知“不浮于天時”即不違背天時之意。

⑧殷——通“慇”，痛。（莊述祖尚書古今文考證二。亦見劉逢禄集解引）

⑨大虐——大災害。舊注多以爲指水患。

⑩懷——懷戀。

⑪攸作——"攸"，所。"作"，作爲，營作。此地談遷都，故"攸作"指所營建的都邑宮室建築之類（舊讀以"厥攸作"連下"視民利用遷"爲句，今從孔廣森經學卮言斷句）。

⑫視民利用遷——"視"，看在什麼上面，爲了什麼。"用"，因，因此，因而。"視民利用遷"，爲了人民的利益因而遷徙。

⑬曷（hè 嚇）——盤庚三篇共六"曷"字，古寫隸古定本P2516、P2643、岩崎、内野、雲窗諸本及薛季宣刊本皆作"害"（惟諸古寫本害字少一畫作"宔"。又岩崎本有一處作"曷"，内野本有兩處作"曷"）。段玉裁云："凡'曷'字古今文尚書皆作'害'，其作'曷'者皆後人所改。匡謬正俗引多方'害弗夾介'，古文之證也。王莽大誥'曷'皆作'害'，今文之證也"（撰異）。今由古寫隸古定本知僞古文亦作"害"。此外湯誓、西伯戡黎、梓材、召誥諸篇各有一"曷"字，多方四"曷"字，大誥五"曷"字，諸隸古寫本多作"害"，薛本則皆作"害"。獨大誥"王害不違卜"一"害"字唐人漏未改；又湯誓"害征夏"之"害"寫作"割"，亦未改。按，作"害"是。金文中即用"害"而不作"曷"，如毛公鼎"邦將害吉?"其本義爲"何"。古人問語原用"害"字，今因"害"已專作傷害意義用，而"曷"在古籍中已通行，故不拘泥改用原字。"曷"與"害"古音同，皆屬古韻曷部和古聲類匣母，故通用。意爲"如何"、"何故"。

⑭古后——同"前后"，即"先后"，也就是上句的"先王"。

⑮聞——于省吾新證據孟鼎、徐王子桐鐘"聞"作"䎽"，以爲與"敃"皆從"昏"聲，其義爲勤勉。（參看本文第三篇"不昏作勞"校釋）

⑯承汝俾汝——"承"、"俾"即上文之"承保"（孫星衍亦有此說）。"保"、"俾"在廣韻分屬重脣的"幫"和輕脣的"非"二聲類，然古同爲重脣音，二者無別，故"保"、"俾"同用。如堯典的"俾乂"，即康誥、多士的"保乂"，王國維謂並同克鼎、宗婦敦等器的"保辥"（觀堂集林釋辥）。是知"承汝俾汝"即"承汝保汝"，句法

與原上篇"告汝訓汝"同。

⑰惟喜康共(gǒng 鞏)——"康"，安寧，安樂。"共"，鞏固。俞樾云："廣雅釋詁：'拱，固也。'共、拱古通用。論語爲政篇'居其所而衆星共之'，釋文：'共，鄭作拱'，是也。'惟喜康共'者，惟喜安固也。"(平議)

⑱咎(jiù 舅)——罪，過失。

⑲比——相同。(樂記"比於慢矣"鄭注)

⑳予若吁(yù 玉)懷茲新邑——"若"，句中助詞，無意義。"吁"，呼，叫喚。"茲"，此。"新邑"，新的都邑，指殷邑，即今安陽。

㉑惟——在此作介詞，同"以"，"因"。

㉒丕(pī 批)——大。

　　這一節，首先吹噓殷先王順應天時，愛護人民，因而遷徙。自己也同樣是爲了人民利益而遷徙。

"今予將試以汝①遷，安定厥邦②。汝不憂朕心之攸困③，乃咸大不宣④，乃心欽⑤，念以忧動予一人。⑥爾惟自鞠⑦自苦！若乘舟，汝弗濟⑧，臭厥載⑨。爾忱不屬⑩，惟胥⑪以沈。不其或稽⑫，自怒曷瘳⑭！

①汝——漢石經作"爾"，是用的後起字。本文共出現十四"爾"字都是後起字，依甲骨文都當作"女"(即汝)。此"汝"字意爲你們[參看討論(一)·(2)]。

②厥邦——漢石經作"厥國"。段玉裁云："漢人不以諱改經字(即經文不諱劉邦名)，故知古文尚書多作邦，今文多作國"(撰異)。按，李富孫云："此避諱作'國'。史記於'邦'、'啟'、'盈'，'徹'等字皆然，荀悅漢紀於帝諱皆云'諱某曰某'。惟後漢不避前漢諱，説文'秀'、'莊'、'烜'、'肇'等字並云'上諱'，於'邦'、'啟'、'盈'、'徹'不言諱，蓋親盡廟毀故也"(漢石經考異

引）。是段氏説不全合。今文寫定於西漢，故避諱用“國”；古文寫定於東漢，故不避諱仍用“邦”。“厥邦”即其邦，意爲“他的邦”。“厥”、“其”雖爲第三人稱領格，然語言中假第三人稱作爲第一人稱使用，意即“我們的邦國”。

③汝不憂朕心之攸困——漢石經句首多一“今”字；“汝”作“女”，保存了殷代原字。“朕”，我的，也與甲骨文用法相合。“攸”，所。“攸困”，所困苦之處。

④乃咸大不宣——“乃”，卻。（王引之説是“異之之詞”，即副詞中表示相異情態之詞。）“咸”，都，皆（釋詁）。“宣”，明白（國語晉語“武子明法”注、左傳僖廿年杜注）。“不宣”，不明白，糊塗。

⑤乃心欽——“乃”，你的，第二人稱領格。“欽”，俞樾謂與詩晨風“憂心欽欽”同義，意爲憂懼（從俞樾讀此三字爲句）。

⑥念以忱動予一人——“念”，思。“忱”，誠意。“予一人”爲奴隸制君主自稱之詞（見湯誓校釋）。俞樾謂此句與下篇“念敬我衆”文法正同，全句意爲“思以誠意感動予一人”（平議）。

⑦鞠（jiù 匊）——困窮（釋言）。

⑧弗濟——渡河叫“濟”。“弗濟”，不渡過去。

⑨臭厥載——“臭”，朽敗（月令季冬及後漢書梁鴻傳注）。“載”，指旅行所乘載的工具如車船之類（參看皋陶謨“予乘四載”校釋），這裏指船。“臭厥載”，就是把你們坐的船朽敗了。

⑩爾忱不屬——俞樾謂“忱”爲“沈”之誤，又舉釋文載馬融釋“屬”爲“獨”，以爲此句與下“惟胥以沉”句意爲：“不獨爾自沉溺，且相與共沉溺。”（平議）

⑪胥——皆（爾雅釋詁），都。

⑫不其或稽——“其”，王引之釋爲“之”（釋詞）。按，係作爲指示代詞，意爲“這個”。“或”，偶或，偶一。“稽”，漢石經作“迪”，諸隸古寫本作“乩”或“𠫤”，同“稽”。馮登府謂“稽”“迪”因

聲轉而異（漢石經考異），其義爲“考察”。“不其或稽”，就是“一點也不考察這個”。這是古代文法中的否定句賓詞爲代詞時提置動詞前的句法，與左傳僖十五“秦不其然”用法同，亦與詩蜾蠃“莫之敢指”句法全同。

⑬怒——漢石經作“怨”。

⑭曷瘳（chōu 抽）——“曷”，諸隸古定寫本作“𠧟”，同薛本之“害”，說已見前。“瘳”，疾病治好，可引申爲好處，益處。

　　這一節，指出大家對遷徙的不理解，反對遷移必沒有好處。

“汝不謀①長，以思乃災②，汝誕勸憂③。今其有今罔後④，汝何生在上⑤！

①謀——計劃，籌謀。

②乃災——你們的災。指當時原居地奄邑所受的災害，據傳是水患，盤庚才要遷都的。

③汝誕（dàn 但）勸憂——漢石經作“女永勸憂”（東觀餘論所載如此，隸釋缺“永”字）。段玉裁云：“誕從延聲，延、永雙聲，皆訓長也”（撰異）。長可引申爲“大”。故古籍中“誕”除作爲語詞外，一般釋爲“大”。“勸”，勉勵，促進，助長。馮登府云：“永字與上謀長對言，不爲長久之謀，乃爲長久之擾。”（漢石經考異）

④有今罔後——有今天，沒有明天。只顧今天，不顧往後的日子。

⑤汝何生在上——“上”，上帝，上天。“在上”，商周時習用語，是說在上天那裏，上帝那裏。西伯戡黎“乃罪多參在上”，詩文王“文王在上”，及金文中大豐段、宗周鐘、番生段、秦公鐘、虢叔段等都有“在上”一詞，叔夷鐘則作“在帝所”，猶鐘作“在帝左右”，和西伯戡黎“有命在天”的“在天”一樣〔參看討論（一）·(2)〕。奴隸主宣揚人的生命是上帝給予的，在這裏是說，在上帝

那裏哪還能有你們的活命。

　　　　這一節指出大家面對災難，不作長遠打算，上天也不會
　　給予生路。

　　　　"今予命汝，一無①起穢以自臭，恐人倚②乃身，迂③乃心。
予迓④續乃命于天。予豈汝威⑤！用奉畜汝眾⑥。

　　①一無——"一"，同"壹"，皆，都。"無"，同"毋"，不要。
"一無"，都不要，一點也不要。

　　②倚——玉篇足部"踦"字云："居綺（jǐ）、丘奇（qí）二切。
'恐人踦乃身，迂乃心'。'踦'，曲。'迂'，避也。"是六朝時僞孔
本作"踦"。說文："踦，戾足也。"（文選陳琳檄豫州注引）段玉裁
謂"踦"有曲義，在此比"倚"字正確（撰異）。陳喬樅則謂"倚"是
"踦"的假借（經說考）。"踦乃身"就是弄曲了你的身體。意即把你
帶壞了。

　　③迂——舊釋爲"僻"（僞孔傳）、"邪"（晉語韋注）。日人加藤
常賢以爲是"汙"的假借字（真古文尚書集釋），義爲污穢。說
較優。

　　④迓（yá 亞）——岩崎本、元亨本作"御"，P. 2516 本、
P. 2643 本作"卸"，爲"御"之省文。匡謬正俗亦引作"御"。段玉裁
謂："此唐初本作'御'之證。唐石經以下作'迓'者，衛包改也"
（撰異）。據此自應改回作"御"。但古籍中"御"常用爲"訝"或"迓"
的假借字，如公羊成二年："跛者迓跛者"，穀梁作"跛者御跛
者"。釋文謂"本作訝"。周官秋官序官及考工記輪人兩處鄭眾注
都引作"訝"。"訝"，說文云："相迎也"，或從辵作"迓"。此處
"御"字正音"訝"（匡謬正俗引徐仙民音。釋文亦音"五駕反"），作
"迎迓"解，顯用爲"訝"、"迓"的假借，非用"御"字本義。爲免誤
解計，故仍用通行的"迓"字不改。

　　⑤汝威——"威"，P. 2516、P. 2643、岩崎、元亨諸寫本及薛

氏刊本皆作"畏"，金文及古籍中常假"畏"爲"威"。此爲賓位倒置
動詞前，意即"威脅汝"。

⑥奉畜汝衆——"奉"，養（左傳昭六年："奉之以仁"杜注）。
"畜"，養（爾雅釋畜）。"奉畜"爲同義復詞，也就是"養"的意思。
"衆"，郭沫若以爲畜養的衆就是奴隸，但就全文來看，作"大衆"
解較妥［詳附論（一）·（3）］。

　　　這一節，叫大家擺脫壞的影響，宣揚我商王從上帝那裏
把大家的生命接續下來，爲的是養育大家。

　　"予念我先神后①之勞爾先②，予丕克羞爾，用懷爾③。
然④．失于政，陳⑤于玆，高后⑥丕乃⑦崇⑧降罪疾，曰：'曷虐
朕民！'汝萬民乃不生生⑨，暨予一人猷⑩同心，先后丕降與汝罪
疾，曰：'曷不暨朕幼孫⑪有比⑫！故有爽德⑬'．自上⑭其⑮罰
汝，汝罔能迪⑯。

　　①先神后——即先后，先王。"神"是加的美稱，指殷王朝各
代先王都是神聖的。楊樹達謂和杜伯盨"其用享孝於皇申（神）祖
考"的"神祖考"同（積微居讀書記）。

　　②爾先——你們的先人。即下文的"乃祖乃父"。

　　③予丕克羞爾用懷爾——"丕"，隸釋所載漢石經作"不"，黃
丕烈所校隸釋鈔本作"予"，爲丕的異體。古"丕"、"不"同字。
"羞"，養。（蔡傳謂羞即畜養。）"懷"，思念，記挂。劉逢禄云：
"羞爾懷爾，即上承汝俾汝。"（集解）

　　④然——舊讀"然"字屬上句，江聲以爲"然字爲一字句"（音
疏）。楊筠如謂應連下爲句，並釋"然"同"而"（覈詁）。按，用連
詞"而"爲東周以後文法，其說不確。今用江聲說，"然"作爲一
句，意爲"是這樣的"。

　　⑤陳——延（釋詁）。有久延、陳舊等意。

　　⑥高后——甲骨文中"高"和"後"對用。如：高祖乙，后（後）

祖乙；高祖丁，后（後）祖丁。故“高”就是“前”。“高后”，就是上文的“前后”，同於“先后”，也就是“先王”。

　　⑦丕乃——“丕”，漢石經作“伾”，異體字。“丕”在此爲無意義語詞，“丕乃”即“乃”，意近於“於是”（釋詞）。下文的二“丕乃”及第三篇（原上篇一）的“丕乃”與此同。

　　⑧崇——漢石經作“知”。知、崇一聲之轉。爾雅釋詁：“崇，重也。”

　　⑨乃不生生——“乃”，若，如果（釋詞），是假設連詞。“生生”，莊子大宗師“生生者不生”。釋文引崔云：“常營其生爲生生。”戴鈞衡云：“凡滋生，謀生，安生，樂生，遂生，皆可謂之生生”（補商）。楊樹達云：“孜孜于厚生”（讀書記）。都是説盡力搞好生事爲“生生”。

　　⑩猶——同下文“有比”之“有”（覈詁）。

　　⑪幼孫——盤庚稱自己爲先王的幼孫。

　　⑫有比——戴鈞衡云：“有，猶爲也。比，同心也。有比者，爲同心也”（補商）。楊筠如據孟子“子比而同之”及釋名“事類相似謂之比”，亦釋“比”爲“同”（覈詁）。

　　⑬爽德——國語周語“實有爽德”賈逵注：“爽，貳也。”（文選東京賦注引）又周語“言爽日發其信”韋注亦云“貳”。“貳德”，就是不同心，即上面“比”字的“同心”意義的反面。“故有爽德”句，舊注疏皆不作“先后”降罪疾的話，今從牟庭讀此四字亦爲“先后”的話（見同文尚書）。

　　⑭自上——指“先王在天之靈”（江聲、王鳴盛、孫星衍、戴鈞衡諸人説）。

　　⑮其——將。

　　⑯迪——行。（江聲、孫星衍以不同訓詁同釋爲“行”。戴鈞衡釋此句云：“言先后自上降罰於汝，汝罔能行而避之。”或疑“迪”當爲“逃”，意仍同此。）

這一節，承上節假借天意之後，託用先王的名義軟硬兼施，叫大家跟自己一道遷移。

“古我先后既勞乃祖乃父，汝共作①我畜民②。汝有戕則③在乃心，我先后綏④乃祖乃父；乃祖乃父乃斷棄汝，不救乃死！兹予有亂政同位⑤，具乃貝玉⑥，乃祖乃父⑦丕乃告我高后⑧曰：‘作丕刑⑨于朕孫⑩！’迪高后丕乃崇降弗祥⑪！

①共作——都作爲。

②畜民——即上文所説的“奉畜汝衆”的“衆”〔參看討論（一）·(3)〕。

③戕（qiāng槍）則——“戕”，漢石經作“近”，吳汝綸云：“疑爲斨之譌文”（尚書故）。“斨”音同“戕”，釋名云：“斨，戕也，所伐皆戕毀也。”“則”，“賊”的假借。王國維散氏盤考釋，以銘中“賊”字從戈從則，故二字可通假。楊筠如謂該盤“予有散氏心賊”一語，義與此同（覈詁）。是“戕則”爲傷毀賊害之意。

④綏——俞樾以爲“綏”與“退”古字通，古稱退軍爲“綏”，又檀弓“退然如不勝衣”鄭注：“退或爲妥”，即“綏”。故“綏乃祖乃父”即斥退乃祖乃父（平議）。按，江聲亦謂“綏，古文‘妥’字”（音疏）。而“妥”之義爲“止”（釋詁）。戴鈞衡亦謂“當讀如國語‘以勸綏謗言’之‘綏’，注云：‘綏，止也’”（補商）。“止”作動詞，停止的意義。郭沫若釋殷契粹編1113片的“已方”爲罷免方的官職，正與此“綏”字用法同。

⑤有亂政同位——有亂政之臣同在位者，即在位官員中的亂政的人。

⑥具乃貝玉——岩崎本作“乃具貝玉”。“具”，供置（説文），具備（淮南原道注）。“乃”，與有字用法同，是用於名詞“貝玉”前的無義語詞。“貝玉”，王國維云：“殷時玉與貝皆貨幣也。……玉之用與貝同也。貝玉之大者……皆不以爲貨幣，其用爲貨幣及

服御者，皆小玉小貝"（説珏朋）。郭沫若謂貝産自南海，當由殷人以實物交易或俘掠而得。由於難得，原衹作頸飾，後來轉化爲貨幣，當在殷、周之際（卜辭通纂、中國古代社會研究）。但武丁時甲骨已有賜貝的記載，並以"朋"爲計數單位，與西周金文同。而且殷人墓葬以貝爲隨葬品，置於死者口中、手中、足旁、胸部等處。盤庚就在武丁上一代，其把貝玉作爲珍貴財貨，並以之起貨幣作用，當近事實。

⑦乃父——古寫隸古定本 P. 2516、P. 2643、秀圓、元亨、岩崎諸本及唐石經都作"先父"，知此"乃"字僞古文原作"先"。但上下文都作"乃祖乃父"，此處不當獨異。薛季宣本隸古定亦作"乃父"，自以作"乃父"爲是。

⑧我高后——釋文："本又作'乃祖乃父'。"段玉裁謂別本是。其實此句是説"乃祖乃父于是告我先王"，文意甚合，段説非。

⑨丕刑——大刑，嚴厲的刑法。

⑩朕孫——足利、秀圓、元亨、岩崎、内野諸隸古寫本及唐石經都作"朕子孫"。顧亭林謂"子"字誤衍、王鳴盛則謂傳言"子孫"，疑原有"子"字。段玉裁謂傳多增字，足利古本往往據以增經，不應有"子"字。現據與上文"高后"對舉，從顧、段説。

⑪迪高后丕乃崇降弗祥——"迪"，王引之以爲是語首助詞，無義（釋詞）。"高后"以下與上文"高后丕乃崇降罪疾"句全同。"丕乃"即於是，見上文。"崇"，漢石經作"興"。馮登府據東京賦"崇業"薛注"崇猶興也"，太玄經"風動雲興，從其高崇"，"興"與"崇"協，謂二字音義通。今文作"興"，正見其古音如此（漢石經考異）。"崇降"即嚴重的降下。"弗祥"，漢石經作"不永"。段玉裁云："永，古音讀如羊，祥亦讀如羊"，故以同音假爲"祥"（撰異）。

這一節，繼上文所舉上天及先王要降罰之後，説連你們祖先也要求我先王降罰你們及那些貪污財富的官員。不斷的用神靈祖先進行恐嚇。

　　"嗚呼！今予告汝不易①！永敬大恤②，無胥絕遠③！汝分猷念以相從④，各設中于乃心⑤！乃有⑥不吉不迪⑦，顛越不共⑧，暫遇奸宄⑨，我乃劓殄⑩滅之，無遺育⑪，無俾⑫易⑬種于茲新邑⑭！

　　①今予告汝不易——鄭玄注云："我所以告汝者不變易，言必行之"（孔疏引）。是說我告訴你們遷都計劃已經定下來，決不變易了。

　　②永敬大恤——"敬"，矜重，注重，重視。"恤"，憂。"大恤"，大的憂患，此處當指水患。

　　③無胥絕遠——"無"，通毋，勿，不要。"胥"，相，爲"交相"、"相互"意義的副詞。"絕遠"，很遠。引申爲渺茫、漠然等意思。"無胥絕遠"，就是不要漠然不重視。

　　④汝分（fèn 份）猷念以相從——"分猷"，漢石經作"比猶"。馮登府謂"分"、"比"以篆文形近致訛。"猷"與"猶"爲古今字，意義皆同（漢石經考異）。"分"讀去聲，意即本分，分當如此，也就是應當、應該。"猷念"，與大誥"猷誥"或"誥猷"語法同。"猷誥"即"誥"；"猷念"即"念"，就是心中的打算。

　　⑤各設中于乃心——"設"，漢石經作"翕"。王引之據廣雅云："設，合也"，"翕亦合也"（按，據爾雅），因謂"今文、古文字異而義同"（經義述聞）。這句是說"要把你們的心合於中正"。

　　⑥乃有——"乃"在此作爲假設連詞，同"若"（楊樹達詞詮）。"乃有"即假若有，倘使有。

　　⑦不吉不迪——爲古代習用語，指不善良的人。古語中"吉"、"哲"常通用作"善"，詩抑"哲人"，詩卷阿作"吉人"，本書立政則作"吉士"，都是指賢善的人。"迪"，方言六云："正也"，並謂"東齊、青、徐之間相正謂之由迪"。是東土方言保存了"迪"

的古義爲“正”，與“善”同義。故“吉”、“迪”爲同義字。

⑧顛越不共（gōng 工）——“顛”，自上向下墮（離騷王注）。“越”，向上踰越（秦誓疏）。“顛越”似相當於現代語言中“高低不肯”的“高低”或“橫竪”之意。“共”，唐石經及流行刊本作“恭”，段玉裁謂“尚書恭敬字不作‘共’，供奉字不作‘恭’，漢石經區分清楚，此字僞孔傳釋爲‘奉’，是原當作‘共’”（撰異）。按，左傳哀十一年引此文作“共”，P.2516、P.2643、元亨、岩崎、内野諸本及薛本隸古定皆作“龔”，與“共”音義俱同，知原字確作“共”，今改回。不過鄭玄已指出古籍中“恭”、“共”二字已通用，陳喬樅亦據史記所引謂今文作“恭”（今文尚書經説考），郭沫若亦指出“金文中凡恭敬字都作龔”（青銅時代）。諸本作“恭”或“龔”皆是“共”的假借。“不共”即不奉命，不承命。故杜預注左傳釋此句爲“縱橫不承命”。即現代語言的“橫竪不聽話”。

⑨暫（jiàn 漸）遇奸宄——王引之謂此四字與堯典“寇賊奸宄”、微子“草竊奸宄”、康誥“寇攘奸宄”都是四字平列。“暫”即莊子胠篋“知詐漸毒”之“漸”，義爲“詐欺”，吕刑“民興胥漸”即用此義。“遇”即吕氏春秋勿躬“幽詭愚險”之“愚”，亦淮南原道“偶睫智故”之“偶”，義皆爲“奸邪”（述聞）。故“暫遇奸宄”四字是説奸詐邪惡。

⑩劓（yì 亦）殄（tián 喬）——王引之謂“劓”不僅爲截鼻之刑，又爲斷割之通稱，故多方説“劓割夏邑”。此“劓殄”即多方“刑殄有夏”的“刑殄”（述聞）。“殄”，松田本作“絕”，係誤易訓詁字。諸隸古定寫本作“㺜”，字稍譌，薛本作“𠃌”，奇字不足據。按，“殄”義爲“盡”、“絕”，故“劓殄”即刑滅之使盡絕。

⑪無遺育（zhòu 胄）——“無”，同毋，不要。“遺”，遺留。“育”，王引之據周官大司樂釋文“育音胄”，謂二字同聲通用。堯典“教胄子”之“胄”，説文“𠫓部”引作“育”（述聞）。“胄”義爲“胤”，就是子孫後裔。“無遺育”即“無遺胄”，就是不讓遺留後代。

⑫俾——使（釋詁）。

⑬易——延。王引之云："易種於茲新邑，謂延種於新邑也"
（述聞十七）。

⑭"乃有"至"新邑"卅一字——左傳哀十一年引云："盤庚之
誥曰：其有顛越不共，則劓殄無遺育，無俾易種于茲邑。"史記伍
子胥傳引云："盤庚之誥曰：有顛越不恭，劓殄滅之，俾無遺育，
無使易種于茲邑。"引用時文字有些出入。

　　這一節，嚴詞威嚇大家規規矩矩地跟隨自己一道遷移，
敢有奸邪不法者，必將斬盡殺絕。

"往哉，生生①！今予將試以汝遷，永建乃家。"

①生生——同上文"汝萬民乃不生生"的"生生"，即孜孜努力
搞好生產和生活之意。

　　這一節，用簡明的語言命令大家遷移到新邑去建立新的
生活。

第二篇（原下篇）

盤①庚既遷②，奠厥攸居，③乃正厥位④，綏爰有眾⑤，曰：

①盤——漢石經作"股"，即"般"。岩崎本此字作"般"，其原
中篇仍作"盤"。詳該篇"校釋"。

②既遷——已經遷移好了。指新遷居到殷（今安陽）以後。

③奠厥攸居——"奠"，定。"厥"，其。"攸"，所。"奠厥攸
居"，定其所居。就是安排定了所有官民的邑里居處（吳澄書纂
言："定其上下所居，謂君有寢廟，臣有邑宅，民有廛里"）。

④乃正厥位——"乃"，副詞，用法同"遂"，"於是"。"正"，
動詞，端正，整頓。"其位"，即各人所處地位，也就是奴隸社會
的等級秩序，包括按這秩序所區分的居住地位的差別。

　　⑤綏爰有衆——"綏"，告。"爰"，於（釋詁）。"有衆"即衆，見前。

　　　　這一節是史臣關於盤庚在遷移後召集臣下講話的記載。"曰"字下面是講話全文。

　　"無戲怠①，懋建大命②！今予③其④敷心腹腎腸⑤，歷告爾百姓⑥：于朕志⑦，罔⑧罪爾衆；爾無共怒⑨，協比讒言予一人⑩。

　　①無戲怠（yí 怡）——漢石經作"女罔台民"。段玉裁謂係今文，"罔"通"無"，"台"通"怠"（撰異）。楊筠如則謂"台民"爲"怠"字之譌（覈詁）。按，皮錫瑞據侯康說，易雜卦傳、越語、始皇東嶽刻石、柏梁臺詩、東京賦等都讀"怠"如"台"，而太史公自序兩用"不台"，意皆"不怡"。匡謬正俗七引後漢敬隱后頌"盤庚儉而弗怠"與"湯受命而創基"爲韻，正引此句，亦讀"怠"如"怡"。與雜卦傳"謙輕而豫怠"之"怠"，釋文引虞氏作"怡"同。又列女傳齊姜頌亦以"怠"與"疑"爲韻，也知"怠"讀爲"怡"（今文尚書考證）。于省吾謂"怠"即"怡"，即"懌"，其義爲"悅"。"無戲怠"即"無戲悅"，與詩板"無敢戲豫"語例同（新證）。

　　②懋（mào 冒）建大命——"懋"，漢石經作"勖"（古音 máo）。二字古以同音通用，其義爲"勉"。"大命"，奴隸主王朝吹噓從上天那裏得來的命。吳澄說，包括民命國命（書纂言）。前篇已說"迂續乃命于天"，這裏就叫臣民勉力把這種得自上天的"命"建立好，不要隳墮了。

　　③予——漢石經作"我"。在殷代甲骨文中，單數第一人稱用"余"，多數第一人稱用"我"。周代金文才把"我"字也用於單數。此作爲殷代文件，盤庚自稱當用"余"字，"予"則爲"余"的假借字。作"我"顯然是漢代今文用了周代以後的用法。

　　④其——將，準備。

　　⑤敷心腹腎腸——三國志管寧傳、左思魏都賦及張載注都引

“腹腎腸”三字連下句“歷”字作“優賢颺歷”，漢成陽令唐扶碑引作
“優賢颺歷”，堯典疏引夏侯等書前三字作“優賢陽”，漢國三老袁
良碑引前二字作“優叚”。顯然是漢代今文因形近致誤，以致不
通。由孔疏所引鄭玄本作“心腹腎腸”，知漢代古文已是此四字不
誤。章炳麟據魏石經“歷”的古文皆作“鬲”，以爲漢古文當作“心
腹腎腸鬲”，並謂鬲爲橫鬲膜（拾遺定本）。似近於牽强，今不採
其説。“敷”的意義爲展佈，公佈。“敷心腹腎腸”等於現代語説
“把心腸都掏出來”，意爲誠心講話。左傳宣公十二年“敢佈腹心”
之語就用此意。

　　⑥歷告爾百姓——魏石經“歷”古文皆作“鬲”（lì），係同音假
“鬲”爲“歷”。“歷”，經過、經歷之意。“歷告爾百姓”就是“一一
告訴你們百姓”。“百姓”，百官族姓，亦即百官。郭沫若云：“百
姓在古金文中均作‘百生’，即同族之義”（中國古代社會研究）。
（參看堯典“百姓”校釋。）

　　⑦于朕志——在我的心裏。或：我的意向。舊以此三字連上
爲句，今依戴鈞衡説三字讀爲一句。

　　⑧罔——無。在此同“不”。

　　⑨爾無共（gōng 工）怒——“共”，奉，承。此句是説“你們不
要相承怨怒”。

　　⑩協比（bì 必）讒言予一人——“協比”即“洽比”。詩正月“洽
比其鄰”，左傳僖十五年引作“協比其鄰”。“協”、“洽”都是和合
之意。“比”讀去聲，親近狎暱之意。“讒”，莊子漁父：“好言人
惡謂之讒。”荀子修身：“傷良曰讒。”“予一人”，盤庚自稱。這句
是説“勾結在一起講我的壞話”。

　　　這一節，盤庚首先叫臣下在遷移後好好幹，自己不怪罪
　　臣下過去散佈浮言反對遷移，臣下也不要再説王的壞話。
　　（吳澄書纂言云：“臣民雖皆遷，盤庚猶慮其强從上命，非出
　　本心，怨怒未忘，故明白洞達以釋其疑。”）

"古我先王①將多于前功②，適于山用降我凶③，德嘉績于
朕邦④。

①古我先王——指盤庚上代曾遷都的各王。

②將多于前功——"將"，意欲（廣雅）。"多"，讀爲"侈"（吳
汝綸尚書故說），義爲"光大"。此句是說要發揚光大前人的功業。

③適于山用降我凶——舊讀爲"適于山，用降我凶德"。于鬯
以爲當讀"適于山用，降我凶"。"德"屬下句。謂"用"即"庸"，亦
即"墉"，其義爲"城"，與"功"、"凶"、"邦"爲韻。"山庸"即因山
爲城，並依孔疏以爲避水災遷都，依山築城郭（香草校書）。這一
說法雖有點牽強，但指出了舊讀的不妥。今以爲"德"連下讀是正
確的，牟庭、孫詒讓即如此讀（見同文尚書、騈枝）。又不論"用"
釋作"墉"或依舊釋作"以"，都可連讀爲"适于山用降我凶"，故今
定此七字爲一句。但爲什麼要光大前人的功，就要"適于山"以降
減我凶，意義很不好懂，疑有誤字，無法強行解通。（僞孔傳釋
爲"依山之險"，蔡傳釋爲"往於亳"，因亳依山。覈詁謂三舊都皆
在大河之濱，多水患，因而徙都於高地。現姑且據此進行今譯。
其他勉強尋求的解釋還多。宋人開始提出此處無法明其原義。曾
運乾正讀則謂"我凶德"三字是衍文，是由下文錯簡而來。所有這
些都只可存備一說。）

④德嘉績于朕邦——"德"爲"循"字之誤〔詳討論（一）·（3）〕。
當是殷代盤庚原文"循"字的誤認誤寫。"嘉"，漢石經作"綏"。馮
登府謂"綏"、"嘉"聲近。曲禮鄭注"綏"讀"妥"。"嘉"，古音如
"哥"（漢石經考異）。楊筠如亦謂"綏"古音"佗"，詩小弁傳釋"佗"
爲"加"，故"綏"、"嘉"通用（覈詁）。"嘉"，義爲美好。"循嘉績
于朕邦"，就是遵循前人美好的業績於我們的邦邑裏。

　　這一節，除中間一句意義不明外，首尾文義相貫，是說
前代遷都的美好業績。

"今①我民用②蕩析離居③，罔有定極④。爾謂朕⑤'曷震⑥動萬民以遷'？肆上帝⑦將復我高祖⑧之德⑨，亂越我家⑩，朕及⑪篤敬共承⑫民命，用永地于新邑⑬。

①今——與上文"古我先王"的"古"相對舉，作"當今"講，具體指未遷以前。

②用——此處同"則"（裴學海古書虛字集釋）。作爲承接連詞，略同於現代語"卻"。承上文說，先王時情況好，現在卻情況壞。

③蕩析離居——"蕩"，爲水所流蕩（參看說文"洸"字）。"析"，分開（廣雅）。"蕩析離居"，舊注都以爲形容人民遭受水災的情況，似指奄邑曾受水災。

④極——止境。

⑤爾謂朕——漢石經作"今爾惠朕"，是今文。按毛公鼎記周宣王言"惠我一人"，與"惠朕"同。其原語欲毛公層不敢荒寧，夙夜惠宣王。是"惠"字爲忠勤服事之意。多方亦有"爾曷不惠王"之語，意當同此。僞古文隸古定寫本 P.2516、P. 2643、岩崎、雲窗及薛本此字皆作"胃"，唐石經及流行刊本皆作"謂"，當由音近易字。但"爾謂朕"意義成了"你們問我"，與下面問語相合。可能僞古文作者以"惠"爲假借字，有意改回問語原字。吳東發以爲觀上下文，作"謂"爲是（漢石經考異引）。"朕"在殷代只作領格，此處作賓格，亦盤庚寫定於周代的又一痕跡［詳附論（一）·（2）〕。

⑥震——漢石經作"柢"。馮登府謂"柢"爲"祇"的隸文（漢石經考異）。按，"震"同"振"，堯典"震驚"，史記作"振驚"。"振"又通"祇"，皋陶謨"祇敬"、無逸"祇懼"，史記皆作"振"；禮內則"祇見孺子"，鄭注"祇，或作振"。故"祇"亦通"震"（參考惠棟九經古義）。今文作"祇"，古文作"震"，只是文字之異，意義都是震動。

⑦肆（yì 或 tì）上帝——同於詩抑的"肆皇天"，亦即毛公鼎"肆

(yì亦)皇天亡斁"的"辥皇天"。可知"肆"爲"辥"的誤寫，還不及薛季宣本作"𩆜"的較近是。爾雅釋此爲"今"，毛傳釋爲"故今"，僞孔傳釋爲"故"，蔡傳釋爲"乃"，其實按文意在此當爲稱"皇天"或"上帝"時所加的語詞，如今稱"老天爺"的"老"，無確義可尋。

牟庭謂字從"𠂤"，𠂤讀若"第"，說文作"隶"，讀若常棣之"棣"。"弟"、"棣"聲相近，呂刑"群后之逮"，墨子尚賢引作"群后之肆"，是"肆"、"逮"同音。堯典"肆類"，說文引作"𩆜類"，是"𩆜""肆"同字，亦與"逮"同音。周禮小子鄭注："肆讀爲鬄"，是鄭識古音。其字並與史記孫吳、陳勝等傳中訓"但"之"第"、"弟"等同音。郭璞云："第，發語之急也。"顏師古注："今俗語稱'但'者，急言之則音如'弟'。"因謂尚書中"肆"字，有語意若"弟，且也"的，有語意若"弟，但也"的(同文尚書)。亦不以"肆"有"故"、"今"等義。

⑧高祖——和前篇的"高后"都是指祖先諸王中輩次較在前的，即承上節的"先王"說的。

⑨德——此字也是誤寫。牟庭謂當爲"置"，並舉易繫辭傳"有功而不德"，蜀本作"不置"爲證。其原文當即甲骨文中從彳從直之字，或隸定爲"徝"，蜀本則作"置"。其字原有"正"、"直"等義，用以指稱"高祖"的業績。

⑩亂越我家——"亂"疑"𤔔"之誤。其字即金文中的"嗣"，亦即"司"(見毛公鼎等器)。其意通"嗣"。"越"即金文中的"𩁹"，同音通用。其義爲"與"、"及"。"我家"即奴隸制王朝稱自己王家，與"我邦"同用(如毛公鼎數稱"我邦我家")。"亂越我家"，似可讀爲"嗣及我家"。

⑪朕及——毛公鼎云："司(嗣)余小子弗及，邦將害(曷)吉？""朕及"即余小子及。江聲引公羊釋"及"爲"汲汲"，迅速努力進取之意。

⑫篤(dù度)敬共承——"篤"，厚，堅固(松田本即作"厚"，

當由誤寫訓詁字）。"篤敬"，深厚的敬。"共"（gōng 工），唐石經及流行刊本作"恭"，段玉裁據偽孔訓"奉"及史記賈誼傳引作"共"，以爲當作"共"，P.2516、P.2643、岩崎、雲窗諸本及薛本皆作"龔"，通"共"，今從改正。"承"，孫星衍以爲與"抍（zhěng 整）"同，即拯救之"拯"（尚書今古文注疏）。全句是説："我很急於敬奉上帝之命叫我恢復先祖的業績來拯救民命。"

⑬用永地于新邑——"地"，吴汝綸謂"居其地謂之地"（尚書故）。意即名詞作動詞用，就是定居其地。這句是説："以此永遠定居於這新的邦邑。"

這一節是説，當代人民在舊居遭受灾難，所以敬奉天意遵循祖宗成規遷移到新邑定居。

"肆①予沖人②，非廢厥謀③，弔由靈各④；非敢違卜，用宏兹賁⑤。

①肆（yì）——見上節"肆上帝"校釋。在此是發語詞，無義（牟庭謂此亦當讀若"第"）。

②予沖人——"沖"爲"童"的假借。"沖人"的文字意義有如"童子"，但不是真指童子，而是奴隸制王朝統治者自謙的稱呼。亦見於金縢、大誥。召誥、洛誥則稱"沖子"，和金文同。有時又稱"小子"，見湯誓及周誥諸篇。"予沖人"和"余小子"、"余一人"用法全同。

③厥謀——"厥"，其，他們的。"謀"，意圖。"厥謀"，指不主張遷移的人們的意見。

④弔（shù 叔）由靈格——"弔"即"淑"，是"善"的意思（爾雅釋詁）。其字在金文中原作"𠦝"，漢人把它隸定爲"弔"，誤讀爲 diào（釣），釋爲"至"和"弔問"，失去本來音義。另借"叔"字爲"淑"，一般就不識"淑"的原字"弔"了。到清季吴大澂才認出了它（見吴字説）。但在古籍中仍保存"弔"的原來音義。如左傳哀十六"旻天

不弔”，周禮大祝鄭注引鄭司農作“閔天不淑”。莊子齊物論“其名爲弔詭”，德充符、天下篇則作“淑詭”、“諔詭”，呂氏春秋侈樂篇作“倃詭”。詩節南山“不弔昊天”、本書費誓“無敢不弔”，此兩“弔”字鄭玄皆釋爲“善”。“靈”，即神靈。“各”即“格”，與金文中的“格”多作“各”相同。曾運乾謂即西伯戡黎“格人”之“格”。召誥有“天迪格保”，多士有“帝降格”，呂刑有“絕地天通，罔有降格”，皆即“格人”之“格”，亦即“靈格”，就是通曉鬼神情狀和天命廢興者(尚書正讀)。“弔由靈格”，是説遷殷得到好處，是由於上帝的神靈。（舊讀“弔由靈”三字爲句，現從于省吾讀爲四字句。）

⑤用宏兹賁(fén 焚)——“用”，以。“宏”，動詞，宏大，恢弘，發揚。“兹”，此。“賁”，大寶龜(見大誥)，即占卜用的龜。爾雅釋魚以爲是一種三隻腳的奇異的龜。“用宏兹賁”，是説光大發揚這卜龜的吉示。

這一節，是説自己不是不顧大家不願遷徙的意見，而是在神意的感召下，不敢不依龜卜而遷徙。

“嗚呼！邦伯①、師長②、百執事之人③，尚皆隱哉④！予其懋簡相爾⑤，念敬我衆⑥。朕不肩好貨⑦，敢共生生⑧，鞠人謀人之保居叙欽⑨。今我既羞告⑩爾，于朕志若否⑪，罔有弗欽⑫。無總于貨寶⑬，生生自庸⑭。式敷民德⑮，永肩一心⑯”。

①邦伯——酒誥提到殷的“外服”有“侯、甸、男、衛、邦伯”，召誥説“周公乃朝用書命庶殷侯、甸、男、邦伯”。可知殷王朝所轄“外服”中有侯、甸、男等邦的“邦伯”。甲骨文中有方國，或稱“邦方”(前 2.10.6、上 2.16 等)。其長稱“方白”(甲 1978、京津 4034)或“邦白”(明續 621)，即“方伯”或“邦伯”。這當是一些臣屬於殷王朝的佔有領土與人民的奴隸主政權頭子。

②師長——當爲武官之長。周初金文小臣謎殷有“白懋父以

殷八師征東夷"的記載。此八師當是殷亡後被周王朝所用的殷人軍隊；盤庚時當亦有此類武裝組織。殷甲骨文中有"王作三自，右中左"(粹5977)的記載。西周金文中"師氏"皆武職，都可證"師長"當爲武官。(舊釋"師"爲"衆"，"師長"爲衆官之長，但這僅據訓詁而無史料根據，故不從。)

③百執事之人——酒誥提到殷的"内服"有"百僚庶尹……"等，就是指這些"百執事之人"，即王朝的各官吏。

④尚皆隱哉——"尚"，"謂心所希望也"(爾雅邢昺疏)。"隱"，漢石經作"乘"，是今文。孫星衍謂周禮"藁人"鄭衆注及"宰夫"鄭玄注都云："乘，計也"，以爲"言當計度之，亦猶云隱度"(今古文注疏)。是今文、古文以"乘"、"隱"同義通用。黃式三云："隱，依也。謂依卜之靈也"(啟蒙)。按，對"隱"的訓釋至少有十種以上，義多曲折，今採黃氏同音通假之釋。

⑤予其懋簡相爾——"其"，將。"懋"，漢石經作"勖"，與上文"懋建大命"字同，義爲"勉"。"簡"，漢石經作"蕑"，馮登府謂是隸變，漢碑從竹字多變從草。隸古寫本P.2516、P.2643、岩崎、雲窗諸本及薛氏刊本作"柬"，與"揀"通，和"簡"同爲選擇之意。(亦見詩簡兮鄭箋、禮記王制"簡兵搜乘"鄭注。)"相"，周禮犬人鄭注："相，謂視，擇知其善惡。"牟庭謂此句意爲"我將勉汝、擇汝、視汝而任用之"(同文尚書)。其實此句當是說"我將加強觀察選擇你們"。

⑥念敬我衆——"念"，思，想到。"敬"，敬重。這句是說"常想到重視我的群衆"。(朱駿聲說文通訓定聲云："念，常思也。常思者敬"。)

⑦朕不肩好(hào耗)貨——"肩"，舊多釋爲"任"，以肩能勝重任解之。釋此句爲"我不任貪貨之人"(孔傳)，顯然牽強。清人始提出種種不同解釋，亦不盡合。楊樹達始謂"肩，疑屑之誤"(積微居讀書記)。按，屑(xiè卸)義同潔(見詩谷風毛傳)，又爲

動作切切之態（説文）。"不屑"，就是不去動作，有輕蔑其事不願意去做的意思。這句是説"我不屑於哪種貪好財貨的行爲"。

⑧敢共生生——"共"，唐石經及各刊本皆作"恭"，與上文數"共"字情況同，兹照改回。"生生"，與第一篇的兩處"生生"全同，意爲孜孜從事於生業。孫星衍連上句釋爲："我不作好貨之事，敢具生生之財？此明己之去奢即儉，非爲己也。"（今古文注疏）

⑨鞠人謀人之保居叙欽——"鞠"，鄭玄釋"養"，僞孔釋"窮"，蔡傳以爲"鞠人"、"謀人"，義皆不明。蔡説較謹慎。從鄭玄對全句的解釋説："言能謀養人安其居者，我則次序而敬之。"是讀爲"鞠人謀人之保居，叙欽"。且釋"保"爲安，釋"叙"爲"次序"，釋"欽"爲"敬"。牟庭、吳汝綸、楊筠如等以爲當讀"敢共生生鞠人"爲句。下面則或以"謀人"至"叙欽"爲一句；或以"謀人之保居"爲句，"叙欽"爲句。皮錫瑞則以"叙欽"與下句連讀。章炳麟則以"鞠人"二字爲句，"謀人之保居叙欽"爲句，又承莊存與説讀"欽"爲"厭"，惟解釋不同。所有這些句讀和解釋都不大好講。似不如宋王十朋所説："導其耕桑，薄其税斂，使老幼不失其養，鞠人之事也。聯其比閭，合其族黨，相友相助，謀人保居之事也"（書經傳説彙纂）。清戴鈞衡説："能養人及謀人之安居者，叙而用之，欽而禮之而已。鞠人謀人之保居，乃所以念敬我衆也。若好貨自謀生生，豈復知有民乎！盤庚之意蓋如此"（補商）。這樣概括起來理解，似較合於這幾句的原意。（皮錫瑞考證據鹽鐵論本議篇"盤庚萃居"句張敦仁的解釋，以爲漢代今文"保居"作"萃居"。不足據。）

⑩羞告——"羞"與"猷"同（楊筠如説）。"羞告"，即多士、多方的"猷告"，大誥和詩小旻的"誥猷"（參看大誥校釋）。就是"告"的意思。

⑪予朕志若否——和上文"敷心腹腎腸歷告爾"之後用"于朕

志”同，此在“猷告爾”之後也用此三字，並連“若否”二字。“若”，順。這句是説：“對我的心意順或否”，即同意或不同意。

⑫罔有弗欽——“罔”，無，通毋。“弗”，不。“欽”，敬。是説“毋有不敬遵”，或“不要不敬遵”。

⑬無總于貨寳——“無”，毋。“總”，收積（管子侈靡注），合聚（史記禮書正義）。此句是説不要積聚貨寳。

⑭生生自庸——“生生”，同上文，孜孜從事於增殖産業。“庸”，楊筠如疑此當讀爲“封”。漢書司馬相如傳“庸牛”，即今文之“犎牛”，是“庸”可爲“封”。楚語“是聚民利以自封也”，晉語“今君起百姓以自封也”，並有“自封”語。韋注：“封，厚也”（嚴詁）。則這句是説“孜孜從事於增殖産業以自厚”。

⑮式敷民德——“式”，發聲詞（詩式微鄭箋），即無意義的語首助詞。“敷”，佈，散佈。“德”，吳汝綸釋此字爲“惠”，釋此句爲“佈惠於爾民”（尚書故）。

⑯永肩一心——“肩”，通“潔”（見上“不肩好貨”校釋）。這句是説你們要永遠潔淨你們那顆和我一致的心。

這一節，承前文反復詳細説明必須遷徙的意義後，用整整一節結尾，告誡臣下當共“愛民”。實際是最高奴隸主對他所屬的各奴隸主發出的有利於鞏固自己統治的號召。

第三篇（原上篇）

盤庚遷于殷①，民②不適有居③。率籲衆戚出矢言曰④：“我王來⑤，既爰⑥宅⑦于兹⑧，重⑨我民，無盡劉⑩。不能胥匡以生⑪，卜稽曰其如台⑫？先王有服⑬，恪謹天命⑭，兹猶不常寧⑮；不常厥邑⑯，于今五邦⑰。今不承于古，罔知天之斷命⑱，矧⑲曰其克從先王之烈⑳！若顛木之有由櫱㉑，天其永㉒我命于兹新邑㉓，紹復㉔先王之大業，底綏㉕四方。”

①殷——地名，在今河南安陽境内。自公元前十三世紀盤庚遷來以後，直到前十一世紀商王朝滅亡爲止的二百七十三年中，都是商的首都[詳討論（四）]。

②民——此處的"民"表示了對新居地住不慣，便引起國王費那麼大的力量去説服，可知此"民"字指的是當時社會的一般人民群衆[參看附論（一）·（3）]。

③適有居——"適"，適應，慣於。"有"，語助詞，與第一篇"有衆"之"有"同。"有居"就是居。楊樹達謂"居"即"都"，並舉詩公劉"篤居允荒"，師虎設"王在杜居"，蔡設"王在雒居"，史記"營周居於雒邑"，都以"居"作"都"爲證（讀書記）。其説是。

④率籲（yù玉）衆戚出矢言曰——"率"，用（釋詞）。"籲"，呼（説文）。甲骨文和金文中常有"王呼某"執行某項任務之文，這和此篇用法同。"戚"，唐石經及各刊本作"慼"。段玉裁云："衛包改爲慼，俗字也。古'干戚'、'親戚'、'憂慼'同字"（撰異）。説文"籲"字下引作"戚"，今據改正。"衆戚"，即衆貴戚近臣。史記殷本紀綜稱之爲"諸侯大臣"。戴鈞衡謂下文"在位"者指衆臣，此貴戚之臣則在其上，是"在位"衆臣的表率（補商），實際是些與王室有親族關係的異姓和同姓的各大貴族。"矢"，誓（爾雅）。"矢言"即誓言，古代在有某種重大行動前誥誡下級和申明紀律的講話稱爲"誓言"（特別是軍事行動前如此）。

"率籲衆戚出矢言"，僞孔傳釋爲盤庚和那些衆憂之人講話，元吴澄、清姚鼐則以爲是不願遷的人民講的話，牟庭則以爲是不願遷的大臣向王講話，諸説都錯。當如俞樾所説，是盤庚呼貴族出來，向群衆傳達他的話（平議）。

⑤我王來——"我王"指盤庚，"來"是説從奄遷來。

⑥爰（yuán元）——助詞，古籍用於語首或語中，無義，和"聿"字用法同。

⑦宅——居住、定居。

⑧兹——此，此處。這裏指"殷"。

⑨重——注重，看重。

⑩劉——殺（爾雅釋詁），引申爲"死"。戴鈞衡釋此兩句云："遷都乃所以重我民，民無得盡死。"（補商）

⑪不能胥匡以生——"胥"，釋詁："皆也"，"相也"。相即互相之意。"匡"，救助。這句是説不能都相互幫助，使得生活很好。

⑫卜稽曰其如台（yí 怡）——"卜稽"，江聲以爲當作"卜卟"（卟讀與稽同）。洪範"稽疑"，説文"卜部"引作"卟疑"，釋爲"卜以問疑也"。楊筠如謂當由甲骨文中"王卟曰"而來。"其如台"，即"其如何"，"其奈何"。（參看湯誓"其如台"校釋）

⑬先王有服——就西周金文來看，"服"是官位、禄命。（參看大誥"無疆大歷服"校釋。）可以引申爲官事，故爾雅云："服，事也。"或者"官常"，也就是官事的制度、規矩。故俞樾謂"服爲事之制"。並釋左傳襄三十一"上下有服"爲上下有制（平議）。

⑭恪謹天命——"恪"，敬（釋詁）。"謹"，王國維謂當爲"堇"，即"勤"之省文。"恪謹天命"，王國維云："此當作'勞勤大命'。'勞勤大命'古之成語，金文中屢見不鮮"（觀堂學書記）。此説甚確，毛公鼎、單伯鐘等均有"勞勤大命"之語，是説不懈地敬行大命。殷代稱至上神爲"帝"而不稱"天"，周人稱之爲"天"，滅殷後始"天"、"帝"二字並用。此處有"天"字，亦盤庚最後定本受周代文字影響的一個痕跡〔參看討論（一）·（2）〕。

⑮兹猶不常寧——王念孫云："猶與由通。由，用也。言先王敬謹天命，兹用不常安也。若安土重遷，則是不知天命。故下文曰：'今不承於古，罔知天之斷命'也。"（述聞）

⑯不常厥邑——甲骨文中"大邑商"、"天邑商"，係指國都。商人指國都之地爲邑。"不常厥邑"即"厥邑不常"，是説它的國都不常固定在一個地方。

⑰于今五邦——秀圓本、元亨本"于"字前衍"至"字。這句是說"到現在遷了五個國都"。指仲丁遷囂，河亶甲遷相，祖乙遷耿，又遷庇（或祖辛遷庇），南庚遷奄[詳討論（三）]。

⑱罔知天之斷命——楊樹達云："罔知者，古人成語，猶今人言'不保'、'難保'。此文意言今不承於古，則不保天之將斷絕其命。"（積微居小學金石論叢）

⑲矧（shěn 沈）——何況。

⑳先王之烈——"烈"，光（釋詁）。此指先王之業，有褒美義，稱頌商王朝前代國王的"光輝事業"，故下文言"先王之大業"。

㉑若顛木之有由蘗（yè 業）——"顛木"，倒仆的樹木。說文作"槙"，但通用顛倒的"顛"字。"由蘗"，說文"马部"的"甹"字下引作"甹枿"，並謂古文作"由枿"。又"木部"的"欁"字下引作"甹欁"，重文又作"蘖"（即"蘗"）、作"朩（無頭木）"、作"栝"。釋文引別本作枿，内野本作"由櫱"，薛氏本作"甹朶"，汗簡引作"栝"、"朩"等字。說文釋"甹"云："木生條也。"釋"欁"云："伐木餘也。"釋文引馬融云："顛木而肆生曰枿。"段玉裁謂據說文知漢代今文作"甹"；壁中古文作"由"，爲"甹"的假借字，其義爲"生"，僞孔誤釋爲"用"。至"枿"字原作"欁"，轉寫從俗作"枿"，或云"枿"爲"栝"之譌體（撰異）。王鳴盛云："蘖重文既有，於義又通，不但不必作'欁'，亦不必作'枿'"（後案）。其說是，故今仍用"由蘗"二字。"由蘗"是倒斷了的樹木重新生長出來的枝芽。

㉒永——長久。

㉓茲新邑——這個新都，指殷，即今安陽。

㉔紹復——"紹"，繼。"紹復"，繼承恢復。

㉕厎（zhǐ 止）綏——"厎"，定（舜典"厎可績"馬注）。"綏"，安（爾雅釋詁）。"厎綏"，動詞，安定。

　　上面整整一段話，是盤庚叫貴戚大臣向臣民傳達他的話，强調敬承天命、遵循祖宗遷都的先例，來闡明遷居到新邑的重要性。

　　盤庚敩①于民由乃在位②，以常舊服③正法度，曰："無或敢伏小人之攸箴"④。王命衆⑤悉⑥至于庭⑦。

　　①敩（xiào 效）——覺察，悟到（說文）。

　　②由乃在位——楊筠如云："吉金文中'乃'、'厥'形近易誤。尚書中'乃'、'厥'易用之處甚多。下文'今予將試以汝遷安定厥邦'，又曰'今予將試以女遷永建乃家'。一作'厥'，一作'乃'，尤其明證"（覈詁）。即以第二人稱領格"乃"與第三人稱領格"厥"互用。此處"乃在位"，字面爲"你們的在位官員"，其實是說"他們的（民的）在位官員"。按，舊注疏以"由乃在位"爲一句，"民"以上爲一句，解爲："盤庚教民，從在位起。"内野、秀圓、松田、元亨諸本"民"字下並有"曰"字，顯是誤衍。今從俞樾群經平議作爲一句。但俞釋此句爲"盤庚覺悟於民之不適有居，由於在位者之故"，則以"乃"作"於"字解。

　　③常舊服——常用的舊的典制。

　　④無或敢伏小人之攸箴（zhēn 珍）——"伏"，隱匿。"人"，内野、松田、元亨、岩崎、雲窗諸本皆作"民"。"攸"，所。"箴"，規誡的話。方宗誠釋此句云："蓋謂不可匿我箴民之言耳。下文'不匿厥指'，'惟汝含德'，'不和吉言干百姓'，'其惟致告'，皆反復此一語。"（書傳補商引）

　　⑤衆——在此處作衆多官員講〔參看討論（一）·（3）〕。

　　⑥悉——盡（爾雅釋詁），全部，都。

　　⑦庭——内野、秀圓、松田諸本作"朝庭"，元亨本作"王庭"，又在王旁添"朝"字。字皆誤衍。此處召集在位衆官員講話，可能是"中庭"。（參看第一篇"王庭"校釋。）

　　　這一節，是史臣的記事之詞。記盤庚召集那些煽動群衆不安於新居的官員們進行訓誡的事。

王若曰[①]："格[②]汝[③]衆，予告汝訓汝[④]，猷[⑤]黜[⑥]乃[⑦]心；無傲從康[⑧]。

①王若曰——王如此説，王這樣説，爲殷周史臣記載王講話時的開頭用語。（于省吾王若曰釋義謂王直接命令臣屬不稱"王若曰"。凡史官或大臣代宣王命始稱"王若曰"。此處不合此例，因謂此篇寫於西周之説有一定道理。）

②格——白虎通號篇引作"裕"。段玉裁謂是"格"字之誤（撰異）。"格"的意義爲"告"（參看堯典校釋）。

③汝——白虎通號篇引作"女"，隸古寫本如內野、岩崎、雲窗諸本及薛本亦作"女"，和甲骨、金文同，是"汝"的本字。作爲第二人稱代詞，不分單數、多數、主格、賓格都可用（惟不能用作領格）。保存了甲骨、金文中的用法。

④予告汝訓汝——舊讀至"訓"字爲句，"汝"屬下句。今依俞樾説，讀此五字爲句，和第一篇"承汝俾汝"文法同。"告"是告導，"訓"是訓誡。

⑤猷——王引之謂是語助詞（釋詞）。然在此與"由"通，其義同"用"，"以"。

⑥黜（chù 處）——貶下（説文），斥去，去掉（釋詁）。

⑦乃——第二人稱領格，即"你的"，"你們的"。

⑧無傲從康——"無"，通毋，不要。"傲"，傲慢，拒不接受意見。"從"（zòng 縱），放縱。"康"，安逸，安樂。

　　這一節，盤庚開口就明確教訓官員們要斥去私心，聽從王的話。

"古我先王亦惟圖任舊人共政[①]，王播告之[②]，修不匿厥指[③]，王用丕[④]欽；罔有逸[⑤]言，民用[⑥]丕變。今汝聒聒[⑦]，起信險膚⑧，予弗知乃所訟⑨！

①圖任舊人共政——“圖”，大。按，“吐蕃”即“大蕃”，見唐蕃會盟碑，是唐時尚讀“大”如“吐”。又“吐火羅”即“大夏”，王國維有考。“吐”、“圖”音同，今吴音尚讀“大”如“圖”或“杜”。共（gōng 工），與“供”同。“共政”，有如後代所説“供職”或“服政”，即在政事職位上服務。這句是説大量的任用舊有的貴族世襲官員。是奴隸制政權的特點。

②王播告之——“播”，説文“言部”作“譒（bò）”，解云：“敷也。”並引此云：“商書曰，王譒告之。”意爲王向他們佈告。

③修不匿厥指——“修”，孫詒讓謂當讀爲“攸”，同聲假借（駢枝），並從説文連“不匿厥指”爲一句。（俞樾平議則以“修”與“攸”並同“迪”，訓爲“道”，且連上句讀。）于省吾云：“俞、孫均以爲‘攸’字，是也。惟‘匿’舊均訓爲隱匿，非是。盂鼎‘辟厥匿’，‘匿’應讀作‘慝’。洪範，民用僭忒，漢書王嘉傳作‘民用潛慝’。説文：‘忒，更也。’爾雅釋言：‘爽，忒也。’‘指’本應作‘旨’。‘修不匿厥旨’者，用不爽變其宗旨也。”（新證）（松田本“厥”作“其”，誤寫訓詁字。）

④丕（pī 批）——大，很。下句“丕變”字同。

⑤逸——失（説文“兔部”）。過（釋言）。

⑥用——足利本作“由”。

⑦憝（guà 掛）——唐石經及各刊本皆作“聒”。然説文“心部”有“憝”字，解云：“拒善自用之意也。从心，銛聲。商書曰：‘今汝憝憝’。‘聲’，古文，从耳。”是漢代今文作“憝”，古文作“聲”。釋文引馬融説與説文同。孔疏引鄭玄注云：“讀如聒耳之聒。聒聒，難告之貌。”是漢末馬融、鄭玄本古文亦作“憝”。又引王肅注云：“善自用之意也。”是魏時王肅本同於説文，也作“憝”。僞孔傳釋此爲“無知之貌”，而不注“聒”的聒耳之義。玉篇“心部”的“憝”字注：“愚人無知也”，是據僞孔爲釋。證以隸古寫本的稍有

譌變諸體，皆近於懇，是僞孔本亦作"懇"。段玉裁云："懇，衛包改爲聐"，並説是根據鄭玄説"讀如聐"妄改的。今據以改回爲"懇"。意爲聽不進正確意見，愚而自用。

⑧起信險膚——"起"，興造，造言。"信"，伸，申説（皆江聲説）。"險"，邪惡。（廣雅："險，袤也。"周易繫辭京注："險，惡也。"）"膚"，"臚"的籀文（見説文）。晉語"風聽臚言於市"，韋注："臚，傳也。"故"膚"爲傳語之意。（吳汝綸尚書故、章炳麟拾遺定本説。）"起信險膚"，就是編造邪惡的話加以傳播。

⑨訟——爭辯，爭鬧（據説文）。

這一節，盤庚指出先王任用舊人，而舊人格遵先王的話，想不到我用了你們這些舊人，卻流言惑衆。

"非予自荒①茲德②，惟汝含德③不惕予一人④。予若觀火⑤，予亦拙⑥謀作乃逸⑦。

①荒——廢亂（詩蟋蟀箋）。

②茲德——指任用舊人的傳統。此處兩"德"字亦誤［見討論（一）·（3）］。

③惟汝含德——"惟"，同"乃"（釋詞），有"是"、"爲"等意。"含"，孫星衍據史記殷本紀"舍而弗勉何以成德"語，以爲當作"舍"，並釋此語爲"汝自舍其德而弗勉也"（今古文注疏）。皮錫瑞則以爲"舍"是今文（考證）。（按，阮元校勘記亦謂永懷堂本"含"作"舍"。）俞樾云："含"，藏，懷。"惟汝含德"，乃是汝懷藏其德（見平議）。今從俞説。

④不惕予一人——白虎通號篇引此句作"不施予一人"。岩崎本、内野本作"弗惠予一人"。段玉裁謂古文作"惕"，今文作"施"。"惕"、"施"同在歌支一類，並以詩何人斯"我心易也"之"易"，韓詩作"施"爲證（撰異）。俞樾云："施，本字；惕，假字。言汝懷藏其德，不施及予一人也。含與施正相應成義。"並謂下文

"施實德于民"用了本字（平議）。

⑤觀火——"觀"，讀如周禮"司爟"之"爟"（guán 罐）。鄭注云："燕俗名湯熟爲觀。"據此，"觀火"同"爟火"（史記封禪書作"權火"，字譌），即熱火。（江聲、王鳴盛、段玉裁、孫星衍等主此說。獨黃式三謂"觀火"即舉火。）

⑥灻（zhuó 卓）——唐石經及通行本作"拙"。說文"火部"有"灻"字云："商書曰：'予亦灻謀'，讀若巧拙之'拙'。"岩崎、內野、雲窗諸隸古寫本作"灻"，而薛本作"灻"，知"灻"爲"灻"之譌。是漢代本及僞孔本原皆作"灻"，"拙"字爲衛包所誤改，今改回。江、王等校定說文解作"灻，火不光也"；校定玉篇："灻，火光鬱也。"又集韻"六術"："灻，鬱煙貌。"可知"灻"是火爲煙所鬱，火光沒有發出來的意思。

⑦作乃逸——"作"，造成，釀成。"乃"，你們的。"逸"，放逸，放縱。

這一節，盤庚表明不是我不重視你們，而是你們利用了我的寬厚卻放縱起來。

"若網在綱①，有條而不紊②。若農服田力穡③，乃亦有秋④，汝克黜乃心⑤，施實德⑥于民，至于婚友⑦，丕乃⑧敢大言，汝有積德。乃⑨不畏戎毒⑩于遠邇⑪，惰⑫農自安，不昏⑬作勞，不服田畝，越其⑭罔⑮有黍稷⑯。

①綱——網的大繩（詩棫樸鄭箋"張之爲綱"疏）。曾運乾謂"若網在綱"這一比喻，是就"無傲"說的（正讀），因爲傲上，沒有忠於上面的體統觀念，所以提出大家要像網一樣附在綱上，來附從於王室。

②紊——亂（說文"紊"字引本文所釋）。

③服田力穡——"服"，事，從事於。所從的"艮"，說文解爲"治"，就是治事。"服田"，即從事於田中勞作。"穡（sè 色）"，漢

書成帝紀引作"嗇"，漢石經的無逸篇殘字亦作"嗇"，知今文原作
"嗇"。指農事。"力穡"，勤力於農事生產。曾運乾謂"若農服田"
這一比喻，是就"從康"説的。因爲放縱圖逸樂，就不肯勤勞
生產。

④有秋——"秋"，秀圓本誤作"秌"。"秋"指秋收（漢書成帝
紀應劭注）。"有秋"，秋天有好的收成。

⑤汝克黜乃心——篇首要官員們"獻黜乃心"，這裏説他們
"克黜乃心"，即黜去傲慢從康之心（江聲音疏、孫星衍注疏説）。

⑥德——恩惠。下文"積德"同。

⑦婚友——古時慣以朋友婚媾並稱。如周金文克盨："唯用
獻于師尹、朋友、婚媾。"頵叔多父盤"利於辟王、卿事、師尹、
朋友、兄弟、諸子、婚媾"等。"婚友"即指婚媾、朋友。漢代的
爾雅釋親："婦之父母婿之父母相謂爲婚姻。"是"婚媾"演變爲"婚
姻"，即後代所説的兒女親家。當時的婚媾、朋友，實指按氏族
傳統世代結成婚姻關係的各奴隸主貴族。（夏威夷原始社會群婚
制中的"普那魯亞"，意爲"親密的伴侶"。很可能"婚友"也就是類
似意義的稱呼，作爲遠古遺跡的這一名詞保留到了殷代。）

⑧丕乃——於是（見第一篇校釋）。

⑨乃——若，如果。是假設連詞。

⑩戎毒——"戎"，大（爾雅釋詁）。"毒"，害（國語周語韋
注）。

⑪邇（ěr 爾）——近。

⑫惰（duó 墮）——懶（廣雅釋詁）。

⑬昏——鄭玄云："昏，讀爲'暋'（min 敏），勉也"（見孔疏）。
釋文云："昏，馬（融）同。本或作'暋'，音敏。爾雅'昏''暋'皆
訓强，故兩存。"按，爾雅釋詁"强，勤也"。是"不昏作勞"即"不
勤作勞"，與"不勉作勞"義同。

⑭越其——"越"，釋文云："本又作'粵'。"按，"越"、"粵"

皆金文“雩”字之異寫，“越”由音借，“粵”由形誤。“雩”在全文中
作“與”、“及”等義。此處“越”字依王引之釋爲“於是”（釋詞）。
“其”，將（釋詞）。

⑮罔——無。

⑯黍稷——徐灝云：“黍爲大黃米，稷爲小黃米”（説文解字
注箋）。此處泛指農作物。

　　這一節，以兩個比喻來誥誡在位者要爲民表率，勤奮努
力，有實惠於民，不可苟且偷安，貽禍於民。

　　“汝不和①吉言②于百姓③，惟汝自生毒④，乃敗禍奸宄⑤，
以自灾于厥身。乃既先惡⑥于民，乃奉⑦其恫⑧，汝悔身⑨何及！
相時憸民⑩，猶胥⑪顧于箴言⑫，其發有逸口⑬；矧予制乃短長
之命⑭！汝曷弗告朕⑮而胥動以浮言⑯，恐沈于衆⑰？若火之燎
于原⑱，不可向邇⑲其⑳猶可撲滅。則惟㉑汝衆自作弗靖㉒，
非予有咎㉓！

　　①和——讀爲“宣”（俞樾平議用王引之説）。按王引之經義述
聞“周官和佈”條云：“和當讀爲宣。和佈者，宣佈也。”謂太宰職
的“和佈”，即小司寇職的“宣佈”。並云：“宣、桓皆以亘爲聲，
宣之爲和，猶桓之爲和也。魏策魏桓子，韓非子説林作魏宣子。
禹貢‘和夷底績’，鄭注讀‘和’爲‘桓’。如淳注漢書酷吏傳曰：
‘大板貫柱四出，名曰“桓表”’。陳、宋之俗言桓聲如和，今猶謂
之‘和表’（師古曰：即‘華表’），是其例矣。”

　　②吉言——善言，好話。

　　③百姓——百官（見第二篇“歷告爾百姓”校釋）。

　　④自生毒——等於説“自作孽”（吳闓生大義）。

　　⑤乃敗禍奸宄（guī 軌）——“乃”，約如“以”、“以致”之意。
“敗禍奸宄”四字平列，與第一篇“漸遇奸宄”語法同。“敗禍”即災
禍，“奸宄”爲邪惡寇賊等壞的行爲。

⑥先惡——先導於惡，亦即帶領倡導做壞事。（禮郊特牲"天先乎地"注："先，謂倡導之也。"）

⑦奉——承受（説文）。

⑧恫（dóng 洞，又音 chóng 銃，tōng 通）——痛，痛苦（爾雅釋言）。

⑨身——漢石經作"命"。二字意義相通。

⑩相（xiáng 相）時憸（xian 賢）民——"相"，視（釋詁及釋文引馬融説）。"時"，是，此，這個（釋詁）。"憸"，説文引本句作"憸"（大徐音 xian，段玉裁音 san）。漢石經作"散"（散）。又春秋繁露服制篇亦有"散民"一詞。段玉裁以爲今文作"散"，古文作"憸"，僞古文作"憸"，三字同義（撰異）。但内野、岩崎、雲窗諸寫本及薛本皆作"相旹憸民"，或字體略有譌變，是僞古文原亦作"憸"，當是衛包改爲憸。既三字同，故不改。"相時憸民"，就是"看這些散民"。"散民"是按奴隸主偏見視爲冗散不足稱道的小民。

⑪胥——相

⑫箴（zhen 珍）言——規誡的話（見上文）。

⑬逸口——"逸"，過失。"逸口"，失言，即可能引起禍患的話。

⑭制乃短長之命——"乃"，内野本作"女"，松田本作"汝"，皆誤。參看"討論（一）·（2）"。此句是説制你們的生死之命。

⑮告朕——此"朕"字作賓格，不合殷代用法［參看"討論（一）·（2）"］。

⑯浮言——無根之言（啟孷）。

⑰恐沉于衆——左傳隱六年及莊十四年都引商書曰："惡之易也，如火之燎于原，不可鄉邇，其猶可撲滅。"以"惡之易也"四字當此處。江聲、王鳴盛都以爲先秦盤庚有此四字，經僞孔作者以尚書無"也"字而删去。孫星衍則以爲"恐"與"惡"形近、"衆"與

“易”形近改誤，可能古文原作“惡之易”三字。段玉裁云：“‘惡之易也’四字隱括上文‘汝不和吉言’以下七十餘字，蓋以其詞繁而約結之，古人早有此法”（撰異）。牟庭則以爲左氏所見未焚書，與漢經師所據本，各皆完足，古書傳本自有不同（同文尚書）。段說較正確，因尚書文法中確無用“也”字的可能［參看“討論（一）·(2)”］。“恐沉”，江聲釋爲“恐猲”，即今語“恐嚇”。牟庭釋爲“恐耽”，“耽”通“惂”。“恐惂”亦即“恐嚇”。

⑱若火之燎于原——“若”，左傳作“如”，義同。燎（liao遼），放火燒。“原”，原野。

⑲向邇——“向”，左傳引作“鄉”，與金文合。僞孔傳各寫本、刊本及唐石經皆作“嚮”（獨岩崎本作“向”）。茲據段氏撰異校訂用“向”。“鄉”爲“向”的本字，“嚮”爲“向”的後起字。楚辭惜誓注：“向，對也。”“邇，近也。”“向邇”，面對着它和靠近它，意即靠近。

⑳其——將（釋詞）。

㉑惟——是（釋詞）。

㉒靖——孫星衍云：“藝文類聚八十七引韓詩曰：‘靖，善也。’堯典‘靜言’，史記五帝本紀作‘善言’，漢書王莽傳作‘靖言’。言汝自作不善，即上文所云先惡於民也。”（今古文注疏）

㉓咎（jiù 舅）——過錯（詩伐木傳）。

這一節，以嚴厲的語氣斥責官員們不當流言惑衆，從而提出了嚴厲的警告。

“遲任①有言曰：‘人惟求舊②；器非求③舊，惟新’。古我先王④暨⑤乃祖乃父胥及逸勤⑥，予敢⑦動用非罰⑧。世選爾勞⑨，予不掩⑩爾善。茲予大享⑪于先王，爾祖其從與⑫享之。作福、作災，予亦不敢動用非德⑬。

①遲任（rén 壬）——人名，爲殷人所稱道的一位賢智的人。

諸隸古定寫本如 P.2643、松田、岩崎及薛氏刊本皆作"逞任"，内野本作"遲任"，雲窗本作"遲任"，集韻亦引作"逞任"。于省吾云："'逞'即'遲'，殷周金文作'遲'或'得'，晚周古文作'逞'。'任'，本應作'壬'，殷人多以十干爲名也"（新證）。按"遲"，徐仙民音 shi（時），陸德明音 chi（池），顏師古所見本音 yi（夷）。

②人惟求舊——漢石經作"人惟舊"，無"求"字。潛夫論交際篇用此句亦無"求"字。然風俗通窮通篇、三國志王朗與許靖書引此句皆作"人惟求舊"。知漢時傳本原有此歧異。僞孔傳諸本作"人惟求舊"，獨隸古寫本 P.2643 及岩崎本正文無"求"字，而在旁添寫了此字。"惟"，在此作"宜"、"應該"解（吳闓生大義説）。

③求——漢石經作"救"（即"救"）。周禮大司徒職"以求地中"鄭注："故書'求'爲'救'。"又堯典"方鳩"，説文"辵部"作"旁逑"，"人部"作"旁救"。知漢代"救"與"求"通用。

④古我先王——"古"，楊樹達謂當讀爲"故"，與盂鼎"古喪師"之"古"假爲"故"同。"先王"，指曾遷都的仲丁、河亶甲、祖乙、南庚等人（讀書記）。

⑤暨（ji 技）——P.2643、内野、雲窗諸寫本及薛本皆作"泉"，即金文中的"眔"，是釋爲"和""與"等意義的"及"字的本字。"暨"的原意是"日頗見也"（説文），後來假借爲"及"字用。

⑥胥及逸勤——蔡邕司空文烈侯楊公碑引作"胥及肄（yi 逸）勤"。詩谷風毛傳："肄，勞也。"皮錫瑞謂"逸勤"爲勤勞王事（考證）。楊樹達謂"胥及逸勤"指當時君臣一德一心從事遷徙（讀書記）。

⑦敢——古籍中"敢"字常作"豈敢"、"敢嗎"用，意即"不敢"。左傳多有此用法，如莊廿二年，昭二年等。五經異義引此句即作"不敢"（詩文王正義引），誤衍"不"字。

⑧動用非罰——"動"，動輒，動不動。"動用"，動不動就用。意思是較輕率地隨時處理。"非罰"，言非罪而妄罰（戴鈞衡

補商語）。

⑨世選爾勞——“選”，僞孔傳釋爲計數，蔡傳釋爲簡選，皆不確。俞樾云：“選當讀爲纂。爾雅釋詁：‘纂，繼也。’禮記祭統‘纂乃祖服’，哀十四年左傳‘纂乃祖考’，國語周語‘纂修其緒’，其義並同，‘世纂爾勞’者，世繼爾勞也”（平議）。“勞”，周禮司勳職云：“事功曰勞。”

⑩掩——詩文王正義謂五經異義引作“絶”，以其義易其字。釋文云：“掩又作弇”，二者音義全同。

⑪大享——大祭祀。禮記作“大饗”。周代奴隸主政權祭其祖先，有“禘”、“祫”、“烝”、“嘗”等大祭。其中禘祭是功臣都與祭（公羊文二年何休説），與此處所説爾祖從享相合。殷代卜辭中，祭祀名目更繁多，有大祭，如“屮”、“帝”等；有合祭，如“㝢”、“衣”……等；還有歆饗之“鄉”，似即同於此“享”字。又舊臣也有祭，如伊尹、咸戊等。而且可附祭於先公、先王，如伊尹附祭於上甲微（明義士續編 513），附祭於大乙湯（殷契粹編 151 等）。可知大祭先王時附祭先臣，是殷代的制度。

⑫與(yu 預)——參與，參預。

⑬非德——“德”，恩惠，在王朝往往指爵賞。“非德”，是不應該給的恩惠。與上文非罰相對舉。

　　這一節，以温和的語氣撫慰這些官員，把他們作爲舊人看待，要他們知所感奮。

“予告汝于①難，若射之有志②。汝無老侮成人③，無弱孤有幼④；各長⑤于厥居，勉出乃力，聽予一人之作猷⑥。

①于——同“以”，介詞（楊樹達讀書記）。

②若射之有志——王應麟藝文志考説漢人引作“若矢之有志”。按，儀禮既夕篇末言“志矢一乘”。鄭玄注：“志，猶拟也，習射之矢。書云：‘若射之有志’。”陳喬樅云：“疑鄭君所引書是

作'若矢之有志'，此亦三家今文之異字也"（經説考）。總之有一種"志矢"，是練習射矢時用的矢，它的鏃頭是用骨做的。見爾雅釋器："骨鏃，不剪羽，謂之志。"西周金文師湯父鼎有"矢𡈼"，陳夢家以爲可能即此習射的骨矢。

③汝無老侮成人——流行刊本皆誤作"汝無侮老成人"。漢石經作"女毋翕（xié）侮成人"，古寫本 P. 2643、岩崎本、内野本皆作"女亡老侮成人"，唐石經作"汝無老侮成人"。今文與古文雖有"翕"與"老"之異，其字皆在"侮"上。（足利本作"女亡老侮老成人"，顯係受流行本影響，重出一"老"字。阮元謂當從足利本，誤。薛本和雲窗本晚出，與流行本同，益誤。）按，鄭玄注云："老、弱，皆輕忽之意也"（孔疏引）。以"老"與下句"弱"對舉，顯見鄭本亦"老"在"侮"上。可知今文、古文、僞古文語序皆如此，故據以乙正。"老侮成人"就是見老人而輕侮之。

④無弱孤有幼——漢石經"無弱"作"毋流"。馮登府以爲"流""弱"音近通假（漢石經考異）。吳汝綸則以爲是借"溺"爲弱，字形作"休"（nì），因形近而洪适編隸釋時誤認爲"流"。"孤"，指幼而無父。"有幼"即幼，與上文"有居"語法同。"弱孤有幼"，就是因小兒孤幼輕忽之。

"老侮"與"弱孤"爲結構相同的動詞。古人語言中常以不侮老幼鰥寡爲言。金文如毛公鼎，典籍如康誥、無逸、詩烝民及左傳昭元年等，都有"不侮鰥寡"之文，基本表達同一意義。

⑤長（zhǎng 掌）——主，統率。"各長于厥居"，謂"各統其所屬部伍"（時瀾説），"率其民勉出力以聽命"（黃度説見傳説匯纂及補商引）。

⑥猷——謀，計劃，打算。

這一節，諄諄囑咐大家不要輕忽老弱的利益，應努力一心地聽王的話。

"無有遠邇，用罪伐厥死①，用德彰厥②善。邦之臧，惟汝衆；邦之不臧，惟予一人有佚罰③。"

①用罪伐厥死——"罪"，名詞含動詞意義，即"處罪"，亦即"處刑"。"伐"與"罰"同聲通用，意爲懲處。"厥死"，他的該判死罪的罪惡。這句是説用判刑來懲處他們的罪惡。

②用德彰厥善——"德"，指君主給臣下的恩惠，即爵賞之類。"彰"，漢代著作引用或作"章"，或仍作"彰"，二字同，都是表彰、表揚之意。這句是説用爵賞來表揚他們的善。

③邦之臧惟汝衆，邦之不臧惟予一人有佚罰——國語周語内史過引盤庚曰："國之臧，則維女衆；國之不臧，則維余一人是有逸罰。""邦"作"國"，"惟"作"維"，"汝"作"女"，"佚"作"逸"，皆同義通用；並多二"則"字。"之"，若，倘若（王引之釋詞）。"臧"，善，好。"惟"，以，由於。"佚"，疏失。"佚罰"，掌握刑罰有疏失。

　　這一節，表示信賞必罰，以善歸功於衆，以不善歸咎於自己没有掌握好刑法，於好話中帶着嚴厲，以此警衆。

"凡①爾衆，其惟致②告：自今至于後日，各共③爾④事，齊⑤乃⑥位，度乃⑥口⑦。罰及爾身，弗可悔！"

①凡——所有。

②致告——"致"，送詣（説文）。"致告"，傳送相告，傳達。楊筠如云："致，當讀爲厎。襄九年左傳'無所厎告'。"並謂即微子之"指告"（覈詁）。按，杜預注"厎"爲"至"，是左傳"厎告"即"致告"，故仍以釋作傳達爲妥。

③共——唐石經及流行刊本作"恭"，現據漢石經及段玉裁之説改回。詳第一篇"顚越不共"校釋。

④爾——此處是第二人稱多數領格"你們的"。

⑤齊——整齊，整飭（啟蒙），是動詞。

⑥乃——你們的。

⑦度乃口——漢石經作"度爾口"。隸古寫本 P.2643 及岩崎本作"庀乃口"，尚書中的"宅"、"度"常通用。僞孔傳釋此句爲"以法度居汝口"既用法度意義，又用宅居意義，兩不可通。吳澄書纂言釋此句云："出口之言當有節度，勿復以浮言脅動"，是説要謹慎你們的説話。江聲以爲"度當爲斁，閉也"（音疏）。朱彬以爲"度與杜同"，其意義爲杜塞（經傳考證），意思都是要解釋成閉塞住口不説話。其實如吳澄用"度"字爲有節度、有分寸的意義較妥。意在講話要慎重合規矩。

這一節提出了最後的嚴厲告誡。（戴鈞衡書傳補商引孫覺云："恭爾事則無傲上，齊乃位則無從康，度乃口則無浮言，三者盤庚所深戒也。"）

〔二〕今譯

第一篇（原中篇）

盤庚決定渡過黃河，把人民遷徙過去。他就召集了許多反對遷移的人民，準備盡情地講出一番話。許多人民都來到王庭，不安地等候着。盤庚喚他們到面前，說道：

"你們留心聽我的話，不要輕忽了我的意旨！唉！我們的先王沒有一個不是只圖拯救和保護人民的。先王那樣關心着人民，所以很能順着天時活動。每當老天很痛切地降下大災來的時候，我們的先王總是爲着人民的利益實行遷徙，從不留戀他們親手締造的原有都邑。你們爲什麼不去想想先王這樣對民事的勤勉呢？我也爲了拯救保護你們，要使得大家的生活安好；並不是以爲你們有罪，要罰你們這樣幹呀！你們要知道，我所以喚你們到這個新邑中去，正爲了你們自己的利益，這是非常符合大家的根本要求的。

"現在我準備把你們遷徙過去，希望安定自己的國家。但是你們不惟不能體會我心的苦處，卻反而大大地糊塗起來，使你們的心裏發生無謂的驚慌，想用你們的私心來變動我的主張，這真是你們自取困窮，自尋苦惱！譬如趁船，你們上去了只是不解纜渡過去，豈不是坐待你們坐的船朽敗嗎？若是這樣，不但你們自己要沉溺，連我們也要隨着沉溺了。你們一點也不審察情勢，一味怨恨，試問這能有什麼好處？

"你們不做長久的打算，來想想不遷對你們的災害，那是你們在大大地製造憂困，來和自己過不去，你們只想苟且地得過了今天就算，不管後來怎樣，可憐上帝哪還能容許你們有活命嗎！

"現在我囑咐你們，一點也不要接觸穢惡的東西來敗壞自己，怕的是人家來摧毀你們的身軀，污穢你們的心靈。我所以這般勸告你們，正是要把你們的生命從上帝那裏迎接下來，使得你們可以繼續活命。我哪裏是用威勢來壓迫你們呢！我原爲的要養育你們許多人民。

"我想起我們的先王使用你們的先人，就記掛你們，要養育得你們好好的。是這樣的呵！可是由於沒處理好，延到現在還住在這有災難的地方，先王就重重地降下責罰，説道：'你爲什麼要這樣地虐待我的人民呢?'若是你們無數人民不肯去孜孜努力求取美好的生活，和我同心遷去，先王便要重重地責罰你們，説道：'你們爲什麼不和我的幼小的孫兒同心協力，卻對他三心二意呢！'上帝決不會饒恕你們的，你們也決沒有法子可以避免這個責罰。

"我們的先王既經使用了你們的先祖先父，那你們當然都是我畜養下的臣民。倘使你們心中有了毒害的念頭，我們的先王一定會知道，他便要撤除你們的先祖先父在上天侍奉先王的職役；你們的先祖先父受了你們的牽累，就要棄絶你們，不救你們的死罪了。現在你們的在位的官員中有亂政的人，貪污財貨，不顧大局，你們的先祖先父就要竭力去請求我們的先王説：'快點定下嚴厲的刑罰給予我們的子孫吧！'於是先王就大大地降下不祥來了。

"唉！現在我告訴你們，我的遷移計劃已決定不改易了。你們對於我所憂慮的事情，應當有所認識，不可漠然不重視了。你們應當各各把自己的心放得中正，跟了我一同打算！倘使有不善良的人，橫竪也不肯聽奉上命，奸詐邪惡，我就要把他殺戮了，絶滅了，不使得他們惡劣的孽種遺留一個在這新邑之內。

"去吧！努力去追尋美好的生活吧！現在我要把你們遷過去了；在那邊，希望一勞永逸地建立好你們的家園。"

第二篇（原下篇）

盤庚已經遷移好了，安排好了所有臣民的邑里居處，然後按各人的地位進行整頓，告誡衆官員說：

"不要貪圖嬉逸愉快，要勤勉努力把從上帝那裏得來的大命好好建樹起來。現在我要掏出我的心腸來——同你們百官講話：在我的心意裏，不責怪你們了；你們也不要再承以前的怨怒，勾結在一起講我的壞話。

"在從前的時候，我們的先王要發揚光大前人的功業，遷到高地減免災害，在我們的都邑裏遵循着前人美好的業績。

"到了近來，我們的人民遭受了洪水的蕩析離居之苦，沒有止境。你們卻問我：'爲什麼要震動萬民來遷徙呀！'你們不知道，這是上帝要恢復我們祖宗的美績到我們這一代王朝，所以我很急於敬奉上帝的這一旨意來拯救民命，以獲永遠定居於這新的都邑裏。

"我不是不理會人們的意見，是由於上帝的神靈使我們得到了好處。我只是不敢違背占卜，現在便發揚了這神龜的吉示了。

"喂！各邦的首腦、軍事長官及王朝的各級官吏們：你們都要依從這靈驗的占卜，我將加強觀察和擇取你們，看誰能常常想到重視我的衆庶。我不屑於那種貪財貨的行爲，那種勇於孜孜從事一己家業的行爲，只對那些能養育人民和謀人民安居等方面做出成績的，才任用他，敬重他。現在我既已明白告訴你們了，對我這種意向，不論同意不同意，你們都不得有所不遵從。你們不要積聚財富，孜孜於增殖家業來養肥自己。要使人民獲得些好處，永遠潔淨你們那顆能够和我一致的心"。

第三篇（原上篇）

盤庚遷移到殷以後，他的臣民住不慣這個新地方。他於是喚了許多親近的貴戚大臣出來，叫他們把誓言來曉喻一般臣民説：

"我們的王來到這裏，使大家有一個安居的好地方，原爲看重你們的生命，不讓你們在舊邑中死盡了。但一時還没能都相互幫助生活得很好，因此問了卜，卜辭説：'怎麽會這樣呀！'先王的規矩，總是敬遵天命，因此他們不敢貪安寧，不老是住在一個地方，從立國到現在已遷移過五次國都了。現在若不是依照了先王的前例，那就難保上天要斷絕我們商邦的大命了，怎能談得上繼續先王光輝的功業呢！像倒仆的樹木可以發出新的枝芽一樣，上天要把我們遷移到這個新邑中來，原是要把我們的生命成長在這裏，從此繼續先王的偉大的功業，把四方都安定下來呀！"

盤庚覺察到了人民的鬧着住不慣，都是由於官員們的煽動，決定用舊有典制去飭正法紀，就對他們説："誰也不得隱匿我規誡小民的話！"於是王命令許多官員都到朝庭上來。

王這樣説：

"對你們大家説，我要告導你們，訓誡你們：你們應當斥去自己的私心，不要傲慢我的命令，單顧自己的安樂。

"從前我們的先王也是專用舊家的人，讓他們好好從政。先王向他們發出政令時，他們決不敢稍有差錯地變動先王的旨意，所以先王很看重他們。他們又從不説出惑亂衆聽的錯誤言論，所以人民也很能服從政府的領導。現在你們愚昧地自以爲是，編造許多邪惡的話來加以傳佈，我真不懂得你們所爭鬧的究竟是些什麽！

"並不是我願意丟棄這一任用舊人的傳統，只因爲你們自己捨棄了這一傳統而不給我，所以使我如此。我本來有着像熾熱的火一樣的威焰，但還處在爲烟霧迷漫的情況下，沒有照射出來，那裏想到就因此釀成了你們的放縱！

"要像網一般地結在繩子上，才可順了條理而不亂。要像農夫的盡力耕田，才可得到一個好收成。你們若能斥去自己的私心，把真實的好處給予人民，以至於親戚朋友，那麼，你們纔可以説一句滿意的話，説你們是一向積有好處的。倘使你們不怕遠近的人民爲了你們而受着大害，貪一時的安樂，懶於去耕種田畝，不肯勉力做勞苦的事，那就當然沒有指望可以收穫到黍稷。

"你們不把我的好話向百姓宣佈，這是你們自取禍根，以致做出許多壞的事情來自害了自身。你們既帶頭引導人民做壞事，自然得由你們自己來承受其痛苦，你們要懊悔也來不及！你們看，這些小民還知道聽從規誡的話，唯恐説出可能引起禍患的錯話，何況我是操着你們的生殺之權的，你們爲什麼倒不畏懼呢？你們有話何以不先來告訴我，竟敢擅用謡言來搖動人心，恐嚇大衆。你們要知道，你們即使像野火一般地在大地上焚燒，使人近前不得，但我終究有力量來撲滅你們的。如果弄到這個地步，那是你們許多人自己惹出的禍患，可不要怪我錯待了你們！

"遲任曾經説過一句話：'用人是應該專選舊的；不像器具那樣，不要舊的，單要新的'。從前我們的先王，和你們的祖父和父親，就勤勞地同心合力來從事遷徙，我怎敢對你們用出非分的刑罰。你們若能世世繼續你們的祖和父的勤勞，我也決不會掩没你們的好處。現在我大祭先王，你們的祖先也一起受祭。你們的作善而得福或作惡而得災，都有先王和你們的祖和父來處置你們，我也不敢擅用非分的爵賞。

"我告導你們，作事是不容易的，應當像射箭一般，要先用習射的箭學會射箭技術。你們不要欺侮老年人，也不要藐視少年人；應當勤奮地用出你們的氣力，聽從我一人的打算。

"不論遠近的人，我總一例的對待：用刑罰來懲處他們的罪惡，用爵賞來表彰他們的良善。國家若弄得好，是由於你們大家的功勞；國家若弄得不好，只是由於我行使刑法有疏失。

“你們許多人應該把我的話廣爲傳達告誡：從今天以至於將來，各自供承你們的職務，整飭你們的階位，謹慎你們的説話。如果不這樣，到罰上你們的身體的時候，可不要懊悔呵！”

〔三〕討論

漢代出現的書序説：“盤庚五遷，將治亳殷，民咨胥怨，作盤庚三篇。”此説提出了下面幾點：（1）説盤庚三篇是盤庚作的；（2）籠統地説三篇都是盤庚由於人民反對遷移而作，没有分清三篇時間的先後和講話的對象；（3）説盤庚共有五遷；（4）説這一次是遷到亳殷，但没説遷移的原因。

現在就這幾點，分别討論下面幾個問題：

（一）盤庚的作者，它的思想特點，和它的寫定時代。

（二）三篇的先後次序和講話對象。

（三）“盤庚五遷”的問題。

（四）盤庚所遷的殷。

（五）遷殷的原因。

（一）盤庚的作者，它的思想特點，和它的寫定時代

書序明説這三篇是盤庚作的。但史記殷本紀説：“帝盤庚之時，殷已都河北，盤庚渡河南復居成湯之故居，迺五遷無定處。殷民咨胥皆怨不欲徙，盤庚乃誥諭諸侯大臣曰：‘昔高后成湯與

爾之先祖俱定天下，法則可修，舍而弗勉，何以成德乃遂涉河？'南治亳，行湯之政，然後百姓由寧，殷道復興，諸侯來朝，以其遵成湯之德也。帝盤庚崩，弟小辛立，是爲帝小辛。帝小辛立，殷復衰，百姓思盤庚，乃作盤庚三篇。"殷本紀這種說法前後不一。前面說是盤庚誥諭諸大臣，講了這些話，並以數語約叙了三篇的内容。後面卻說是小辛時百姓追思盤庚作了這三篇。顯見司馬遷把兩個不同說法照鈔在一起，沒有加以別擇。

鄭玄說："陽甲立，盤庚爲之臣，乃謀徙居湯舊都。上篇是盤庚爲臣時事，中、下篇爲君時事。"(孔疏引)則仍說三篇作者是盤庚，但卻說上篇作於陽甲時。

鄭玄的老師馬融和鄭玄的反對者王肅都說是盤庚爲王時誥誡臣下之作，而且爲了紀念他遷移的功勞，就以他的名字作爲篇名。(馬說見釋文，王說見孔疏。但孔以爲仲丁、河亶甲、祖乙等三篇逸書都以王名名篇，這只是史臣記載體例，並不是爲了紀念。)

自後疏釋尚書者大抵都以爲是盤庚所作，沒有異議。到清初王懋竑才說："三篇皆既遷後追記"(讀書記疑)。指出是事後的記載。清末俞樾又以爲當從史記，謂"盤庚之作在小辛時，作盤庚所以諷小辛也。傷今思古，猶小雅楚茨諸篇之意也"。但俞氏又說明是"取盤庚未遷與始遷時告誡其民之語附益之"(平議)，則仍以爲這些話是盤庚講的。

我們從左傳哀公十一年引此作盤庚之誥來看，也可知春秋時代已經流傳的這些文告早就被確認爲盤庚對臣下講的誥誡之語。既然是君主講的話，總是由史臣記録下來的。擔任記録的史臣當然不能說是作者，後世追加整理的更不能說是作者，作者仍應是原來講話的人。因此只能這樣說：盤庚原文是由史臣記録的盤庚所講的誥誡之詞，雖然到後來經過流傳有了加工，殷王盤庚總是這盤庚誥語的原作者。

但是現存的這三篇文獻實際是四篇講話。第三篇即原上篇分爲兩大段包含兩篇講話，其第一大段就是盤庚叫貴戚大臣傳達他的講話，直接講話者是貴戚大臣，但卻是代述盤庚的話，所以仍應算爲盤庚所講的誥語。

其所以能肯定這些誥語原文是盤庚講的，還由於從思想內容來看，它確實是商代的。全文突出的主要思想有下列幾點：

一、處處用上帝的意旨來威嚇人民。誰不和自己同心就是違背上帝意旨，必將受到上帝的責罰。同時又處處以祖宗神靈來威嚇人民，自己的先后和臣民們的祖先都在上天管着大家的賞罰，誰不好，祖先就要降下責罰來。這和甲骨文中所大量記載的商王朝統治者對上帝的崇信和對祖先神靈的崇信完全符合，也和周以來所記載的商代情況完全符合。例如禮表記裏說：“殷人尊神，率民以事神，先鬼而後禮，先罰而後賞”，正是這樣。

二、宣稱嚴厲的責罰是上帝和祖先降下來的之後，自己就嚴格執行這種責罰，不奉上命的就是奸詐邪惡，就要斬盡殺絕，不讓留下一個孽種。不象周代統治者在實行殘酷的奴隸主專政時，一方面卻強調什麼“禮”，虛稱什麼“德”，盤庚卻只赤裸裸的宣揚殺戮，也完全符合商代奴隸主專政的野蠻兇惡的原來面貌。這從殷代大奴隸主墓葬中的大量殺殉和卜辭中的大量人祭，可以看到這種原貌。

三、強調用人要用舊的，不像器具那樣要用新的，並幾次說到自己和先王一樣的任用舊家的人。這也正是商代奴隸主貴族專政的國家機器實質的反映。當時由以王族爲中心聯繫着所謂多子族、三族、五族等等各氏族世襲的奴隸主貴族構成國家政權，保障着他們剝削權利的永久化，這就是周代所說的世卿世祿制度，是奴隸制政權的最根本的東西。從盤庚口中說了出來，完全符合商代的情況。

四、反復警告官員貴族們要忠實於王的旨意，不要只圖一己安樂而貪污財貨，使自己致富而妨害人民的生存及其安居生活。
這是從奴隸制國家的整體利益出發，適當的防止奴隸主貴族過於
貪婪，以免影響整個奴隸主階級利益。這正如雅典奴隸制國家的
梭倫時代一樣，以"梭倫制度"對於被剝削的人予以"幫助"，即
"損害債權人（即大奴隸主）的財產以保護債務人的財產"，"他清
除了負債土地上的抵押柱，使那些因債務而被出賣和逃亡到海外
的人都重返家園"（恩格斯：家庭私有制和國家的起源）。盤庚的
作用也有點類似梭倫，所以在歷史上他以商代的一個賢明的君主
著稱。史記説他使"殷道復興"，吕氏春秋慎大覽説："周公旦進
殷之遺老而問殷之亡故，又問衆之所悦，民之所欲。殷之遺老對
曰：'欲復盤庚之政'。"這一篇盤庚正是使他獲得這些成就的歷史
見證。

　　由這些看來，本文的主要思想確實是盤庚當時所具有的，並
没有摻入周代的後起思想。而他要遷都，也不簡單地用强迫命
令，不惜三番五次地反復訓誡説服——不過假用神意和刑罰來進
行説服，這是他的時代叫他必然這樣的。歷代注釋本篇的人對這
點都稱贊不已，這是使他取得歷史成就的一個原因，這也是符合
盤庚當時的歷史實際的。

　　因此可以明確的説，當初盤庚的原文確是盤庚親自講的。就
這一點而論，王國維説盤庚爲"當時所作"（古史新證），郭沫若説
"那三篇東西確實是殷代的文獻"（古代研究的自我批判），都是説
對了的。

　　但是，現在我們見到的盤庚，是否就是當初的原文呢？也可
以明確地説，已經不完全是原文了。它的差異主要是在文字
方面：

　　（1）殷代的金文和甲骨文都比較簡短，金文大都是三兩字，
也有的在十數字以上，個别的達四十餘字（如郙其卣）。卜辭則往
往少數句子，少數字，偶有達七八句的，個别的達十幾句，字數

多的可達一百、二百，然是極個別的，總的來說是簡短。這是由於卜辭只作占卜之用，本來就要求簡單，程式一律，只需要較簡的字句就行了。而盤庚是政治文告，和占卜記錄很不相同，它可以是長篇大作，所以三篇共達 1285 字（尚書商書其它各篇都比這短）。因此使人看到，同一時代的文字，其繁簡的差距是很顯著的，其章法、結構也有較原始和較進步之分。

（2）在文法上也有差異。

先說代詞。殷代甲骨文中第一人稱單數的主格、賓格用"余"，領格用"朕"（如粹 1，244"余令角尋古朕事"。下 30·5"妣佳乍余禍"）。多數的主格、賓格、領格都用"我"（如粹 869"我受年"。又 1064"我入商"。又 878"出于我祖"。庫 1811"帝其莫我"）。西周金文基本相同，惟"我"字擴大到單數主格、賓格（如曶鼎："我既賣汝五夫……則俾我償馬"），而"朕"字仍只用作單數領格。但是本文所用十三個"朕"字中，有兩個用作主格（"朕及篤敬"、"朕不肩好貨"），兩個用作賓格（"汝曷弗告朕"、"爾謂朕"），這是東周以後的用法。又二十個"我"字中，有兩個作單數主格（"我乃劓殄滅之"、"今我既羞告爾"），這是西周用法；有三個作單數領格（"重我民"、"我畜民"、"敬念我眾"），是東周以後才有的用法。（另如"我前后"、"我先王"等，可體會爲單數，亦可體會爲多數，故不舉。）至於"余"字用了三十一個，皆單數，用法尚和甲骨、金文相同，但沒有用其本字，卻用了假借的"予"字，也是到東周才有的習慣。

第二人稱在甲骨文中單數多數不分，主格賓格都用"女"（即"汝"），領格用"乃"。西周金文和此相同。但到春秋金文中出現了"爾"字，三格都可用。（春秋以後又將"乃"字作爲虛詞"迺"的假借字，在甲骨文中亦有此用法。）本文三十九個"汝"字用法和甲骨、金文同（不過加了"水"旁），但卻出現了十四個"爾"字，顯爲春秋以後的用法。在四十六個"乃"字中，作爲領格者廿五字，保持了殷代用法；作爲賓格者一字（"予弗知乃所訟"），則是東周用法。更有二十個作"迺"字用，而不見一"逎"字，但甲骨文中是有迺字的。這也可異。

接着説虛詞（連詞、介詞、助詞等）。這是區别尚書與春秋戰國時期作品的關鍵性字眼。"殷盤周誥"之所以"佶屈聱牙"，就在於没有那些使春秋戰國文章流麗可讀的後起的連詞、介詞、助詞等等之故。然而本文卻出現了一些和他所處階段不相稱的虛詞。

例如連詞"而"字，是甲骨文中所没有的。何定生指出："而字是東周以後的字，盛於春秋戰國，用此字者決非西周時代"（尚書的文法及其年代）。可是本文出現了"若網在綱，有條而不紊"、"弗告朕而胥動以浮言"這樣風格非常晚的文句，顯然是受了東周文字的影響。

又如連詞"則"字，甲骨文中未見，金文則到西周後期矢人盤、召伯虎殷、兮甲盤及新近出土的牆盤等才開始使用。本文有"則惟爾衆自作弗靖"句，看得出"則"字是後來流傳中加上的。例如第三篇（原上篇）的"邦之臧，惟爾衆；邦之不臧，惟予一人有佚罰"，在國語周語中，內史過所讀的盤庚，便多了兩"則"字，成爲"國之臧，則維女衆；國之不臧，則維余一人是有逸罰"。而且還多了一個助詞"是"字。可見春秋時候的人讀古書，是會把當時的語言詞匯加上去讀的。這樣不斷地積累下來，自然就會使盤庚的原文有了不少的改觀。

還有些名詞也有同樣變異情形，把些商代使用的字，改成了周代使用的字。例如"天"字，商代原來是不用的，甲骨文中有"天"字只作"大"字使用。商人稱至上神爲"帝"，爲"上帝"，從來不稱"天"。只有周人語言中才稱上帝爲"天"，而不稱爲"帝"（參看高宗肜日"天"字校釋）。周滅商後，才把"天"字和"帝"字並用，都指"上帝"（指"天空"是後來的事）。這就是恩格斯在費爾巴哈論中所説的，古代各民族都有自己的神，到民族融合後，就把異民族的神也迎來，和本地神一起安置在祭壇上，所以"帝"與"天"並立了。本文中用了一個"上帝"，卻用了五個"天"字，其中一個爲"天命"，即上帝所授予的命，其餘四個都是直指上帝，在商代是決不這樣稱呼的，這顯然是周人的用法。

　　(3)一些字義也與近人所説殷代用法有歧異。例如"衆"、"民"兩字，郭沫若據甲骨文及金文釋"衆"爲奴隸，又據金文釋"民"爲奴隸。按，郭氏之説有開創之功，給解釋古代社會指出了途徑，但其説也不是無可討論之處。例如郭原以爲甲骨文中無"民"字，今知甲骨文中實有"民"字，見於乙118，乙455，明1633等片，但其義尚不甚明瞭，不能就説它是奴隸。又如甲骨文中"衆"字，如前5·45·5"貞衆出灾"，如果是奴隸，殷王會那麼關心他們有無灾禍嗎？又如近人根據郭説謂論語中的"民"指奴隸等被統治階級，"人"指統治階級。但論語中的"逸民"就是指統治階級中的人，而"人"字則顯然兼指統治階級與被統治階級。所以在複雜的社會生活中發展着的語言，不是可以簡單化地給它劃定意義的。如果説，因爲商代是奴隸社會，用來指社會下層的"衆"、"民"等字以作爲指奴隸較妥，那末，在盤庚中的"衆"、"民"兩字顯然是不符合這一用法的。

　　先説"衆"字。第一篇(原中篇)是將遷以前對民衆的講話，其中有兩"衆"字，一是"其有衆咸造"，一是"用奉畜汝衆"。就"畜"字説，似乎可以認爲保存了殷代奴隸的原義。但是使人懷疑的是：奴隸制王朝做一件大事時，需要由國王親自召集奴隸進行動員説服嗎？奴隸們能被召集到王庭上來嗎？而且國王還親密無間地喚奴隸們靠攏到前面來説話嗎？同時還勸説奴隸們不要接觸穢惡的東西來敗壞自己，恐怕別人曲毀了他們的身體，污了他們的心靈，以致連累他們的祖先在天上侍奉先王的職役嗎？顯然奴隸制時代的奴隸不可能是這樣的。一般把"畜"釋爲養，似乎能幫助擺脫上述困惑。看來這一篇的"衆"字，是指有資格被國王召到王庭裏訓話的較小的奴隸主和自由民的代表。至於第二篇（原下篇），是對百官講話，其中有兩"衆"字就是指百官，只有"念敬我衆"的"衆"字和第一篇一樣的指民衆。第三篇（原上篇）共用了七個"衆"字，都是用於指貴戚和在位官員。那麽盤庚全文的"衆"字，不可能是指奴隸，它只能是在"衆多"的意義上使用的。

再說"民"字。第一篇（原中篇）八個"民"字，是指那些不聽盤庚的話，鬧着不肯遷，由盤庚親自召集到王庭上來，反復開導加以說服，也就是被勸說不要接觸穢惡以免毀了身體污了心靈以致連累到祖先在天上的職位的人，一再向他們說明從先王到盤庚自己都要保護他們，完全根據他們的利益才進行遷徙，等等。這樣的"民"和"衆"一樣，雖然稱了一句"畜民"，也不能說就是奴隸。說文田部"畜"字段玉裁注云："古假爲'好'字。如說苑尹逸對成王曰：'民善之則畜也，不善則仇也'。晏子對景公曰：'畜君何尤，畜君者，好君也'。謂畜即好的同音假借也。"是"畜民"可釋爲好民。也正符合統治者的需要。第二篇（原下篇）四個"民"字，盤庚懷念他們蕩析離居，要"恭承民命"。第三篇（原上篇）七個"民"字，他們住不慣新居，使盤庚很關切，向他們說明重視他們，並責令官員們對這些民要有實惠，不可帶引他們做壞事，等等。這樣的"民"能說是奴隸嗎？根據經典指示："奴隸被看作物件，不算是市民社會的成員"（恩格斯共產主義原理），當然用不着由最高統治者對他們這樣諄諄教導勸說的。所以盤庚中的"民"字，指的是商代社會上的一般成員，和後世所說的"人民"字義上已差不多了。

還有一個"德"字，作爲商代文獻，本來是不應該有的。因爲商代金文和甲骨文中未見"德"字。這是由於當時奴隸主專政，只用嚴峻的刑法和欺騙性的宗教，根本沒有德的概念，無由產生"德"字。甲骨文中只有一個"𢛳"或"𢛳"字，羅振玉從孫詒讓釋爲"德"，但以爲是得失之"得"，今所見卜辭中用此字多爲撻伐之意，皆非道德之"德"。因而孫羅以外所有甲骨文研究者釋此字皆以爲非"德"字，如王襄、聞一多二人釋"省"，郭沫若釋"徇"，（按，甲骨文中有"𢖄"，爲"𤲃"、"省"初文，不能與此相混。）故郭後來又釋"直"，林義光、葉玉森、容庚、胡厚宣、孫海波諸人則釋"循"。"德"字是到周代才有的，是周人看到專恃天命的商代覆亡，感到"天命無常"，因而提出"德"來濟"天命"之窮。郭沫若說："這種敬德的思想，在周初的幾篇文章中，就像同一個母題的和奏曲一樣，翻來復去地重復着，這的確是周人所獨有的思想"（先秦天道觀之進展）。我們看漢宣帝所說"奈何純任德教，用周政乎"的話，就知道漢人還懂得"德教"這個東西，完全是周朝的。本文用了十個"德"字，其中第二篇（原下篇）的"德嘉績于朕邦"、"高祖之德"，第三篇（原上篇）的"自荒茲德"、"含德"四"德"字，顯然是𢛳的誤認。"德嘉績"之"德"原當隸定作"徇"，作"循"，"高祖之德"蜀本已作"置"，當有隸定之異（見"校釋"）；"茲德"、"含德"的"德"，意同"高祖之德"，都指先王傳統的"正直"作風，也當作同樣隸定。又有第二篇的"式敷民德"、第三篇的"施實德"、"積德"、"動用非德"、"用德彰厥善"五"德"字，都是指物質恩惠或爵賞之類，在金文中，王的恩惠稱爲"休"，凡受到王的任命、賞賜，都要以"對揚"表示感謝"王休"。這當是早於"德"字的用法。而"德"與"恩惠"意義並不是常一致的，有時甚至相對立。例如所謂"君子愛人以德，小人則以姑息"，那就是把給人以恩惠看做姑息，而按照他們的原則不給以姑息性的恩惠才叫"德"。所以此處幾個專指"恩惠"的"德"字，原應當用"休"字才對。又第一篇（原中篇）的"故有爽德"，即"式德"，就是"不一心"，也原非"德"字。所以這十個"德"字，原來應是"循"字"休"字等義，現在用了道德之"德"，是周以來的用法，顯然是周代寫進去的。

又如某種專用的詞，像史官或大臣代宣王命，便稱"王若曰”，如果由王直接對臣下講話，則逕稱“王曰”而不稱“王若曰”。這是甲骨文和金文中的通例。于省吾在王若曰釋議一文中指出，康誥、多士等篇基本符合此例，但寫定時代較晚的呂刑、無逸等篇與例不符。今第三篇是盤庚直接對貴族大臣們講話，卻出現了“王若曰”一詞，與當時語例不符，當也是受後來影響寫上的。

篇中還有些文字可能也是周代用法，因上述這些已優足說明問題，就不再細推求了。

由上面使我們知道，盤庚原文雖確是商代的，但現在所見它的文字有不少用的是周代的，可知是經過周代加工潤色寫定下來的。從左傳隱六年、哀十一年和國語周語都曾引用過來看，又知本文至少在春秋時期已經形成和傳佈。周公説：“惟殷先人有册有典”（多士），盤庚原文當是保存在商王朝檔案中的册典。周滅商後，或者是周王朝把它接收過來，或者繼續留在商人後代宋國的内府，總之保存到了周代，可能如王國維所説：“商書之著竹帛，當在宋之初葉”（高宗肜日説）。但從春秋戰國之世學術從王官散出時，這些官有文件流傳到士大夫手中加以傳鈔，自然它的文字就打上時代的烙印了。這就形成了今天所見的這一有不少周代文字用法的商代文獻盤庚。

（二）三篇的先後次序和講話對象

隸釋所載漢石經殘碑和漢石經集存，盤庚原上篇、中篇和下篇之間都空了一格，可知是按三篇加以區分。按漢代今文尚書，係由伏生二十八篇加後出太誓一篇，共爲二十九篇。其二十八篇中盤庚原列爲一篇。漢書藝文志載“尚書經二十九卷”，“大小夏侯章句各二十九卷”，即經文二十九篇，以一篇作爲一卷。其中盤庚仍合爲一篇，作爲一卷。又載“歐陽章句三十一卷”。那就是把盤庚分爲三篇，所以歐陽氏今文成了三十一卷。因此知道漢石經所刻的是歐陽氏尚書，所以盤庚分成了三篇（近年發現的漢石經尚書校記殘石載大小夏侯異文，確證該刻係用歐陽氏尚書）。漢世所出的書序既説盤庚三篇，而漢石經刻有書序，可知歐陽氏今文分三篇同於書序之説。

　　自漢石經以後，歷魏、唐各石經，以至後代各刊本，上、中、下三篇的次序就一直這樣相沿了下來，成了定本。

　　關於三篇的講話時期和講話對象，東漢以後有了比書序較詳的説法。

　　鄭玄説：“上篇是盤庚爲臣時事，中、下篇盤庚爲君時事。”孔疏駁鄭説爲“謬安”，謂“必是爲君時事”（清楊椿孟鄰堂文鈔盤庚考替鄭玄翻案，毫無理由）。孔疏以爲“上中二篇未遷時事，下篇既遷後事”。蔡傳的説法和孔疏同，並引王氏説云：“上篇告群臣，中篇告庶民，下篇告百官族姓。”林之奇以爲這是强生分別（全解），董鼎、陳櫟等也以爲不必嚴分，事關某一方的就對某一方講（書傳輯録纂注、書傳纂疏）。到明代王樵以爲那是大略分法，“其實上篇首三節亦本告民，次乃提臣而專告之，雖曰告臣，亦本對民而告之，使同聽之也”（尚書日記）。這些雖在講話對象方面略有分歧，但以原上、中兩篇是未遷前講的，下篇是遷後講的，而且都是盤庚講的，則都是一致的。這是傳統的看法，直到近人如楊樹達也基本持這一看法（讀書記）。

　　元人吳澄開始提出：“書凡四節，第一節述民怨之辭，第二節未遷時告群臣之辭，第三節在途告庶民之辭，第四節既遷至亳總告臣民之辭”（書纂言）。比傳統説法新的地方，就是分全文爲四節（即四篇），第一節（即原上篇首段）是人民講的，而不是盤庚講的。

　　清人姚鼐接着發揮了這一説法。他説：“前儒之説，誤以‘我王來’以下即爲盤庚之詞，不知此是民詞”（惜抱軒集盤庚遷殷説）。孔廣森亦引姚説：“自‘我王來’迄‘底綏四方’，皆述民不願遷之言"(經學卮言)。魏源也説："上篇'率籲衆戚出矢言'以下，至'底綏四方'以上，皆叙殷人不願遷之詞，非誥語也"(書古微)。姚氏桐城學派的後繼者吳汝綸遂將此説寫入他的尚書故中。

這一説法的矛盾是，把一些盤庚堅持遷移的理由，都説成是人民反對遷移的理由。而且把已遷後説成未遷前。但是爲什麽一開頭就是"盤庚遷于殷，民不適有居"和"我王來"這種已經完成了遷移的句子？而且爲什麽又説"天其永我命于兹新邑"？他們提出的辯解是："我王"指祖乙，而不是盤庚；"新邑"是指耿，而不是殷。他們説："首篇云'新邑'者，祖乙所遷也，民之辭也"等等（見上惜抱軒集）。這是説不通的。根據卜辭中所見殷代通例，當時的王稱王，死去的王稱后。這時對祖乙只能稱"后"，不能稱"我王"。其次，在遷都的爭論中，當然只能把新遷往的都稱新邑，原住的稱舊邑。祖乙是盤庚之前的第六個國王，他那時候遷住的都，住到了這時還稱新邑，是説不過去的。所以這一説是難於成立的。

牟庭也以爲是人民對盤庚所講，但説法完全不同。他以爲這是遷到新都(他説是南亳穀熟)後，不願遷的大臣呼吁衆民使之悲感號泣地對盤庚提出訴請，所釋"我王來"是呼盤庚使出來(同文尚書)。他的説法避免了上述一些矛盾，但與當時事實不合，與文字解釋也不合。

江聲、王鳴盛、孫星衍都把"戚"釋爲"戚近"或"貴戚近臣"，因而以爲這是盤庚對貴戚近臣的講話。但盤庚爲什麽自己稱"我王"，仍和舊注疏家一樣無法説通。

俞樾提出了新的看法。他説："盤庚上篇既曰'盤庚遷于殷'，又曰'盤庚斆于民由乃在位'。一篇兩用發端之語，先儒未有得其義者。今按説文頁部'籲，呼也'。……盤庚因遷殷之後，民不適有居，用是呼衆戚近之臣使之出而矢言於民也。……古彝器銘詞每用呼字。……'王呼史戊册命吳'。此類甚多。然則籲衆戚者，呼衆戚也，正古人記載之體。自‘我王來既爰宅于兹’至‘底綏四方’凡九十四字，皆盤庚使人依己意爲此言。……下乃盤庚進其臣而親話之，與上文不相蒙，故各以‘盤庚’發端焉”（平議）。這一説把原上篇依發端之語劃分，首段九十四字作爲一篇，爲盤庚呼貴戚大臣向人民傳達他的講話。下面是另一篇，盤庚對在位官員們講話。這樣處處説得通，我們以爲是正確的。

　　俞樾又提出了對三篇前後次序的看法。他認爲：“‘遷于殷’，是既遷矣。‘民不適有居’，是既遷之後民有所不便，非未遷以前民不樂遷也。”“故以當時事實而言，盤庚中宜爲上篇，盤庚下宜爲中篇，盤庚上宜爲下篇。曰‘盤庚作，惟涉河以民遷’者，未遷時也。曰‘盤庚既遷，奠厥攸居’者，始遷時也。曰‘盤庚遷于殷，民不適有居’者，則又在後矣”（平議）。這一説法是正確的。所以我們採取了他的説法，把各篇次序按講話時間的先後糾正過來：以原中篇爲第一篇，原下篇爲第二篇，原上篇爲第三篇。

　　由於盤庚上、中、下三篇習稱已久，治學者引用時，都稱“上篇”、“中篇”之類，頗爲便利。爲免引起新的淆亂計，在改動各篇次序時，仍維持原來三篇形式不變，並標明其原上中下各篇舊稱。其第三篇實際包括兩篇，因此全文應看做四篇：第一篇，盤庚在將遷以前對人民作動員講話；第二篇，剛遷移好後對百官族姓作誥誡講話；第三篇，在遷移了一段時間以後，臣下鬧着住不慣，盤庚叫貴戚大臣對人民傳達他的撫慰性的講話；第四篇，盤庚着重整飭紀律，特對包括煽動鬧事者在内的許多官員作嚴肅性的講話。這第三、第四兩篇，仍照原上篇完整形式保存在一起，合爲第三篇。

（三）“盤庚五遷”的問題

　　書序中談到殷人遷移的有下列幾則：

自契至于成湯八遷，湯始居亳，從先王居，作帝告、厘沃。

仲丁遷於囂，作仲丁。

河亶甲居相，作河亶甲。

祖乙圮(pǐ 痞。河水所毀叫圮)于耿，作祖乙。

盤庚五遷，將治亳殷，民咨胥怨，作盤庚三篇。

前四則是五篇沒有傳下來的"逸書"的"序"，它們和後面這一則本文的"序"共同提供了一些殷人遷徙的情況。漢代張衡的西京賦便據以綜括爲："殷人屢遷，前八後五。"

關於前八遷，王國維有說自契至於成湯八遷(觀堂集林)，作了考證。

關於後五遷，書序說是盤庚一人的，史記殷本紀也說："盤庚渡河南，復居成湯之故居，迺五遷無定處。"這樣的說法早就有人提出了異議。如僞孔傳說："自湯至盤庚，凡五遷都。"元人董鼎說得更清楚，他在書傳輯錄纂注中說："以篇中有'不常厥邑，于今五邦'，序遂謂盤庚五遷。然今詳於'五邦'之下，繼以'今不承于古，罔知天之斷命'，則是盤庚之前已自有五遷。而作序者考之不詳，謬云爾也。又'五邦'云者，五國都也，經言亳、囂、相、耿、惟四邦耳。盤庚從湯居亳，不可又謂之一邦也。序與經文既已差繆，史記遂謂盤庚自有五遷，誤人甚矣。"這些說法都是對的，因此所謂"五遷"，實際只能是自湯至盤庚以前這段歷史時間內有過五次遷移。

記載這五遷的，就是書序，史記殷本紀，以及竹書紀年(古本)。

書序是：(1)亳—湯始居。(2)囂(áo 熬)—仲丁遷。(3)相—河亶甲居。(4)耿—祖乙圮。(5)殷—盤庚遷。

史記是：(1)亳—湯始居。(2)隞(áo)—仲丁遷。(3)相—河亶甲居。（4）邢（gěng 耿）—祖乙遷。（5）河北—盤庚以前。（6）亳—盤庚復居成湯之故居。

竹書紀年是：（1）亳—外丙居。（2）囂—仲丁遷。（3）相—河亶甲遷。（4）庇—祖乙居。（5）奄—南庚遷。（6）殷—盤庚遷。

綜合上述諸説來看，可知一、二兩遷當是仲丁遷囂（即隞，據括地志爲今河南滎陽境），河亶甲遷相（據括地志爲今河南内黃境）。最後兩遷當是南庚遷奄（今山東曲阜），盤庚遷殷（今河南安陽）。只有中間祖乙所遷則存在問題，計有邢、耿、庇三説，頗爲紛歧。

過去對於邢、耿，有兩種不同解釋：（1）史記索隱云：“邢，音耿，近代。本亦作耿。今河東皮氏有耿鄉。”（按，代在今山西省北部，耿在南部，實不近。）太平御覽八十三引史記正作“耿”。集韻“三十九耿”韻部有“邢”字，云：“地名，通耿。”路史國名紀亦説“耿”即“邢”。這都是説“邢”“耿”爲一地，而其地是皮氏，在今山西河津縣。（2）通典“邢州”下云：“古祖乙遷於邢，即此地。”即今河北邢臺，與山西河津非一地。（其後的方輿紀要亦持此説。）皇極經世遂調停二地，説祖乙圯於耿，遷於邢。通志三王紀、通鑑前編等便都附和這一説，蔡傳也説祖乙或有兩遷。

其實從甲骨文來看，商王朝活動地區主要在今河南，東及山東、蘇、皖一帶。而今山西境内特別是晉南地域，都是與商王朝爲敵或時服時叛的諸方國。所以祖乙根本不可能遷到今山西河津的耿去。而河北邢臺到周代才以周公旦六個兒子的封國之一而擅名（見左傳隱五年杜注）。也和祖乙遷都不相涉。因此邢或耿，只能在商王朝主要活動地區之内。

左傳宣公六年：“圍懷及邢丘。”杜注：“邢丘，今河内平皋縣。”又水經注“沁水”記懷地在沁水之北，殷城在沁水之南。此“殷城”即指邢丘。據一統志：“平皋故城在今溫縣東二十里。”由此知殷城“邢”當在今河南溫縣東境沁水以南。段玉裁以爲：“邢，鄭地，有邢亭，疑祖乙所遷當是此地"（撰異）。王國維謂此即説文所説的"地近河内懷"，也就是左傳的"邢丘"。"邢丘即邢虛，猶言商丘，殷虛。祖乙所遷，當即此地，其地正濱大河，故祖乙圮於此也"（觀堂集林説耿）。因其地南臨黄河，地勢低平，所以它的都邑才有被水圮的可能。據陳夢家説，"邢"由其附近"太行陘"的"陘"字而來。陘、邢古音同，並以新鄭西南的"陘山"亦作"邢山"爲證（見殷虛卜辭綜述）。按，二字古音皆匣紐青韻，讀音相同。又如戰國人宋牼（見孟子告子下），一作宋鈃（見莊子天下篇、荀子非十二子篇），亦古時从"巠"从"开"同音之證。可知古"邢"音確與"陘"音相同。

由此更可悟又因"陘"音轉變而爲"耿"之故。正如稱植物的幹爲"莖"，又可轉變爲"梗"一樣，京劇中更鼓的"更"，念爲"經"，就是此種古音轉化的一種遺跡。因爲廣韻的"青"、"徑"、"梗"、"耿"諸韻，在古韻中同屬"青"部一韻，所以"邢"、"耿"兩字都與"陘"字古音相同，二字所指的原來本是一地，即今溫縣東境之地。

關於"庇"，其地望較難確定。或以爲"庇"與"邢"是一地（見徐文靖竹書紀年統箋）。或以爲即古文尚書"柴誓"之"柴"，地近今山東費縣。又以爲係春秋時魯國之比蒲與毗一帶，在今山東魚臺費縣之間（見丁山由三代都邑論其民族文化）。又或以爲"庇"字是泗水東界"庚宗"的"庚"字之誤。等等（見陳夢家綜述）。諸説雖紛歧，但有一共同點，除第一説以爲在接近魯西的邢臺外，其餘都以爲在今山東境。所以可以大體認定庇在魯西，因而下一次南庚便能就近遷到奄。

因此這裏的問題是，祖乙究竟是一遷還是兩遷？如果只一遷，那麼三個地名當是由於傳説差異造成的，實即一地，而"五邦"就是囂、相、耿（邢、庇）、奄、殷。但上面我們已闡釋清楚"五遷"是盤庚以前的事，應不包括"殷"，那麼不能以"庇"與

“邢”、“耿”爲一地而以祖乙一遷當之。或者是祖乙曾兩遷，即“邢”、“耿”一地爲一遷，“庇”爲一遷。或者如王夫之所云，祖乙只一遷，遷“邢”；祖乙之子祖辛遷“庇”爲另一遷（書經稗疏）。王説很可能近是，今姑從其説。

這樣，盤庚以前的五遷就是：（一）仲丁遷囂（隞），（二）河亶甲遷相，（三）祖乙遷耿（邢），（四）祖辛遷庇，（五）南庚遷奄。這些地方都在華北平原靠近河流的兩岸，顯然是爲了生產和生活方便，才選定這些地方的。（見附圖）

自羅泌路史主張所遷“五邦”是囂、相、耿、庇、奄，其後王夫之書經稗疏、顧炎武日知録，直至清後期陳喬樅今文尚書經説考、汪之昌青半齋集等，都主張是這五地。這基本和竹書紀年之説相合，可知竹書紀年材料是有所據的，所以此説遂比較可信。此外關於“盤庚五遷”至少還有五種以上的不同説法，從漢、晉歷唐、宋到清人、近人，各種異説都有，都不正確，就不論它了。

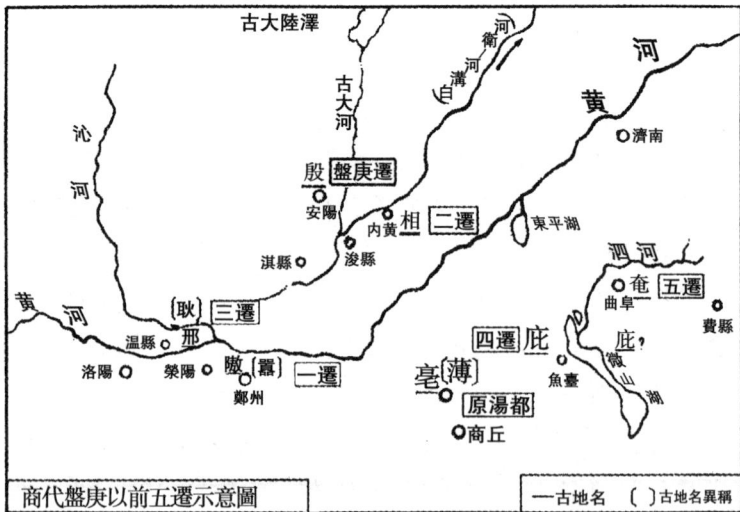

商代盤庚以前五遷示意圖　　　　　　　　—古地名　〔〕古地名異稱

（四）盤庚所遷的殷

書序説“盤庚五遷，將治亳殷”。“盤庚五遷”是錯的，前面已説過了。“將治亳殷”這句話也是錯的，後來的注疏家根據這句錯話寫的許多關於“亳”和“殷”的話，當然更錯。很清楚地指出“亳殷”錯誤的是晉人束晳。他説：“尚書序‘盤庚五遷，將治亳殷’，舊説以爲居亳，亳殷在河南。孔子壁中尚書云：‘將始宅殷’。是與古文不同也。漢書項羽傳云：‘洹水南，殷墟上’。今安陽西有殷”（孔疏引）。他明確指出了“將治亳殷”是“將始宅殷”之誤。“將始宅殷”就是將開始住在殷。而“殷”就是現在河南省黄河北的安陽縣西境的地方。雖然歷代注疏家都説束晳“妄説”，但歷史證明了束晳的話完全正確。

竹書紀年（古本）載：“盤庚自奄遷於殷。殷在鄴南三十里。”（孔疏引。史記項羽本紀索隱引略同。太平御覽八十三和水經洹水注則引作“盤庚旬自奄遷於北蒙曰殷”。蓋區別於東蒙和蒙亳。）“鄴”，也就是現在的安陽境。自清末以來，在河南安陽的小屯村即史記所説的“殷墟”及附近地方，發現商王朝的占卜文書——甲骨文和其他文物及宮殿、墳墓遺址，就確證這地方即盤庚所遷的殷都所在。由其中甲骨文所包含的年代，證明殷本紀正義引竹書紀年所説“盤庚徙殷至紂之滅，二（原誤七，從武昌書局本改）百七十三年更不徙都”之説，基本是可信的。殷本紀正義接着上引文説：“紂時稍大其邑，南至朝歌，北據邯鄲及沙邱，皆爲離宮別館。”是到紂時把都城從“殷墟”擴大到了朝歌（今淇縣）等地，而把殷始終作爲首都中心。

自遷殷後，史籍中就説商代又稱殷代。見於殷本紀集解云：“鄭玄曰，治於亳之殷地，商家自此徙而改號曰殷。”太平御覽八十三引帝王世紀云：“帝盤庚徙都殷，始改商曰殷。”蔡傳云：“周氏(希聖)曰：商人稱殷自盤庚始。自此以前惟稱‘商’，自盤庚遷殷以後，於是‘殷商’兼稱或只稱‘殷’。”王國維指出：“商之國號，本於地名。”原稱商即由於國都在商(今商邱)(見説商)。遷殷後，“商居殷最久，故亦稱殷”(見説殷)。

但甲骨文中没有“殷”字，顯見商人不曾自稱爲“殷”。然而有與“殷”通用的“衣”字，其義有二：一爲祭名，“衣祭”即典籍中的“殷祭”(見王國維殷禮徵文)。這與商王朝的稱呼無關。一爲地名，爲晚殷畋獵區，地在今沁陽(見郭沫若卜辭通纂 635 片)。這一地名卻發展成爲周人對商人輕侮性的稱呼。郭沫若説：“根據卜辭的記載看來，殷人自始至終都稱爲商而不自稱爲殷的。在周初銅器中才稱之爲殷。起先是用‘衣’字，後來才定爲‘殷’、衣是卜辭中的一個小地名，是殷王畋獵的地方。周人稱商爲衣，爲殷，大約出於敵愾。同樣的情形也表現在其後的楚國的稱謂上。楚國不自稱爲荆，别的國家始稱之爲荆，應該也是出於敵愾。這猶如以前的日本帝國主義者不稱我們爲中國，而一定要稱爲‘支那’的一樣。因此，殷代無所謂盤庚以前稱商，盤庚以後稱殷的事實。”(奴隸制時代)

由此使我們得出這樣的認識：盤庚遷到今安陽後，當時並没有稱其地爲“殷”。在卜辭中，商人稱其首都爲“大邑商”，羅振玉釋“大邑”爲“王畿(殷虚書契考釋下)。那麽“大邑商”確很可能如羅王之説即是對“王畿”即今安陽地區的稱呼。由於周人因敵愾之故稱商人爲殷人，及滅殷後很自然地稱其故都爲“殷墟”(毁滅無人的舊居地稱爲“墟”)。所以今安陽之有“殷墟”的稱呼，當是周代的事。在周以後所寫的書序及受周代文字影響寫定的盤庚，在説盤庚所遷今安陽之地時，自然就用了周代所稱的地名“殷”了。

周初對當時的殷都又稱“衛”，仍是由“衣”、“殷”聲轉來的。當時殷都由安陽擴大到了朝歌，其地即“沬”，周武王滅商後封紂子武庚於其地。武庚叛滅後，成王封康叔於其地，國號遂爲

"衛"。呂氏春秋作"郼"（見慎勢篇、慎大篇）。高誘注云："郼讀如衣，今兖州人謂殷氏皆曰衣。"又康誥"殪戎殷"，禮記中庸作"壹戎衣"。鄭玄注云："衣讀如殷，聲之誤也，齊人言殷聲如衣。虞夏商周氏者多矣，今姓有衣者，殷之胄歟？'壹戎衣'者，壹用兵伐殷也。"路史國名紀丁云："郼，殷也，讀如衣。"王夫之書經稗疏也説："殷墟之在淇縣，見於經史者班班可考。雖以姚馥老羌，亦知朝歌之爲殷。……殷之爲字，本或作'郼'，音於機反（yī衣），古者因'依'聲近轉借爲殷。其地之在河北沬水之濱，羅長源考之已確。"可知"殷"、"衣"是一，由同音而爲"郼"，再變爲"衛"。衛世家"封康叔爲衛君"，逸周書作雒解則仍作"俾康叔宇于殷"。可知這幾個指同一地點的不同的字是互用的。最初是由"衣"字而來，因音轉化而爲"殷"、"郼"、"衛"等字。最後"殷"成了大名，就廣泛使用開了。

（五）遷殷的原因

　　關於盤庚究竟爲什麼要遷殷，盤庚全文裏並沒有説明過。漢代今古文家都説是爲了"去奢行儉"。即在舊都住久了，奢侈成風，爲了推行儉樸風習，特遷新都。今文家的這種説法，見後漢書杜篤傳："昔盤庚去奢行儉於亳。"又郎顗傳："昔盤庚遷殷，去奢即儉。"又後漢記："崔實論世事曰：昔盤庚遷都，以易殷民之弊。"荀悦申鑒："盤庚遷殷，革奢即約。"等等。古文家的這種説法，見孔疏所引鄭玄説："祖乙居耿，後奢侈逾禮，土地迫近，山川嘗圮焉。"又説："民居耿久，奢淫成俗，故不樂徙。"晉時王肅也説："自祖乙五世至盤庚元兄陽甲，宮室奢侈，下民邑居墊隘，水泉瀉鹵，不可以行政化，故徙都。"皇甫謐説："耿在河北，迫近山川，自祖辛以來，民皆奢侈，故盤庚遷於殷。"唐孔穎達指出："此三者之説，皆言奢侈。鄭玄既言君奢，又言民奢；王肅

專謂君奢；皇甫謐專謂民奢。言君奢者，以天子宮室奢侈，侵奪
下民。言民奢者，以豪民室宇過度，逼迫貧乏，皆爲細民弱劣無
所容居，欲遷都改制以寬之。富民戀舊，故違上意，不欲遷也。"
（孔疏）

　　但是奢侈的問題，怎麼要用遷都的辦法去解決呢？所以有不
少人反對這說法。孔疏就說："案檢孔傳無奢侈之語，……孔意
蓋以地勢洿下，又久居水變，水泉瀉鹵，不可行化，故欲遷都，
不必爲奢侈也。"宋以後大都持水災之説而反對奢侈之説，清人更
多提出奢侈之説不合的理由，如宋翔鳳説："如以奢侈逾禮爲宮
室衣食之奢淫，則盤庚爲政，雖尚都耿，法度可繩，何必謀徙"
（尚書略説）。戴鈞衡説："夫風俗視教化轉移者也。民俗侈靡，
人主但當躬行節儉，爲天下先，申法定制，使無逾越，自足黜浮
反本，何待於遷？若謂先君侈奢，則第裁冗費，易汰規，以養財
足國已耳，又何待遷？"（書傳補商）顯然奢侈之説不可信。

　　較爲流行的説法是水災之説。原下篇有一句："今我民用蕩
析離居，罔有定極。"僞孔傳釋之云："水泉沉溺，故蕩析離居，
無安定之極，徙以爲之極。"漢代出現的書序説："祖乙圮于耿。"
僞孔傳云："河水所毀曰圮。"孔疏："圮，毀也。故云河水所毀曰
圮。"蔡傳也説："自祖乙都耿，圮於河水，盤庚欲遷于殷。"自後
談盤庚者，大抵皆用此説。到林之奇開始提出："耿……居之久
也，爲水所圮而不可居。蓋其地沃饒而塞障，故富室巨家總於貨
寶，傲上從康而不可教訓；其閭閻之民則苦於蕩析離居，而罔有
定極。盤庚於是謀居於亳，蓋擇其高燥之地，而將使居之。是舉
也是小民之所利，而富家之所不欲，而唱爲浮言以搖動小民之
情，小民不悟……而爲浮言之所搖動。……此三篇之所由以作
也"（尚書全解）。同孔疏一樣指出了水災中的階級利害衝突。

　　於是有主張自然性的水患與社會性的風俗二者相聯繫的。王鳴
盛云："其實所以遷都之故，兼爲奢侈及河圮二事，故鄭兼而言之"

（尚書後案）。魏源云：“風俗貪侈，由占河徙膏腴之産而不顧小民蕩析之戚。民專其害，世族享其利，並非二事。鄭、孔以來，並以圮河及風俗爲二，彌與經義不貫。”並舉出全文中“其顯言圮河者，曰‘恐沉於衆’，曰‘惟胥以沉’，曰‘蕩析離居’。其言世族貪利者，曰‘總於貨寶’，曰‘具乃貝玉’”（書古微）。接觸到了統治階級利用自然災害强加給人民身上的社會性災害這一實質。

　　我們從古代一些材料中，確實看到奴隸制統治者是特別注意把自然環境和他們對人民的統治聯繫起來加以考察。例如左傳成公六年云：“晉人謀去故絳（按，即翼），諸大夫皆曰：‘必居郇瑕氏之地，沃饒而近鹽，國利民樂，不可失也。’。韓獻子……對曰：‘不可。郇瑕氏土薄水淺，其惡易覯。易覯則民愁，民愁則墊隘，於是乎有沈溺重腿之疾，不如新田（杜注：今平陽絳邑縣是），土厚水深，居之不疾（杜注：高燥故），有汾澮以流其惡，且民從教（杜注：無災患），十世之利也。夫山澤林鹽，國之寶也。國饒，則民驕佚；近寶，公室乃貧，不可謂樂。’公悅，從之。”似乎由這裏可以窺見古代奴隸制國家遷移國都所要考慮的問題，從而可幫助瞭解盤庚遷殷可能也要考慮這些問題。

　　總之，殷人慣於選擇定都居住的地方在河濱，是爲了用水的便利。但由於生産水平的低下，可能還没有溝洫排灌等水利設施，而黄河這條河又是這樣地常常出問題的一條河，居住在它身邊，確不是容易得到安寧的。何況即使原來選擇較安全的地方，居住既久之後，貴族豪家佔據膏腴好地，糟蹋環境，以鄰爲壑，造成下層居民經濟生活條件和居住條件的非常惡劣，積日既久，偶遇水患便不可收拾。陳夢家殷虛卜辭綜述根據不少卜辭材料，指出當時的水患有兩種：一是河水來入爲患，一是久雨成大水爲患。這兩種水患首先受害的是貧苦人民，往往會發生韓獻子所説的“民愁”，影響到奴隸主的統治。所以殷代就要常舉行遷移。這種舊地方因水利措施欠缺，剥削階級損人利己，嫁禍於民，加劇階級矛盾，造成廣大人民無法安居生活，因而不能繼續在原地住下去的事實，應當是促動遷移的重要原因。

近代有人説，殷人那麼頻繁遷徙，是游牧民族的一種特徵（柳詒徵中國文化史，郭沫若中國古代社會研究等）。因爲在盤庚以前，殷人是遷移無定的游牧民族；到盤庚時才漸漸有定居的傾向。但是我們從盤庚本文中一再説的"若農服田力穡，乃亦有秋"，"惰農自安，不昏作勞，不服田畝，越其罔有黍稷"等話來看，知道殷人已非常重視農業。甲骨文中更看出殷代是以農業爲主的社會，卜辭關於耕作及收穫的記載，不斷卜問年成和卜雨的記載，及殷人粮食豐富能用於釀酒等等，都證明農業在殷人生産和生活中是主要的，要説他們還是游牧民族，顯然是不妥當的。

晚近又有人提出一種看法，認爲商族還處在燒田、木耜的"游農"階段，粗耕幾年後地力耗盡，就要遷移新地。這首見於傅築夫的關於殷人不常厥邑的一個經濟解釋（文史雜誌四卷五、六期）。他以爲商代處於漁獵游牧的自然經濟轉變爲農業經濟的過渡時期，實行像非洲麻賽、乃格利亞一樣的"游耕"或"游農"，先焚燒林莽，耙平土，播上種子，每年輪換不同作物，到了第五年度，地力竭盡，只得放棄另遷他地。他説殷人所以"不常厥邑"，是因爲農業發展到游耕或游農階段必然結果，所以商代遷都不是爲了政治原因，也不是爲了河患，而是爲了改換耕地（並據他後來據此文改寫成的殷代的游農與殷人的遷居一文）。接着是馮漢驥的自商書盤庚篇看殷商社會的演變（文史雜誌五卷五、六期）。他同意傅氏之説，並以塔納拉族刀耕火種比殷代農業，第一年豐收，五年至十年遞減，十數年村落必須搬遷一次。他説："盤庚三篇代表當時文化劇烈變動的反響，兩種矛盾勢力在那裏衝突，那就是説，在盤庚以前是一種粗耕農業經濟，故人民視遷徙爲當然，一地之地力已盡，即行搬遷，毫無猶豫，因不遷則無以爲生故也。至盤庚之時，農業上想有很大之進步，即由粗耕進到比較的精耕，……可使殷人在一地久耕不必遷徙，……故盤庚不得不誥誡强使之相從。”

　　但此説有幾點值得考慮：（一）采用這種粗耕抛荒土地而不定居的辦法，是人類處在野蠻時代的現象。恩格斯在家庭、私有制和國家的起源中指出，德意志人處在大家庭公社時期，像一個共同的馬爾克一樣使用着四周的荒地。“塔西佗著作中談到更換耕地的那個地方，實際上就應當從農學意義上去理解：公社每年耕種另一塊土地，將上年的耕地休耕，或令其全然荒蕪。由於人口稀少，荒地總是很多的。……只是經過數世紀之後，當家庭成員的人數大大增加，……這種家庭公社才解體；以前公有的耕地和草地……在新形成的單個農户之間實行分配”。“這一發展過程，對於俄國，已是歷史上完全證實了的”。“至於德意志，乃至其餘的日耳曼諸國”，“在凱撒時代，一部分德意志人剛剛定居下來，一部分人尚在找尋定居的地方，但在塔西佗時代，他們已有整整百年之久的定居生活了；與此相適應，在生活資料的生産方面也有了無可懷疑的進步。他們居住在木屋中，穿的還是很原始的林中居民的衣服……是一種剛從野蠻時代中級階段進到高級階段的民族”。這説明得多麽清楚。粗耕荒地，不能定居，只是野蠻中級階段的事，定居以後，才進入野蠻高級階段。我們從另外一些有關史料中看到的實行粗耕農業因而經常遷徙的較原始民族，也多是處在野蠻階段，還没有進到奴隸社會時期，根本還不知道有“國家”這一社會組織，怎麽能用他們的粗耕遷徙，來比附解釋這一早已進入文明時代，在生産和文化都頗發展的基礎上建立起來的商王朝奴隸制國家的遷都活動呢？要知這完全是古代文化發展的兩個不同階段的事，不能混同的。（二）商代文字發展水平已相當高，證明它早已不是刀耕火種的野蠻階段了；它的青銅冶煉技術也是很高的，其冶煉工業是需要頗爲永久性的定居條件才能進行的。傅氏指出游耕農業大概五年就要遷徙新地，馮氏也指出：“平均十年至二十年掉換一次村落，成爲世界上粗耕農業民族之公例"。既是公例，就是不能破例的。商代自湯至盤庚三百餘年，一共只遷移了五次，加上盤庚這次共六次，所以與粗耕農業的勤於遷徙根本不是一碼事。(三)這是商王朝統治中心的遷都，與農村公社移徙村落去就耕地不同。我們從殷虛發掘商王朝都邑的規模、貴族墳墓的規模以及各種作坊遺址的規模來看，它決不是簡單的就耕地問題。此外，近多年來發掘的幾處商代遺址也都不小，都不是傅馮兩人文章中所説刀耕火種的粗耕農業所遷的村落。因此我們認爲，用粗耕農業遷徙新耕地之説來解釋盤庚遷都，是值得商榷的。雖然這是一種新的努力，想用經濟原因來説明殷代的遷都，確是值得歡迎的事，不過有待於提出更堅實的科學論證才行。

還有另外的説法，例如林之奇，他雖然以爲遷移是由於水患，但他還説了下面的話："古者邑居無常，擇利而後動。其宗廟、社稷、朝市之制，簡而不夥，約而不費，故不以屢遷爲勞"(全解)。這不能説是遷移的原因，只是説由於需要遷移時，因爲包袱不大，説要遷就可以遷。這是他把殷代幾次遷移與後代封建王朝一建都以後基本就不遷移加以比較所得出的看法。

所以決定離開舊地進行遷移的重要原因，終是水潦給舊地造成了禍患，引起了經濟的、社會的問題，不得不遷。這是促使離開舊都的客觀原因。至於遷往什麼地方去？主觀上怎樣做出這一抉擇？我們從後代歷史上的遷都來考察，就看出往往是政治上的原因。不過情況是多樣的，像西周爲犬戎所滅，遷都於洛，西晉、北宋由於皇帝被虜，遷都南方，都是失敗的記録。盤庚時殷代國勢尚不如此，所以不能相比。但是像周文王的遷都於豐，是爲了便於向東發展，進攻商王朝。拓跋珪徙都平城，拓跋宏徙都洛陽，都是爲了發展魏的國勢，鎮撫疆土。金自上京(遼寧開原)遷中都(北京)，是爲了奪取中原；金主亮遷都開封，更是爲了進攻南宋。這些都是國勢向上發展時的遷都。明初國勢已定，唯一的威脅是自己國內的元朝統治者逃到漠北，留下禍根。所以明成祖把首都從南京遷到北京，以便集中國力對付這一自己國內遺留下來的禍患。這些遷都歷史，可以從另一角度幫助我們理解盤庚的遷殷。從甲骨文中看出，商王朝都殷以後的二百多年中，經常與之作戰或時戰時服的許多不同氏族方國，主要在今山西境內，也達冀北、內蒙一帶，而周族也漸漸在西境興起。就是說，商王朝所要對付的敵人大抵在殷的西面和北面。特別是山西境內的各方國與之接觸頻繁，折衝亦最多，與商民族起自海濱，向中原發展，必須逐漸西進的方向相矛盾。由此可悟盤庚因爲由於水患造成的社會、經濟原因決心離開奄後，其所以選定殷而不往他處，必然是爲了對付這些方國，鞏固國勢，和明代遷都北京很有點相似。經他這一遷，終於振興了商奴隸制王朝，對鞏固商代奴隸主國家並爲發展生產提高經濟水平起了很好的作用。因此盤庚以後更不遷都，殷邑就成了商王朝最理想的國都，維持了商王朝後半期的二百七十三年的天下。

附：本文所引用資料簡稱

釋詁	爾雅釋詁
釋言	爾雅釋言
說文	說文解字
僞孔傳	尚書孔安國傳
釋文	陸德明經典釋文
孔疏	孔穎達尚書正義
全解	林之奇尚書全解
蔡傳	蔡沈書集傳
音疏	江聲尚書集注音疏
後案	王鳴盛尚書後案
今古文注疏	孫星衍尚書今古文注疏

撰異	段玉裁古文尚書撰異
釋詞	王引之經傳釋詞
述聞	王引之經義述聞
集解	劉逢禄尚書今古文集解
經説考	陳喬樅今文尚書經説考
補商	戴鈞衡書傳補商
啟懞	黃式三尚書啟懞
古注便讀	朱駿聲尚書古注便讀
平議	俞樾群經平議
駢枝	孫詒讓尚書駢枝
考證	皮錫瑞今文尚書考證
拾遺定本	章炳麟古文尚書拾遺定本
大義	吳闓生尚書大義
覈詁	楊筠如尚書覈詁
讀書記	楊樹達積微居讀書記
綜述	陳夢家殷虚卜辭綜述
正讀	曾運乾尚書正讀
新證	于省吾雙劍誃尚書新證

尚書西伯戡黎校釋譯論[*]

西伯戡黎這篇文字，記的是周文王征服了居於商王朝西北屏蔽之地的黎國之後，商代統治者感到危亡在即，其貴族大臣祖伊對商王紂提出警告的一篇對話紀錄。在西漢大、小夏侯兩家今文尚書裏是第八篇，列爲商書第四篇；歐陽氏今文本是第十篇，列爲商書第六篇；史記殷本紀全文引載了本篇；到東漢古文尚書本篇次同歐陽氏本；東晉僞古文本則是第二十五篇，列爲商書第十六篇。其全文情況詳後面的"討論"。

〔一〕校釋

西伯^①既戡^②黎^③，祖伊^④恐，奔告于王^⑤曰：

①西伯——周文王（見史記周本紀）。"伯"，釋文云："亦作'柏'。"惠棟九經古義謂郭璞穆天子傳注云："古'伯'字多从'木'。"今觀漢書古今人表，"伯"大多作"柏"，可證明其説的合於事實。"伯"古讀 bà，音義同"霸"。古時稱諸侯中强大者爲"伯"，即"霸"。周爲西方强國，故稱"西伯"。詳後面"討論（二）"。

②戡（kān 堪）——一作"戮（kān）"（見説文戈部"戮"字下引本

＊　1979 年與劉起釪合寫。原載中國歷史文獻研究集刊第一集，1980 年。

句作“𢦏”，从戈，今聲。慧琳一切經音義八十三引尚書大傳釋此字亦作“𢦏”）。又作“堪”（爾雅釋詁：“堪，勝也”，郭璞注引本句作“堪”。左傳昭二十一年“王心弗堪”，漢書五行志作“王心弗𢦏”，知“堪”、“𢦏”同字）。或作“龕（kān）”（文選和伏武昌登孫權故城“西龕收組練”李善注：“尚書序曰：‘西伯戡黎’，‘龕’與‘戡’音義同”）。段玉裁謂據李善注知唐初尚書本固皆作“戡”（古文尚書撰異）。然由説文“𢦏”字知壁中本原作“𢦏”，後易爲“戡”，或易爲“堪”。“𢦏”的意義爲“殺”，而説文釋“戡”爲“刺”，从戈、甚聲；釋“堪”爲“地突”，从土、甚聲。爾雅始釋“戡”爲“克”，釋“堪”爲“勝”，和“𢦏”意義亦相通。段玉裁則謂“‘甚’聲，‘今’聲古音同在第七部，非‘𢦏’爲本義，‘戡’‘堪’爲假借”，是説“𢦏”、“戡”、“堪”音義本來相同，都有戰勝的意思。

③黎——漢代古文本作“𥟗”（見説文邑部引）。後或又作“䵣”（見集韻六脂，注云：“國名”）。漢代今文本作“耆”（尚書大傳和史記周本紀作“明年敗耆國”）。亦作“飢”（見史記殷本紀）。又作“阢”（見史記殷本紀、周本紀正義）。或作“阞”（見史記宋世家。集解：“阞音耆”）。陳喬樅今文尚書經説考及皮錫瑞今文尚書考證都説這些是漢今文三家異文，然羅泌路史、孫星衍尚書今古文注疏則説“阢”、“阞”爲“飢”的誤字。其説是。按説文：“𥟗，殷諸侯國，在上黨東北。”續漢書郡國志“上黨郡·壺關”：“有黎亭，故黎國”，注云：“文王戡黎即此。”其地在今山西省長治縣西南。詳後“討論（一）”。

④祖伊——人名。殷本紀説是“紂之臣。”僞孔傳云：“祖己後，賢臣。”釋爲“祖己後”是錯誤的，因“祖”並不是姓，而是殷王對死去的祖父以上各輩皆稱“祖”，死去的父輩皆稱“父”，原是一種習用的稱呼。王國維云：“商書中以日名者，皆商之帝王，更無臣子稱祖之理。”“祖伊，亦疑即紂之諸父兄弟”（觀堂集林高宗肜日説）。王説是。王氏並以爲稱之爲“祖”，必非當時紀録，斷

爲宋國初葉追記時稱呼的（參看高宗肜日篇“祖己”校記）。

⑤王——指商王朝最末一個國王“帝辛紂”（史記殷本紀：“帝辛，天下謂之紂。”按，牧誓稱爲“商王受”，竹書紀年稱爲“帝辛受”），在位期間當公元前十一世紀。

以上爲史臣記事之辭。

“天子①！天既②訖③我殷命，格人元龜④，罔⑤敢知吉⑥。非先王不相⑦我後人，惟⑧王淫戲⑨用⑩自絶。故天棄我，不有康食⑪，不虞天性⑫，不迪率典⑬。今我民罔弗欲喪⑭，曰：‘天曷不降威⑮’！大命不摯⑯，今王其如台⑰？”

①天子——殷本紀無此二字，皮錫瑞云：“蓋省文”（今文尚書考證）。

②既——通“其”，將要。俞樾云：“是時殷猶未亡，乃云‘既訖我命’，義不可通。古書‘既’與‘其’每通用，禹貢‘灉沮其道’，史記夏本紀作‘既道’；詩常武‘徐方既來’，荀子議兵篇引作‘徐方其來’，並其證也。……本篇以‘天其訖我殷命’發端，猶微子篇以‘殷其弗或亂正四方’發端也。”（群經平議）

③訖（qì 汽）——止，終止（爾雅釋詁）。

④格人元龜——殷本紀作“假人元龜”。集解：“‘元’，一作‘卜’”。王符潛夫論卜列篇引作“假爾元龜”，陳喬樅謂“假爾”當是小夏侯本，同於禮記曲禮“假爾泰龜有常”（經説考）。按，“格”、“假”皆與“徦”古通用（禮記曾子問注：“‘假’讀爲‘徦’”），故其義同。説文：“徦，大遠也”（參看堯典、高宗肜日等篇“格”字校釋）。王充論衡卜筮篇引“格人元龜、罔敢知吉”，釋爲“賢者不舉，大龜不兆”。是釋“格人”爲賢哲的人，釋“元龜”爲大龜。馬融亦云：“元龜，大龜也”（殷本紀集解引）。僞孔傳則釋爲“至人”、“大龜”。孔疏云：“‘格’訓爲‘至’，‘至人’，謂至道之人。……‘大龜’有神靈。”可知“格人元龜”就是“至道賢人”和“大

龜”。俞樾云：“‘元’，大也；‘格’，亦大也。史記‘格’作‘假’，爾雅釋詁：‘假，大也’。凡有大義者，皆有美善之義”（平議）。意謂“格人元龜”指人和龜中最好最佳的，和“賢人”、“大龜”之義亦相通。

⑤罔——殷本紀作“無”，義同。（據釋言）

⑥吉——古代奴隸主占卜時，認卜兆的好壞來得出它的吉凶，好的卜兆是吉，壞的卜兆是凶。

⑦相（xiàng，第四聲）——助（呂刑“今天相民”馬融注、左傳昭四年“晉、楚唯天所相”杜預注），意即“保佑”。

⑧惟——是，爲。不完全内動詞（詞詮）。

⑨淫戲——殷本紀作“淫虐”，集解：“鄭玄曰：‘王暴虐於民’。”知漢時今文、古文都作“淫虐”。“淫”是過度的意思，“淫虐”意同“暴虐”。但祖伊作爲臣下向君主講話，直接説“暴虐”似不可能。按商代晚期，商王室和奴隸主貴族習慣於酗酒和田獵，形成非常腐化的風氣，以“淫戲”二字説紂沉湎於這種風習，文理較妥。

⑩用——同“以”，介詞。

⑪不有康食——“康食”，殷本紀譯作“安食”。集解引鄭玄釋爲：“王暴虐於民，使不得安食。”江聲則謂“爲天所棄，我殷不得安食，非言民不得安食”（尚書集注音疏）。章炳麟則以爲“康”即“糠”，“糠食”就是“貧賤糟糠之食”。“不有康食”，意謂連最壞的糧食也沒得吃（古文尚書拾遺定本）。凡此對“康”字的解釋不同，然全句的意義仍相近，都是説不能維持起碼的艱苦生活。

⑫不虞天性——殷本紀作“不虞知天性”，段玉裁、陳喬樅等謂此爲今文。“虞”，爾雅釋言釋爲“度”，集解引鄭玄釋此句爲“逆亂陰陽，不度天性”。然牟庭同文尚書據白虎通號篇“虞者，樂也”，文選羽獵賦注“虞與娛古字通”。又孫詒讓尚書駢枝、章炳麟古文尚書拾遺定本也都以“虞”爲“娛”，皆以爲“不虞天性”就

是“不樂天性”。此釋較妥。

⑬不迪率(lǜ)典——“迪”，由，用。王引之經傳釋詞、孫詒讓尚書駢枝，皆以爲尚書“迪”字多與“用”、“由”通用。是爲外動詞。“率”，孫詒讓尚書駢枝以爲是無意義的語詞（參看湯誓篇“率”字校釋）。但顏氏家訓書證説：“‘率’字自有律音。”牟庭同文尚書以爲當從爾雅釋詁：“‘律’，法也。”章炳麟古文尚書拾遺定本亦云：“‘率’如‘縠率’、‘算率’之‘率’，實即‘律’字。釋詁‘律’、‘典’皆訓‘常’。”“不迪率典”，牟、孫、章三氏皆釋爲“不用典法”，就是不由常法。其説可從。

⑭罔弗欲喪——殷本紀作“罔不欲喪”。“罔”，無（釋言）。“喪”，亡（白虎通崩薨）。

⑮天曷不降威——隸古定寫本如 P.2516 本、P.2643 本、內野本、岩崎本、雲窗本“曷”皆作“害”（惟中少一筆作“宔”），“威”皆作“畏”，爲今、古文本原用字。“害”爲“曷”的本字（參看盤庚“曷”字校釋），“畏”在金文中常假借爲“威”。此句意爲“天爲什麼不降下責罰來呢？”

⑯大命不摯(zhì 至)——殷本紀作“大命胡不至”。唐石經亦於句旁增刻“胡”字。但説文女部“勢”字下引作：“周（段玉裁校正作“商”）書曰：‘大命不勢’（段玉裁校正作“勢”），讀若‘摯’。”是原當無“胡”字，疑司馬遷爲足其意而增之。釋文：“摯，音至，本又作‘勢’（依段説當作‘勢’）。”于省吾尚書新證云：“‘摯’乃‘藝’之譌。呂覽先識‘向摯’，淮南子氾論作‘向藝’。‘藝’，金文作‘埶’或‘狄’。毛公鼎‘埶小大楚賦。’番生段‘馥遠能狄’，即‘柔遠能邇’，‘藝’、‘邇’同音。堯典‘歸格于藝祖’，‘藝’，尚書大傳作‘禰’。然則‘大命不藝’者，大命不近也。詩雲漢‘大命近止’，文例有反正耳。”此解“摯”當作“藝”，意爲“近”，甚是。“大命不近”，是説商代奴隸主政權所宣揚的從上天那裏承受來的大命就要離開了，相去不近了。

⑰其如台(yí 怡)——殷本紀譯作"其奈何"。"如台",即"如何",故亦作"奈何"(參看湯誓"其如台"校釋)。

以上這一節是祖伊對紂講的話。祖伊感到國亡在即,指出這是紂的行爲招致來的後果,勸諫他趕快注意改變。

王①曰:"嗚呼②!我生不有命在天③?"

①王曰——"王",指商王紂,故殷本紀直作"紂曰"。

②嗚呼——殷本紀省去此二字。在本書今文本、古文本、隸古定古寫本中,此二字異體情況一如盤庚篇,今仍沿用後代通行體"嗚呼"二字不改。

③我生不有命在天——殷本紀作"我生不有命在天乎"。因句首省去嘆詞"嗚呼",故句末加語氣詞"乎",以完全體現原句語氣。周本紀更簡叙此句,並足其意爲:"紂曰:'不有天命乎?是何能爲?'"這些是較早的對此句的理解,其說近是。

以上這一節,記紂自恃天命,拒絕祖伊的勸諫。

祖伊反①,曰:"嗚呼!乃②罪多參③在上,乃能責④命于天?殷之即喪⑤,指乃功⑥,不無戮于爾邦⑦?"

①反——同返,即回去以後。說文辵部即引作"返"。

②乃——第二人稱領格,即"你的"。這裏指紂,雖在背面說,在語言中仍用第二人稱。

③參——釋文引馬融云:"'參'字'厽'在上。"今本釋文"厽"作"累",錢大昕、段玉裁皆以爲是陳鄂妄改。錢氏潛研堂集云:"玉篇:'厽,累堲爲牆壁也。尚書以爲參字'。然則古本尚書作'厽',東晉本乃改爲'參'耳。"段氏古文尚書撰異云:"汗簡、古文四聲韻皆云'厽'字見石經尚書戡黎篇。字作'厽',甚協。謂爾罪多,積厽如丘山,腥聞在上也。"段又舉唐鑄"開元通寶","重二銖四參"。沈括夢溪筆談謂"'參'乃'厽'傳寫之誤",證"參"字

原當作“絫”。是此字原作“厽”，或作“絫”，都是“累”字的古文。“參”字誤。“乃罪多絫在上”，就是説你的罪惡積累很多，聲聞在上帝處了。

④責——責成，有所責求（説文），即現代語言中“要求”的意思。

⑤殷之即喪——“之”，其。“即”，遂。言“殷其遂喪”（經傳釋詞），是説紂就要走上喪亡的路子的意思。

⑥指乃功——“指”，古與“耆”通用。俞樾群經平議舉詩皇矣“上帝耆之”，潛夫論班禄篇引作“上帝指之”爲證；牟庭同文尚書舉釋名“耆’，指也”及詩武“耆定爾功”釋文“耆’，毛音指”爲證。“耆”的意義見詩武毛傳：“耆’，致也。”“功”，所有注疏家都釋爲“事”。故俞樾釋此句與下句爲：“指，致也。言致極爾之事，必將爲戮也。”是説你的事情儘量發展下去，必將得到亡國的結果。

按，左傳宣十二年士會引周頌曰：“耆，昧也”，杜解：“‘耆，致也，致討於昧也。”孔疏：“‘耆’音‘指’，‘指’、‘致’聲相近，故爲致也。‘致討於昧’者，言養之使昧，然後討之。”意思是説讓對方發展到昏昧極點的程度，然後一舉攻擊他，直使之滅亡，和此處“指”字意義相近。不過左傳是使別人如此，這裏是自己如此。

于省吾尚書新證以爲：“指、稽均從旨聲，古音同隸脂部。指即稽，讀爲計。‘殷之即喪，指乃功，不無戮于爾邦’者，言殷之就於喪亡，計汝之事，不無戮於爾邦也。”給“指”字提出了另一解釋，説亦通。

〔牟庭釋“耆”即“黎”，並斷句爲“殷之即喪耆”。這只要確定耆即黎，然後此説就有可能。可參看後面討論（一）（二）。〕

⑦不無戮于爾邦——“戮”，通“僇”，辱（參看甘誓篇“戮”字校釋）。“無”，曾運乾尚書正讀説是疑問倒語，古音讀如“嗎”，並舉儀禮士喪禮“無有後艱”即“有後艱無?”“無有近悔”即“有近悔

無?"爲例。此句也倒用，即"不戮于爾邦無?"也就是"不辱及你的國家嗎?"

　　以上這一節，記紂拒諫後祖伊的悲嘆。（此節自"祖伊反曰"以下全文六句，殷本紀沒有照鈔，用"紂不可諫矣"五字略括其意代作結語。）

〔二〕今譯

　　西伯周文王昌征服了黎國，祖伊非常恐慌，跑去對紂王説：

　　"天子! 老天爺快要終止我殷朝的天命了。懂得天命的賢人和傳達天意的大龜，都不敢説有好兆頭了。這並不是我們祖宗不保佑我們後代，而是王的過度的行爲自絕於天，所以天才抛棄我們，使得大家没有安穩飯可吃，也就不安於天性，不由於常法。現在我們的人民幾乎没有不希望我們王朝完蛋的，都説：'天爲什麽不降下懲罰來呵!'看來天命已在離開我們了，王啊，現在您想該怎麽辦呵!"

　　紂説："咦! 我不是一生下來就有大命在天的嗎?"

　　祖伊垂頭喪氣地回去，説："唉! 你的罪多得積累到天上去了，還能向老天爺要求再給你天命嗎? 我殷朝的敗亡之局已迫在眼前了，你的所作所爲發展下去，還能不毀滅你的國家嗎?"

〔三〕討論

　　漢成帝時出現的書序説："殷始咎周，周人乘黎。祖伊恐，

奔告於受，作西伯戡黎。"("咎"，憎惡、嫉惡。"乘"，勝。"受"，
即紂。)史記殷本紀作："及西伯伐飢國滅之，紂之臣祖伊聞之而
咎周，恐，奔告紂曰。"都是説周的西伯征服了叫黎或飢的小國
後，殷王朝的祖伊感到極度的恐慌，對紂説出了這一篇話。

這裏需要弄清楚的問題是：

(一)黎的地點何在；

(二)西伯是誰，以及他發展自己、打擊商王朝的歷史過程是
怎樣的；

(三)本篇的寫作背景如何。

(一)黎的地點何在

説文邑部："𨙸，殷諸侯國，在上黨東北，从邑，称聲。称，
古文利。商書西伯戡𨙸。"

後漢書郡國志上黨郡："壺關，有黎亭，故黎國。"注："文王
戡黎即此也。"

僞孔傳："黎，近王圻之諸侯，在上黨東北。"

通典："潞州上黨縣，古黎侯國，西伯戡黎即此，漢爲壺關
縣。"又："壺關縣，古黎國，地有羊腸坂，後魏移壺關縣於此。"

王鳴盛尚書後案云："以今輿地言之，黎亭在山西潞安府長
治縣西南，縣爲府治。而孔傳及説文並云'黎在上黨東北'者，蓋
其時郡治長子。今之府治非漢之郡治也。"

根據這些材料，我們可以肯定西伯所戡的"黎"就在今山西長
治市南面壺關境内。

但古籍中還有些紛歧的説法：

左傳宣十五年"狄……奪黎氏地"，杜解："黎氏，黎侯國，
上黨壺關縣有黎亭。"漢書地理志"上黨郡壺關"顏注："應劭曰：
黎侯國也，今黎亭是。"元豐九域志："潞州黎侯亭，在黎侯嶺

上。”這是都誤把壺關的黎亭作爲周代的黎侯國。其實周代的黎侯國不在壺關黎亭而在潞州黎城。周本紀正義：“括地志云故黎城，黎侯國也，在潞州黎城縣東北十八里。”續漢郡國志“上黨郡潞本國”注：“上黨記：又東北八十里有黎城。”按，呂氏春秋慎大覽説“武王封帝堯之後於黎”（御覽二百一引作犁）。所謂“帝堯之後”不一定封在此地，因史記周本紀説封在“薊”，樂書説封在“祝”。而黎則相傳爲“子”姓國，如各家所輯世本都説黎爲“子”姓，殷後。又左傳昭四年杜注：“黎，東夷國”；史記楚世家集解“服虔曰：黎，東夷國名也，子姓。”姓氏急就篇也説：“黎氏，黎侯之後，子姓。”在古籍中對以殷族爲主體的東方用鳥爲圖騰的各族都稱做“東夷”。由這些資料看來，似乎周代封了殷人的另一支在黎城爲黎侯；也可能就是“戡黎”時所征服的原來爲殷同姓的黎國，征服後把它遷到黎城，作爲臣服於周的侯國，所以它仍然爲子姓國。其地在今山西潞城縣東北的黎城。

這個黎侯國，到春秋時被狄人所侵佔，建立了潞子國，黎侯被趕到衛國逃難去了。左傳宣公十五年，晉人責狄人不當奪黎氏地，遂滅潞子國，復立黎侯。而詩旄丘序云：“狄人迫逐黎侯，黎侯寓於衛。”又式微序云：“黎侯寓於衛，其臣勸以歸也。”這都反映了當時這一史實。（但詩序作於東漢初，也未必可信。）水經河水“過黎陽縣南”注：“黎侯國也。詩式微‘黎侯寓於衛’是也。”此黎陽縣漢時屬魏郡，宋屬衛州，後就其境置濬州，明時爲濬縣，清屬衛輝府。黎陽故城在濬縣西南三里，即在今河南濬縣境內。這是周代的黎侯被逐避居衛地後留下的地名。元吳澄襲宋吳棫之説以爲西伯所戡的黎就是這個黎陽，其書纂言説：“竊疑戡黎之師當是（武王）伐紂之時，然黎國若爲潞州之黎城，則山路險僻，不當周師經行之道，紂都朝歌在今衛州，而衛州有黎陽，去朝歌甚邇，或指當時近畿有小國，周師自孟津渡河，故先戡黎而遂乘勝以進紂都也。”這是他的誤説，由於他不知道黎陽是春秋時才有的地名所致。王鳴盛尚書後案特爲指明，這是堯後黎侯（實指封於黎城的黎侯）之黎，而非"戡黎"之黎。

現在特於附圖上標明壺關黎亭之"黎"爲"黎1"，周代所封黎侯國之"黎城"爲"黎2"，黎侯被狄所逐避居衛地的"黎陽"爲"黎3"。"黎1"就是本篇西伯所戡之黎。

甲骨文中，武丁、康丁、武乙時都有征伐"勹方"或"召方"的卜辭，此勹或召可能即是"黎"。可知商代以殷（安陽）爲首都之後，經過幾代的努力，把這離首都才兩三百里的"黎"地平定下來，並封了自己的宗族於該地，作爲首都西面的屏蔽。到紂時，還在這裏徵集軍實，檢閱兵力，結果引起了東方屬國的叛亂。左傳昭四年，"商紂爲黎之蒐，東夷叛之"，這是明證。史記楚世家也説："紂爲黎山之會，東夷叛之。"當紂回過頭去鎮壓東夷方面時，周文王的勢力已日益發展，便趁機征服了黎方，直接威脅到紂都，這是對殷周形勢消長最有影響的一次關鍵性的事件。

但尚書大傳"黎"皆作"耆"，如云："西伯戡耆"（路史國名紀引）。"四友獻寶，乃得免於虎口，出而伐耆"。"免於虎口而克耆"（並左傳襄三十一年正義引）。"文王出則克耆"（禮記文王世子正義引）。史記周本紀亦云："明年敗耆國"，正義："即黎國也"，集解："一作阢。"殷本紀："及西伯伐飢國，滅之"，集解："飢，一作阢，又作耆。"又宋世家："周西伯昌之修德滅阯"，集解："阯，音耆"，索隱："耆即黎也。"所有這些材料都説"耆"、"飢"、"阢"、"阯"都即是"黎"。我們看殷本紀和周本紀在説"伐飢"或"敗耆"之後，所記祖伊和紂所講的話就是本篇的話，因此我們敢於相信"飢"或"耆"就是"黎"的説法。

按，"耆"、"飢"、"黎"諸字同在段玉裁六書音韻表的古韻第十五部，亦即王念孫、江有誥等所定古韻脂部，是諸字古音韻母相同。其聲母則爲牙音群紐與舌頭來紐之異，實即爲舌端和牙齒相觸發聲，稍移作舌端和上顎相觸發聲，今湖南益陽某些地區方言猶把"茶"讀同"拿"的陽平聲，"坐"讀同"懦"的上聲，其發聲變異情況正與此相同。可知"耆"和"黎"二字實爲同一地名的異讀，可能就是商、周方言對此地名的異讀（"飢"則爲"耆"之假）。由甲骨文中有"勹"及商書作"黎"，而承先秦博士伏生之説的尚書大傳作"耆"及史記周本紀亦作"耆"來看，似乎很有可能是商人讀"黎"，周人讀"耆"，同是指壺關附近這一地方。

甲骨文中，殷虛文字甲編 810 片有"旨方來"，殷契粹編 1124 片有"伐旨方"，1125 片有"御旨于亜"，1126 片有"往伐旨"，1127 片有"旨方⋯⋯于□告"。郭沫若曾指出這是殷的敵國，而不詳其地望。楊樹達謂："經傳未見有旨方之稱，余疑其爲尚書西伯戡黎之黎。説文八篇上'老部'説耆字从老省，旨聲，甲文作旨，尚書大傳及史記作耆，其音一也。'黎'與'耆'爲一聲，'旨'與'耆'爲一音，故知甲文之旨即耆，亦即黎矣"（積微居甲文説下）。按甲文中旨與勹爲二地。旨既爲敵國，地望又不明，很難説就是已臣服於商的勹（黎）或耆。

宋羅泌路史國名紀："耆，侯爵。自伊徙耆，爰曰伊耆。一曰阢，黎也。故大傳作'西伯戡耆'。史記言'文王伐阢'，又云昔'文王伐飢'。本作阢，音祁，即耆，黎也。周書傳'五年伐耆'。而大傳作'戡耆'，故説以爲'黎'也。字書'阢，訛。'"這是第一次提出了阢字是誤字。孫星衍今古文注疏也沿説"阢"、"阢"是"飢"的誤字。

"飢"，徐文靖竹書紀年統箋謂即"飢氏"。該書"帝辛三十四年，周師取耆及邘"條下説："左傳僖二十九年（按當作定四年）祝鮀曰：'分康叔以殷民七族'，有'飢氏'是也。周本紀謂'西伯敗耆國'，正義曰：'即黎國也'。然尚書西伯戡黎乃武王襲封西伯後三年事也，安在文王所伐之耆即黎乎。"這是他第一個提出了"飢"和"耆"不是"黎"。

雷學淇竹書紀年義證云："耆，姜姓，國名。炎帝之先，自伊徙耆，故曰伊耆氏，即帝堯母家。耆即文王所伐，皆炎帝支庶之封，使守祧宗邑者也。國之所在未詳。尚書大傳引‘西伯戡黎’作‘西伯裁耆’，史記從之，又改作‘伐飢’。徐廣音義云：‘飢，一作阢，又作耆。’合黎、耆爲一，非是。伐耆乃文王事，戡黎乃武王事，通鑑前編嘗辨之。”

陳夢家殷虛卜辭綜述根據雷説提出黎與耆爲二地，以爲“黎”是卜辭中的“勹”、“召”、“邠”，“耆”爲卜辭中的“旨”。他説：“尚書的‘西伯戡黎’與尚書大傳的‘文王伐耆’應分別爲二事。周本紀説文王‘明年敗耆國’，尚書西伯戡黎正義引伏生書傳説文王受命五年伐耆。殷本紀‘西伯伐飢國’是戡黎之事，而集解引‘徐廣曰飢亦作阢，又作耆’。作阢即邠之譌，與耆無涉。”因此他的結論也是：“伐耆乃文王事，戡黎乃武王事。”

楊筠如尚書覈詁據文王所平定的虞、芮、犬戎、密須、邘、崇等地皆在岐西豐、鎬附近，黎不得遠在上黨，以爲當即古之驪戎，亦即國語中的“戲”，金文中有戲曰鼎、戲中鼎，地在新豐附近云。

徐文靖、雷學淇根據明代的僞書今本竹書紀年立論，是不可靠的。陳夢家承其説，亦不足據。楊筠如錯誤地把邘、崇等地都列在豐、鎬一帶，所以提出了黎不得獨遠在東邊之説，也是未深考之故。至於以甲骨文中地名來論定文獻中地名，或然性很大。只有經過系統的綜合的研究，基本能較確切地考定甲骨文中各地名所在後，才能較有把握地認定它在文獻中相應的地名。又此諸人都提出了文王、武王先後戡定各地的問題，這與下面論及的問題有關，現特放在下面第（二）問題中討論。

（二）西伯是誰，以及他發展自己、打擊 商王朝的歷史過程是怎樣的

史記周本紀：“公季卒，子昌立，是爲西伯。西伯曰文王。”又殷本紀：“紂以西伯昌、九侯、鄂侯爲三公。九侯有好女，入

之紂。九侯女不喜淫，紂怒，殺之而醢九侯；鄂侯爭之彊，辨之疾，並醢鄂侯。西伯昌聞之竊嘆。崇侯虎知之，以告紂。紂囚西伯羑里。西伯之臣閎夭之徒求美女、奇物、善馬以獻紂，紂乃赦西伯。西伯出而獻洛西之地以請除炮烙之刑。紂乃許之，賜弓矢斧鉞，使得征伐，爲西伯。"由這些記載上，可知西伯是周文王，他作爲紂的屬國諸侯，被紂囚禁過，通過獻賄賂而獲釋放。

周本紀記西伯被釋放後，解決了虞、芮（ruì 瑞）兩國的爭訟，接着説："諸侯聞之曰：西伯蓋受命之君。明年，伐犬戎；明年，伐密須；明年，敗耆國。殷之祖伊聞之，懼，以告帝紂，紂曰：'不有天命乎，是何能爲！'明年，伐邘；明年，伐崇侯虎，而作豐邑，自岐下而徙都豐；明年，西伯崩。""詩人道西伯蓋受命之年稱王，而斷虞、芮之訟，後七年而崩，諡爲文王。"這裏所叙的次序是：西伯被囚釋放後，元年受命稱王，平虞、芮，二年以下按年伐犬戎、密須、耆、邘、崇，作豐邑，至七年死。

尚書大傳則説："文王一年質虞、芮，二年伐于，三年伐密須，四年伐畎夷，紂乃囚之。""五年之初，散宜生等獻寶而釋文王。文王出則克耆，六年伐崇，則稱王。"這裏的次序和史記出入很大。兩説比較如下：

	史記	尚書大傳
周文王元年	獲釋，受命，平虞、芮	質虞、芮
二年	伐犬戎	伐于
三年	伐密須	伐密須
四年	伐耆	伐畎夷，被囚
五年	伐邘	獲釋，伐耆
六年	伐崇，作豐邑	伐崇，稱王
七年	崩	

要判定哪一説對，只有從弄清這幾個地方的地望着手，並聯繫周文王的活動來看，才能得到正確的結論。

　　章炳麟古文尚書拾遺定本企圖解決這一問題，他根據皇甫謐之説，以崇在豐、鎬之間，遂以爲"密須、犬夷皆在岐周以西，伐之固應在崇侯前。黎則漢之壺關，邘則漢之野王，文王不先伐崇，則東道梗塞"。又謂"文王用兵，蓋莫盛於伐邘"。因此提出他的看法，以爲周文王先伐密須、犬夷，"合六州諸侯奉勤於商，商王用崇讒"而囚文王七年（據逸周書程典篇及左傳襄三十一年），出囚後即伐崇、作豐，並伐許、魏（據三朝記少間篇），約三、四年，虞、芮質成，乃稱王，"殷始咎周"，"於是改圖以從民望，始乘黎、次伐邘。"他這一説的根本錯誤，在誤信了皇甫謐的説法，僅據周本紀"伐崇侯虎而作豐邑"一句，就以爲崇在豐、鎬之間。又誤信論語説周"三分天下有其二以服事殷"之説，所以引出了許多錯誤論斷，把伐各地的先後次序隨意排列，比原有的兩説更混亂了。

　　其實就各地的地望一加考察，就知道史記的説法是比較正確的。現逐一論列各地如下：

　　"虞"、"芮"。古文中"虞"往往作"吳"，是從"虍"之字多可省"虍"的通例，卜辭金文中往往以"吳"通"虞"。"吳"作爲古地名，與"芮"相近，都在古雍州境內。漢書地理志"右扶風汧（qiān 千）縣"下云："吳山在西，古文以爲汧山，雍州山。北有蒲谷鄉、弦中谷。雍州弦蒲藪，汧水出西北，入渭；芮水出西北，東入涇。詩'芮阰'（jú 局），雍州川也。"師古曰："阰讀與鞠（jú）同，大雅公劉之詩曰：'止旅乃密，芮鞠之即'。韓詩作'芮阰'，言公劉止其軍旅，欲從安靜，乃就芮阰之間耳。"這是説周人從公劉時起就在這一帶活動過。其吳山或汧山，禹貢叫作岍山，周禮職方氏叫岳山，而史記封禪書"岳山"與"吳岳"並列。胡渭禹貢錐指説："吳岳，班、酈皆謂即古之岍山。然史記封禪書……又析吳岳與岳山爲二……隴州志則以州西四十里之吳山爲岍山，州南八十里之岳山爲吳岳……竊謂吳山漢志雖云在縣西，而岡巒綿亘，延及其南，與岳山只是一山。"清一統志也説："兩漢志皆謂吳山即岍山，而通典、元和志、寰宇記則分吳山與岍山爲二；然脈絡相連，在古只一山也。"其地在今陝西省隴縣西南，流經縣境的千河即古汧水，可知當年的"虞"，就在今千河西南一帶。而古"芮水"就是發源於今隴縣東北，流經甘肅靈臺縣，注入涇河。因而知當年的"芮"就在今隴縣北部地區。

"犬戎"或"畎夷"。此族原也在汧、隴一帶，長期和周人爲敵。史記周本紀記古公亶父避薰育夷狄之攻掠而遷居岐下，詩綿即記古公亶父遷居岐下之事，但稱敵人爲"戎醜"，爲"混夷"。説文馬部"駤"字下則引作"昆夷"，口部"喝"字下引作"犬夷"。古本竹書紀年則記"王季伐西落鬼戎"。詩采薇序"文王之時，西有昆夷之患"，孟子梁惠王下也説"文王事昆夷"(杭州石經宋高宗書孟子作混夷)，詩皇矣則稱"串夷載路"。成王時的盂鼎銘還記伐"蚊方"的功勳。這些不同名詞都是周人對犬戎在不同時間的稱呼。直到周幽王時，犬戎還攻滅了幽王，結束了西周時代。王國維指出這一族地點，當西周初年也在汧、隴之間，由宗周之西而包其東北(鬼方昆夷玁狁考)。終西周之世，它都活動在今陝西省北部洛河流域中的較大區域。

"密須"。即詩皇矣所説文王時的"密"國。該詩説"密人不恭，敢距大邦，侵阮徂共"。漢書地理志"安定郡陰密縣"下云："詩密人國。"師古注："即詩大雅所云'密人不恭，敢距大邦'者。"其地在今甘肅靈臺縣境西南。(讀史方輿紀要卷五八"涇州百泉"條："其池在州北五里，詩'侵阮徂共'……今之共池是也。"涇州即今甘肅涇川縣，爲靈臺鄰境。)

"耆"。見上文，即黎。

"邘"或"于"。韓非子難二作"昔者文王侵盂"。按甲骨文中正作"盂"，王國維考定即"邘"(見觀堂集林別集；殷虛卜辭中所見地名考)。左傳定八年"劉子伐盂"亦此。説文謂在河內野王，左傳僖廿四年杜注："河內野王縣西北有邘城。"水經沁水注："其水南流逕邘城西，故邘國也，城南有邘臺。"周本紀集解："邘城在野王縣西北，音于。"又正義："括地志云：故邘城，在懷州河内縣西北二十七里，古邘國城也。"按漢書地理志"河内郡埜（即野）王縣"下云："孟康曰：故邘國也，今邘亭是也。"漢野王縣，即隋、唐河内縣，亦即今河南省沁陽縣。從卜辭中看出，這些地方商代叫做"衣"，這是商王室的田獵區。

"崇"。國語周語："昔夏之興也，融降於崇。"韋注："崇，崇高山也。夏居陽城，崇高所近。"陽城在今河南登封境［參看甘誓篇"討論（二）"］，崇高山見漢書武帝紀云："元封元年……翌日親登崇高……其令祠官加增太室祠，禁無伐其草木，以山下户三百爲之奉邑，名曰崇高。"漢書郊祀志及地理志"潁川郡"皆作"密高"，師古注云："'密'，古'崇'字耳，以崇奉嵩高之山，故謂之'密高奉邑'。"王念孫讀書雜志云："'崇高'即'嵩高'，師古分'崇'、'嵩'爲二字，非也。古無'嵩'字，以'崇'爲之，故説文有'崇'無'嵩'。經傳或作'嵩'，或作'崧'，皆是'崇'之異文。"可知"崇"就是後代的"嵩"，亦即現在河南登封附近的嵩山一帶地。現在的嵩縣，顯然也是沿其舊稱的地境之一。

上述各地的地望弄清了，周文王的用兵路綫、發展過程，就一如史記所載歷歷可尋了。他先平定自己根據地"岐周"西邊的虞、芮，由西向北驅逐了犬戎，回頭掃清了東北面近在肘腋的密須，使根據地得到了鞏固，這期間大概有一段没有急劇用兵而是積蓄力量、招徠與國，國勢漸漸得到壯大和發展，並逐步向東擴張的時期。這時爲了取得穩定的環境，而向商王朝妥協，因而有承認商王朝爲"大邑商"，表示臣服的時期。近年陝西周原考古所發現的先周甲骨文中，有祭商王成湯和文武帝乙之辭，可證這種情況，所以就有左傳襄四年的"文王率殷之叛國以事紂"，逸周書程典的"文王合六州之侯，奉勤于商"，論語泰伯的"三分天下有其二，以服事殷"及吕氏春秋順民的"文王處岐事紂，冤侮雅遜"等等的話。

但事實上他這時正在準備渡河東進。等到力量一足，就揮師河東，戡定黎國，這時隔着太行山，下臨朝歌，已不過二三百里的距離了。形勢確已非常緊急，所以祖伊要驚驚慌慌地講出這一段話。

但一方面由於到紂都朝歌還阻隔着太行山，同時在殷與周疆土之間還存在着好些臣服於紂的諸侯國，有先行掃清的必要。所以文王在戡黎後的第二年，又征服了邘（于）。孟子滕文公下引太誓：“我武維揚，侵于之疆，則伐于殘，殺伐用張，于湯有光”。就是頌揚這件武功，所以章炳麟説是文王用兵最盛的一次。

在征服了今山西省東南地面的黎和緊鄰的今河南省黃河北岸地區的邘以後，接着在其明年又征滅了黃河南岸的崇，這一役，事實上應是周文王很大的一次武功。戰國策秦策記蘇秦列舉自神農、黃帝到齊桓公每一個代表性人物的戰功，把文王伐崇、武王伐紂與神農伐補遂、黃帝伐蚩尤、堯伐驩兜、舜伐三苗、禹伐共工、湯伐夏桀並舉。可見戰國時人心目中的周文王的最大的戰功是伐崇。自這次勝利之後，就以壓倒的優勢耽耽虎視着殷都了。而且由於開拓了以崇國爲中心的今河南省中部和西部廣大地區，就使這裏以南和其西及西南的庸、蜀、髳、盧、彭、濮等族都有了可能納入周王的勢力範圍之内，以後便能徵集他們一道進攻殷王都了（見牧誓）。

周的首都原在今陝西省西部的岐下，到這時領土已擴展到今山西省東部和河南省中部，並影響到其以南地區。爲了統治方便計，有必要把首都向東移，於是就有詩文王有聲所説的：“文王受命，有此武功，既伐于、崇，作邑于豐”，和周本紀所説的：“明年伐邘，明年伐崇侯虎，而作豐邑，自岐下而徙都豐”等等記載。周本紀集解：“豐在京兆鄠縣東，在長安南數十里。”又正義：“括地志云，周豐宮，周文王宮也，在雍州鄠縣東三十五里。”吕氏春秋簡選：“西至酆郭”，高誘注：“在長安西南。”可知豐在今陝西西安的西南，户縣的東面。到周武王時，又在其東二十五里建立了鎬（hào 好）京。一直終西周之世，豐、鎬就成了周代的首都。

　　在這種勝利的形勢下，周文王可以很快就去攻打殷都，擊滅殷紂。但是他就在"作豐邑"的第二年死了，因而把滅紂的事業留給他的兒子周武王去完成。

　　基於上述歷史事實，所以所有的注疏家都説戡黎的西伯是周文王，這是沒有錯的。但宋代胡宏皇王大紀始以爲是武王，陳鵬飛繼其説，薛季宣書古文訓較詳言之云："'西伯'，武王也，舊説以爲文王。説苑膠鬲謂武王爲'西伯'，武王亦嘗爲西伯也。書序'殷始咎周，周人乘黎'。蓋商人咎周之不伐紂，故武王有乘黎之舉。泰誓'觀政'之語，謂乘黎也。詩稱'密人不恭，敢拒大邦，侵阮徂共'，故文王'侵自阮疆'，繼以伐崇之事，而無戡黎之説。書次微子於戡黎之後，戡黎之序有'咎周'之語，紂既可伐，則非文王時矣。"吳棫也根據祖伊辭氣甚迫，以爲是武王（尚書表注引）。吕祖謙東萊書説也説："西伯非文王，乃武王也。"金履祥書經注也説："戡黎，武王也。……文王豈遽稱兵天子之畿乎？"並舉了好些文王不得征東諸侯的理由（亦見通鑑前編）。元吴澄書纂言也説："文王三分天下有其二以服事殷'，決不稱兵於紂之畿内。"此外宋陳經、元王天與、董鼎、陳櫟等人無不引用吕氏之説。這些人都是昧於當時地理情况及相信文王忠於殷紂不會稱兵等儒家迂説，才有這樣的看法。其實詩的雅、頌各篇，歌頌周初太王、王季、文王、武王創業興邦，誇耀天命，誇耀武功，對殷始終是敵視的、責駡的，根本沒有什麼"三分天下有其二以服事殷"的絲毫痕跡。因此這些儒生的説法是完全不足信的。王夫之書經稗疏以三點理由否定了武王之説：（一）"經編戡黎於微子一篇之前，而祖伊所指陳紂之失德，亦未若微、箕所云之甚，使在文王既没之後，紂在位已久，惡已貫盈，而焚炙忠良、斮脛剖心之事已習於毒，祖伊其能盡言不諱而免於禍乎？"（二）"武王克商，訪箕子，式商容，而何不一及於祖伊耶？則祖伊已先殷亡而殍。"（三）"使武王因乘黎之勢而遂東，則下上黨，出王屋，徑按河北，又何迂道而渡孟津?"因此可肯定武王戡黎之説是完全錯誤的，我們還是相信舊注有些道理，所以仍用舊注，以本篇的"西伯"爲"周文王"。"戡黎"或"伐耆"是文王的事。

(三)本篇的寫作背景

本篇記周文王伐黎時，商王朝的大臣祖伊感到恐慌，和商王紂的一段對話。根據當時形勢和祖伊的急迫之情，以及陶醉於天命的奴隸主頭子商紂看不清形勢，盲目相信自己有天命在身等等來看，這些顯然是符合當時歷史的。因此這篇對話在當時應是實有其事的，大概曾留下原始的紀録材料。

但是根據本篇的内容方面和文字方面來看，它顯然又是寫成於周代。不能就是本篇的原始文件。

就内容來説，它和微子一樣，是商書中兩篇非常特別的文件，充滿了自怨自艾的情緒，絲毫没有對周人的敵愾之情。面對兇惡的敵人，一點不表示讎恨憤慨，而只責罵自己，這是出於一般常理之外的。而且作爲臣下，能這樣直言無忌的對君主講話，並且是對史籍上有名的"暴虐"成性動輒拒諫殺人的商紂講話，敢於這樣當面揭露他，這也是不近情理的。所以有人説這是"周人對於殷代滅國事件的宣傳，假殷臣祖伊之言以出之"(美國顧立雅釋天，燕京學報十八期)。這一説法是有它的可能性的。在奴隸制王朝，"天命"是它的主心骨，説自己天命去了，無異宣佈自己的滅亡，一般反動統治階級決不肯這樣做的。他們往往是越到危亡時候，越要垂死掙扎，以百倍的頑固來拒絶退出歷史舞臺，所以説商紂的話倒合於當時歷史實際，而祖伊的話卻不象當時殷人的話，因此要説這是周人的話，强加在殷人身上的，也説得過去。説文"埶"字引此篇稱周書，似乎漢時已認爲此篇出於周代人的手筆。

王國維提出："商書之著竹帛，當在宋之初葉"(高宗肜日説）。這倒很有可能。宋是商王朝覆滅後，被周人所封的臣服於周的商人後代，它經歷了祖國的滅亡，承受了痛苦的現實，接受了周人宣傳的觀點，例如左傳僖二十二年宋國大司馬公子目魚説“天之棄商久矣”，就是久已習熟於這種觀點的明證。當宋國喘息已定，痛定思痛，重新整理它的祖先的史料，編成書中的商書和詩中的商頌時，除了歌頌它的前代光榮部分外，遇到商末的幾個文件，追惟當時覆國亡家的慘象，認爲確是自己做了壞事，天命已去，因此就有今天看到的西伯戡黎和微子等篇的寫成。

　　再就文字來説，篇中的“天”字，“殷”字都非商代所習用，而是周人使用的語言。“天”字已詳高宗肜日篇的“討論”中，現不重復。這裏説“殷”字。

　　商代的甲骨文中根本沒有“殷”字，而只有“衣”字。“衣”的意義有二，一爲祭名，一爲地名。地名的“衣”，郭沫若謂即水經沁水的殷城，地點在今沁陽（卜辭通纂635）。

　　商人從來不稱自己爲“衣”或“殷”，而只自稱爲“商”。即使商亡後，封於宋的商王朝後代雖周人稱之爲宋（“商”和“宋”是一聲之轉），卻往往仍然稱“商”。如左傳僖公廿二年“天之棄商久矣”，哀公九年“不利於商”，又廿四年“孝惠娶於商”，以及國語吳語“商、魯之間”，莊子天運“商太宰蕩問仁於莊子”，列子仲尼“商太宰”，禮記樂記“肆直而慈愛，商之遺聲也，商人識之”等都是。還有書的商書、詩的商頌是宋人編的，也仍以“商”爲名。可見稱“殷”不是商人自己的事。郭沫若對此有一個合理的解釋：“殷人自己自始至終都稱爲‘商’而不自稱爲‘殷’的。在周初的銅器銘文中方稱之爲‘殷’，起先是用‘衣’字，後來才定爲‘殷’。衣是卜辭中一個小地名，是殷王畋獵的地方。周人稱商爲‘衣’，爲‘殷’，大約是出於敵愾。同樣的情形也表現在其後的楚國的稱謂上，楚國不自稱爲‘荆’，別的國家始稱之爲‘荆’，應該也是出於敵愾”（奴隸制時代）。這個名詞是否全出於敵愾，今天材料稀少，還不够解決。當然，出於敵愾的情形是會有的，但更多的情況是，一個民族往往被他族非惡意地稱呼爲別的名字，而不是本民族自定的名字，這在世界歷史上差不多是常見的現象。因此在這裏，"殷"不是商民族自稱的名詞而是周人所稱的名詞，也是這種常見現象之一。商民族本來不慣於使用它，然而本文中卻使用了，如果這文不是周人所作，也可說明商人入周日久，已受周人很深的同化了。

　　由這些可以看出，由商末留下了原始材料西伯戡黎和微子，其最後寫定不僅可能出於周代宋國人之手，而且連觀點和語言也多習用周人的了。

　　本文附圖如下：

周文王向東發展及戡黎前後地理示意圖

尚書湯誓校釋譯論[*]

湯誓是湯伐夏桀時的誓師詞。在西漢今文尚書裏是第五篇，列爲殷書第一篇；東漢古文本仍爲第五篇，但稱商書第一篇；在今所見東晉僞古文本裏列在第十篇，仍爲商書第一篇。其情況詳後面的討論(一)、(二)。

〔一〕校釋

王曰①：“格②爾③衆庶④，悉⑤聽朕⑥言，非⑦台⑧小子敢行稱亂⑨，有夏⑩多罪，天命殛之⑪！

①王曰——史記殷本紀引載本文作“湯曰”。這是司馬遷因本文爲湯的誓詞，作歷史叙述，故改稱“湯”。湯是商王朝的創建者，他所處的時代約當公元前十六世紀。“王曰”是史臣紀録他動員部屬征伐夏代最末一個國王夏桀發出誓師詞時的用語(參看盤庚、大誥“王若曰”校釋)。“誓”字校釋見甘誓篇。

②格——告。按，堯典“格”字，漢代今文作“假”(見後漢書明帝紀、順帝紀、馮異傳、陳寵傳引，詳堯典校釋)；儀禮士冠

---

* 1979 年與劉起釪合寫。原載鄭州大學學報(社會科學版)1980 年第一期。

禮"孝友時格"鄭玄注："今文'格'爲'嘏'。"又少牢饋食禮"以嘏于
主人"鄭玄注："古爲'嘏'爲'格'。"可知群經中此字，漢代今文作
"假"或"嘏"，古文作"格"。（段玉裁古文尚書撰異説："今文尚書
有'假'無'格'"，是。皮錫瑞今文尚書考證謂"今文亦作格"，乃
其引文有誤。）牟庭據家語問禮"嘏以慈告"注："嘏，傳先祖語於
孝子"，因謂"知傳相告語謂之'嘏'，則古文之'格'亦告語之意"
（同文尚書）。按，假、嘏、格、告爲雙聲，皆見紐，古自可通
用，知此"格"即"告"。此"格爾"即堯典的"格汝"，都和盤庚的
"告汝"、"告爾"同。

③爾——殷本紀作"汝"，與殷代甲骨文"女"字同。作爲第二
人稱，甲骨文中無爾字，始見於東周金文和典籍中（如春秋時器
洹子孟姜壺、晉公盦等），可知此處在傳寫中用了晚起字。

④衆庶——衆字在甲骨文中象日下三人形，郭沫若氏釋爲生
產奴隸。但在商書如本篇及盤庚等篇中，顯非奴隸，而近於一般
所説的衆人、群衆之意，詳盤庚篇討論。"庶"，和多的意義一
樣，但甲骨文中亦未發現庶字，只有多字，當是殷周兩氏族的不
同用語，"多"是殷語，"庶"是周語（據陳夢家殷虛卜辭綜述）。顯
見這也是本篇寫定時受了後起的周人文字影響。又殷本紀在此二
字下多"束女"二字，孫星衍以爲是訓解上面"格爾"二字，傳寫者
誤鈔入正文中（見尚書今古文注疏）。

⑤悉——盡（爾雅釋詁）。即今語的"都"。隸古定本作"恩"
（如薛季宣本），不足據。

⑥朕（zhèn 陣）——我的。是單數第一人稱領格，和甲骨文中
的語法相合。內野本作"般"，爲隸古定異體。

⑦非——殷本紀作"匪"。是用訓詁通用字。

⑧台（yí 怡）——我（爾雅釋詁）。按，甲骨文中第一人稱代
詞，單數的主格、賓格用"余"，領格用"朕"，多數的主格、賓
格、領格都用"我"，而没有"台"字。東周金文始有"台"字，絶大

多數皆同“以”字，惟鄘侯毁二“台”字同“我”，又邻王子鐘一“台”字似亦釋“我”。另有“辝”、“𠡠”、“怣”三字則常用作“我”，爲單數和多數的領格（見晉姜鼎、叔夷鎛、王孫遺諸鐘、邻王義楚耑等器），實即“台”字異體或繁體。其在釋詁當即指領格。周法高據其在金文中用爲領格，因謂“辝爲‘余之’二字之合音”（評高本漢原始中國語爲變化語説，載中國語文論叢），其説可取。但本文此處用爲主格，陳夢家謂以“台”當主格中的“余”或“我”字用，當在春秋後戰國時期（尚書通論）。又此處“台小子”，即金縢等篇的“予小子”，大誥的“予惟小子”，洛誥的“予沖子”，君奭的“我沖子”，也即是金文中的“余小子”，都是周代統治者自己的謙稱。這些都是用了周代文字。

　　⑨敢行稱亂——“敢”，隸古定如内野本作“敗”，薛本作“敫”，與金文“敢”字形近，與説文𠬪部訓“進取”之“𣪊”（敢）亦近，略有譌變。“稱”，殷本紀作“舉”。内野本、薛本皆作“再”。段玉裁謂本當作“偁”（撰異）。按，爾雅釋言：“偁，舉也。”郭璞注引書作“偁”。段説當據此。“亂”，内野本作“率”，薛本作“䢦”，按説文“𤔔，亂也”，古文作“𤕟”。魏石經“亂”字遂亦作“𤕟”。知兩本沿漢古文而各有譌變。

　　⑩有夏——古人常在所稱名物前冠一“有”字以爲語助，王引之説：“一字不成詞，則加有字以配之，若虞、夏、殷、周皆國名，而曰有虞、有夏、有殷、有周是也”（經傳釋詞）。國語周語叙禹治水之功後，説：“皇天嘉之，胙以天下，賜姓曰姒，氏曰有夏。”知“夏”爲氏名，實即氏族名，並託於神話説是上帝授予的。

　　⑪天命殛（jí及）之——“天”，殷人語言裏稱爲“帝”，周人語言裏稱爲“天”（詳高宗肜日校釋）。此爲本文最後寫定於周代，用了周人文字。“殛”，誅殺，誅滅（釋言）。這句是説上帝命令我去誅滅有夏。

　　以上這一節，宣揚奉天命伐夏。

　　"今爾①有衆，汝②曰：'我后③不恤④我衆，舍⑤我穡事⑥而割⑦正⑧夏⑨?'予惟⑩聞汝衆言，夏氏有罪，予畏上帝，不敢不正⑪。

　　①爾——殷本紀作"女"。司馬遷於第二人稱統一用"女"字，惟上文"格爾衆庶"一用"汝"，可能傳寫偶異。

　　②汝——殷本紀作"女"，和甲骨文同，爲第二人稱，往往跟在所指稱的私名之後，作爲同位詞。如："王曰：侯虎，敗女使"。"珏，女其入乎從又司"。"汝（人名），……女一人"。（據陳夢家殷虛卜辭綜述引）。此處在指稱"爾有衆"之後緊接用"女"字，與殷代文法相合。

　　③我后——殷本紀譯作"我君"。這裏指湯。"后"爲君主意義，參看堯典"班瑞于群后"校釋。

　　④恤——憂（釋詁），意爲體恤，關懷疾苦。

　　⑤舍（shě）——同"捨"。

　　⑥穡（sè 色）事——殷本紀作"牆事"，"嗇"爲穡的假借。説文嗇部："田夫謂嗇夫。"又禾部："穀可收回穡。""牆事"即師袁殷的"夙夜邮厥牆事"，即農事。于省吾先生據此謂："穡事，周人語例"（尚書新證）。

　　⑦割——當作"害"，大誥"天降割于我邦家"之"割"馬融本作"害"可證。"害"與"曷"同屬古韻曷部和古聲類匣紐，故古通用，都和疑問副詞"何"同義（參看盤庚中篇"曷"字校釋）。這裏作"爲什麽"講。

　　⑧正（zhēng 烝）——同"征"，和甲骨文中"正"字作征伐用相同。

　　⑨夏——殷本紀無"夏"字，清儒多據此説此夏字當删。他們誤從僞孔傳釋"割正"爲"割剥之政"，所以有此錯誤意見。其實

“割正夏”是“爲什麼征夏”。

⑩惟——同“雖”，用作推拓連詞（據經傳釋詞）。

⑪予惟聞汝衆言夏氏有罪予畏上帝不敢不正——此十八字連下句“今”字共十九字，殷本紀錯簡在上文“有夏多罪”之下，“天命殛之”之前。而在此十九字下，“天命殛之”之上又多出“夏多罪”三字。按古代寫經籍的竹簡大抵爲一簡二十餘字（據漢書藝文志，一簡或廿五字，或廿二字），此處顯然恰是一簡錯置在前。

　　　以上這一節，針對部衆不欲伐夏情緒，假借用天命來作
　　　動員。

“今汝其①曰：‘夏罪其如台’②？夏王率③遏④衆力，率割夏邑⑤，有衆率怠弗協⑥，曰：‘時日曷喪？予及汝皆亡’⑦！夏德若兹⑧，今朕⑨必往。

①其——時間副詞，即王引之釋詞所説的“其猶將也”，“今汝其曰”，現在你們將會説。

②夏罪其如台（yí 怡）——殷本紀作“有罪其奈何”？“奈何”即“如何”。商書的盤庚、高宗肜日、西伯戡黎諸篇都有“其如台”，可知當時商族語言稱“如何”爲“如台”。

③率——與下兩句“率”字都是無意義的語首助詞。據王引之釋詞説與“聿（yù）”聲近義同，則“率”當讀作 lǜ。

④遏（è 扼）——殷本紀作“止”。楊筠如謂“遏”通“竭”（尚書覈詁）。“率遏衆力”，是説竭盡民力。

⑤率割夏邑——殷本紀作“率奪夏國”。將“割”譯爲剥奪，將“邑”譯爲國。按，與上文一樣，“割”當作“害”。但與堯典“滔滔洪水將割”、大誥“天降割于我家”都當作“害”一樣，應作“禍害”解。“邑”爲都邑，指國都所在，故殷本紀譯“夏邑”爲“夏國”（牧誓“商邑”周本紀亦譯作“商國”，與此同）。

⑥有衆率怠弗協——“有”，語詞。“有衆”即“衆”。俞樾群經平

議説："古怠與殆通。此文怠字當爲危殆之殆。言夏王率遏衆力，率害夏邑，故其民危殆而弗協。""弗協"，殷本紀譯作"不和"。

⑦時日曷喪予及汝皆亡——"時"，是（詩駉鐵、十月之交等毛傳），即"這個"。"日"，指夏桀，因古代王朝常用日來比君主。"曷"，孟子梁惠王引作"害"，知戰國時此字原作"害"，段玉裁謂係唐人衛包改作曷（撰異）。"皆"，同"偕"。殷本紀譯此句爲："是日何時喪，予與女皆亡。"即："這個日頭什麼時候完蛋呵，我寧願和你同歸於盡。"

⑧兹——此。

⑨朕——甲骨文金文中都只作單數第一人稱領格，即"我的"。秦滅六國建帝位後，始規定"天子自稱曰朕"（史記秦始皇本紀）。此處作主格，已近秦的文法。

　　以上這一節，指出夏桀的罪行，申明必須伐夏的決心。

　　"爾尚輔予一人①，致天之罰②，予其③大賚④汝。爾無不信⑤，朕不食言⑥。爾不從誓言，予則孥戮⑦汝，罔有攸赦⑧。"

①爾尚輔予一人——殷本紀作"爾尚及予一人"（惟此"爾"字殷本紀未改爲"女"）。"爾"，你們。由本節可知"爾"用爲第二人稱主格，"汝"用爲第二人稱賓格。"尚"，同"倘"。王引之云："倘，或然之詞也，字或作尚"（釋詞）。楊樹達云："尚，假設連詞，若也，與倘同"（詞詮）。"予一人"，爲古籍和金文中經常出現的古代王朝的君主自稱之詞。按，"予"字在甲骨文及西周金文中皆作"令"，爲"余"的古文，至東周金文乃作"余"，"予"爲東周後主要是漢時所用假借字，顯係今、古文本所用，是原當作"余一人"。在西周時又稱"我一人"。如盟盨、毛公鼎都同時用了"余一人"、"我一人"，盂鼎則用"一人"和"我一人"，本書多士亦"余一人"、"我一人"並用，餘如盤庚、金縢、康誥、顧命、文侯之命都用了"余一人"，酒誥、呂刑則用"我一人"。以上都是西周天

子專用。到東周的叔夷鎛銘文中，則齊侯也稱“余一人”了。“爾尚輔予一人”，你們倘若輔助我。

②致天之罰——“致”，禮記禮器“物之致也”鄭注：“致之言，至也，極也”。又中庸“致中和”鄭注：“致，行之至也。”知此句即“極天之罰”，意爲徹底行天之罰。本書甘誓、牧誓都説“共行天之罰”，墨子兼愛下引作“用天之罰”，是當時統治者慣用的假造天意的語言。

③其——在此爲承接連詞，用法同“則”（用裴學海古書虛字集釋説），即今語的“就”。

④賚（lǎi 賴）——殷本紀作“理”。按，“賚”意義爲賞賜，見説文。錢大昕以爲“理”、“賚”聲相近，義亦通，並以詩江漢“釐爾珪瓚”之“釐”，鄭玄謂或引作“賚”爲證（廿二史考異）。金文敔毁則有“贅敔圭鬲”之語，旅鼎則言“文考遺寶賚”。知賚與釐、贅同是大貴族主賞賜臣下之詞。于省吾氏據説文“釐，家福也”，克鼎“錫贅無疆”，以爲贅訓福，與説文合。又舉“釐”在金文中尚作：釐（師酉毁），耊（屖毁），𨤽（陳昉毁），及敦煌本尚書釋文釐作𨤽，等等，因謂贅自可作賚（新證）。

⑤爾無不信——殷本紀作“女毋不信”。

⑥食言——蔡沈書集傳釋爲“言已出而反吞之”，是説自己把自己的話吃掉，意即講話不算數，無信用，比僞孔傳“食盡其言僞不實”之解較確。清人或據爾雅釋“食言”爲“僞言”，或據杜預注以“食”爲“消”，都和左傳哀二十五年“食言多矣，能無肥乎”之意不合。左傳明明借用人吃東西多就肥，來比喻人把話吃得多也會肥，表示其言而無信。

⑦孥（nú 奴）戮（lù 路）——殷本紀作“帑（nú）僇（lù）”，周禮司厲鄭衆注和漢書王莽傳都引作“奴戮”，詩常棣“樂爾妻孥”疏引作“帑戮”，匡謬正俗引隸古定本作“奴㣼”，内野本作“孥㣼”，薛季宣本作“伖㣼”。“奴”，奴隸。“孥”，妻和子（小爾雅廣言）。“帑

(nú，一音 tǎng 儻)者，金布所藏之府也”(後漢書桓帝紀注引説文)，可假借作奴，亦可假借作孥。“僇”，侮辱(漢書季布傳贊、國語晉語韋注)。“戮”，殺戮(如左傳哀二年“絞縊以戮”、華嚴經音義引國語賈注)，可假借爲僇。“𠛬”、“𠞰”是戮的隸古奇字。段玉裁據鄭衆注、王莽傳、匡謬正俗及季布傳“奴僇苟活”語，遂斷定此“孥”字原當作“奴”，“戮”當作“僇”(撰異)。因他在解釋上同意鄭衆把此句引用於解釋司厲處理奴隸，只是使犯者本人作爲奴隸。鄭玄則與鄭衆不同，他解釋爲：“大罪不止其身，又孥戮其子孫”(孔疏引)。僞孔傳則説：“古之用刑，父子兄弟罪不相及，今云孥戮汝，無有所赦，權以脅之，使勿犯。”他認爲古代沒有罪及妻孥的事，但仍承認此句的文意是罪及妻孥。顏師古據僞孔引“罪不相及”語，則徑以爲此句亦無罪及妻孥意，他説：“奴戮者，或以爲奴，或加刑戮(僇)，無有所赦耳，此非孥子之孥”(匡謬正俗)。清人多承其説，都以爲到秦代才有連坐收孥之法，因此説鄭玄錯誤地以秦制來解説夏商歷史。他們不知道把全家族的人都作爲奴隸，正是商代奴隸主政權實行種族奴隸制所必有的辦法，因此鄭玄這條解釋是對的。

　　⑧罔有攸赦——“罔”，殷本紀作“無”，用訓詁字。“攸”，所(釋言)。“赦”，免罪(公羊昭十九年：“赦止(人名)者，免止之罪辭也”)。“罔有攸赦”，沒有所赦免的。

　　以上這一節，以重賞重罰來申明奴隸主專政的嚴厲的軍令，用以驅使部衆努力作戰。

〔二〕今譯

　　王説：“告誡你們大衆，都要聽我的話。不是我敢作亂，實在因爲夏王的罪太多了，上帝命令我去誅滅他。

"現在你們說：'我們的君王不體恤關懷我們大家的痛苦，丟掉我們好好的農業生產不讓幹，爲什麼要去征伐夏王呢?'我雖然聽了你們這些話，但是夏王有罪，我怕上帝，不敢不按照上帝的命令去征伐他。

"現在你們會說：'夏王的罪到底怎樣的呀?'夏王的罪嗎？他搜括盡了民力，爲害於夏國，使廣大人民陷於危困境地因而離心離德，都咒罵夏王説："你這個太陽什麼時候完蛋呵，我寧願和你同歸於盡!"夏王的德性壞到這樣，現在我必須前往征伐他。

"你們倘若肯輔助我，極力完成上帝的懲罰，我就大大地賞賜你們。你們不要不相信我的話，我決不把自己的話吃掉不算數。你們如果不服從我誓誡你們的話，我就要連你和你的妻室兒女殺的殺、做奴隸的做奴隸，決不赦免一個!"

〔三〕討論

本篇需要討論下面三個問題：
(一)本篇寫成的背景；
(二)湯誓的幾個不同的流傳本；
(三)幾個有關的地名。
分別討論如下。

(一)本篇寫成的背景

漢代出現的書序説："伊尹相湯伐桀，升自陑，遂與桀戰於鳴條之野，作湯誓。"説明本篇是商湯伐夏桀時，以伊尹爲輔佐，

率領部隊經陑地進戰於鳴條之野的誓師詞。史記殷本紀記載這一
歷史事件説：“當是時，夏桀爲虐政淫荒，而諸侯昆吾氏爲亂，
湯乃興師率諸侯，伊尹從湯，湯自把鉞以伐昆吾，遂伐桀。湯
曰：‘（此處録本篇全文，今略）’，以告令師，作湯誓。於是湯
曰：‘吾甚武，號曰武王’。桀敗於有娀之虚。桀奔於鳴條。”除地
名彼此互有詳略外，二者所説基本相同，可知大體是可信的，因
爲它與商王朝的後代宋國所作歌頌他們祖先的商頌所説湯的勳業
相符合。

　　商頌保存在現在所見到的詩經裏，它除了歌頌殷商的祖先是
由上帝派玄鳥所誕生，歷代在禹所敷的土地上光輝發展以外，特
用了主要篇章來歌頌湯的武功。如玄鳥説：“古帝命武湯，正域
彼四方。”又長發説：“武王載旆，有虔秉鉞，如火烈烈，則莫我
敢曷。苞有三櫱，莫遂莫達，九有九截，韋顧既伐，昆吾夏桀。”
最後兩句説了當時武功勝利過程，是先征服了夏王朝的幾個强大
諸侯國韋、顧、昆吾之後，緊接着就進攻夏桀的。這是關係於商
王朝建立最重要的史實，所以反復詠歌讚嘆，現在還可從春秋時
的金文叔夷鎛和鐘銘得到證實。該銘文説：“虩虩成湯，有嚴在
帝所，敷受天命，剪伐夏司，敗厥靈師，伊小臣惟輔，咸有九
州，處禹之堵。”這是春秋中葉後宋國的後人對其祖先商湯事跡的
歌頌，也歌頌了伊小臣（伊尹）的輔佐之功，和商頌、書序及史記
所記基本一致，可知都具有了史料的可靠性，因此這篇誓詞在史
料内容上説，基本也是可靠的。

　　它既是商王朝建國史上最重要的一篇“寶典”，自然爲商湯子
孫所歷世相傳，作爲必誦必尊的祖訓珍視着。後來商亡後，周公
在一篇題爲多士的誥辭裏對殷人説：“惟爾知，惟殷先人有册有
典，殷革夏命。”指出殷人的祖先用典册記載了當時殷革夏命的事
實，那麼顯然這篇重要祖訓一定就是記載在當時的典册中的。很
可能就是滅殷時周人把它接收了，成爲“周公旦朝讀書百篇”（墨

子貴義語)中的一篇；也有可能宋國的内府裏仍然保存了一份，或者當宋國受封建國，精神逐漸鎮定緩和過來之後，重新搜集整理祖先文獻，從歷世口耳相傳中恢復重寫了這一份。由於時間已在周代，所以會運用周代通用的文句去寫它，等於也是當時的一篇"今譯"。到春秋戰國時期，官府文獻散佈到士大夫手中，在傳鈔中顯然更會有當時文字影響。因此像一些非商人語言而是周人語言中的字和詞，如"爾"、"庶"、"天"、"台"等等都在本文中出現。還有虛字，如"而"、"則"等連詞，是區別春秋以後流麗可誦的文章與西周以上佶屈聱牙的文章的關鍵性字眼，本文裏也出現了"舍我穡事而割正夏"及"予則孥戮汝"的句子，就説明湯誓流傳本文字的最後寫定時間是頗晚的，顯然已到了東周。至於文中不用"余"字而用假借字"予"，就更晚了。因此它才成了比殷代後半期即武丁以後的甲骨文淺近平易得多的文獻。

(二)湯誓的幾個不同流傳本

春秋戰國時期的不同學派多有湯誓的不同傳鈔本，因而出現了好幾種不同的本子，大略有如下幾種：

1. 儒家的本子。孟子梁惠王上："湯誓曰：'時日害喪，予及汝偕亡'。"這兩句見於本篇中，可知本篇就是儒家的本子。

2. 墨家的本子。墨子尚賢中："湯誓曰：'聿求元聖，與之戮力同心，以治天下'。"不見於本篇，亦不見於先秦其它諸家所引，當係墨家獨有的一篇湯誓。東晉的僞孔本把前兩句鈔進了僞湯誥篇中。

3. 各家共傳的本子：

國語周語上：内史過曰："在湯誓曰：'余一人有罪，無以萬夫；萬夫有罪，在余一人'。"

墨子兼愛下："雖湯説即亦猶是也。湯曰：'惟予小子履，敢用玄牡，告於上天後，曰：今天大旱，即當朕身履，未知得罪於上下，有善不敢蔽，有罪不敢赦，簡在帝心，萬方有罪，即當朕身；朕身有罪，無及萬方'。"

論語堯曰篇"舜亦以命禹"下有脱文，接着"曰"字下説："予小子履，敢用玄牡，敢昭告於皇皇后帝，有罪不敢赦，帝臣不蔽，簡在帝心，朕躬有罪，無以萬方，萬方有罪，罪在朕躬。"

呂氏春秋順民篇："昔者湯克夏而正天下，天下大旱，五年不收。湯乃以身禱於桑林，曰：'余一人有罪，無及萬夫；萬夫有罪，在余一人。無以一人之不敏，使上帝鬼神傷民之命'。於是剪其髮，酈其手，以身爲犧牲，用祈福於上帝，民乃大悦，雨乃大至。"

尸子綽子篇："湯曰：'朕身有罪，無及萬方；萬方有罪，朕身受之'。"(見群書治要)

另有荀子大略篇亦載湯的禱詞，與上所舉皆不同，很可能出於自創，其語云："湯旱而禱曰：'政不節與？使民疾與？何以不雨至斯極也！宮室榮與？婦謁甚與？何以不雨至斯極也！苞苴行與？讒夫興與？何以不雨至斯極也'！"

按，何晏論語集解引孔安國堯曰篇注云："履，湯名。此伐桀告天之文。"但據墨子、呂氏春秋等文，顯然是因旱禱雨的話。劉寶楠論語正義説："疑伐桀告天與禱雨文略同。"這是調和之語。實際並不是一篇，但相傳都是湯的話，所以一般的都把它説成是湯誓。象墨子明鬼下把甘誓稱做禹誓，而兼愛下把禹伐有苗誓詞也稱做禹誓一樣，正是此例。魏源書古微把論語堯曰一段和墨子尚賢中一段都鈔集在本篇之首，連同本篇作爲伐桀告天的湯誓全文，是没有道理的。因爲上列各家所引都和本篇不同，它們不是誓詞而是禱詞，是告天謝罪祈禱之詞。本篇則是作戰誓詞，而不是告天之詞。所以不同的書篇是不宜牽混在一起的。

（三）幾個有關的地名

1. 陑（ér 而）。

這是一無法考實其確址的地名。書序説："湯伐桀，升自陑，遂與桀戰於鳴條。"僞孔傳云："桀都安邑，湯升道從陑，出其不意。陑在河曲之南"。孔疏加以解釋説："將明陑之所在，故先言桀都安邑。桀都在亳西，當從東而往，今乃升道從陑，升者從下向上之名，陑當是山阜之地，歷險迂路出不意故也。陑在河曲之南，蓋今潼關左右。河曲在安邑西南，從陑向北渡河，乃東向安邑。鳴條在安邑之西，桀西出拒湯，故戰於鳴條之野。"

作"疏"的一個不可違犯的原則是"疏不破注"，只能順着説。但這裏説得很曲折，指出湯都在桀都東，從東向西打怎麼反成了從西向東打。這樣提出微辭，顯然是説僞孔傳對這兩個地點的注釋出於推斷，並無確據。宋太平寰宇記説："雷首山即陑山，湯伐桀所升也。"按，雷首山在山西永濟縣南，更出於附會。

宋儒紛紛説什麼湯武"仁義之師"，不會用詐術，不應當"出其不意"。以爲"安知陑、鳴條之必在安邑西耶？"（林之奇尚書全解）"升自陑，必用師當行之道，夏之可攻處也"（吕祖謙東萊書説）。他們提出的"仁義之師"的理由是荒謬的，但説地點不應在安邑西，而是自東向西行軍路上所經過的一個地方，則是比較説得通的。但確址始終無法確定。

直到清雷學淇竹書紀年義證仍然只得説："陑，地名，後爲宋臣陑班之采，所在未詳。"又説："湯征夏邑，自陑發師者，於陑訓練士卒，帥而用之，猶武之伐紂，出於鮮原也。"既然到東周時猶爲宋臣采地，那麼陑當在宋國境内，宋都在今商丘，轄境主要在今豫東，陑也就應在豫東境内。雷學淇又把陑和周境内的鮮原相比，是説它也當在湯自己的轄境之内。湯都亳在今曹縣之南

（據王國維說亳），和商丘相去也不遠，那麼陑也就是在曹縣和商丘以西的今河南省東部境內。這是到現在爲止所能求得的陑的大致地望了（參見下圖）。

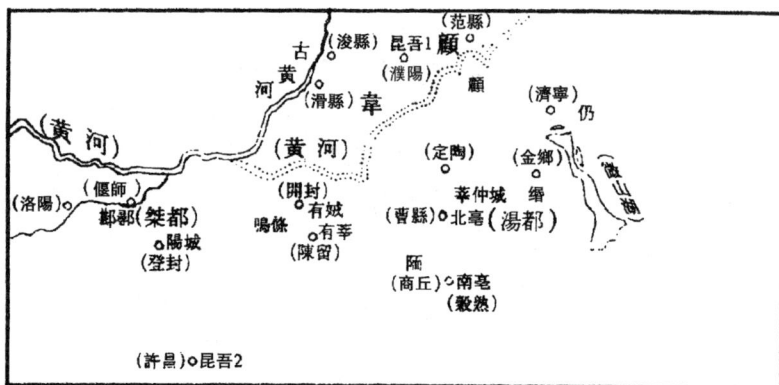

湯伐桀地理示意圖

2. 鳴條。

史記夏本紀說：“桀走鳴條。”殷本紀說：“桀奔於鳴條。”秦本紀說：“敗桀於鳴條。”與書序所說湯“與桀戰於鳴條之野”基本相同，這大體是根據周代已有流傳的歷史傳說。如荀子議兵篇：“故湯之放桀也，非其逐之鳴條之時也。”商君書賞刑篇：“湯與桀戰於鳴條之野。”呂氏春秋簡選篇：“殷湯……登自鳴條，乃入巢門，遂有夏，桀既奔走。”顯見這是較早就有的傳說，鳴條是湯伐桀有關的一個地方。

到漢代依然有這樣的記載，如淮南子主術篇：“桀之力制觡伸鈎……湯革車三百乘困之鳴條，擒之焦門。”又氾論篇：“故聖人之見存亡之跡、成敗之際也，非及鳴條之野。”又修務篇：“乃整兵鳴條，困桀南巢”等等。不過事情比先秦說得更詳一些了。

過去注疏家對鳴條的解釋，除漢末鄭玄籠統地說是“南夷地名”（夏本紀集解引）外，晉以下的人大抵都說鳴條“地在安邑之西”。如僞孔傳、孔疏都這樣說。殷本紀正義也引括地志云：“高涇原在蒲州安邑縣北三十里南坡口，即古鳴條陌也。鳴條戰地在安邑西。"後漢書郡國志"河東郡安邑"劉昭自注，引皇甫謐帝王世紀説縣西有鳴條陌，昆吾亭。這些都是先相信古代傳説夏都直到夏桀時都在安邑，然後據書序等記載，把鳴條説成在安邑西，是沒有較早的史料根據的。

到清代，金鶚在求古錄禮説中，始根據洪頤煊的考訂的禹都在河南陽城（今登封附近），又據孔疏所引另一説"或云陳留平邱縣今有鳴條亭"（按此見御覽八十二卷），論定鳴條在陳留，即今開封附近。雷學淇竹書紀年義證也説："鳴條在今陳留縣西北，與許之昆吾接壤，夏邑在舊許之西百數十里……蓋湯自陑西行以征夏邑，昆吾與桀皆出師逆之，故戰於鳴條。"這些論定比晉以來的説法要正確。

我們再從孟子提到的鳴條來考慮，離婁下説："舜生於諸馮，遷於負夏，卒於鳴條，東夷之人也。"把鳴條叙在東方，所以趙岐注也就説："在東方夷服之地。"另外墨子尚賢中、韓非子難一、尚書大傳及五帝本紀叙舜活動地點，除上述者外，還有雷澤、歷山、河濱、壽丘、負夏、服澤等地。這些地點也都在今魯西、豫東北一帶。如雷澤在濮州，今曹縣附近（史記正義引括地志），歷山在雷澤縣（同上引括地志），河濱在定陶（史記集解引皇甫謐説），壽丘在魯東門之北（同上），負夏爲衛地，亦在今豫北濮陽境（史記集解引鄭玄檀弓注），服澤即負夏（朱起鳳辭通），那麼鳴條之不能遠離這一帶亦甚顯然，足證金鶚之説是可信的。

近人陳夢家據水經睢水注"又東逕亳城北，南亳也，即湯所都矣。"又淮水注"又逕亳城北，帝王世紀曰：'穀熟爲南亳，即湯都也'。"並據甲骨文中征人方路程，以爲湯都亳在商丘附近（殷虛卜辭綜述）。與王國維説有異。王説在曹縣南，即所謂北亳。兩亳相去不遠，地境實際都在豫東，無論湯從哪一個亳出發，總之都是從豫東向豫中進攻，半途在開封一帶與桀迎擊之兵作戰，是很合情理的。所以大體可信鳴條在今開封陳留一帶。

　　3. 昆吾。

　　詩商頌"韋顧既伐，昆吾夏桀"，頌揚湯先後討伐夏王朝的三個諸侯國韋、顧、昆吾以及夏桀的武功。鄭箋云："湯先伐韋、顧克之，昆吾、夏桀則同時誅也。"和殷本紀所説"湯自把鉞以伐昆吾，遂伐夏桀"之説相合。據左傳昭十二年"王（楚靈王）曰：昔我皇祖伯父昆吾，舊許是宅。"孔疏："昆吾是楚之遠祖之兄也。昆吾嘗居許地。許既南遷，故云舊許。"許即今河南許昌一帶。那麼湯先擊滅今許昌境的昆吾，然後進擊今開封、陳留一帶的夏桀軍，勢如先斷桀的右臂，然後再折其左臂，以殲其全身，也是合於作戰方略的。

　　4. 有娀之虚。

　　按殷本紀於此處叙爲"桀敗於有娀之虚。桀奔於鳴條"。顯然是司馬遷照鈔的兩條史料原文，拼湊在一起，所以每一句都有"桀"作主語，没有顧得及潤色文字。這裏有兩個可能：一是，本來就是先後兩件史事的兩條史料；一是，這兩條史料是同一史事的傳聞異詞。

　　就前一個可能説，有娀之虚的戰事，是與韋、顧作戰時的史事有關，而與後來的鳴條之戰不相及，是兩回事。韋在今豫北東部的滑縣以東地（據左傳襄廿四年杜注、通典、王應麟詩地理考直至清一統志等），據傳爲夏代御龍氏之後，在商又稱豕韋（見左襄廿四年）。顧在今魯西范縣南及豫北濮陽東之地（據元和郡縣志、路史國名紀等），即夏初有扈氏之後，當他們爲啟所敗後，或自己向東北遷避至此，或爲夏王朝遷封至此（參看尚書甘誓校釋譯論），到殷代尚爲較大的諸侯。韋、顧兩國都處在湯都亳的北方，商要滅夏，必須先剪除這兩個肘腋之近的大國。根據雷學淇考訂，有娀即有莘，又古莘、姺通（竹書紀年義證）。而元和郡縣志載莘地有二：一爲"莘仲故城，在曹州濟陰縣東南三十里"；

一爲"古莘城，在汴州陳留縣東北三十五里"。並云："湯伐桀，桀與韋顧二君拒湯於有莘之墟。"那麼這一有娀之戰，即有莘之戰，大概就是商湯向北進擊韋、顧時，桀叫韋、顧南下迎戰於曹縣附近之有莘。這一可能由於不知郡縣志史料的根據情況，所以一時尚難論定。

後一可能，即同一史事傳聞異詞的可能要較大。韓非子十過説："桀爲有戎之會，而有緡叛之。"此在左傳昭四年則爲："夏桀爲仍之會，有緡叛之。"楚世家載伍舉亦説此事，全同左傳。那麼有娀（有戎）也就是有仍了。左傳昭十一年又説："桀克有緡，以喪其國。"都説到桀的滅亡與有戎、有緡有關，與殷本紀所記有符合之處，不過它們是説在湯伐桀以前，並没有説和湯伐桀同時，可能桀由於有仍、有緡事件消耗了國力，招致了爲湯所滅的後果。據左傳哀元年："過澆滅夏后相，后緡方娠，逃出自竇，歸于有仍。"賈逵注："緡，有仍之姓；有仍，國名，后婚之家"（吳世家集解引）。那麼"緡"與"仍"是一。據左傳僖廿三年"齊侯伐宋，圍緡"，則緡地在宋國。漢書地理志山陽郡有東緡縣，師古注謂即齊侯所圍宋地，地在今山東金鄉。而"仍"地則昭四年杜注和賈逵注一樣，只説"仍，國名"。雷學淇義證説："古文仍、任通，故仍叔，穀梁作任叔。仍國即太昊風姓後，今山東濟寧州是。"那麼仍與緡又不在一地，則又與楚世家集解引賈逵曰："仍、緡，國名也"作爲兩國一樣。可見這些地名也是頗爲傳聞異詞，很難確切地説有娀就與有仍及緡是一地方。

較有據的還是從韓非子的"有戎"來尋其地。春秋隱二年"公會戎於潛"，杜預注："陳留濟陽縣東南有戎城"。杜預時的陳留國即漢陳留郡，治小黃，在今開封東北，濟陽縣又在郡治東北。這樣看來，有戎或有娀和鳴條都在漢陳留郡境内，其地必鄰近，戰事就在這一帶進行，所以或説"桀敗於有娀之虛"，或説"桀奔於鳴條"。司馬遷很謹慎，就這樣把這兩條不同史料一字也不改動它，都照原樣鈔存在他的著作中了。

　　淮南子地形篇説"有娀在不周之北"，殷本紀正義引記説"有娀當在蒲州"，這都是些悠謬不確的説法。

　　商頌説："天命玄鳥，降而生商。"又説："有娀方將，帝立子生商。"離騷説："見有娀之佚女。"毛傳和王逸的注都注明是"契母"。這是以鳥爲圖騰的商族祖先的神話故事，説他們的始祖契是上帝派玄鳥和有娀氏之女生下來的。甲骨文中也有"娀"字，證實這確是商代祖先的美麗神話。商頌寫成於周代宋國人之手，但故事是從商族的先人傳下來的。這故事的最後完成，而且與"有娀"結合在一起，大概也有可能是與有娀之虛的勝利有關，因爲這是決定商王朝建立的一次關鍵性戰役。

尚書微子校釋譯論[*]

　　微子是商王朝敗亡之前，一位宗室大貴族微子向王朝的太師、少師請問個人如何應付的一篇對話記錄。在西漢今文尚書的大小夏侯兩家本子裏是第九篇，列爲殷書第五篇；歐陽氏本子裏是全書的第十一篇，列爲殷書的第七篇；東漢古文本仍爲第十一篇，但稱商書第七篇；在今所見晉僞古文本裏列在全書第二十六篇，爲商書第十七篇。其情況詳後面的討論。

〔一〕校釋

　　微子①若曰②："太師、少師③，殷其弗或亂正四方④！我祖底遂陳于上⑤；我用沉酗于酒⑥，用⑦亂敗厥⑧德于下。殷罔不小大好草竊姦宄⑨；卿士師師非度⑩。凡有辜罪⑪，乃罔恒獲⑫，小民方興，相爲敵讎⑬。今殷其⑭淪喪⑮，若涉大水，其無津涯⑯。殷遂喪越至于今⑰？"

　　①微子——殷王朝的貴族，名啟，紂的庶兄（見呂氏春秋當務篇）。周滅殷後，原封紂子武庚爲殷後。武庚叛周被殺，就封微子啟於商丘，代殷後，是爲宋國。史記宋微子世家"啟"作

　　* 1979 年與劉起釪合寫。原載社會科學戰綫 1981 年第二期。

"閞"，係避漢景帝劉啟諱改。

②若曰——如此說、這樣說。是奴隸制王朝史臣記録統治者講話時的用語。

③太師、少師——通行僞孔傳本作"父師、少師"。史記殷本紀、宋世家都記微子所找談話的是"太師、少師"，今據改。下文兩處也照改。周本紀並云："紂昏亂暴虐滋甚，殺王子比干、囚箕子，太師疵少師彊抱其樂器而奔周"（此語當出論語微子篇，惟作太師摯、少師陽），漢書禮樂志也説紂時"樂官師瞽抱其器而奔散"，是太師、少師都是商王朝的樂官。鄭玄注、僞孔傳、蔡傳都説父師、三公官，是箕子；少師、孤卿官，是比干。和論語、史記都不合，故不採其説。

④殷其弗或亂正四方——"其"，將要（據經傳釋詞）。宋世家此句作"殷不有治政，不治四方"，以"不有"譯"弗或"，以"治政"譯"亂正"，而重複"不治"二字來足其語氣。説文及爾雅都訓亂爲治，所有注疏家遂皆解釋此處"亂"字爲"治"，僞孔傳釋此句云："言殷其不有治正四方之事，將必亡"。蔡傳解釋爲"無望其能治正天下"。釋爲"治"是正確的，但"亂"字實際爲"嗣"字之誤，金文中有"嗣"字，從司，意爲治理、管理（見毛公鼎、叔夷鐘、師虎殷等）。由字形誤爲"亂"，後代就這樣相沿下來了（並可參看郭沫若離騷今譯。離騷結尾的"亂曰"是"辭曰"之誤）。

⑤我祖底（zhǐ 紙）遂陳于上——"我祖"指商王朝第一代國王湯。宋世家無"底"字。對於這一句，紛歧解釋很多，自僞孔傳至蔡傳釋"底"爲"致"，"陳"爲"列"，謂"湯致遂其功陳列於上世"。俞樾基本同意此説，但謂所陳的不是功，而是德（群經平議）。孫星衍釋"遂"爲"成"，"陳"爲"道"，説是"言我祖致成道於上"（今古文尚書注疏）。孫詒讓釋"陳"爲"甸"，説是"成湯致成邦甸之功於前"（尚書駢枝）。此外很多注釋者，基本在上列諸説中繞圈子。另有三種不同解釋，一是清人牟庭説：字作"底"通"等"。並云：

“匡謬正俗曰：‘俗謂何物爲底，此本言何等物，其後遂省，但言等物，今乃作底字’”。“‘遂’，久也”。“‘陳’，久也”。“言我祖有積德於上，何等陳久也”（同文尚書）。一是黃式三説：“‘底’，定也。‘遂’，法也，與術通。‘底遂’，即大誥之‘底法’。‘陳’，列也。‘上’，前也。言我祖底定法術，列著於前”（尚書啟幪）。一是章炳麟説：“蔡邕注：‘遂古，遠古也’，是‘遂’有‘遠’訓。‘陳’當依釋詁作‘塵’，久也。我祖致遠久於上，言其德厚，故能如此”（古文尚書拾遺定本）。説法雖多，總之都是針對下文“紂亂敗厥德於下”，來説商湯怎樣建立德業於上世。

⑥我用沉酗（xù 絮）于酒——宋世家作“紂沈湎（miǎn 免）于酒”。“我”在甲骨文中爲第一人稱代詞多數，作集合的名詞用，以指邦家、國土。這裏指國王紂的行爲，“以商家體統言之，故總而言我”（書經傳説匯纂），是説把它看成自己王朝的行爲，故用複合代詞我字，實際是指紂，所以司馬遷作歷史叙述逕用“紂”字，而省去了“用”字。“用”在這裏作“則”字解，和現代語言中的“卻”字同。“沉酗”漢代今文作“沉湎”，見史記自序、漢書的五行志、禮樂志、谷永傳、霍光傳、叙傳等及揚雄十二州牧箴引作“沈湎”或“湛湎”。揚雄光禄勳箴引作“淫湎”。“沈”，黃式三謂有貪酒之意，與酖通（尚書啟幪）。説文：“酖，樂酒也。”“湎”是飲已醉仍流連不肯停飲的意思。酗是飲酒醉到兇鬧的意思，説文作酌（xù）。王引之謂“沉酗”即“淫湎”（經義述聞）。

⑦用——同“以”，在這裏爲“以此”、“因此”的意思。但宋世家“以”字上有“婦人是”三字，與“用”字連讀爲句。“婦人是用”爲用特介的賓詞提置動詞前的句子，意思是説“只聽信婦人的”。由漢書谷永傳及列女傳等皆引此語，知漢代今文原有此句。

⑧厥（jué 決）德——“厥”，他的，第三人稱領格。“厥德”，指湯的德，故宋世家遂作“湯德”。

⑨殷罔（wǎng 往）不小大好（hào）草竊姦宄（guǐ 軌）——“罔

不”二字，宋世家作“既”字。“既”意義同“盡”，也就是“罔不”。“罔”，無。“小大”，當時成語，指從下至上許多人。本書無逸“至于小大”，鄭玄注云：“小大謂萬人，上及群臣。”江聲亦謂“小謂庶民、大謂群臣”。基本符合當時用法。詩泮水“無小無大”、論語堯曰“無小大”都是此義。“好”，讀第四聲，動詞，愛好。“草竊”，江聲據吕氏春秋辨土釋爲“莠害苗爲草竊”，孫星衍據廣雅釋爲“鈔掠”，俞樾據莊子庚桑楚篇釋文“竊竊本作蔡蔡”，以爲“草竊”即草蔡，又據説文草蔡有散亂之義，謂“好草蔡”即好亂（群經平議）。“姦”，同“奸”，邪，邪惡（莊子徐無鬼釋文引王注、文選西征賦薛注）。楊樹達以爲姦、宄義近，草、竊亦當義近。故“草”爲鈔掠（積微居論叢）。“宄”，盜（廣雅釋詁），亦同“奸”，都指邪惡寇賊等行爲。國語晉語：“長魚蟜對曰：亂在内爲軌，在外爲奸。”一切經音義一引三蒼：“亂在内曰奸，在外曰宄。”其實“奸”、“宄”同義，不一定分内外。這句話是説：殷王國上上下下的人無不喜好爲非作亂，作奸犯科。

⑩卿士師師非度——“卿”和“大夫”、“士”作爲三級官員，是周代制度。其中執政的卿叫“卿士”，見於春秋初年（左傳隱三年及杜注）。商代甲骨文中則見“卿史”一職，王國維以爲即是“卿士”或“卿事”的本名（見釋史）。它比周代的卿士地位要低，此外未見“士”。“師師”，自漢至宋注疏家多釋爲相互師效，釋“度”爲“法”，謂“卿士亦皆相師效爲非法”。清孫星衍、黄式三以及近代吴闓生、曾運乾等皆釋“師”爲衆，謂“師師”指卿士之衆。牟庭則謂“總謂之師師，猶今言各官也”（同文尚書）。吴汝綸、楊筠如則謂“師爲衆大之辭，引申爲張大之意。自張大，則不守法度可知”。朱駿聲則謂“師，達也，先導也”（尚書古注便讀）。諸説中自以釋衆較切，大抵是説卿士衆官也相率爲非法。梓材有“師師、司徒、司馬、司空”，也是較高級的衆官。

⑪凡有辜（gū 估）罪——宋世家譯作“皆有罪辜”。“辜”，亦

“罪”（爾雅釋詁）。

⑫乃罔恒獲——宋世家譯作“乃無維獲”。簡朝亮云：“蓋遷以恒爲緪，而訓維也。詩天保云：‘如月之恒’，釋文云：‘恒亦作緪’，緪者，縆之省也。説文云‘縆，大索也。’然則維而獲之，易所謂‘係用徽纆’也”（尚書集注述疏）。“獲”，公羊傳昭二十三年：“生得曰獲。”俞樾云：“昭七年左傳曰：‘周文王之法曰：“有亡荒閲”，所以得天下也。’又曰：‘昔武王數紂之罪以告諸侯曰：“紂爲天下逋逃主，萃淵藪”。’皆可以説此經。蓋文王之法有罪人逃亡，則大搜其衆，期於必得（即不許奴隸逃亡）。而紂則反是（即誘致別人的奴隸），故當時以爲逋逃之淵藪。凡有辜罪者乃罔恒獲也。‘罔恒獲’猶言常不得。”（群經平議）

⑬小民方興相爲敵讎——宋世家作“小民乃並興相爲敵讎”。王鳴盛後案據説文“方，併船也”，又儀禮鄭注“方猶併也”、“並併也”。意謂史記係以訓詁逕代經文方字。段玉裁撰異云：“‘方興’，今文尚書當是作‘旁興’，宋世家作‘並興’，‘並’者旁之故訓也。古音並讀如傍。”“興”，起（詩大明傳）。此句承上句説犯罪辜者不法辦，不加強奴隸制的專政作用，那麼被統治者就會並起與統治階級相讎而爭鬪。

⑭其——將要（見前）。

⑮淪喪——宋世家作“典喪”。“淪”，沉淪、沉没。“喪”，喪亡。“典”，段氏撰異引錢大昕説云：“典讀如殄。典喪者，殄喪也。考工記‘輈欲頎典’，鄭司農讀典爲殄。燕禮‘寡君有不腆之酒’注：‘古文腆爲殄’。是典腆與殄近。”“殄”，盡，絕。“典喪”即“殄喪”，意義和“淪喪”相近。

⑯若涉大水其無津涯——宋世家作“若涉水無津涯”。集解：“一作‘涉水無舟航’。”“涉”，渡河。“其”，同“而”（古書虛字集釋卷五），爲轉接連詞。“津”，渡河處。“涯”，水濱、水邊。段玉裁據一切經音義所引無“涯”字，謂本處原無“涯”字。然史記已

有，故不從段説。

　　⑰殷遂喪越至于今——牟庭云：“今當讀‘殷遂喪越’爲一句，‘至于今’爲一句。緇衣注：‘越之言隊也’。楚辭惜誓注曰：‘越，墜也’。齊語注曰：‘越，失也’。然則‘喪越’，謂喪滅而隕越耳。今殷其必殄喪矣，爲尚不知其期，若涉大水無津涯乎？其遂不待異日喪滅隕越，於今已至乎？此問殷亡之期也”（同文尚書）。吳閭生尚書大義云：“此倒句也。猶云豈意今日殷遂喪亡乎。”

　　　　以上這一節，就商王朝危急情況，憂心如焚地向太師少師二人提出。

　　曰①：“太師②、少師，我其發出狂③，吾家耄遜于荒④，今爾無指告予⑤？顛隮⑥若之何其⑦？”

　　①曰——記微子再度對二人講話，省去了“若”字。

　　②太師——僞孔本作“父師”，仍照上文改。

　　③我其發出狂——宋世家“狂”作“往”。于省吾新證云：“殷虛書契後編十四頁第八版‘王狂田□’，狂即往，是狂、往古通用。”案宋世家集解：“鄭玄曰：發，起也。紂禍敗如此，我其起作出往也。”知漢代今文古文都“狂”“往”通用。此句是說我將出走嗎？孫詒讓駢枝據論語微子“廢中權”釋文引鄭本“廢”作“發”，謂“發疑當爲廢，言我其廢棄而出亡也”。可備一説。

　　④我家耄遜于荒——釋文：“耄字又作旄。”宋世家此句作“吾家保于喪”。集解：“一云于是家保”，是說另一本史記作“于是家保于喪”。舊釋爲保自己的家於國亡之時。俞樾平議云：“保耄同聲。”“正義引鄭注曰，耄，亂也。蓋不忍斥言紂昏亂，故言吾家昏亂，與上文‘我用沈酗于酒’語意正同。”“遜古與馴通。馴，從也。”“荒讀爲亡。下文‘天毒降災荒殷邦’，史記作‘天篤下災亡殷國’。是讀荒爲亡正古文家説。”“吾家耄遜于荒，言吾家亂而從于亡。”俞氏又據宋世家説：“微子度紂終不可諫，欲死之及去，未

能自決，乃問於太師、少師。"以爲"微子之間，有一死一去兩意"。"我其發出狂，此去之説也；吾家耄遜于荒，此死之説也。""微子之意若曰：我其發出往乎？抑吾家亂而從于亡乎？"意思是説：我還是出走呢？還是隨王朝的滅亡而一起死呢？

　　⑤今爾無指告予——"爾"，你們，宋世家作"女"。"無"，疑問詞，同現代語"嗎"，倒置。參看西伯戡黎"不無戮于爾邦"校釋。"指"，宋世家作"故"。段玉裁據大誥"有旨疆土"例，以爲此"指"字亦當作"旨"。按，"旨，意也"（公羊隱元年經傳解詁）。又"故，猶意也"（淮南子氾論高誘注）。二者義通，所以司馬遷用"故"字。據集解所引王肅説，知王所據本亦作"故"。于省吾云："指、稽均從旨聲，古音同隸脂部。……稽猶計也。……'今爾無指告予'者，今爾無計告予也"（尚書新證）。按，"今爾無計告予"，即"今爾計告予無？"意思是説："現在你們能考慮告我嗎？"（予字據説文所引屬下"予顛隮"爲句。這裏據宋世家集解引王肅斷句連上讀。）

　　⑥顛隮（jī 劑）——"隮"，宋世家和説文引作"躋"。集解引馬融曰："躋，猶墜也。"孔疏引王肅云："隮，隮溝壑。"按左傳昭公十三年，"知擠於溝壑矣。"杜注："擠，墜也。"是"躋"、"隮"、"擠"由同音通用，均爲"墜"義。"顛"亦隕墜之意。"顛隮"爲同義複合詞，孔疏："顛謂從上而隕，隮謂墜於溝壑，皆滅亡之意。"據説文解躋爲登，和墜意相反。以爲"顛隮"即"廢興"。他不知有些由相反意義二字組成的一個詞，往往只有其中一個意義。例如口語中"隨意褒貶別人"的"褒貶"，實際只有"貶"義。

　　⑦若之何其（jī 姬）——"若"，宋世家作"如"，義同。"其"，鄭玄曰："語助也。齊魯之間聲如姬"（見宋世家集解）。又禮記檀弓"檀弓曰何居"鄭玄注云："居，讀爲姬姓之姬，齊魯之間語助也。"知"其"與"居"同，作爲無義的語助詞在殷周時是官方語言，到漢末只保留在齊魯方言中了。段玉裁以商書各篇中湯誓、盤

庚、高宗肜日、西伯戡黎都有"其如台"，謂"台"訓何，短言之則曰"如台"，長言之則曰"若之何其"。是微子篇亦有"如台"。"何其"即"台"之反語（見撰異）。這句是說國家要覆亡了，其如之何呵！

　　以上這一節，以出走還是殉死二事就商於二人。

　　太師若曰："王子①！天毒降災荒殷邦②，方興沈酗于酒③。乃罔畏畏④，咈其耇長舊有位人⑤。今殷民乃攘竊神祇之犧牷牲用⑥，以容將食無災⑦。降監⑧殷民，用乂讎斂⑨，召敵讎不怠⑩。罪合于一，多瘠罔詔⑪。商今其⑫有災，我興⑬受其敗；商其淪喪，我罔爲臣僕⑭。詔王子出，迪我舊云刻子⑮。王子弗出，我乃⑯顛隮。自靖⑰，人自獻于先王⑱，我不顧行遯⑲"。

　　①王子——指微子，因他是殷王"帝乙"的兒子。

　　②天毒降災荒殷邦——宋世家作"天篤下菑（zāi 哉）亡殷國"。"篤"和"毒"通，其義爲"厚"（說文）。惠棟九經古義："史記曰'天篤下災亡殷國'，漢平輿令君碑又以竺爲篤。古毒、篤、竺三字皆通。""下"用以釋"降"（爾雅釋詁），菑同災（禮記大學"菑害並至"，"菑必逮夫身"）。"亡"和"荒"同音通用（揚雄太玄"荒國及家"注："荒，亡也"）。這句是說天厚降災害來覆亡殷國。

　　③方興沈酗于酒——宋世家無此句。江聲音疏以爲此六字衍文。"方興"同"並興"，見上文。

　　④乃罔畏畏——宋世家作"乃毋畏畏"。以"毋"釋"罔"。"畏畏"即"畏威"，金文中"天威"常作"天畏"（如盂鼎"畏天畏"），"罔畏畏"即"不畏天威"。宋世家文意是：天厚降災亡殷國，殷王紂卻不畏天威。

　　⑤咈（fù 弗）其耇（gǒu 苟）長（zhǎng 掌）舊有位人——宋世家譯作"不用老長"，無"舊有位人"四字。"咈"，說文口部釋爲"違也"。並引此語稱爲周書。"耇"，說文釋爲面色黎黑的老人。詩

南山有臺毛傳則釋"耇，老也"。"耇長"是年老的長輩，奴隸制政權中受尊敬的年老長輩當然是指權位高的大奴隸主。"舊有位人"僞孔傳釋爲"致仕之賢"，意即退休了的有才德的人。皮錫瑞以爲疑今文原無此四字，或經師以"舊"訓"耇"，以"有位人"訓"長"，誤入正文。蔡傳總釋此句爲："老成舊有位者，紂皆咈逆而棄逐之。"

⑥今殷民乃攘（ráng 瓤）竊（qiè 怯）神祇（qí 其）之犧牷（quān 全）牲用——"攘"，取，偷取（僞孔傳："自來而取曰攘。"釋文同）。論語子路下"其父攘羊"，孟子滕文公下"日攘其鄰之雞"，皆偷取之意。"竊"，釋文引馬融云："往盜曰竊。""神祇"，天神叫神，地神叫祇（見説文及孔疏引馬融説）。"犧"，古代奴隸主祭祀時所用毛色純一的牲口。"牷"，古代祭祀時所用其體完整的牲口。"牲"，祭祀時放在俎上的牛、羊、豬等動物，一稱"俎實"。"用"，祭祀時盛在祭用器物簠簋中的黍稷等物，一稱"器實"，又叫"粢盛"。左傳襄公七年言"牲用備具"，知古代"牲用"常連舉。按，此句宋世家作："今殷民乃陋漏淫神祇之祀。"集解："一云'今殷民侵神犧'。又一云'陋淫侵神祇'。"知史記譯載此句傳本多異。孫星衍釋漏爲隱（據説苑臣道篇），釋淫爲侵（據文選演連珠注），釋"漏淫"爲"隱匿侵没"。故史記有此傳異。又史記譯載至此句止，以下都没有譯載。

⑦以容將食無災——"容"，用（釋名）。"將"，從寸（手）持肉置爿（同六）上。楊筠如云："謂置肉几上而食之。"（覈詁）"將食"爲同義連用成語。孟子滕文公下"匍匐往將食之"，即用此。這句是説，偷了祭祀用的犧牲，吃了也不受到懲罰。在奴隸制時代，祭祀是奴隸主政權的第一件大事（見左傳成十三年），祭品是神聖不可侵犯的。現在偷吃了也没關係，説明這一奴隸主政權的紀律瀕臨崩潰的狀態。但漢魏以來封建政權法律都規定凡盜竊郊祀宗廟之物的，不論多少都一律處死（孔疏）。顯然是懲於紂的所爲而

采取的辦法。

⑧降監殷民——“降”，下。“監”，臨視。吳汝綸云：“降監殷民，下而臨民也。對上神祇故云降。”(尚書故)

⑨用乂(yì亦)讎(chóu 仇)斂(liàn 煉)——“乂”，本書各篇“乂”字，史記、漢書皆作“治”。“讎”，釋文：“鄭音疇；馬本作稠，數也。”段氏撰異以爲“依鄭音當是，鄭亦讀讎爲稠”。“稠”即多之意。王鳴盛後案以爲馬融鄭玄所説的“稠斂”就是“重賦”，即奴隸主政權對人民苛重的搜括剝削。“用乂讎斂”就是運用奴隸主專政的各種活動對人民進行苛重的壓榨剝削。

⑩召敵讎不怠——“召”，招致。“怠”，倦，引申爲休息、休止。“不怠”，不休止。這句是説：由於苛斂，招致人民成爲讎敵，而仍無休止地進行苛斂。(于省吾新證則以此句和上句應斷句爲“用乂讎斂召敵讎不怠”。據王國維之説乂爲辥之訛。乂讎即輔讎。斂即僉，與咸同。怠即戁，厭也。據于意則“輔讎”似即樹敵之意。是此二句意爲：因而樹敵，多招致敵人而不知厭止。)

⑪罪合于一多瘠罔詔——“合”，説文作“亼”，云“讀若集”。“瘠”，説文作“膌，瘦也”。漢書食貨志載晁錯語：“堯禹有九年之水，湯有七年之旱，而國無捐瘠。”“罔”，無。“詔”，告。古時上下通用，周禮太宰：“以八柄詔王”，鄭注：“詔，告也。”是臣告王亦用詔字。秦始皇統一天下，始規定皇帝的命令才稱爲詔。“罪合于一，多瘠罔告”是説前面所講到的各種罪都集合到一起，使民多捐瘠而無處可訴説。

⑫其——將要(見前)。下句“其”字同此義。

⑬我興受其敗——説文辵部引作“周書曰：我興受其退”。段氏撰異云：“壁中尚書敗字蓋皆如此作。”“興”，起。此句意爲我起受其覆敗之害。孫星衍以爲“宋世家云：‘今誠得治國，國治身死不恨’，釋‘我興受其敗’”。

⑭商其淪喪我罔爲臣僕——釋文：“一本無臣字。”段氏撰異

以爲當無臣字。古文僕字從臣作𡍩，恐是古本作"𡍩"，析爲二字。毛詩"景命有僕"傳："僕，附也。""罔爲僕"，言商亡已無所附（此亦孫星衍語）。其實"罔爲僕"與"罔爲臣僕"意義全同，都是説我毋爲奴隸。

⑮詔王子出迪我舊云刻子——"迪"，用（見經傳釋詞）。"云"，敦煌本作"員"，與"云"同聲，古籍二字常互用。馬融注："云，言也"（釋文引）。"刻子"，論衡本性篇引作"孩子"。馬融釋"刻"爲侵刻，僞孔則釋爲病。戴鈞衡引後漢申屠剛傳李賢注："刻猶責也。"都無法將此句解通。焦循尚書補疏始云："刻子即箕子。易'箕子之明夷'，劉向、荀爽讀箕爲荄；淮南子時則訓'爨其'高注：'萁讀爲荄備之荄'。"牟庭同文尚書亦云："刻子當讀爲箕子。……儒林傳趙賓説易'箕子之明夷'曰：'陰陽氣亡箕子。箕子者，萬物方荄滋也'。易釋文引劉向曰：'今易箕子作荄滋'，又引鄒湛曰：'荀爽訓箕爲荄，訓子爲滋'。蓋古讀箕荄音同，而亥與荄音亦同。故易之'箕子'即是夜半亥子之交，而書之'刻子'，乃是朝鮮箕子傳洪範者，與明夷箕子不同也。論語釋文魯顏刻，或作顏亥。一切經音義引字林曰：'孩，古才切'。可證刻、孩（gāi 該）、亥，並與箕音假借也。"孫詒讓尚書駢枝云："刻子，焦循説讀爲箕子，據漢書儒林傳'易箕子之明夷'，趙賓讀爲'荄子'，證此'刻子'，甚確。"于省吾新證在同意焦、孫之説後云："按孟子'晉平公之於亥唐也'，抱朴子'晉平公非不能吏期唐也'。又可爲刻子即箕子之一證。"按漢代經師要維持易是伏犧畫卦、文王作卦辭之説，文中不能有文王後之"箕子"，故改爲"荄滋"、"刻子"。是顯不可信的，故此"刻子"當是"箕子"。于氏又釋此句云："言告王子出走，用我昔言於箕子者，今仍用此言告之也。"甚確。

⑯乃——仍。

⑰自靖（jìng 靜）——釋文："靖，馬本作'清'，謂潔也。"皮

錫瑞云：“隸釋補云：綏民校尉熊君碑以自靖爲自清，據此則馬本亦三家今文之異，與古文不同者。”案堯典“直哉惟清”，史記作“直哉維靜絜”。亦以靜潔釋清。“自靖”即潔身自愛自重之意。僞孔傳釋爲“各自謀行其志”，蔡傳釋爲“各安其義之所當盡”。雖對靖字的訓釋不同，對“自靖”二字都以爲是各人考慮自己怎樣做才對才好，基本體會了語意。

⑱人自獻于先王——僞孔：“人自獻達于先王，以不失道。”蔡傳：“自達其志于先王，使無愧于神明。”楊筠如覈詁：“獻，吕覽注：致也。論語事君能致其身，是其義也。”大抵都是説各自獻身於先王，意思是要對得起殷王朝祖先各王。

⑲我不顧行遯（dùn 遁）——“顧”，釋文云：“顧音故，徐（邈）音鼓（gǔ）。”惠棟云：“商詩‘韋顧既伐’，古今人表作‘韋鼓’，是顧有鼓音”（九經古義）。柯紹忞云：“顧訓反顧，不待音。徐音鼓，乃以音存義。當爲鹽（gǔ）之假。不鹽，不息也”（尚書故引）。按陸德明音“故”，顯然仍用“反顧”義。在這裏當作瞻前顧後講。“行”，即將。“遯”，逃。“我不顧行遯”，是説我不能過多的瞻前顧後，即將逃跑。

據論衡本性篇云：“微子曰：‘我舊云孩子，王子不出’。紂爲孩子之時，微子睹其不善之性，性惡不出衆庶，長大爲亂不變，故云也。”段玉裁遂以爲今文尚書在“我舊云”之上多“微子若曰”四字。孫星衍亦從其説。黃式三則以爲：“別本‘我舊’上有‘微子曰’三字，當移於‘自靖’上”（尚書啟幪）。皮錫瑞亦據史記以“我不顧行遯”爲微子之言，謂“我不復能顧矣，將行遯矣”。並謂司馬遷、王充皆習歐陽尚書，故其説同。古文尚書脱“微子若曰”四字（今文尚書考證）。

其實論衡所引顯然爲微子篇名，諸人誤認爲微子人名。陳喬樅指出得很清楚：“論衡稱微子曰者，自尚書之篇名，非以此爲微子之言也。”因此這幾句仍應認爲是太師的話。

以上是太師就微子所問逐點答復，最後勸王子出走，自己也準備走。

〔二〕今譯

微子這樣問道：

“太師、少師！我們殷王朝將不能治理好四方了。我們的祖宗湯王展佈功業於上世，可是我們現在卻酗酒貪飲，荒淫於色，敗亂了湯王的德於後世。而且從下到上的人無不喜於爲非作歹，作奸犯科。朝廷中的卿士衆官也相率搞非法活動。凡是逃亡的有罪奴隸也常不能再抓到。法紀敗壞，小民們將並起相仇，爭鬥攻奪。現在我殷王朝要覆亡了，（要渡過目前困難）像要渡過一條大河一樣，將找不到渡河的地方，殷的覆亡難道就在今天嗎？”

又說道：

“太師、少師！我還是出走呢？還是隨着王朝的覆亡而把我已亂了的家同歸於盡呢？現在你能考慮告訴我嗎？國家要覆亡了，如何才是好呵！”

太師這樣（回答）說：

“王子！天很嚴重地降下災害來要覆亡我殷國，可是正沉酗於酒的紂王卻不畏天威；不用元老長輩舊臣；現在我們殷人竟至偷竊祭祀天地鬼神用的祭品，偷來吃了也不受到懲罰；下面對於殷民，運用政治權力進行苛重的賦稅徵斂，招致造成許多讎敵也還不知休止。各種罪行集合到一起，使人民被榨乾了而無處可以訴說。現在我商王朝眼看就有災難了，我們將起而承受其敗害；我商王朝將要覆亡了，我們不能做亡國後的奴隸。告訴王子還是出走吧，用我過去對箕子說過的話。王子如不走，我們還是完蛋。我們潔身自重，各人各自對得起先王，我不能多所瞻顧，就要出走了。"

〔三〕討論

漢代出現的書序說："殷既錯天命，微子作誥父師少師。"俞樾古書疑義舉例"字因兩句相連而誤脫"之例："'微子作誥父師少師'，文義未足，本作'微子作誥，誥父師少師'，兩誥字誤脫其一而義不通矣。"其實這本來就是不可靠的一篇"書序"，所以文字也不通順。本篇原是史臣記錄微子和太師少師問答之詞，不能說是微子誥這兩人。所以不必去管這篇書序。

這裏要弄清的有下列幾個問題：

（一）"太師"、"父師"的問題。

史記殷本紀說：

"紂愈淫亂不止，微子數諫不聽，乃與太師、少師謀，遂去。比干曰：'為人臣者不得不以死爭。'乃強諫紂。紂怒曰：吾聞聖人心有七竅。剖比干觀其心。箕子懼，乃佯狂為奴，紂又囚之。殷之太師、少師乃抱其祭樂器奔周。"

又宋微子世家說：

微子開者，殷帝乙之首子而紂之庶兄也。紂既立，不明、淫亂於政。微子數諫，紂不聽。（此處接叙西伯戡黎事。）於是微子度紂終不可諫，欲死之及去，未能自決，乃問於太師、少師（此處譯載微子篇至"攘竊神祇之犧牷牲用"止）。今誠得治國，國治身死不恨；爲死終不得治，不如去。遂亡。（此處接叙箕子佯狂爲奴及比干强諫被剖心事。）微子曰：父子有骨肉，而臣主以義屬。故父有過，子三諫不聽，則隨而號之。人臣三諫不聽，則其義可以去矣。於是太師、少師乃勸微子去，遂行。

周本紀也説：

> "聞紂昏亂暴虐滋甚，殺王子比干，囚箕子。太師疵、少師彊抱其樂器而奔周。"

桓譚新論也説：

> "二年，聞紂殺比干、囚箕子，太師、少師抱樂器奔周。"

是漢代人所引據的今文本尚書，微子所找商量的人原是太師和少師，而太師、少師是樂官。但鄭玄注卻説："父師者，三公也，時箕子爲之；少師者，太師之佐，孤卿也，時比干爲之。"（皇侃論語義疏引，據尚書後案所見日本足利學重刻本。）後來流行的僞古文本遂沿鄭玄古文本作"父師少師"而不作"太師少師"。僞孔傳並云："父師，太師、三公，箕子也；少師，孤卿，比干也。"蔡傳照鈔僞孔。從此微子所找商量的人就確定爲父師箕子、少師比干了。

　　開始懷疑尚書的宋人也没有對這一説法提出異議。到清代江聲音疏始提出懷疑，而自己説疑不能决。段玉裁撰異始説："漢書禮樂志説，‘殷紂時樂官師瞽抱其器而奔散，或適諸侯，或適河海’，此謂論語微子篇‘大師摯適齊’云云也。故古今人表大師摯、亞飯干、三飯繚、四飯缺、鼓方叔、播鞀武、少師陽、擊磬襄（按這些都是樂官）皆繫之殷辛時。而尚書微子篇‘父師、少師’，史記作‘大師、少師’。宋世家於比干死之後云：‘大師、少師乃勸微子去’。則少師非比干，大師非箕子，甚明。殷本紀亦云，微子與大師、少師謀去，而比干剖心，箕子爲奴，殷之大師、少師乃持其祭樂器奔周。周本紀又云，紂昏亂暴虐滋甚，殺王子比干，囚箕子，太師疵、少師彊抱其樂器而奔周。是則大師、少師爲殷之樂官，即大師摯、少師陽也。摯即疵，陽即彊，音皆相通，惟傳聞異辭，則載所如不一，而其事則一。此今文尚書説也。古文尚書説乃云‘父師箕子、少師比干’。鄭君僞孔皆用此説。”

　　魏源書古微則説：“微子所問者乃樂官太師疵、少師彊，且其去在比干已死、箕子已囚之後。此馬、鄭古文本衛宏所僞造，斷斷非安國古文之明證也。”并且提出了五點論證：（1）父師不可名官，自王莽始立三公三少，鄭氏遂以莽制説尚書。（2）家人相語，例當呼名，豈有詔其從子，乃一則曰王子、再則曰王子之理。且一問不答，再問不答，直至最後始答，以樂官疏遠之臣對貴戚之臣，故慎密不敢輕言。（3）其詞鄭重乎殷民之攘竊神祇之犧牲，亦太師職掌所及，非箕子父兄之詞。（4）“我不顧行遯”，此太師少師將抱樂器出奔之詞，與箕子之佯狂不遯者無涉。（5）由古今人表及禮樂志所載，蓋抱祭器遯荒者，微子也；抱樂器遯荒者，太師、少師也。及武王克商，而後以其器歸周。史從後書則謂之奔周。這幾條理由不一定都正確，但能肯定是“太師、少師”，而不是“父師”。

　　牟庭試圖找出太師誤爲父師的原因。他在同文尚書中説：“‘太師’，僞孔本作‘父師’。太尉公墓中畫像作‘伏尉公’，或當

‘太師’寫作‘伏師’，而‘伏’聲近‘父’，因誤讀爲‘父師’乎？”他又根據漢書儒林傳言“遷書載堯典、禹貢、洪範、微子、金縢多古文説”，引用了宋世家、殷本紀、周本紀之文，然後説：“據此，知真孔古文本作‘太師、少師’，此二人皆樂官之長也。（按史記所載堯典等五篇並未用古文説。所謂真孔古文本作‘太師’之説不足信。其實亦是今文本作太師。）太師名疵，少師名彊。疵聲近摯，彊聲近陽，是即論語所記適齊‘入海’者也；董仲舒對策所稱‘紂時守職之人皆奔走逃亡入於河海’者也；禮樂志所謂‘紂作淫聲，樂官師瞽抱其器而奔散，或適諸侯、或入於河海’者也。是皆樂師瞽人，並非公孤之官也。微子以人事觀之，知殷將亡，而未知天運何如，故問太師、少師以決之，爲其瞽人知天道故也。”他在這裏又提出了微子所以要找太師少師去問的理由。

由上面諸説，基本可以相信微子篇中原文應是“太師、少師”，而不是“父師、少師”，更不是指箕子、比干。其所以説成父師箕子、少師比干，很可能是僞古文作者因爲論語微子篇中孔子稱贊微子、箕子、比干是“殷有三仁焉”，便硬把“聖人”所説的“三仁”都扯到本書微子一篇中來了。吕祖謙東萊書説云：“聖賢處心至此，則紂之時可見。孔子曰：‘商有三仁焉’。三仁之意，即此一篇可見矣。”可以反映儒家們把這三個人凑到這一篇中來的用心。

（二）關於“微”的問題

僞孔傳云：“微，圻（畿）内國名。子，爵。”孔疏云：“微國在圻内，先儒相傳爲然。鄭玄以爲微與箕俱在圻内。孔雖不言箕，亦當在圻内也。王肅云：‘微，國名；子，爵。入爲王卿士’。”這些都説“微”是商都畿内的一國，其國君爲子爵。微子啟就是封在微國的國君，故稱“微子”。

究竟在畿內什麼地方呢？有下列諸説：

鄒季友音釋："微，國名，在東郡聊城。今(元代)博州聊城縣有微子故城。"

王頊齡書經傳説匯纂："寰宇記云：'微子城在潞東北'。今(清代)山西潞安府潞城縣東北十五里有微子鎮，即故城也。"

王鳴盛尚書後案："鄭又以微、箕二國俱在圻內者，潞安府潞城縣東北十五里有微子城，遼州榆社縣東南三十里有古箕城，爲微子、箕子所封地。按戡黎之黎在潞安府長治縣，鄭以爲圻內，潞城榆社與長治相連，故亦圻內。"

孫星衍今古文注疏："水經注'濟水又北逕須句城西。濟水西有安民亭。亭北對安民山。濟水又北逕微鄉東'。春秋莊公二十八年經書'冬，築郿'。京相璠曰：'公羊謂之微。東平壽張縣西北三十里有故微鄉，魯邑也'。杜預曰：'有微子冢'。此在今山東東平州境，疑宋地亦在是。郡國志：'薄，故屬山陽，湯所都'。注：'杜預曰：蒙縣西北有薄城，中有湯冢，其西又有微子冢'。元豐郡縣志：'沛縣微山上有微子冢，去縣六十有五里'。蒙縣西薄城湯冢，當在今山東曹縣南。沛，今江南縣，古宋地。魯宋相鄰，皆在殷千里畿內，未知孰是。"

有這麼多不同説法，其實都是不可相信的。楊筠如覈詁云："王師(國維)謂殷制兄終弟及，子弟皆爲未來儲君，殊無分封之必要。故子姓之國，除周所封之宋外，實無可指數。且同時如比干，亦不聞有封地，則是否爲國名尚難確定。若今潞安東北有微子城，或後人附益爲之耳。"不僅潞安微子城出於後人附益，上列所説各地都是出於後人附益。

甲骨文中發現殷代地名已不少，其中有些文字是還未能認識的。已識和未識地名中，能附益爲"微"地的，似還没有。1976年在陝西岐山發現西周銅器，其中有一牆盤的作者自稱是"微"族人，它是周的與國，地點在今眉縣(唐蘭則以爲"微的地域未詳"。

見新出牆盤銘文解釋，文物 1978 年 3 期）。這是參加周武王伐紂之役的微、盧、彭、濮等八國之一，顯然與本文的微無關。因此我們目前只能從王國維之説，不去推尋微子是否封國之君及他所封的"微"在什麼地方。

（三）從本篇的用字與語氣
看它寫定的時代

這篇文字中，接連用了七個"殷"字。上篇西伯戡黎"討論"中已指出，"殷"不是商人自稱，而是周人對商人的稱呼。周滅商後，對商文獻中關於商王朝的"商"字都改稱"殷"，但對作爲都邑的"商"地仍稱"商"。本篇中尚有二"商"字，一爲"商今其有災"，一爲"商今其淪喪"。這二字可以解釋爲商的首都"大邑商"，説它將有災和將淪陷。但如果作爲商王朝的稱呼也可通。那就可見這篇文字原來是商末已有的，到了周代這兩個字遺漏未改，把這兩句原文保存下來，而其他商字都被周人改成殷字了。

還有"德"字，似也不是殷代文字（參看高宗肜日德字注釋）。本篇也有了，這也是周代的痕跡。

還有"咈"字，説文"口部"引此稱爲周書，這反映當時就有人把這篇看做周代東西。

其次關於內容語氣方面也全是自怨自艾，只責怪商王朝自己，一點也不責怪大敵周人。把商的滅亡説成是罪有應得，不能不説這篇顯然是商亡以後到周代才寫定的。雖然寫成於商的後代宋人之手，他不能不接受周人的觀點，同時確也反映了當時國亡在即，奴隸主統治者心慌意亂，力圖如何保全自己的心理狀態。